21世纪会计系列规划教材
通用型
省级精品课程教材

Financial Management

财务管理

第二版

竺素娥 曾爱民 / 主编

东北财经大学出版社
Dongbei University of Finance & Economics Press
大连

图书在版编目（CIP）数据

财务管理/竺素娥，曾爱民主编．—2版．—大连：东北财经大学出版社，2017.2（2021.7重印）
（21世纪会计系列规划教材·通用型）
ISBN 978-7-5654-2696-4

Ⅰ．财…　Ⅱ．①竺…②曾…　Ⅲ．财务管理-高等学校-教材　Ⅳ．F275

中国版本图书馆CIP数据核字（2017）第022058号

东北财经大学出版社出版
（大连市黑石礁尖山街217号　邮政编码　116025）
网　　址：http：//www.dufep.cn
读者信箱：dufep@dufe.edu.cn

大连东泰彩印技术开发有限公司印刷　东北财经大学出版社发行

幅面尺寸：185mm×260mm　字数：505千字　印张：21.75　插页：1
2017年2月第2版　2021年7月第10次印刷

责任编辑：李智慧　李　栋　高　铭　吴　茜　责任校对：刘佳旋
封面设计：冀贵收　版式设计：钟福建

定价：42.00元

第二版前言

本书是为非财会类的经济管理专业本科生量身定制的一本财务管理教材。在内容安排上，本书仍保持第一版的整体框架布局不变，以资本市场为背景，以公司制企业为对象，以公司资本运动为主线，在介绍财务管理基本原理的基础上，重点阐述了公司筹资、投资和收益分配等财务运作理论和方法，同时对公司并购领域做了专题阐述。

与第一版相比，本书在总体框架保持不变的前提下，主要在内容上进行了如下修订：

（1）引例部分。为了能让学生带着问题与思考进入具体学习内容，本书每章开篇均有学习目标与引导案例，导入本章主要知识点。在引导案例修订上，坚持案例真实性、典型性与新颖性的原则，对于典型案例进行情节与数据更新，以保证其新颖性；对于时效性散失的案例，采用新的典型案例予以替换。同时，尽可能地选用上市公司的真实案例，便于学生进一步搜集与案例相关的素材，准确地把握相应的知识点。

（2）优化章节内容安排。在保持第一版总体内容安排不变的前提下，本次修订进一步优化了部分章节内容安排。比如，在第五章“资本成本与资本结构”中，将第一版的“资本结构决策应考虑的因素”中的横向资本结构决策内容，调整到了“资本结构决策方法”下，与原有的纵向资本结构决策方法合并到一起。即在“资本结构决策方法”下，先后系统介绍“横向资本结构决策”和“纵向资本结构决策”相关知识点，更有利于学生对知识的整合理解。

（3）增加了“进一步学习指南”。为了进一步增进学生对理论和最新实践的接触和理解，本次修订版教材在每章学习内容之后新增了“进一步学习指南”。一方面增加了一些前沿理论或方法的介绍，比如在第三章“财务报表的解读与分析”的进一步学习指南中介绍了财务报表的哈佛分析框架；另一方面对最新的实务内容也适当予以补充介绍，比如，在第四章“筹资方式”的进一步学习指南中，对当前“大众创业、万众创新”背景下火爆的VC、PE进行了介绍，在第一章“财务管理导论”中，对投资者关系管理等相关内容进行了初步介绍。这些新增内容有利于学生进一步拓展自己的理论和实务视野。

（4）更新计算与分析题和案例分析题。为了加强学生对所学理论知识的理解和应用。本书每章结束均有复习思考题、计算与分析题及案例分析题，供学生复习与巩固每章知识点。并且章后案例分析题也大多选择具有代表性的上市公司的真实事件，使学生能够结合公司现实情景理解公司理财决策过程。在本次修订中，不仅对部分已过时的案例进行了替换，同时对所有案例分析题的相关内容和数据，以及计算与分析题中所涉及的年份数据进行了全面更新。

本书第二版由浙江工商大学竺素娥教授与曾爱民副教授主编。本书提纲由竺素娥教授拟定，并经参编人员讨论确定。本书编写人员及具体分工如下：竺素娥编写第一、四章；张超编写第二章；裘益政编写第三、十章；柴斌锋编写第五章；涂必胜编写第六、八章；

曾爱民编写第七、九章。最后由竺素娥和曾爱民对全书进行总纂、修改和定稿。

对书中的不妥或错误之处，敬请读者批评指正。

编　者

2016年12月于杭州

第一版前言

财务管理是一门应用性较强的经济管理学科。本书以资本市场为背景，以公司制企业为对象，以公司资本运动为主线，在介绍财务管理基本原理的基础上，重点阐述了公司筹资、投资和收益分配等财务运作理论和方法，同时对公司并购领域做了专题阐述。

本书是为非财会类的经济管理专业本科生量身定制的一本财务管理教材，适用于学科共同课或学科基础课教学。本书在内容与结构上具有以下特点：

（1）注重知识点的导入。每章开篇均有学习目标与引导案例导入本章主要知识点，以引导学生带着问题进入具体内容的学习。在引导案例选择上，尽可能地选择上市公司的真实案例，便于学生进一步搜集与案例相关的素材，准确地把握相应的知识点。

（2）注重知识点的理解与应用。每章结束均有复习思考题、计算与分析题及案例分析题，供学生复习与巩固每章知识点。案例分析题大多选择具有代表性的上市公司的真实事件，使学生能够结合公司现实情景理解公司理财决策过程。

（3）注重分析能力的培养。考虑到非财会类专业的特点，本书在内容上适当增加了财务报表分析与公司价值评估的内容，旨在使非财会类专业的学生能够运用财务报表进行分析与决策，能够运用公司价值的评估方法，进行公司价值的分析与判断。

为便于学习教材内容，读者可以登录浙江工商大学精品课程网站下载与教学内容配套的教学课件，阅读教学参考资料，网址为http：//ckxy.zjgsu.edu.cn/cwgl/index.asp。

本书由浙江工商大学竺素娥教授与裘益政副教授主编。本书提纲由竺素娥教授拟定，并经参编人员讨论确定。本书编写人员及具体分工如下：竺素娥编写第一、四章；祝立宏编写第二章；裘益政编写第三、十章；柴斌锋编写第五章；涂必胜编写第六、八、九章；徐丽芬编写第七章。最后由竺素娥和裘益政对全书进行总纂、修改和定稿。

对书中的不妥或错误之处，敬请读者批评指正。

编　者

2013年7月于杭州

目 录

第一章　财务管理导论

【学习目标】

通过本章学习，要求理解和掌握：

- 财务管理的概念与内容
- 财务管理的原则与方法体系
- 财务管理目标
- 财务管理环境

【引例】

浙商银行股份有限公司[①]（票代码HK02016，简称浙商银行），主营公司银行业务、零售银行业务及资金业务，于2016年3月30日在香港联交所上市。浙商银行此次以每股3.96元的发行价格公开发行H股股票33亿股，募集资金总额130.68亿元，扣除发行费用后，募集资金净额约为115.91亿港元。这是该年以来香港H股市场首笔规模超过百亿港元的IPO项目，所得款项用于补充银行资本金，以满足银行各项业务持续增长的需要并支持银行各项业务持续快速健康发展。

浙商银行为什么要发行股票？其发行股票所得的资金可能投向何处？其投资项目如何才能给投资者带来报酬？公司投资报酬与公司价值之间有着何种关系？带着这些问题，我们进入本章学习。

第一节　财务管理概述

一、财务管理的概念

简单地讲，财务管理是对企业资本（或资金）运动所进行的管理。企业资本运动是企业资本筹集、运用、收益及其分配活动的总称，也称为企业财务活动[②]。在我国企业实践中，企业财务活动从内容和本质上体现为以下两个方面：

（一）企业财务活动

1.筹资活动

筹资是企业取得资本的行为。它是企业生存与发展的前提。无论是新建企业还是经营中的企业，都需要筹资。资产负债表右方对应的项目是由筹资活动形成的。筹资活动是企业财务活动的起点。

从整体上看，任何企业都可以从两方面筹资，并形成两种性质的资本来源：一是向所有者（股东）筹资，形成权益资本。它是企业通过吸收直接投资、发行股票、内部留存收益、发行认股权证等方式筹措资本。二是向债权人筹资，形成债务资本。它是企业通过银行借款、发行债券、商业信用、租赁、发行短期融资券等方式筹措资本。由于不同筹资方式取得的资本具有不同的筹资成本和筹资风险，如何以最低的筹资成本和筹资风险取得经营所需的资本，保持合理的资本结构，就成了筹资决策的核心问题。有关内容详见第四、五章。

2.投资活动

投资是指企业投放和使用资本的活动。企业取得资本后，应当将其投入使用，以谋求

---

① 引例内容参见浙商银行股份有限公司招股文件及相关公告。
② 广义的财务活动是指企业资本的筹集、运用、耗费、收益及分配活动。本书按狭义的财务活动来阐述。

最大的收益。资产负债表左方对应的各项资产是由投资活动形成的。投资活动是企业财务活动的中心环节。

企业投资按投资回收期限的不同分为长期投资和短期投资。长期投资是指投资回收期在1年以上的投资活动。它是企业以营利为目的的资本性支出，即企业预先投入一定数额的资本，以便获得预期经济收益的财务行为。长期投资按投资对象可分为项目投资和金融投资。项目投资是企业通过购买固定资产、无形资产，直接投资于企业本身生产经营活动或企业外部投资项目的一种投资行为。它是一种直接性投资。金融投资是企业通过购买股票、债券、基金、期货、期权等金融性资产，间接投资于其他企业的一种投资行为。它是一种对外的间接性投资。短期投资是指投资回收期在1年或1年以内的投资活动。它是企业以营利为目的的日常经营性投资，在财务上表现为流动资产。有关内容详见第六、七、八章。

3.收益及其分配活动

资本运用的目的是取得收益，实现资本的保值和增值。企业实现的资本收益要在有关利益主体间进行分配。资本收益及其分配活动是企业资本运动前一过程的终点和后一过程的起点，是企业资本不断循环周转的重要条件。

随着收益分配的进行，资本或退出企业，或留存企业，它不仅影响企业资本运动的规模，而且影响资本运动的结构。因此，企业应当依据国家有关法律和制度，合理确定分配规模和分配方式，正确协调企业当前利益与长远利益的矛盾，妥善处理股东、债权人、经营者、职工等不同利益主体间的利益关系，以促进企业的长期持续发展。有关内容详见第九章。

筹资活动、投资活动和收益及其分配活动三个方面相互联系、相互依存，构成了企业财务活动的基本内容，它是企业生产经营过程的价值体现。

以制造企业为例，企业财务活动与生产经营过程的关系如图1-1所示。

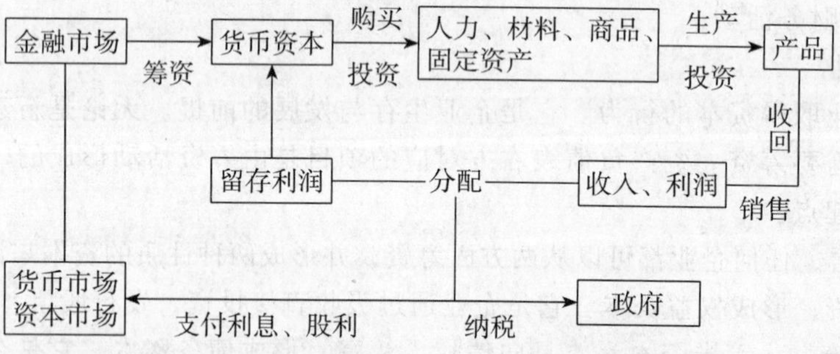

图1-1　企业财务活动与生产经营过程的关系

随着金融市场的发展与金融工具的不断创新，现代企业经营活动及其对应的财务活动的内容得以进一步拓展，主要表现在以下方面：（1）货币商品经营。它直接以货币经营为对象，从事货币商品的买入、持有或卖出等活动而获取收益。货币商品经营以从事虚拟化的金融资产投资为主要形式。（2）资本经营。它直接以资本为对象，以资本的权益属性为依托，从事现代意义上的权益投资、持有或出售等一系列管理活动，它以企业间产权变更及并购行为为主要表现形式。这两类财务活动面临特殊的市场，具有特定的投资领域、特有的风险环境和特有的收益方式。有关内容详见第十章。

(二) 企业财务关系

财务关系是企业在组织财务活动过程中与各方面发生的经济利益关系。它是企业与其内外各相关利益主体所发生的利益关系的总和。其内容主要有:

1.企业与投资者、受资者之间的财务关系

这是一种投资与分享投资收益的关系，在性质上属于所有权关系。与投资者发生财务关系时，企业是受资者，企业从投资者那里筹集资本，进行生产经营活动，并将实现的收益按规定进行分配;与受资者发生财务关系时，企业是投资者，企业以其法人财产向其他单位投资，并根据投资额的多少从受资者那里分享投资收益。企业应当根据国家法律与法规的要求，正确处理这种财务关系，维护投资者和受资者的合法权益。

2.企业与债权人、债务人之间的财务关系

这是一种债权债务关系。这类财务关系有因资本不足而向商业银行借款形成的资本借贷关系，有因购进材料、出售产品而与往来客户发生的货币收支结算关系，有因延期收付货款与往来客户发生的商业信用关系等等。作为债务人，企业应当按债务契约的规定，及时支付货款，归还贷款，以维护企业自身的信用;作为债权人，企业在向其客户进行信用销售时，应当制定科学合理的信用政策，以确保债务人按期支付货款。处理好这些财务关系，有利于加速资本周转，实现资本运动的良性循环。

3.企业与国家税务机关之间的财务关系

这是一种征税和纳税的权利义务关系。国家以社会管理者的身份委托税务机关向企业征收有关税金，包括所得税、流转税和其他税金。作为纳税义务人，企业必须按照税法的规定及时足额地缴纳各种税款。

4.企业内部各部门之间的财务关系

这是一种内部结算与分工协作关系。一方面是以企业财务部门为中心，企业内部各部门、各单位与财务部门之间的收支结算关系，如向财务部门领款、报销以及办理收付款业务等，体现了企业内部资本集中管理的要求;另一方面是企业内部各单位之间由于提供产品或劳务而发生的计价结算关系，它以内部交易价格为链条，是一种以部门经济利益为基础的内部分工协作关系。

5.企业与员工之间的财务关系

这是企业向员工支付劳动报酬过程中所形成的利益分配关系。员工是劳动者，他们以自身提供的劳动作为参加收益分配的依据，企业应当根据劳动者的劳动数量和质量，向员工支付工资、津贴和奖金，正确协调员工与企业间的经济利益关系。

二、财务管理的内容与特点

财务管理(Financial Management)是基于企业生产经营过程中客观存在的财务活动和财务关系而产生的，是组织企业财务活动、处理企业同各方面财务关系的一项经济管理工作，是企业管理的重要组成部分。

财务管理需要解决的基本问题是:如何筹措经营所需的资本，什么资产值得企业投资，怎样对回收的资本进行分配等。因此，财务管理的基本内容包括筹资管理、投资管理和收益分配管理三部分。

此外，财务管理还要对一些企业财务活动的拓展领域和特殊问题进行运作，如公司并购，财务失败、重整与清算，集团公司财务管理等等。限于篇幅，本书仅涉及公司并购，其他内容从略。

财务管理作为一项具有特定对象的经济管理工作，具有两个明显的特征：

1.财务管理是一种价值管理

企业生产经营活动的复杂性，决定了企业管理必须包括多方面的内容，如生产管理、营销管理、技术管理、人力资源管理、财务管理等。财务管理区别于其他管理的特点，在于它是一种价值管理。财务管理利用资本、成本、收入等价值指标，来组织企业生产经营过程中价值的形成、实现和分配，并处理这种价值运动中的经济关系。所以，价值管理是财务管理的基本属性。

2.财务管理是一项综合性管理工作

财务管理是企业管理中的一个独立方面，又是一项综合性的管理工作。企业各方面生产经营活动的质量和效果，大都可以从财务活动中综合地反映出来。而通过合理地组织财务活动，又可以促进企业生产经营活动的顺利进行。财务管理在企业内部管理的各子系统中，具有涉及面广、综合性强、灵敏度高的特点。因此，财务管理是利用价值形式对企业生产经营活动的综合管理。

三、日常财务管理组织及其职能定位：与会计职能的比较

（一）日常财务管理组织的设计模式

不同组织制度、不同企业规模，其财务组织的设置有所不同。企业日常财务管理组织的设置一般有三种模式。

第一种：财务部门与会计部门合二为一。如小型企业，不设独立的财务部门，而将其职责包含在会计部门中。

第二种：单独设置与会计部门并列的财务部门。如多数大中型企业。在将财务作为一个独立部门设置后，其内部具体的管理组织一般可根据财务活动情况设置融资部、资金结算部、预算规划部、信用管理部等。在这类企业中，一般均设置财务副总经理（或财务总监，总会计师，简称CFO）岗位，直接对总经理或董事会负责。在CFO之下，设置财务部经理和会计部经理。

第三种：以公司型组织为特征的财务管理组织。如大型集团公司与跨国公司。这种组织模式的特点是，它本身是一个独立的法人实体，在这一实体内部，除了设立从事财务活动的职能部门外，大多数业务部门是围绕为其他法人实体的财务活动提供服务而设置的，属于非银行金融机构的范围。集团公司或跨国公司内部设置的这类专门的理财机构，在财务上称为财务公司。财务公司的兴起和发展，标志着财务管理组织向专门化、专家化和社会化的方向发展。这类财务机构的主要职责是负责集团公司或跨国公司内各成员企业间的财务协调和资本调度。

（二）财务管理与会计职能的差异

现代企业财务管理与会计是两种具有不同职能的管理行为。财务管理是对企业资本运

动进行管理，会计是对企业资本运动全过程的反映和监督。两者的主要差异体现在：财务管理的主要职能除了包括筹资管理、投资管理（包括现金、有价证券和信用管理）和收益分配外，还包括税务筹划、财务预算、财务分析，并参与财务决策；而会计的主要职能是负责财务会计、成本会计、会计信息系统处理、税务会计（指与税收有关的数据处理），没有直接参与财务决策。财务管理与会计职能的具体差异，主要体现在财务部经理与会计部经理的职责差异上，如图1-2所示。

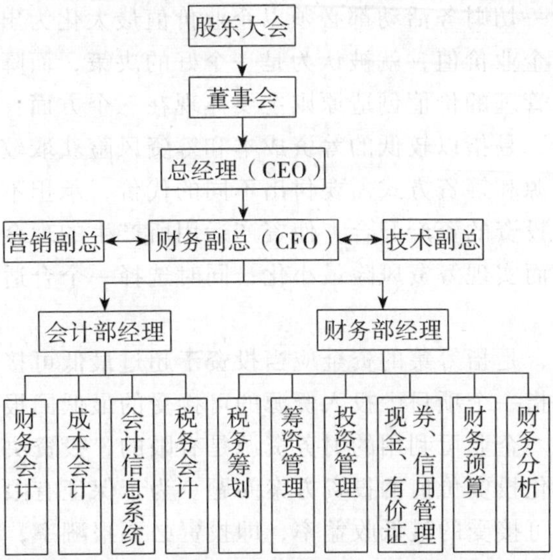

图1-2 财务管理组织机构简图

作为价值管理的两种主要形式，财务管理与会计又密不可分。它们之间的联系主要表现在两方面：（1）财务管理以会计所提供的信息为基础，会计核算是财务管理的基础。如果没有会计核算所提供的真实可靠的资料和数据，财务管理也就无从谈起。（2）财务制度是会计核算的基本依据，没有财务制度，会计核算就失去了据以生成资料可靠性的前提。

四、财务管理原则

财务管理原则，也称理财原则，是企业财务管理工作必须遵循的基本准则，反映理财活动的内在要求。财务管理的一般原则有以下几项：

（一）风险-报酬权衡原则

风险-报酬权衡原则是指风险和报酬之间存在着一个对等关系，投资者必须对风险和报酬作出权衡，为追求较高的报酬需承担较大的风险，或者为减少风险而接受较低的报酬。所谓“对等关系”，是指高收益的投资机会必然伴随着巨大的风险，风险小的投资机会必然只有较低的收益。

在财务活动中，当其他一切条件相同时，人们倾向于高报酬和低风险。如果两个投资机会除了报酬不同以外，其他条件（包括风险）都相同，人们会选择报酬较高的投资机会；如果两个投资机会除了风险不同以外，其他条件（包括报酬）都相同，人们会选择风险较小的投资机会。如果人们都倾向于高报酬和低风险，而且都在按照他们自己的经济利益行事，那么竞争结果就产生了风险和报酬之间的权衡。

如果人们想有一个获得巨大收益的机会，就必须冒可能遭受巨大损失的风险。每一个市场参与者都不断地在其风险与报酬之间进行权衡。有的人偏好高风险、高报酬，有的人偏好低风险、低报酬，但是每个人都要求风险与报酬对等，都不会去冒没有价值的风险。

因此，贯彻风险-报酬权衡原则必须考虑企业适应环境的盈利能力、风险损失事件出现的概率分析与防范能力及企业承担风险的胆略和能力等因素。

（二）价值创造原则

价值创造原则是指一切财务活动都必须以企业价值最大化为出发点和归宿点。任何财务决策，只要能够提高企业价值，就被认为是一个好的决策，而降低企业价值的决策则被认为是差的决策。财务管理的价值创造原则主要体现在三个方面：

（1）筹资管理原则，是指以较低的筹资成本和筹资风险获取较多的筹资额，以满足投资的需要。不同筹资来源和筹资方式需要付出不同的代价，承担不同的筹资风险。企业筹资种类的选择应尽量与投资的资产配合，使资产运用所产生的现金流量能与偿还债务所需的现金流量相配比，从而实现筹资风险最小化；同时选择一个合适的筹资结构以降低筹资成本。

（2）投资管理原则，是指筹集的资金应当投资于超过最低可接受收益率的项目。所谓最低可接受收益率，是指一个项目中投入资源的可接受的最低回报率。企业只有通过投资活动才能创造更多价值。企业可利用的财务资源是有限的，投资决策问题实质上是面对资本限量如何选择其最大化投资价值的投资方案问题。为了保证有限资源能够创造更多的价值，需要事先确定投资可接受的最低收益率，即投资必要报酬率，在此基础上优选投资方案。项目投资必要报酬率必须反映项目风险。一般情况下项目风险越大，其必要报酬率也相应越高，对项目预期报酬率的要求也越高。

（3）分配管理原则，是指通过合理的分配方式来提高企业价值。分配决策意味着管理者需要在企业收益留存于企业，还是分配给股东两者间进行选择。基于企业价值最大化这一目标，如果公司没有更好的投资机会并创造更大价值，最好的办法是将企业收益分配给股东，让他们自己去选择最大化其自身价值的投资项目；反之，对处于成长期的企业，如果存在可产生超过最低必要报酬率的投资机会，则股东和经营者都愿意或希望将收益留存于企业，以创造更多的价值。

（三）现金流转平衡原则

现金流转平衡可以通过企业编制的预测现金流量表和实际现金流量表得以实现。

现金流转动态的平衡公式可简化为：

目前现金余额+预计现金收入-预计现金流出=预计现金余额

如果预计的现金余额低于理想的现金余额，则应积极筹措资金，以弥补现金不足；如果预计现金余额大于理想现金余额，应积极组织还款或进行投资，以保持现金流入、流出的动态平衡，确保企业经营中的现金收支平衡。

现金流转平衡原则是财务管理的一项基本原则。从某种意义上讲，财务管理的过程就是追求现金流转平衡的过程。实现现金的动态平衡是实现财务管理目标的前提。在财务管理实践中，企业筹资决策、投资决策、分配决策以及日常经营现金收支计划，都必须在这一原则指导下进行。

（四）利益协调原则

利益协调原则是指企业相关利益者间的利益分配在数量上和时间上应达到动态的协调平衡。在财务管理中，要力求企业相关利益者的利益分配均衡。

企业分配其收益给相关利益者，就是为相关利益者提供必要的回报，这种回报是维持企业持续经营和发展的必要手段。要保证企业顺利发展，就要求企业收益的分配不仅在分配数额上而且在时间上保持协调平衡。如果相关利益者中某一方得不到公正的待遇，会导致企业利益冲突加剧，代理成本上升，最终会导致企业破产。

五、财务管理方法体系

为有效地组织、指挥、监督和控制企业财务活动，处理好企业与各方面的财务关系，需要运用一系列科学的财务管理方法，包括财务预测、财务决策、财务预算、财务控制、财务分析等。这些相互配合、相互联系的方法构成了一个完整的财务管理方法体系。

（一）财务预测

财务预测是指根据财务活动的历史资料，考虑现实的条件和今后的要求，对企业未来的财务活动和财务成果进行科学的预计和测算的过程。它是财务管理的基础。财务预测的主要内容有筹资需要量预测、投资项目可行性预测、成本预测和利润预测等。财务预测所采用的具体方法主要有属于定性预测的判断分析法和属于定量预测的时间序列法、因果分析法等。

（二）财务决策

财务决策是指在财务预测的基础上，对不同方案的财务数据进行分析比较，全面权衡利弊，从中选择最优方案的过程。它是财务管理的核心。财务决策的主要内容有筹资决策、投资（包括并购）决策、收益分配决策等。财务决策所采用的具体方法主要有概率决策法、回收期法、净现值法、内含报酬率法等。

（三）财务预算

预算是用数字编制未来某一时期的计划，即用财务数字或非财务数字来计量预期的结果。财务预算是企业在计划期内反映有关预计现金收支、经营成果和财务状况的预算，它是企业全面预算的重要组成部分。财务预算的内容一般包括现金预算、利润表预算、资产负债表预算、现金流量表预算和成本费用预算等内容。它是财务预测和决策结果的具体表现，也是日常财务控制、财务分析的重要依据。编制财务预算的常用方法有固定预算法、弹性预算法、滚动预算法和零基预算法。

企业的预算管理模式应与企业基本管理模式一致。预算管理的一般模式是以目标利润为导向，以销售预算为起点，以现金流量预算为中心。编制预算的基本步骤如下：

（1）根据公司总体战略目标确定年度预算目标，并确定年度目标利润。

（2）根据市场调研和分析结果编制年度销售预算。

（3）根据年度销售预算编制生产预算和成本费用预算，包括直接材料预算、直接人工预算、制造费用预算、期间费用预算。

（4）根据以上预算编制现金预算、利润表预算、资产负债表预算和现金流量表预算。

（四）财务控制

财务控制是指以财务预算和财务制度为依据，利用有关信息和特定手段，对企业财务活动施加影响，以实现财务预算目标的过程。财务控制的内容主要有筹资控制、投资控制、货币资金收支控制、成本费用控制和利润控制等等。企业财务控制的具体方法有两种：一种是制度控制，它是以公司章程、财务制度为依据，从合法性、合规性和合理性的角度对企业财务行为和财务活动实施的控制；另一种是预算控制，它是以财务预算的分解指标为标准，对企业财务预算指标及其主要措施的实施情况进行的控制。

（五）财务分析

财务分析是以企业财务报表为主要依据，运用专门的分析方法，对企业财务状况和经营成果进行解释和评价，以便于投资者、债权人、管理者以及其他信息使用者作出正确的决策。通过财务分析，可以掌握财务活动的规律，为以后进行财务预测和制定财务预算提供资料。财务分析的内容主要有偿债能力分析、营运能力分析、获利能力分析和综合财务分析等。财务分析所采用的具体方法有比较分析法、比率分析法等。具体内容详见第三章。

第二节　财务管理目标

财务管理目标又称理财目标，是企业在特定的理财环境中，通过组织财务活动、处理财务关系所要达到的目的。财务管理目标是财务管理行为的目标导向，决定着财务管理的基本方向。财务管理目标又称理财目标，是企业在特定的理财环境中，通过组织财务活动、处理财务关系所要达到的目的。财务管理目标是财务管理行为的目标导向，决定着财务管理的基本方向，它取决于企业目标，并且受财务管理自身特点的制约。

一、财务管理目标：企业价值最大化

（一）什么是企业价值最大化

企业价值是指企业作为特殊商品被用来买卖时的市场价值，它是股东价值、社会价值、顾客价值、员工价值的集合，是兼顾眼前利益和长远利益的集合，是企业未来潜在获利能力的体现。企业价值最大化，是指通过财务上的合理经营，使企业市场价值达到最大。

企业价值的计量有许多种方式，具体方法详见第十章第二节内容。其中，贴现现金流量法是企业价值最一般的计量方式。在贴现现金流量法下，企业价值可通过下列公式来计量：

$$V=\sum_{t=1}^{n}\frac{FCF_t}{(1+r)^t}$$

式中：V——企业价值；

FCF_t——第t年的企业报酬，用自由现金流量表示；

r——与风险相适应的贴现率；

t——取得报酬的具体时间；

n——取得报酬的持续时间。在持续经营假设的条件下，n为无穷大。

上式表明，企业价值V与报酬的大小成正比，与贴现率成反比。在贴现率不变时，企

业获得的报酬越大，则企业价值越大；在企业报酬不变时，贴现率越大，则企业价值越小。贴现率r的高低，主要由企业风险的大小来决定。当风险大时，贴现率就高；当风险小时，贴现率就低。也就是说，企业价值与预期的报酬成正比，与预期的风险成反比。一般而言，报酬和风险是同增的，即报酬越大，风险越大，报酬的增加是以风险的增加为代价的，而风险的增加将会直接威胁企业的生存。企业价值只有在风险和报酬达到比较好的均衡时才能达到最大。

（二）为什么不是利润最大化

20世纪50年代以前，西方财务管理理论界认为，利润最大化是财务管理的最优目标。这是因为利润在一定程度上体现了企业经济效益的高低，是企业补充资本积累、扩大经营规模的来源。利润指标具有直观、易计量的特点。但利润最大化目标存在着下列缺陷：

（1）它是一个绝对指标，未能考虑企业的投入和产出之间的关系。

（2）它是一定时期的经营成果，未能考虑货币时间价值。

（3）不能有效地考虑风险，它可能导致企业不顾风险去追求最大的利润。

（4）它可能使企业财务决策具有短期行为的倾向，即片面追求利润的增加，不考虑企业的长期发展，从长远看不利于企业的可持续发展。

（5）它是根据会计标准、按权责发生制原则计算的结果，易被管理者操纵。

（6）利润扣除了负债的资本成本，但忽略了权益资本成本。

因此，利润最大化目标逐渐被股东财富最大化目标替代，财务管理目标逐渐从会计收益转向股东财富。

（三）企业价值最大化与股东财富最大化的关系

股东财富最大化是指通过财务上的合理经营，为股东带来尽可能多的财富。在有效市场条件下，股东财富由其所拥有的股票数量和股票市场价格两方面来决定。在股票数量一定时，当股票市场价格达到最高时，则股东财富也达到最大。所以，股东财富最大化又可表现为股票市场价格最大化。

股东财富最大化是单纯从股东角度来定位理财目标的，其立论基础是“企业是股东的企业”，股东对企业具有剩余索取权，制约着企业控制权安排。与利润最大化目标相比，股东财富最大化目标有其积极的方面，体现在：

（1）它考虑了风险因素。因为风险的高低，会对股票价格产生重要影响。

（2）它在一定程度上有利于克服企业在追求利润上的短期行为。因为不仅目前的利润会影响股票价格，未来预期的利润对股票价格也会产生重要影响。

（3）在上市公司里，股东财富最大化目标比较容易量化，便于考核和奖惩。

但股东财富最大化目标存在着下列缺陷：

（1）它只适合上市公司，对非上市公司较难适用。

（2）它只强调股东利益，未能考虑其他相关利益主体的利益。

（3）股票价格受多种因素影响，并非都是公司所能控制的，且市场并不完全理性和有效，股票价格不能真正反映股票价值。

股东财富最大化与企业价值最大化的主要区别是：股东财富最大化考虑的利益主体是

股东，而未能考虑与企业利益相关的其他利益主体的利益，企业价值最大化不仅考虑了股东的利益，而且也考虑了其他相关利益主体的利益。它们的联系体现在：在实现企业价值最大化目标的同时，也实现了股东财富的最大化。因此，20世纪90年代以来，企业财务管理目标逐渐由追求股东财富最大化发展成为企业价值最大化。

（四）企业价值最大化目标的评价

以企业价值最大化作为财务管理的目标，具有以下优点：

（1）考虑了取得报酬的时间，并用时间价值的原理进行了计量。

（2）考虑了风险与报酬的关系。

（3）有利于克服企业在追求利润上的短期行为。因为不仅目前的利润会影响企业的价值，预期未来的利润对企业价值的影响更大。

（4）兼顾了相关利益主体间的不同利益。

因此，企业价值最大化目标被认为是现代企业财务管理的最优目标。但这个目标的缺陷主要体现在其计量的非直观性上。尽管如此，如同从利润最大化向股东财富最大化转变一样，从股东财富最大化向企业价值最大化的转变是财务管理目标理论的又一次飞跃。

二、实践中的财务管理目标：相关利益主体间的目标差异与利益协调

股东和债权人都为企业提供了财务资源，但是他们处在企业之外，只有经营者即管理当局在企业内部直接从事财务管理工作。股东、经营者和债权人之间构成了企业最重要的财务关系。财务管理必须协调这三方面的利益关系，才能实现企业价值最大化目标。

（一）股东与经营者之间的目标差异与利益协调

股东和经营者作为两个不同的利益主体，在追求各自利益最大化目标上会有偏差。作为股东，其委托他人经营的前提是通过委托产生的收益增量大于其代理成本。在信息不对称的条件下，经营者可能“偷懒”并尽量增加其个人享受。因此，经营者有可能为自身的利益目标而背离股东的利益。

经营者背离股东的目标，其条件是双方的信息不对称，经营者了解的信息比股东多。因此，协调这一利益差异的重要手段是股东获取更多的信息，对经营者进行监督。在经营者背离股东目标时，减少各种形式的报酬，甚至解雇他们。但是，由于信息不对称，全面监督事实上是行不通的，因为它将使股东付出高昂的代价。因此，股东还必须对经营者采取一定的激励机制。协调两者利益目标的具体方法如下：

（1）解聘。在公司治理中，股东可以通过股东大会约束和罢免有损于实现其利益目标的经营者。股东通过对经营者的监督，如果经营者未能使企业价值或股东财富达到最大，就解聘经营者，经营者因害怕被解聘而被迫努力去实现财务管理目标。这是对经营者的一种行政约束。

（2）接收。如果经营者经营决策失误、经营不力，未能采取一切有效措施使企业价值提高，那么，该公司就可能被其他公司强行接收或吞并，相应地经营者就会被解聘。因此，为了避免这种接收，经营者必须采取一切措施提高公司的市场价值。这是对经营者的一种市场约束。

（3）激励。它是把经营者的报酬与绩效挂钩，使经营者自觉采取能满足企业价值和股

东财富最大化的措施，以吸引和留住卓有成效的经营者。工资、奖金和津贴是对经营者的短期激励措施，股权激励与股票期权激励是对经营者的长期激励方式。

（二）股东与债权人之间的目标差异与利益协调

当公司向债权人借入资本后，两者也形成了一种委托-代理关系。股东和债权人之间的目标差异体现在两者对现金流量要求权上。债权人通常对公司现金流量具有第一求偿权，但在公司能获得足够收入以履行其偿债义务时，债权人只能收到固定的现金；而股东则拥有对公司剩余现金流量的要求权，如果公司没有足够的现金流量用以偿还债务，则股东有权选择宣告破产。因此，债权人要以比股东更消极的眼光来看待项目选择和投资决策中存在的风险。债权人事先知道借出资本是有风险的，并可在确定利率时就考虑风险。但是，借款合同一旦成为事实，资本到了企业，债权人就失去了控制权，股东可以通过经营者为自身利益而伤害债权人的利益，其常用方式有两个：一是不经债权人同意，投资于比债权人预期风险要高的新项目；二是为提高财务杠杆利益，不征得现有债权人同意而举借新债，原有债权人的风险增加。此外，股东通过股东大会决定增加股利支付，也会间接地影响到债权人的利益。

为保护债权人权益，除了寻求立法保护，如破产时优先接管，优先于股东分配剩余财产等手段外，通常采取以下两种协调方法：

（1）限制性借债。它是通过债务合约来实现的。债务合约是指债权人在借出款项时与企业达成的限制股东机会主义行为的一系列契约和协议，其目的是以协议的方式禁止或者限制可能导致股东剥夺债权人权益的行为。债务合约的主要功能表现在以下方面：①限制公司的投资政策。在借款合同中加入限制性条款，如规定债务资本的用途。②限制额外的财务杠杆，如不允许公司在未经原债权人同意的条件下增加额外债务等。③限制股利政策，如限制公司股利发放，将股利发放与公司业绩挂钩。④严格债务担保条款。

（2）收回借款，不再借款。当债权人发现公司有侵蚀其债权价值的意图时，将拒绝进一步合作，不再提供新的借款或提前收回借款。

此外，还可通过让债权人取得股权的方式来协调两者的利益目标。即债权人作为债权所有人的同时，对公司持有股份，或者通过各种方式将已有债权转换为股权。取得股权是避免股东与债权人利益冲突的最后解决方式，即进行角色置换。但这种方式并不是在所有情况下都可行。有些国家规定债权人不能成为股东，如银行不得持有公司股份，有时则与债券市场的发育程度有关，如可转换债券还没有被市场完全接受等。

（三）财务管理目标与社会责任的关系及协调

财务管理目标与社会责任的履行在许多方面是一致的。企业实现财务管理目标的过程，自然会使社会受益。企业为了创造自身的价值，必须生产出符合顾客需要的产品，满足社会的需求，必须不断引进与开发新技术，并扩大经营规模，这样就会引起新的就业需要，解决社会的就业问题，必须提高劳动生产率，改进产品质量，改善服务，从而提高社会生产效率和公众的生活质量。

社会责任与财务管理目标之间还存在着差异。例如，企业为了获利，可能生产伪劣产品，可能不顾工人的健康和利益，可能造成环境污染，可能损害其他企业的利益等。社会责任要求企业讲究环保、合理雇用工人等，但这些社会责任的履行，必然会造成股东财富或企业价值一定程度的损失。

财务管理目标与社会责任间的差异，主要通过政府干预来协调：一种是运用法律手段，如制定反暴利法、反不正当竞争法、环境保护法、合同法、消费者权益保护法和有关产品质量的法规等；另一种是通过行政和经济杠杆来调节企业行为，以保证社会责任的完全履行。

第三节 财务管理环境

财务管理环境是指企业财务活动赖以存在和发展的各种因素的集合。企业财务活动是在一定的环境下进行的，必然受到环境的影响。

财务管理环境一般可分为宏观环境和微观环境。宏观环境是指影响企业财务活动的各种宏观因素，如政治因素、经济因素、法律因素、金融市场等等。宏观环境是作为企业外部的、影响企业财务活动的客观条件而存在的，是企业财务决策难以改变的外部约束条件，企业财务决策更多的是适应它们的要求和变化。微观环境是指影响企业财务活动的各种微观因素，如企业组织形式、生产状况、产品销售市场状况、企业文化、管理者素质等等。微观环境是作为企业内部的、影响企业财务活动的客观条件而存在的。

在财务管理的环境中，宏观环境决定微观环境，微观环境始终与宏观环境相适应，并随着宏观环境的变化不断得到改善。因此，宏观环境是财务管理环境中最主要的内容。这里主要介绍财务管理的宏观环境。财务管理的宏观环境涉及的范围很广，其中最重要的是法律环境、金融市场环境、利率和经济环境。

一、法律环境

法律环境是指企业和外部发生经济关系时应遵守的各种法律、法规和规章。企业的理财活动，无论是筹资、投资还是收益分配，都要和企业外部发生经济关系。在处理这些经济关系时，应当遵守有关的法律规范。这些法律规范主要包括：

（一）企业组织法规

企业组织必须依法成立。组建不同的企业，要依照不同的法律规范。《中华人民共和国公司法》（以下简称《公司法》）是典型的企业组织法规。它对公司制企业的筹资方式、股票发行和交易、债券发行和转让、利润分配等方面作出了规定。《公司法》是公司财务管理最重要的强制性规范，公司的理财活动不能违反该法律，公司的自主权不能超出该法律的限制。

从财务管理来看，非公司制企业与公司制企业有很大不同，主要体现在三个方面：

（1）承担的责任不同。非公司制企业的所有者，包括独资企业的业主和合伙企业的合伙人，要承担无限责任，他们占有企业的盈利（或承担损失），一旦经营失败必须抵押其个人的财产，以满足债权人的要求。公司制企业的股东承担有限责任，经营失败时其承担的责任以出资额为限。

（2）承担的税负不同。独资企业和合伙企业一般只需缴纳个人所得税，而公司制企业的股东则承担企业所得税和个人所得税双重税负。

（3）筹资的难易程度不同。公司制企业一般比非公司制企业容易筹资。

（二）税收法规

国家税种的设置、税率的高低、征收范围、减免规定、优惠政策等都会直接影响企业的财务活动。税收对财务管理的影响具体表现为：

1.影响企业筹资决策

按照国际惯例和我国税法，企业借款利息和债券利息不高于金融机构同类同期贷款利息的部分，可在税前利润中扣除。因此，银行借款和发行债券等筹资方式能够给企业带来节税利益。而其他筹资方式则无此优势，如发行股票筹集的资本，其支付的股利必须在所得税后的净利润中列支。

2.影响企业投资决策

企业投资从广义上讲，不仅包括股票、债券等对外投资，也包括对固定资产、流动资产的投资，还包括企业设立、分公司和子公司设立的投资。企业投资建立不同形式、不同规模的企业，或投资于不同的行业、投资经营不同业务等，都会面临着不同的税收政策。在企业进行投资决策时，必须考虑税收对企业设立的地点和行业的影响、对企业分支机构设立形式的影响、对企业投资具体形式的影响等方面。

3.影响企业现金流量

企业作为纳税人，应按税法的规定及时、足额地以现金上缴税金。由于纳税会增加企业现金流出量，因此，财务管理必须解决好三个问题：一是纳税期限临近时需筹足现金；二是采用合法的方法使纳税递延，从而减少当期现金流出量，避免现金短缺；三是编制现金预算时要尽可能准确地预测税金支付项目。

4.影响企业利润

税收体现着国家与企业对所创造的纯收入的分配关系。税费的变动与利润的变动呈反向关系，在一定时期内企业承担的税负增加，则利润必然减少。税基和税率的变更对利润有直接影响。例如，现实税率的上升或下降会使企业利润减少或增加，预计税率的变更会影响利润的预测值。

5.影响企业收益分配

股份公司的股利分配政策不仅影响股东的个人所得，而且影响公司的现金流量。股东获得的现金股利需缴纳个人所得税，如果公司将盈利留在企业作为内部留存收益，股东可不缴纳个人所得税。这时股东虽然没有现金收入，但可以从以后的股价上涨中获得资本利得。

税负是企业的一种费用，要增加企业的现金流出，对企业理财有重要影响。企业无不希望在不违反税法的前提下减少税收负担。税负的减少，只能靠筹资、投资和收益分配等财务决策的精心安排和筹划，而不允许在纳税义务已经发生时去偷税或逃税。精通税法，对财务管理者具有重要的意义。财务管理者应当知法、守法、用法，切实做好税收筹划工作，以寻求节税利益的最大化。

二、金融市场环境

金融市场是企业财务管理的直接环境。它不仅为企业筹资和投资提供了场所，而且促进了资本的合理流动和优化配置。

（一）金融市场及其构成要素

金融市场是指资本供求双方通过某种形式融通资本的场所，是实现货币借贷和资本融通，办理各种票据和有价证券交易活动的场所。金融市场主要由四个要素构成：

1.参与者

参与者是指参与金融交易活动的各个经济单位。金融市场的参与者最初主要是资本盈余或不足的企业、个人以及金融中介机构。随着金融市场的发展，现代金融市场的参与者已经扩大到社会经济生活的各个方面，包括企业、个人、政府机构、商业银行、中央银行、证券公司、保险公司、基金会等等。按照进入市场的身份，金融市场的参与者可以分为资本供应者、资本需求者、中介人和管理者。在金融市场上，参加交易活动的经济主体都是能够独立作出决策，并承担利益和风险的经济法人。

2.金融工具

金融工具是金融市场的交易对象。资本供求者对借贷资本数量、期限和利率的多样化的需求，决定了金融市场上金融工具的多样化，而多样化的金融工具不仅满足了资本供求者的不同需要，而且也由此形成了金融市场的各类子市场。

3.组织形式和管理方式

金融市场的组织形式主要有交易所交易和柜台交易两种，交易方式主要有现货交易、期货交易、期权交易、信用交易。金融市场的管理方式主要包括管理机构的日常管理、中央银行的间接管理以及国家的法律管理。

4.内在机制

金融市场交易活动要想正常进行还必须有健全的机制。这种机制主要是指具有一个能够根据市场资本供应灵活调节的利率体系。在金融市场上，利率是资本商品的“价格”。利率的高低取决于社会平均利润率和资本供求关系，但是，利率又会对资本供求和资本流向起着重要的调节和引导作用。当资本供不应求时，利率上升，既加大了资本供应又减少了资本需求；当资本供过于求时，利率下降，既减少了资本供应又扩大了资本需求。因此，利率是金融市场上调节资本供求，引导资本合理流动的主杠杆。

（二）金融市场的种类

1.金融市场按交易的期限，分为短期资本市场和长期资本市场

短期资本市场是指期限不超过一年的资本交易市场，由于短期有价证券易于变成货币或作为货币使用，所以也叫货币市场。短期资本市场主要有拆借市场、票据市场、大额定期存单市场和短期债券市场等。长期资本市场是指期限在一年以上的股票和债券交易市场，由于发行股票和债券主要用于固定资产等资本货物的购置，所以也叫资本市场。长期资本市场上的交易活动由发行市场和流通市场构成，其交易组织形式主要有交易所交易和柜台交易两种，其具体交易方式主要有现货交易、期货交易、期权交易和信用交易。

2.金融市场按交割的时间，分为现货市场和期货市场

现货市场是指买卖双方成交后，当场或几天之内买方付款、卖方交出证券的交易市场。期货市场是指买卖双方成交后，在双方约定的未来某一特定的时日才交割的交易市场。

3.金融市场按交易的性质，分为发行市场和流通市场

发行市场是指从事新证券和票据等金融工具买卖的转让市场，也叫初级市场或一级市场。流通市场是指从事已上市的旧证券或票据等金融工具买卖的转让市场，也叫次级市场或二级市场。

4.金融市场按交易的对象，分为资金市场、外汇市场和黄金市场

资金市场以货币和资本为交易对象。外汇市场以各种外汇信用工具为交易对象。黄金市场是集中进行黄金买卖和金币兑换的交易市场。其中，与财务管理直接相关的市场主要是指资金市场。

（三）金融市场与企业财务管理

1.金融市场是企业筹资和投资的场所

金融市场上有许多筹资渠道和筹资方式可供选择。企业需要资本时，可以到金融市场选择恰当的方式筹资。企业有了闲置的资本，也可以灵活选择投资方式，在金融市场上进行投资。

2.企业通过金融市场调整资本结构，实现长短期资本互相转化

企业持有的股票是长期投资，在金融市场上可随时变现，成为短期资本。远期票据通过贴现，可变为现金。大额可转让定期存单，可以在金融市场卖出，成为短期资本。与此相反，短期资本也可以在金融市场上转变为股票、债券等长期资本。

3.金融市场为企业理财提供有用的信息

金融市场的利率变动，反映资本的供求状况。有价证券市场的行市反映投资人对企业的经营状况和盈利水平的评价。它们是企业经营和投资的重要依据。

三、利率

（一）关于利率的几组概念

1.年利率、月利率和日利率

年利率是指按年计息的利率，一般按本金的百分之几表示，通常称年息几厘几毫。如年息5厘4毫表示本金100元的年利息额为5.4元。月利率是按月计息的，一般为本金的千分之几，如月息6厘即本金1 000元的每月利息为6元。日利率是按天计息的，一般可根据年利率或月利率折算而来。

2.名义利率与实际利率

第一种含义的名义利率是指包含对通货膨胀补偿的利率。在通货膨胀情况下，市场上各种利率都是名义利率。实际利率是指在物价不变、货币购买力不变的情况下的利率，或者是指物价有变动时，扣除通货膨胀补偿后的利率。设i为名义利率，r为实际利率，IP为通货膨胀率，则两者的关系为：

$$1+i=(1+r)\times(1+IP)$$

得出：

$$i=r+IP+r\cdot IP$$

第二种含义是由于年内多次计息而使得年实际利率大于名义利率。设m为计息次数，年实际利率（r）与名义年利率（i）间的关系为：

$$r=(1+i/m)^{m}-1$$

在连续复利计息时，$r=e^{i}-1$（e为自然常数，约等于2.718)。

3.基准利率与套算利率

基准利率是指在多种利率并存的条件下起决定作用的利率。它是中央银行的再贴现利率，或是中央银行对其他商业银行的再贷款利率。套算利率是指在基准利率的基础上，各商业银行根据具体贷款特点换算出来的利率，主要依据企业的资信等级来确定。

4.固定利率与浮动利率

固定利率是指在整个贷款期内固定不变的利率。浮动利率是指在贷款期内随市场借贷资本供求关系而在一定范围内调整的利率。

（二）利率的构成

利率是资本的价格，它主要取决于资本供求关系。作为资本价格，它对资本供应方来说属于收益，对资本需求方而言则属于成本。在金融市场中，利率构成可用下式表示：

利率=纯利率+通货膨胀补偿率+风险补偿率

其中，纯利率与通货膨胀补偿率构成基础利率，风险补偿率又分为违约风险补偿率、流动性风险补偿率和到期风险补偿率三种。因此，影响利率构成的主要因素有：

1.纯利率

纯利率是指没有风险和没有通货膨胀情况下的平均利率。例如，在没有通货膨胀时，国库券的利率可以视为纯利率。纯利率的高低，受平均利润率、资本供求关系和国家调节的影响。首先，利息是利润的一部分，所以利息率依存于利润率，并受平均利润率的制约。一般利息率随平均利润率的提高而提高。利息率的最高限不能超过平均利润率，否则企业无利可图，不会借入款项。利息率的最低界限大于零。其次，在平均利润率不变的情况下，金融市场上的供求关系决定市场利率水平。在经济高涨时，资本需求量上升，若供应量不变，则利率上升。在经济衰退时，则利率下降。最后，政府为防止经济过热，通过中央银行减少货币供应量，资本供应量减少，利率上升。政府为刺激经济发展，增加货币发行量，则情况相反。

2.通货膨胀补偿率

通货膨胀使货币贬值，从而使投资者或资本供应者的真实报酬率下降。因此，为弥补通胀造成的购买力损失，利率的确定要视通胀状况而给予一定的补偿。例如，政府发行的短期无风险证券（如国库券）的利率就是由纯利率和通货膨胀补偿率这两部分组成的。

3.违约风险补偿率

违约风险是指借款人无法按时支付利息或偿还本金而给投资者或资本供应者带来的风险。违约风险越大，则投资者或资本供应者要求的利率也越高，反之则相反。

4.流动性风险补偿率

流动性是指资产在短期内出售并转换为现金的能力。资产流动性强弱的标志有两个：一是时间因素；二是变现价格。对于金融市场而言，金融资产的流动性视金融证券发行主体的财务实力而定。例如，小公司的债券流动性相对于大公司要差，作为小公司债券的购买者，就会要求提高利率作为补偿。

5. 到期风险补偿率

到期风险补偿率是因到期时间长短不同而形成的利率差别。从理论上讲，持有不同时间的金融资产其利率不同，其原因在于长期金融资产的风险高于短期金融资产风险，从而相应体现收益率差异。

（三）利率与企业财务管理

1. 利率是企业筹资决策的重要依据

在筹资决策中，不管是采用借款还是股权筹资方式，利率都是判断筹资合理性的主要因素。利率水平决定了企业筹资资本成本的水平，对企业选择何种方式筹资、筹资的期限安排等，都有着重要的影响。如果预期市场利率下降，企业在选择筹资方案时，则应筹集短期资本；反之，如果预期市场利率上升，则应筹集长期资本，以降低筹资成本。

2. 利率是企业投资决策的重要依据

在企业投资决策中，市场利率水平会对企业投资战略起到决定性作用。在市场利率低时，企业会选择扩张型投资；反之，在市场利率上升时，企业会适当抑制投资。在长期投资项目决策中，计算净现值指标所使用的贴现率是以市场利率为基础来确定的。银行贷款利率的波动，以及与此相关的股票和债券价格的波动，既给企业以机会，也是对企业的挑战。如果预期市场利率下降，企业在选择投资方案时，应进行长期投资；反之，如果预期市场利率上升，则应进行短期投资以提高投资收益。

3. 利率影响分配决策

利率是企业进行利润分配时必须考虑的因素之一。一般而言，企业给予投资者的回报不应低于市场平均无风险报酬率。为了获得投资者的持续投资及未来的追加投资，企业应尽量给予投资者高于市场上风险收益水平的报酬率，而市场利率是市场平均收益率的量化依据。

四、经济环境

经济环境是指企业进行财务活动的宏观经济状况，主要包括以下方面：

（一）经济发展状况

经济发展的速度对企业理财有重大影响。近年来，我国经济发展速度较快。企业为了跟上这种发展并在其行业中维持它的地位，至少要有同样的增长速度，需要相应增加厂房、机器、存货、工人、专业人员等。这种增长，需要大规模地筹集资本，需要借入巨额款项或增发股票。

经济发展的波动，即有时繁荣有时衰退，对企业理财有极大影响。这种波动，最先影响的是企业销售额。销售额下降会阻碍企业现金的流转。例如，成品积压不能变现，需要筹资以维持运营。尽管政府试图减少不利的经济波动，但事实上经济有时“过热”，有时需要“调整”。财务人员对这种波动要有所预期，筹措足够的资本，用以调整生产经营。

（二）通货膨胀

通货膨胀不仅对消费者不利，给企业理财也带来了很大困难。企业对通货膨胀本身无能为力，只有政府才能控制。但通货膨胀对企业财务活动产生影响，企业为了实现期望的报酬率，必须调整收入和成本；同时，使用套期保值等办法减少损失，如提前购买设备和存货，买进现货卖出期货等等。

(三) 政府的经济政策

由于政府具有较强的调控宏观经济的职能，其制定的国民经济发展规划、产业政策、经济体制改革措施、行政法规等，对企业的财务活动都有重大影响。

国家对某些地区、某些行业、某些经济行为的优惠、鼓励和有利倾斜构成了政府经济政策的主要内容。企业在进行财务决策时，要认真研究政府的经济政策，按照政策导向行事，才能趋利除弊。当政府的经济政策随着经济状况的变化作出调整时，企业财务决策要为这种变化留有余地，甚至预见其变化的趋势。

(四) 资本市场效率

根据微观经济学理论，自由竞争条件下的市场制度的核心就是价格能否正确反映稀缺资源在无限制的、不同选择和竞争性用途中有效配置所必需的全部信息。如果价格能及时全面地反映所有可得信息，那么市场被认为是有效率的。有效的资本市场下，股票价格能提供企业价值的无偏估计。

通常按证券价格反映信息程度的不同把资本市场效率分为三种模式：

(1) 弱式效率市场，当前股票的市场价格充分反映了历史证券价格所包含的所有信息，即所有包含在过去股价变动中的资料和信息都已完全反映在股票的现行市价中。

(2) 半强式效率市场，包含弱式效率市场，并仍然假设当前市场价格反映了过去价格运动和所有公开可得的信息。

(3) 强式效率市场，证券价格充分反映了所有公开可得的，或不能公开获得的信息。

资本市场效率对制定财务政策是至关重要的。财务管理应理性分析资本市场效率，作出正确的财务决策。

(五) 竞争

竞争广泛存在于市场经济之中，任何企业都不能回避。企业之间、产品之间、现有产品和新产品之间的竞争，涉及设备、技术、人才、推销、管理等各个方面。竞争能促使企业用更好的方法来生产更好的产品，对经济发展起推动作用。但对企业来说，竞争既是机会，也是威胁。为了改善竞争地位，企业往往需要大规模投资，成功之后企业盈利增加，但若投资失败则对保持竞争地位更为不利。竞争是“商业战争”，综合体现了企业的全部实力和智慧，经济增长、通货膨胀、利率波动带来的财务问题，以及企业的对策都会在竞争中体现出来。

【进一步学习指南】

1. 投资者关系管理（IRM）

投资者关系是指上市公司（包括拟上市公司）与公司的股权、债权投资人或潜在投资者之间的关系，包括在与投资者沟通过程中，上市公司与资本市场各类中介机构之间的关系。投资者关系管理（Investors Relation Management，IRM）是指上市公司通过各种方式的投资者关系活动，以加强与投资者之间的沟通，增进投资者对公司了解的管理行为。为了实现企业的可持续发展和企业价值最大化，企业必须适应资本市场需要，加强投资者关系管理。在我国，深交所、上交所先后推出了投资者关系管理指引，并要求各上市公司制定和实施投资者关系管理制度，对投资者关系管理提出了指导性意见。具体参见深圳证券交易所网站（www.szse.cn）。

2.《公司法》中有关财务管理权限的相关规定

《公司法》明确规定了公司内部各治理主体所行使的相关财务职权，包括股东会、董事会、经理层的财务职权。参见2013年12月28日第三次修订的《中华人民共和国公司法》第37条、46条、49条、103条。

3.《上市公司股权激励管理办法》中关于股票期权激励制度的相关规定

为进一步完善上市公司治理结构，促进上市公司规范运作与持续发展，证监会修订了《上市公司股权激励管理办法》，明确规定：股权激励计划的激励对象可以包括上市公司的董事、高级管理人员、核心技术人员或者核心业务人员，以及公司认为应当激励的对公司经营业绩和未来发展有直接影响的其他员工，但不应当包括独立董事和监事。上市公司应当建立绩效考核体系和考核办法，以绩效考核指标作为实施股权激励计划的条件。参见2016年7月13日证监会发布的《上市公司股权激励管理办法》。

复习思考题

1.财务管理的基本内容有哪些？公司财务管理与资本运营有着何种关系？

2.如何理解财务管理的风险报酬权衡原则？

3.如何理解财务管理的价值创造原则？

4.财务管理的目标是什么？为什么？

5.试比较利润最大化、股东财富最大化、企业价值最大化目标的特点。

6.如何协调股东与经营者、股东与债权人之间的目标差异？

7.哪些财务决策应当考虑税收因素？

8.金融市场与企业财务管理有着怎样的关系？

9.利率是怎样构成的？财务管理应如何运用利率杠杆？

10.当前公司财务管理受哪些宏观环境的影响较大？

案例分析题

1.资料

万科企业股份有限公司成立于1984年5月，1988年深万科股票在深圳特区证券公司挂牌。1991年1月“深万科A”在深圳证券交易所上市，1993年4月首次发行B股，同年5月28日“深万科B”上市。万科以房地产为核心业务，是中国内地首批上市公司之一。至2015年年末，公司总资产6 113亿元，净资产合计1 363亿元，其资产负债情况见表1-1。2015年度实现营业收入1 955亿元，实现净利润181亿元。

表1-1　　**合并资产负债表主要项目**

2015年12月31日　　单位：元

资　产	金　额	负债及股东权益	金　额
流动资产：		流动负债：	
货币资金	53 180 381 016.34	短期借款	1 900 087 965.52
应收账款	2 510 653 269.96	应付票据	16 744 732 907.08
预付款项	39 646 972 826.29	应付账款	91 446 458 420.61

续表

资 产	金 额	负债及股东权益	金 额
其他应收款	75 485 642 961.23	预收款项	212 625 705 637.30
存货	368 121 930 513.33	应付职工薪酬	2 642 657 169.63
流动资产合计	547 024 375 866.34	应交税费	7 373 980 494.99
非流动资产：		应付利息	231 575 884.69
可供出售金融资产	1 138 812 728.09	其他应付款	62 350 224 343.79
长期股权投资	33 503 423 488.02	一年内到期的非流动负债	24 746 404 056.97
投资性房地产	10 765 051 108.38	流动负债合计	420 061 826 880.58
固定资产	4 917 479 160.88	非流动负债：	
在建工程	598 358 905.88	长期借款	33 828 584 225.36
无形资产	1 044 991 088.26	应付债券	19 015 812 338.88
商誉	201 689 835.80	预计负债	143 220 557.94
长期待摊费用	447 883 429.64	其他非流动负债	1 378 075 550.63
递延所得税资产	5 166 540 813.69	递延所得税负债	558 430 814.88
其他非流动资产	6 486 961 264.31	非流动负债合计	54 924 123 487.69
非流动资产合计	64 271 191 822.95	负债合计	474 985 950 368.27
		股东权益：	
		股本	11 051 612 300.00
		资本公积	8 174 812 609.65
		盈余公积	28 068 766 725.61
		未分配利润	52 597 854 095.89
		归属于母公司股东益合计	100 183 517 822.33
		少数股东权益	36 126 099 498.69
		股东权益合计	136 309 617 321.02
资产总计	611 295 567 689.29	负债及股东权益总计	611 295 567 689.29

2.要求

（1）从资产负债表项目看，万科2015年末的筹资来源如何构成？有何特点？

（2）从资产负债表项目看，万科2015年末的资金投向何处？有何特点？

（3）该公司应当选择何种财务管理组织机构模式？为什么？

（4）该公司的财务管理目标是什么？为什么？

（5）当前哪些环境因素变化会对该公司的财务管理产生直接影响？

第二章　财务管理的价值观念

【学习目标】

通过本章学习，要求理解和掌握：

- 货币时间价值的概念及计算
- 投资风险价值的概念及风险程度的衡量
- 风险与收益的关系及计量

【引例】

最近某保险公司推出一款“潇洒明天，快乐永远”的商业保险，诸钢想给他9岁的儿子诸强购买两份。该保险是终生一次性保险，只要一次性投入10 000元，就可在以后的生活中每隔3年返还1 000元，直到诸强去世。

如果以20 000元投入，就可以换来未来每间隔3年返还2 000元的回报。假设诸强能够活到75岁，那么他将获得保险公司返还的次数是22次（（75−9）÷3），则他能得到的金额为44 000元（2 000×22）。

从表面看，他投入20 000元就可以收回44 000元，似乎还不错。但44 000元不是现在返还，而是未来66年内每隔3年返还2 000元现金。

诸钢是否应该为其儿子购买这个保险？我们应该如何分析与选择这类理财方案？这实际是一个货币时间价值与投资风险价值的计算问题，带着这些问题我们进入本章的学习。

第一节　货币时间价值

一、货币时间价值的概念

货币时间价值（Time Value of Money），是指一定量的货币在不同时点上价值量的差额。如果现在存入银行100元，假设存款年利率为7%，则1年后将变成107元。因为时间的原因，产生了7元的增值，这7元就是100元在1年时间里产生的时间价值。

货币时间价值是客观存在的，因为货币在不同时间点上具有不同的价值，随着时间的推移，货币将会产生增值。但是，并非所有货币都存在着时间价值，如将钱藏在家里，不管放多长时间都不会有分毫的增加。只有将货币作为资金投入到生产经营活动中去才会产生时间价值，即货币的时间价值产生于货币的周转使用过程。

为什么货币在周转过程中会产生时间价值呢？这是因为货币使用者把货币作为资金投入生产经营以后，劳动者通过生产新的产品，创造新的价值，并带来利润，实现货币增值。周转使用的时间越长，所获得的利润越多，实现的增值额就越大。因此，货币时间价值的实质是货币周转使用后的增值额。如果货币是货币使用者从货币所有者那里借来的，则货币所有者要分享一部分货币的增值额。

货币时间价值有两种表示方式：一是用绝对数表示，即货币时间价值额，是指货币在生产经营过程中产生的增值额；二是用相对数表示，即货币时间价值率，是指不包括风险价值和通货膨胀因素的平均投资利润率或平均投资报酬率。货币时间价值的两种表示方式，在实务中并不加以严格区分，更常见的是用相对数——货币时间价值率表示。

货币时间价值代表的是没有投资风险和通货膨胀因素的投资报酬率。银行存款利率、贷款利率、各种债券利率、股票的股利率都可以看做是投资报酬率，但它们同货币的时间价值有所不同，因为这些报酬率除了包含货币时间价值因素外，还包含了通货膨胀和投资风险价值等因素。

综上所述，货币时间价值是企业投资利润率的最低限度，是衡量企业经济效益、考核经营业绩的重要依据。同时，货币时间价值揭示了不同时点上货币之间的换算关系，因而它是企业进行筹资决策和投资决策所必不可少的计量手段。

二、货币时间价值的计算

为了计算货币时间价值，一般需要引入“终值”和“现值”等相关概念，表示不同时点的货币价值。终值（Future Value）是指现在的一定量货币在将来某一时间的价值，包括本金和时间价值（利息），即“本利和”。现值（Present Value）是指将来某一时间的一定量货币相对于现在的价值，即未来值扣除时间价值后所剩的“本金”。同时，为了方便起见，假定货币的流入或流出都是在某一时期（通常为1年）的起始或终了时进行。

（一）单利的计算

单利是指只对本金计算利息的计息方法。按照这种方法，每期产生的利息都不能与本金一起计算下一期的利息，即利息不再生息。如我国银行存款一般按单利计算利息。

1.单利终值

单利终值是指一定量货币在若干期后按单利法计算利息的本利和。单利终值的计算公式为：

$$F=P\cdot(1+i\cdot n)$$

式中：P——现值（或本金）；

i——利率（一般指年利率）；

n——计息期数；

F——n期后的终值。

单利终值计算公式的推导过程如下：

每期利息为$P\cdot i$，n期后的总利息为$P\cdot i\cdot n$。

由此可以得出，n期后的本利和为：

$$P+P\cdot i\cdot n=P\cdot(1+i\cdot n)$$

【例2-1】张明现在将10万元本金存入银行，存款的年利率为4%，则8年后该笔本金的单利终值为：

$$F=10\times(1+4\%\times8)=13.2\text{（万元）}$$

2.单利现值

单利现值是指以后时间收到或支付的货币按单利法倒求的现在价值（即本金）。由终值求现值也称为贴现，贴现的利率称为贴现率。

单利现值的计算公式可从单利终值的计算公式推导得出：

$$P=F\cdot\frac{1}{(1+i\cdot n)}$$

式中：P——现值；

F——n期后收到或付出的货币量（终值）；

i——贴现率；

n——贴现期数。

【例 2-2】张明希望6年后能从银行提取80万元，在年利率为4%的情况下，现在应该存入银行的本金应为：

$$P=80\times\frac{1}{(1+4\%\times6)}=64.52\text{（万元）}$$

（二）复利的计算

复利是指每期产生的利息计入本金一起计算下一期利息的计息方法。按照这种方法，要将所生利息加入本金再计算利息，逐期滚算，因此，复利又称之为“利滚利”。

1.复利终值

复利终值是指一定量货币在若干期后按复利法计算的本利和。复利终值的计算公式为：

$$F=P\cdot(1+i)^n$$

式中：F——n期后的终值；

P——本金；

i——利率；

n——计息期数。

复利终值计算公式的推导过程如下：

第1期后的终值为：$P+P\cdot i=P\cdot(1+i)$

第2期后的终值为：$P\cdot(1+i)\cdot(1+i)=P\cdot(1+i)^2$

⋮

第n期后的终值为：$P\cdot(1+i)^n$

【例 2-3】假定张明现在将10万元本金存入银行，存款的年利率为4%，则8年后该笔本金的复利终值为：

$$F=10\times(1+4\%)^8=13.69\text{（万元）}$$

复利终值计算公式中的$(1+i)^n$可称为复利终值系数，或称为1元的复利终值，用(F/P，i，n)表示。因此，复利终值的计算公式又可表示为：

$$F=P\cdot(F/P,i,n)$$

为了简化和加速计算，可以通过查“复利终值系数表”得到相应的复利终值系数。

前例也可通过查表法计算，结果如下：

$$F=P\cdot(F/P,4\%,8)=10\times1.369=13.69\text{（万元）}$$

2.连续复利（累计复利）下的终值

连续复利下的终值是指通过对无穷短的时间间隔进行复利计息计算得到的终值。在连续复利计息的情况下，n年后的终值可以表示为：

$$F=p\times e^{r\times n}$$

式中：e——常数，其值约为2.718；

p——初始投资；

r——名义利率；

n——投资所持续的年限。

【例 2-4】假设某个投资项目以连续复利方式投入本金100万元，投资当年就产生效益，投资收益期为5年，市场年投资报酬率为10%，则该笔本金在投资期满时的终值为：

$F=100\times2.718^{5\times10\%}=164.86$（万元）

3.复利现值

复利现值是指以后时间收到或付出的货币按复利法计算的现在价值（即本金）。复利现值的计算公式为：

$$P=F\cdot\frac{1}{(1+i)^n}$$

式中：P——现值；

F——n期后收到或付出的货币量（终值）；

i——贴现率；

n——贴现期数。

复利现值计算公式中的 $\frac{1}{(1+i)^n}$ 可称为复利现值系数，或称为1元的复利现值，用（P/F，i，n）表示。因此，复利现值的计算公式又可表示为：

$P=F\cdot(P/F, i, n)$

为了简化计算，实务中都会事先编制复利现值系数表以供查找相应的复利现值系数，见书后附表“复利现值系数表”。

【例 2-5】张明希望8年后能从银行提取80万元现金，在年利率为4%的情况下，按复利计算现在应该存入银行的本金为：

$P=80\times\frac{1}{(1+4\%)^8}=58.46$（万元）

或查复利现值系数表计算结果如下：

$P=80\times(P/F, 4\%, 8)=80\times0.731=58.48$（万元）

（三）年金的计算

年金（Annuity）是指在一定时期内，每期收到或支付的等额款项。年金中的“年”表示收到或支付款项的期次，只是一种通俗的说法，并不特指“1年”，也可以是“1个月”、“1个季度”或者“3年”等时间间隔。年金在企业的经济活动及家庭日常生活中经常能够遇到，如银行推出的基金定投和黄金定投产品、每期等额收付的租金、企业每月为职工支付的养老保险金及企业年金、退休职工的养老金等，都是以年金的形式出现的。根据收款或付款的时间与方式的不同，年金分为普通年金、预付年金、递延年金和永续年金四种形式。

1.普通年金

普通年金（Ordinary Annuity）是指在一定时期内，每期期末有等额收付款项的年金。比如每期收取的债券利息、每期支付的借款利息、每年获取的投资收益等，往往都是在期末发生的，因此，普通年金又称为后付年金。

（1）普通年金终值

普通年金终值是指一定期间内每期期末等额的系列收付款项的复利终值之和。如零存整取的本利和、基金定投的终值等。

假设，每期等额收款或付款的金额为A，年金期数为n，利率为i，年金终值为F。图2-1所示的为普通年金终值的计算过程。

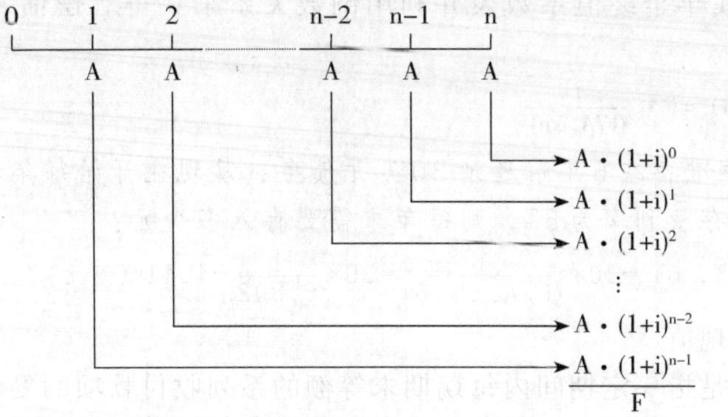

图2-1 普通年金终值的计算过程

由图2-1可推导出，普通年金终值的计算公式为：

$$F=A(1+i)^{n-1}+A(1+i)^{n-2}+\cdots+A(1+i)^{2}+A(1+i)^{1}+A(1+i)^{0}$$

$$=A[(1+i)^{n-1}+(1+i)^{n-2}+\cdots+(1+i)^{2}+(1+i)^{1}+(1+i)^{0}]$$

$$=A\cdot\sum_{t=1}^{n}(1+i)^{t-1}$$

公式中的 $\sum_{t=1}^{n}\frac{1}{(1+i)^{t}}$ 可称为年金终值系数，用（F/A，i，n）表示。因此，普通年金终值的计算公式可简化表示为：

$$F=A\cdot(F/A,i,n)$$

为了简化计算，也可事先编制年金终值系数表以供查找，见书后“年金终值系数表”。表中的年金终值系数可以按以下公式计算：

$$(F/A,i,n)=\frac{(1+i)^{n}-1}{i}$$

该公式的推导过程如下：

$$(F/A,i,n)=(1+i)^{n-1}+(1+i)^{n-2}+\cdots+(1+i)^{2}+(1+i)+1 \quad (1)$$

将（1）式两边同乘（1+i），得：

$$(F/A,i,n)\cdot(1+i)=(1+i)^{n}+(1+i)^{n-1}+\cdots+(1+i)^{3}+(1+i)^{2}+(1+i) \quad (2)$$

将（2）-（1），得：

$$(F/A,i,n)\cdot(1+i)-(F/A,i,n)=(1+i)^{n}-1$$

$$(F/A,i,n)\cdot i=(1+i)^{n}-1$$

$$(F/A,i,n)=\frac{(1+i)^{n}-1}{i}$$

【例2-6】王剑为给自己以后出国留学积累资金，决定从今年起每年年末向银行存入8万元，若年复利利率为7%，则4年后他能够取出多少钱？

F=8×（F/A，7%，4）=8×4.440=35.52（万元）

（2）偿债基金

偿债基金是指为了在约定的未来某一时点清偿某笔债务，或积聚一定数额的资金，而必须分次等额形成的存款准备金。

偿债基金系数与年金终值系数互为倒数关系，可以表示为 $\frac{i}{(1+i)^n-1}$，记做（A/F，i，n），或通过查找年金终值系数表并利用倒数关系来获得。偿债基金的计算公式可表示为：

$$A=F\cdot(A/F,\ i,\ n)=F\cdot\frac{1}{(F/A,i,n)}$$

【例 2-7】李立准备在6年后还清30万元债务，从现在开始每年年末等额存入银行一笔款项，假设银行存款利率为5%，则每年末需要存入多少元？

$$A=30\times(A/F,\ 5\%,\ 6)=30\times\frac{1}{(F/A,5\%,6)}=30\times\frac{1}{6.802}=4.41\text{（万元）}$$

（3）普通年金现值

普通年金现值是指一定期间内每期期末等额的系列收付款项的复利现值之和。普通年金现值用P表示。图 2-2所示的为普通年金现值的计算过程。

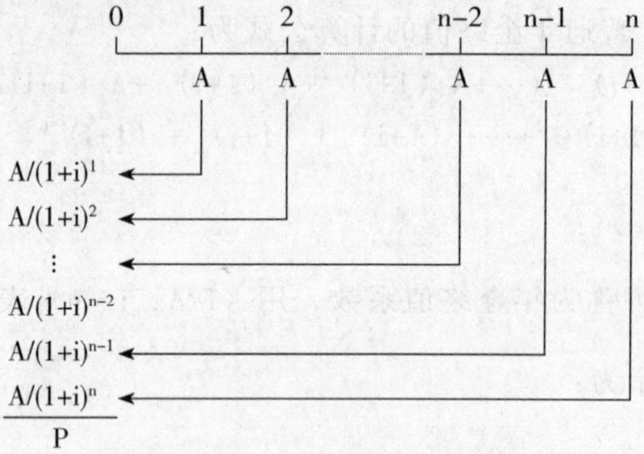

图 2-2 普通年金现值的计算过程

由图 2-2可推导出，普通年金现值的计算公式为：

$$P=A\cdot\frac{1}{(1+i)^1}+A\cdot\frac{1}{(1+i)^2}+\cdots+A\cdot\frac{1}{(1+i)^{n-2}}+A\cdot\frac{1}{(1+i)^{n-1}}+A\cdot\frac{1}{(1+i)^n}$$

$$=A\cdot\sum_{t=1}^{n}\frac{1}{(1+i)^t}$$

公式中的 $\sum_{t=1}^{n}\frac{1}{(1+i)^t}$ 可称为年金现值系数，用（P/A，i，n）表示。因此，普通年金现值的计算公式又可简化表示为：

$$P=A\cdot(P/A,\ i,\ n)$$

为了简化计算，也可事先编制年金现值系数表以供查找，见书后“年金现值系数表”。表中的年金现值系数可以按以下公式计算：

$$(P/A,\ i,\ n)=\frac{(1+i)^n-1}{i(1+i)^n}$$

该公式的推导过程如下：

$$(P/A,\ i,\ n)=\frac{1}{(1+i)^1}+\frac{1}{(1+i)^2}+\cdots+\frac{1}{(1+i)^{n-2}}+\frac{1}{(1+i)^{n-1}}+\frac{1}{(1+i)^n} \quad (1)$$

将（1）式两边同乘（1+i），得：

$$(P/A,\ i,\ n)\cdot(1+i)=1+\frac{1}{(1+i)^1}+\cdots+\frac{1}{(1+i)^{n-3}}+\frac{1}{(1+i)^{n-2}}+\frac{1}{(1+i)^{n-1}} \quad (2)$$

将（2）-（1），得：

$$(P/A,\ i,\ n)\cdot(1+i)-(P/A,\ i,\ n)=1-\frac{1}{(1+i)^n}$$

$$(P/A,\ i,\ n)=\frac{1-\frac{1}{(1+i)^n}}{i}=\frac{(1+i)^n-1}{i(1+i)^n}$$

【例 2-8】马先生夫妇最近准备买房。经过比较，看中某知名品牌开发商开发的楼盘中的一套89平方米的住房。有两种付款方式可供选择：一是首付30万元，剩余部分采用银行按揭贷款解决，马先生夫妇需要分10年于每年年末向银行还款6万元；二是按每平方米8 000元的现行价格一次性支付房款。假设银行贷款利率为7%，马先生夫妇很想知道哪一种付款方式更合算。

第一种付款方式下：

按揭贷款部分的现值为：

P=6×（P/A，7%，10）=6×7.024=42.144（万元）

购房的资金总现值为：

30+42.144=72.144（万元）

第二种付款方式下：

购房的资金总现值为：

89×8 000÷10 000=71.2（万元）

比较上述两种付款方式的资金总现值，可见按揭付款方式并不合算。

（4）年资本回收额

年资本回收额是指在约定年限内等额回收初始投入资本或清偿所欠债务的金额。年资本回收额的计算实际上是已知普通年金现值P，求年金A。即资本回收系数是年金现值系数的倒数，表示为 $\frac{i}{1-(1+i)^{-n}}$，记做（A/P，i，n），或通过计算年金现值系数的倒数来获得。计算年金的公式为：

$$A=P\cdot(A/P,\ i,\ n)=P\cdot\frac{1}{(P/A,i,n)}$$

【例 2-9】大华集团从某银行获得5 000万元的贷款，约定在未来的10年内以10%的年利率等额偿还，则大华集团每年应该偿还银行：

$$A=5\ 000\times\frac{1}{(P/A,10\%,10)}=\frac{5\ 000}{6.145}=813.67\text{（万元）}$$

2.预付年金

预付年金（Annuity Due）是指在一定时期内，每期期初有等额的收付款项的年金。由于普通年金是最普遍、最常用的，因此，年金终值系数表和年金现值系数表都是按普通年金编制的。但是预付年金与普通年金的区别仅仅在于收付款项的时间点不同，因此，可以在普通年金的终值和现值计算公式的基础上，通过适当的调整，利用普通年金系数表来计算预付年金的终值和现值。

（1）预付年金终值

预付年金终值是指一定期间内每期期初等额的系列收付款项的复利终值之和。图2-3所示的为n期预付年金终值和n期普通年金终值之间的关系。

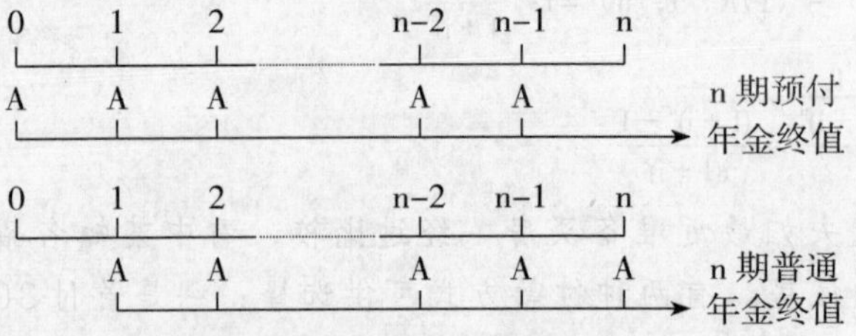

图2-3　n期预付年金终值和n期普通年金终值的关系

从图2-3可以看出，n期预付年金终值和n期普通年金终值的收付款项的期数相同，但因收付款项的时间点不同，从而造成n期预付年金的每期款项均比n期普通年金的每期款项多计算一次利息。因此，只要将n期普通年金终值乘上（1+i），便可求得n期预付年金的终值。预付年金的终值用F表示，则其计算公式为：

F=A·（F/A，i，n）·（1+i）

此外，还可以根据n期预付年金终值和n+1期普通年金终值之间的关系推导出另一计算公式。图2-4所示的为n期预付年金终值和n+1期普通年金终值之间的关系。

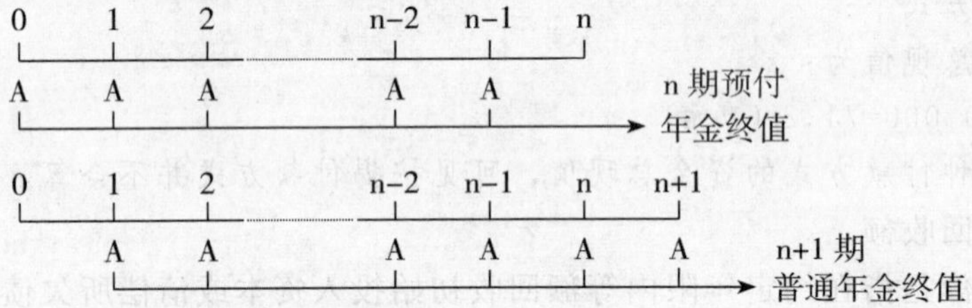

图2-4　n期预付年金终值和n+1期普通年金终值的关系

从图2-4可以看出，n期预付年金终值和n+1期普通年金终值的计息期数相同，但收付款项的期数不同，n+1期普通年金比n期预付年金多了一期不用计息的款项，因此，只要将n+1期普通年金的终值减去这一期不用计息的款项A，便可求得n期预付年金的终值。计算公式为：

F=A·（F/A，i，n+1）-A

=A·［（F/A，i，n+1）-1］

如果把公式中的［（F/A，i，n+1）-1］称为预付年金终值系数，则它同普通年金终值系数，是“期数加1，系数减1”的关系，同样可以利用普通年金终值系数表查n+1期的值，再减去1而得到。

【例2-10】王先生开始为儿子以后上大学准备资金，连续8年于每年年初存入5 000元。若年利率为5%，则王先生第8年年末能取得的本利和为：

F=5 000×（F/A，5%，8）×（1+5%）=5 000×9.549×1.05=50 132.25（元）

或者：

F=5 000×［（F/A，5%，9）-1］=5 000×（11.027-1）=50 135（元）

以上两种方法计算结果的差异只是在于年金终值系数小数点的四舍五入。

（2）预付年金现值

预付年金现值是指一定期间内每期期初等额的系列收付款项的复利现值之和。图2-5所示的为n期预付年金现值与n期普通年金现值之间的关系。

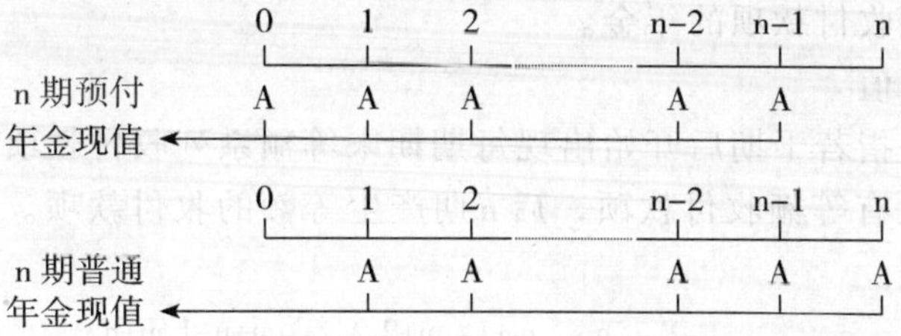

图2-5　n期预付年金现值与n期普通年金现值的关系

从图2-5可以看出，n期预付年金现值和n期普通年金现值的收付款项的期数相同，但收付款项的时间点不同，结果是n期预付年金的每期款项均比n期普通年金的每期款项少贴现1期。因此，n期普通年金现值除 $\frac{1}{(1+i)}$，即乘上（1+i），便可得到n期预付年金的现值。预付年金现值用P表示，则其计算公式为：

P=A·（P/A，i，n）·（1+i）

此外，还可以根据n期预付年金现值和n-1期普通年金现值之间的关系推导出另一计算公式。图2-6所示的为n期预付年金现值和n-1期普通年金现值之间的关系。

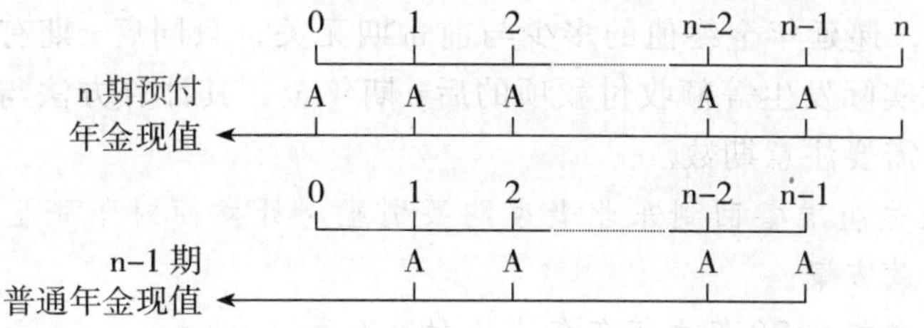

图2-6　n期预付年金现值和n-1期普通年金现值的关系

从图2-6可以看出，n期预付年金现值和n-1期普通年金现值的贴现期数相同，但收付款项的期数不同，结果是n期预付年金比n-1期普通年金多出1期不用贴现的款项。因此，只要将n-1期普通年金的现值加这一期不用贴现的款项A，便可求得n期预付年金的现值。计算公式为：

P=A·（P/A，i，n-1）+A

=A·［（P/A，i，n-1）+1］

如果把公式中的［（P/A，i，n-1）+1］称为预付年金现值系数，则它同普通年金现值系数是"期数减1，系数加1"的关系，可利用普通年金现值系数表查得n-1期的值，再加上1而得到。

【例2-11】刘先生夫妇决定采用银行按揭贷款方式购入商品房一套，首付30万元，再于每年年初支付6万元，分20年付清。若银行贷款利率为6%，试问该项房产相当于一次性支付的现值应该是多少？

P=30+6×（P/A，6%，20）×（1+6%）=30+6×11.470×1.06=102.95（万元）

或者：

P=30+6×［(P/A，6%，19)+1］=30+6×(11.158+1)=102.95(万元)

3.递延年金

递延年金（Deferred Annuity）是指在开始若干期没有等额收付的款项，一定时期后开始出现每期期末等额收付款项的年金。

（1）递延年金终值

递延年金终值是指若干期后开始出现每期期末等额系列收付款项的复利终值之和。

假设，前m期没有等额收付款项，后n期产生等额的收付款项。图2-7所示的为递延年金终值的计算过程。

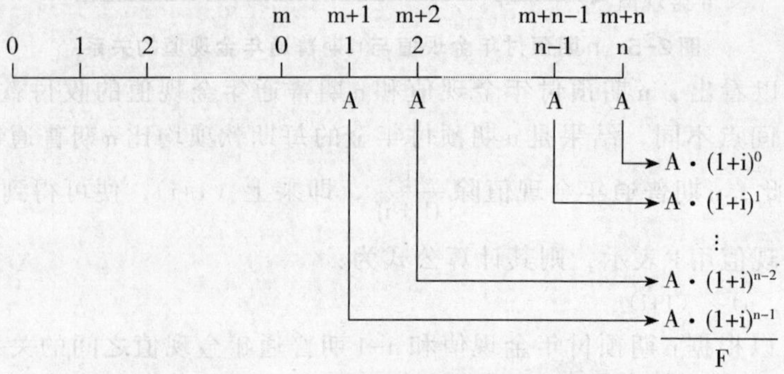

图2-7 递延年金终值的计算过程

由图2-7可知，递延年金终值的多少与前m期无关，只同后n期有关。因此，求递延年金终值只要考虑实际发生等额收付款项的后n期年金，其计算方法与普通年金终值的计算方法相同，只是需要注意期数。

【例2-12】张先生准备回到东北老家购买别墅。开发商对张先生看中的一套别墅给出了三种不同的付款方案。

方案一：从现在起在20年内每年年末支付8万元。

方案二：从现在起在20年内每年年初支付7.5万元。

方案三：前5年不需要支付房款，从第6年开始到第20年每年年末支付13万元。

张先生对于付款方式的选择有些纠结。假设银行贷款利率按7%复利计息，若采用终值方式比较，哪种付款方案对张先生最为有利？

根据方案一付款：

F=8×(F/A，7%，20)=8×40.995=327.96(万元)

根据方案二付款：

F=7.5×(F/A，7%，20)(1+7%)=7.5×40.995×1.07=328.98(万元)

根据方案三付款：

F=13×(F/A，7%，15)=13×25.129=326.68(万元)

从上述计算结果可以看出，张先生选择第三种付款方案最为有利。

（2）递延年金现值

递延年金现值是指若干期后每期期末等额的系列收付款项的复利现值之和。

递延年金的现值用P表示。图2-8所示的为延期m期的递延年金现值的计算过程。

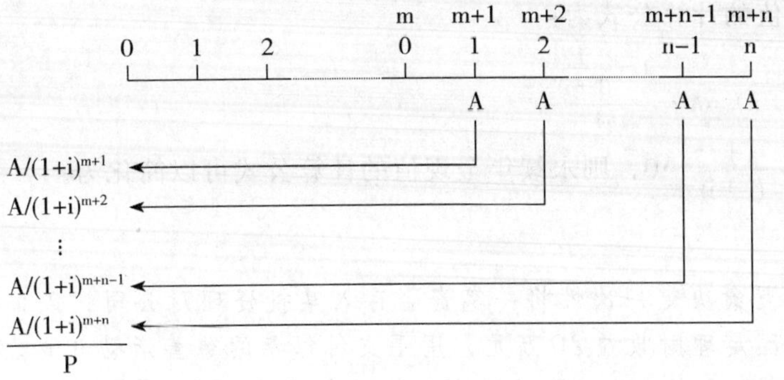

图2-8　递延年金现值的计算过程

由图2-8可知，递延年金现值等于m+n期普通年金现值减去实际没有发生收付款项的前m期普通年金现值后的差值。计算公式为：

P=A·（P/A，i，m+n）-A（P/A，i，m）

=A·［（P/A，i，m+n）-（P/A，i，m）］

计算递延年金现值还可以采用第二种方法。即先求出递延年金在后n期的期初（即前m期的期末）的普通年金现值，因为前m期没有收付款项，该值就可看做前m期的复利终值，再将它贴现至前m期的第1期期初，求得的复利现值即为递延年金的现值。计算公式为：

P=A·（P/A，i，n）·（P/F，i，m）

除此之外，计算递延年金现值还有第三种方法。即先利用n期的普通年金终值系数求出延期年金在第m+n期期末的终值，再利用m+n期的复利现值系数将它贴现至第1期期初，求得的复利现值即为延期年金的现值。其计算公式为：

P=A·（F/A，i，n）·（P/F，i，m+n）

【例2-13】四方公司因资金周转需要从银行贷入一笔款项，贷款年利率为10%，银行规定前3年不用还本付息，但自第4年起至第12年年末，每年年末必须偿还本息150万元，则该笔借款的现值应该为：

P=150×［（P/A，10%，12）-（P/A，10%，3）］=150×（6.814-2.487）=649.05（万元）

或者：

P=150×（P/A，10%，9）×（P/F，10%，3）=150×5.759×0.751=648.75（万元）

或者：

P=150×（F/A，10%，9）×（P/F，10%，12）=150×13.579×0.319=649.76（万元）

以上三种计算方法的计算结果所存在的差异，只是在于年金现值系数与复利现值系数小数点后的四舍五入。

4.永续年金

永续年金（Perpetual Annuity）是指无限期地连续收付款项的年金。如优先股的股利，无限期的存本取息存款等。

永续年金由于没有终止的时间，因此，只需计算永续年金的现值，而没有必要计算其终值。永续年金的现值就是期数为无限的普通年金现值，其计算公式可以从普通年金现值的计算公式推导得出。

普通年金现值的计算公式为：

$$P=A\cdot(P/A,i,n)=A\cdot\frac{1-\frac{1}{(1+i)^n}}{i}$$

当$n\to\infty$时，$\frac{1}{(1+i)}\to 0$，则永续年金现值的计算公式可以简化为：

$$P=A\cdot\frac{1}{i}$$

【例 2-14】贾鑫决定一次性将一笔资金存入某投资理财公司，以便以后能无限期地于每年年末提取固定理财收益20万元，用于支付每年的慈善活动开支。若双方约定投资报酬率为10%，则贾鑫现在应该一次性存入该投资理财公司的资金为：

$$P=20\times\frac{1}{10\%}=200\text{（万元）}$$

三、利率的计算

（一）贴现率（利息率）的计算

在计算货币时间价值时，如果已知现值、终值、年金和期数，而要求计算贴现率（利息率）i，就要利用前面已有的公式加以推导计算。

1.一次性收付款项的贴现率

一次性收付款项的贴现率计算公式为：

$$i=(F/P)^{\frac{1}{n}}-1$$

对于一次性收付款项，若运用查表法求i，可先计算出F/P的值，设其为α，然后再查复利终值系数表。或先计算出P/F的值，再查复利现值系数表。

【例 2-15】王和现在存入银行2 000元，期望4年后能够得到的本息和为3 000元，则王和一次性存款的利息率应该为：

$$i=[(3\ 000\div 2\ 000)^{\frac{1}{4}}-1]\times 100\%=11\%$$

本例也可以通过查表得到结果。在复利终值系数表中，凡属4年期的系数中，年利率11%的值为1.518，与3 000÷2 000=1.5十分接近。可以推断当年利率接近11%时才能保证4年后得到3 000元的本息和。

2.永续年金的贴现率

永续年金的贴现率计算公式为：

$$i=A/P$$

3.普通年金的贴现率

普通年金的贴现率（利息率）推算相对复杂，不能直接套用公式，而需要利用有关的系数表，可能还会涉及插值法的运用。

普通年金终值系数（F/A，i，n）和年金现值系数（P/A，i，n）的计算公式为：

$$(F/A,i,n)=F/A$$

$$(P/A,i,n)=P/A$$

根据已知的F、P、A和n，可以求得F/A和P/A的值，再通过查表可求出i值，必要时可采用插值法。

普通年金贴现率的计算步骤如下：

（1）计算出（F/A，i，n）=F/A，假设F/A=α。

（2）查普通年金终值系数表，沿着n所在的那一行横向查找，若恰好找到表中某一系数值等于α，则该系数表所列示的利率，便是所要求的利率i。

（3）如果无法找到恰好等于α的系数值，就需要在表中n行上找出与α最接近的上下两个临近系数值，取其中与α更接近的一个系数值作为要选用的i。

（4）如果要求准确计算贴现率，就需要用插值法来进行计算。在系数表n行中找到与α最接近的左右两个临近系数值β_1、β_2，以及对应的临界利率i_1、i_2，再用插值法公式计算：

$$i=i_1+\frac{\beta_1-\alpha}{\beta_1-\beta_2}(i_2-i_1)$$

【例2-16】李仑准备从现在开始每年末存入银行6 000元，期望10年后能够得到的本息和为100 000元，则年利息率应该为多少？

首先计算：

F/A=100 000÷6 000=16.667

从年金终值系数表中可以看到，在n=10的各系数中，i为10%时系数是15.937，i为11%时系数是16.722。可见，要找的利率应该在10%与11%之间。假设x为超过10%的百分数，则可用插值法计算x的值：

利息率		年金现值系数	
10%	x−10%	15.937	−0.73
x	1%	16.667	−0.785
11%		16.722	

$$\frac{x-10\%}{1\%}=\frac{-0.73}{-0.785}\qquad x-10\%=0.93\%$$

$\therefore x=10\%+0.93\%=10.93\%$

4.预付年金的贴现率

对于预付年金贴现率的推算，同样可以用上述方法。先求出F/A的值，令F/A=α，再沿（n+1）所在的行横向在普通年金终值系数表中查找，若恰好找到等于α的，则该系数值所在列所对应的利率便为所求的贴现率i，否则就应该用插值法求出贴现率i。

（二）名义利率与实际利率的换算

通常，人们认为年利率是以年为计息单位的，然而，在现实中给出一个年利率却要按季、按月甚至按天来计算利息，即复利计息会在1年之中发生多次。

当利息需要在1年内复利计息多次的时候，给出的年利率一般称为名义年利率。按照短于1年的计息期计算复利，并将全年的利息额除以年初的本金，此时得到的年利率称为实际年利率。

名义年利率与实际年利率的换算关系，可以通过下面的例子来加以说明。

【例2-17】某房地产开发公司准备向内部员工集资，在借款合同中约定按12%的年利率每半年复利计息一次。职工张芳存在该公司的10万元集资款半年后将变成：

100 000×（1+6%）=106 000（元）

再过半年就会变成：

106 000×（1+6%）=112 360（元）

如果，张芳的这10万元集资款是以年为单位复利计息，则1年后的价值为：

100 000×（1+12%）=112 000（元）

可见，同样是计算1年后的终值，按半年复利计息的终值要高于1年复利计息的终值。这是因为以年为单位复利计息，最初的10万元是全年计息的本金。而半年复利计息中，这10万元只是前6个月计息的本金，而下半年（后6个月）计息的本金变为10.6万元。由此，半年复利计息使集资款获得了“利息的利息”。

设r表示名义年利率，m表示每年复利次数，则实际年利率i与名义年利率r之间的关系可以表示为：

$$1+i=\left(1+\frac{r}{m}\right)^{m}$$

即：

$$i=\left(1+\frac{r}{m}\right)^{m}-1$$

如果一项投资历经n年，则其终值的计算公式就变为：

$$F=P\left(1+\frac{r}{m}\right)^{m\times n}=P(1+i)^{n}$$

【例2-18】假设某个投资项目需要投入本金100万元，投资当年就产生效益，投资收益期为5年，名义年投资报酬率为8%，每季度复利计息一次，计算实际年投资报酬率、投资1年后及投资期满时的终值：

名义投资报酬率r=8%，每年复利次数m=4，实际年投资报酬为：

$$i=\left[\left(1+\frac{8\%}{4}\right)^{4}-1\right]\times 100\%=(1.0824-1)\times 100\%=8.24\%$$

投资1年后的终值为：

F=100×（1+8.24%）=100×1.0824=108.24（万元）

或者：

$F=100\times(1+2\%)^{4}=100\times(F/P, 2\%, 4)=100\times1.082=108.2$（万元）

投资期满时的终值为：

$F=100\times(1+8.24\%)^{5}=100\times1.4857=148.57$（万元）

或者：

$F=100\times(1+2\%)^{4\times5}=100\times(F/P, 2\%, 20)=100\times1.486=148.6$（万元）

第二节　投资风险价值

风险是现代企业财务管理环境的重要特征，在企业财务活动的每一个环节都不可避免地要面对风险。企业承担风险的目的就是为了得到相应的额外收益，否则就不会去冒险。投资者由于承担风险进行投资而获得的超过资金时间价值和通货膨胀之外的额外收益，就称为投资的风险价值，也称为风险收益或风险报酬。企业进行财务管理时，必须研究投资风险、计量风险、控制风险，并且在风险与收益之间进行权衡，以求最大限度地扩大企业的财富值。

一、风险、风险收益及风险种类

（一）风险的概念

风险广泛存在于企业的重要财务活动之中，并且对企业实现其财务目标有着重要影响，使得人们无法回避和忽视。但是，风险却是一个比较难掌握的概念，其定义和计量也存在很多争议。

如果企业的一项经济活动存在多种可能的结果，其将来的财务后果是不确定的，则说明该项经济活动具有一定风险。反之，如果这项经济活动只有一种后果，那就没有风险。例如，现在将一笔款项存入银行，可以确知1年后将得到的本利和，说明这种行为几乎没有任何风险。但是将钱存入银行这样的情况在企业投资中是很罕见的，它的风险固然小，收益也很低，很难称之为真正意义上的投资。

一般说来，风险是指在一定条件下和一定时期内可能发生的各种结果的变动程度。比如我们在预计一个投资项目的收益时，不可能十分精确，也没有百分之百的把握。有些事情的未来发展我们事先不能确知。对于企业经营者来说，产品的价格、销量、成本等都可能发生预想不到并且无法控制的变化。

风险是事件本身的不确定性，具有客观性。例如，无论企业还是个人，如果投资于国债，其收益的不确定性较小；如果是投资于股票，则收益的不确定性要大得多。这种风险是“一定条件下”的风险，你在何时，买何种股票，买多少量，风险都是不一样的。这些问题一旦决定下来，风险大小就无法改变了。这就是说，特定投资的风险大小是客观的，但是否决定去冒风险以及去冒多大的风险，是可以选择的，是由主观决定的。

风险的大小随时间延续而变化，是“一定时期内”的风险。比如对于一个投资项目的成本，事先的预计可能不很准确，但越接近完工则预计越准确。随时间延续，事件的不确定性在缩小，事件完成后，其结果也就完全肯定了。因此，风险总是“一定时期内”的风险。

风险与不确定性是存在差别的。风险是指事前可以知道所有可能的结果，以及每种结果出现的概率。不确定性是指事前不能确定所有可能结果，或者虽然能够知道可能的结果但并不能确定它们出现的概率。例如，在一个新区找矿，事前知道只有找到和找不到两种结果，但不知道两种结果的可能性各占多少，属于“不确定性”问题而非风险问题。在面对实际问题时，两者却很难区分，风险项目的概率往往不能准确预知，而不确定性项目有时候也可以估计一个概率。因此，在实务操作中，对风险和不确定性不作严格区分，都视为“风险”问题而同等对待，往往将风险理解为可测定概率的不确定性。

对于风险概率，通常有两种测定方法：一是客观概率，是指根据大量历史的实际数据推算出来的概率；另一种是主观概率，是在没有大量实际资料的情况下，人们根据有限资料和经验合理估计的。

风险可能给投资人带来超出预期的收益，也可能带来超出预期的损失。通常，投资人对意外损失的关注，比对意外收益的关注要强烈得多。因此，人们研究风险时侧重减少损失，主要从不利的方面来考察风险，经常把风险看成是不利事件发生的可能性。而从财务的角度来看，风险主要是指无法达到预期收益的可能性。

（二）风险收益的概念

收益是指购买一项资产或者进行一项投资后，能够从中得到的利得或损失。收益存在实际收益、名义收益、必要收益、无风险收益及风险收益等形式。一般情况下，投资者都是风险厌恶者，人们进行风险投资只是为了获得超过一般投资收益的报酬。投资者因为承担风险进行投资，而获得的超过货币时间价值和通货膨胀之外的额外报酬就是风险收益，也称为风险价值或风险报酬。收益的来源通常有两项：一是在持有过程中获得的现金流量；二是在出售资产或者处置投资项目时，收到的超过初始投资的现金流量。

【例 2-19】西华公司在2013年年初以每股23元的价格购入80 000股大方公司的股票，大方公司在2013年至2016年4年间，每年年末发放每股0.15元的现金股利。西华公司于收到2016年末现金股利后，以每股30元的价格将股票全部卖出。如果年无风险报酬率为4%，在不考虑通货膨胀和相关税费的情况下，西华公司在该股票上4年获得投资收益总额为：

0.15×4×80 000+（30-23）×80 000=608 000（元）

西华公司在该股票上4年投资获得的风险收益为：

608 000-23×80 000×4%×4=313 600（元）

实务中，常常以相对指标收益率来表示收益，因为收益率可以用于比较初始投资额不同的投资项目。如果采用收益率表示，西华公司在该股票上的4年投资总收益率为：

608 000÷23÷80 000×100%=33.04%

西华公司在该股票上4年的风险收益率为：

33.04%-4%×4=17.04%

（三）风险的种类

风险广泛存在于人们的日常生活和企业的经济活动中，按不同的分类标准，可以划分为不同的风险种类。

1.按照风险能否通过投资组合予以分散，可以分为系统风险和非系统风险

（1）系统风险。系统风险又称为市场风险，是指那些影响市场上所有公司的因素引起的风险，如战争、经济衰退、通货膨胀、高利率等。这类风险涉及市场上所有的投资对象，不能通过多元化投资来化解，因此，又称为不可分散风险。例如在经济衰退时，各种股票的价格都会不同程度地下跌，此时不论你买卖哪一种股票，都要承担市场风险。

（2）非系统风险。非系统风险又可以称为公司特有风险，是指发生于个别公司的特有事件造成的风险，如罢工、新产品开发失败、没有争取到重要合同、诉讼失败等。这类事件是随机发生的，因而可以通过多元化投资来分散，即发生于一家公司的不利事件可以被其他公司的有利事件所抵销，由此又可以称为可分散风险。例如在进行股票投资时，选择不同领域、不同公司的股票，可以化解某些领域、某些公司的特有风险。

2.按照风险的成因，可以分为经营风险和财务风险

（1）经营风险。经营风险是指生产经营过程中由于外部经营环境与内部经营条件的不确定性给资产收益带来的风险，它是任何商业活动都有的，也叫商业风险。经营风险使企业的报酬变得不确定。经营风险主要来自于：市场销售的不稳定、生产成本的波动、新技术的出现及外部的环境变化等因素。

(2) 财务风险。从广义的角度看，财务风险存在于企业财务活动全过程，包括筹资风险、投资风险、收益分配风险、利率风险、汇率风险等。从狭义的角度看，财务风险是指因借款而增加的风险，是筹资决策带来的风险，也叫筹资风险。由于企业向银行等金融机构举债，从而产生了定期的还本付息压力，如果到期企业不能还本付息，就面临着诉讼、破产等威胁，将遭受严重损失。

二、风险与收益的衡量

(一) 资产收益的衡量

在能够确定资产持有期间现金流量和资产出售价格的情况下，可以通过计算确定收入。但这些信息通常只有在投资结束后才能准确获得。而在财务决策中，预测未来投资收益率才是更为重要的事情。由于未来的情况事前很难确定，因此，采用期望收益率这一概念就显得比较现实。期望收益率又称为期望值，是指各种随机变量以各自对应的概率为权数计算的加权平均值。期望值是反映集中趋势的一种量度，表示最有可能出现的结果值。因此，对于一个投资项目而言，未来的投资收益期望值越大，表明该项目可创造的投资收益率越高；反之，则投资收益率越低。

投资项目收益率的期望值的计算公式为：

$$\bar{K}=\sum_{i=1}^{n}(K_i\cdot P_i)$$

式中：$\bar{K}$——期望收益率；

K_i——第i种可能结果的收益率；

P_i——第i种可能结果出现的概率；

n——可能结果的个数。

【例 2-20】八达公司目前有甲、乙两个投资方案可供选择。经测算，其投资收益率的概率分布见表 2-1。

表 2-1　**投资方案及其收益率的概率分布**

经济状况 (i)	经济状况出现的概率 (Pi)	收益率 (Ki)	
		甲方案	乙方案
繁荣	0.30	20%	30%
一般	0.40	10%	10%
衰退	0.30	5%	-5%

根据表 2-1 数据，可以分别计算甲、乙两个投资方案的期望收益率：

$\bar{K}_{甲}=20\%\times0.30+10\%\times0.40+5\%\times0.30=11.50\%$

$\bar{K}_{乙}=30\%\times0.30+10\%\times0.40+(-5\%)\times0.30=11.50\%$

由计算结果可知，甲、乙两个方案的期望收益率是相同的，即两个方案可能给企业带来相同的平均收益率。

(二) 风险程度的衡量

风险具有不易计量的特征，但风险与概率相关，因此，要衡量投资风险程度，首先必须对风险程度予以量化，一般需要借助于概率论中的方差、标准差或者标准离差率来衡量风险程度。

1.收益发生的概率

在经济活动中，某一事件在相同条件下可能发生也可能不发生，这类事件称为随机事件。概率是用来表示随机事件发生可能性大小的数值，也就是随机变量可能发生的程度。

任何概率必须符合以下两条规则：

（1）$0 \leq P_i \leq 1$，即每个随机变量出现的概率在0与1之间，也就是说，事件的某种结果发生的可能性一定介于肯定发生（概率为1）和肯定不会发生（概率为0）之间。

（2）$\sum_{i=1}^{n} P_i = 1$，即所有随机变量的概率之和必须等于1，即事件的各种结果发生可能性的总和为1，也就是100%。其中，P_i表示随机变量出现的概率，i表示随机变量可能出现的情况，n表示可能结果的个数。

如果把所有的随机变量都列示出来，对应每个随机变量给予一定的概率，便可构成概率的分布。

【例2-21】发达公司正在考虑投资以下三个项目，其中A和B项目是投资于两只不同公司的股票，C项目是投资于一家新成立的高科技公司，预测未来五种经济形势对应可实现的投资收益率及概率分布见表2-2。

表2-2　**五种经济形势下的收益率及概率分布**

经济形势	概率	A项目投资收益率	B项目投资收益率	C项目投资收益率
很好	0.10	50%	30%	100%
较好	0.20	35%	20%	40%
正常	0.40	20%	15%	12%
较差	0.20	-2%	10%	-2%
很差	0.10	-22%	5%	-50%

根据表2-2中的数据，从概率分布情况直观来比较风险：B项目的收益率比A项目的收益率偏离程度小，它的变动范围在5%和30%之间；而C项目可能的收益率则最分散，在-50%到100%之间，可以初步判断B项目的风险小于A项目；A项目的风险小于C项目。

综上所述，概率分布越集中，实际可能产生的结果就会越接近预期收益，实际收益率低于预期收益率的可能性就越小，投资的风险程度也就越小。反之，概率分布越分散，投资的风险程度也就越大。

如果随机变量（如投资收益率）只取有限个值，并且对应于这些值有确定的概率，则此随机变量是离散型分布。【例2-21】就属于离散型分布，它有五个值，三个项目的收益率与概率发布分别如图2-9、图2-10和图2-11所示。

现实中，经济形势的情况可能远远不止五种，可能的情况会出现无数种。如果对每种情况都赋予一个概率，并分别测定其收益率，则可用连续型分布描述，如图2-12所示。

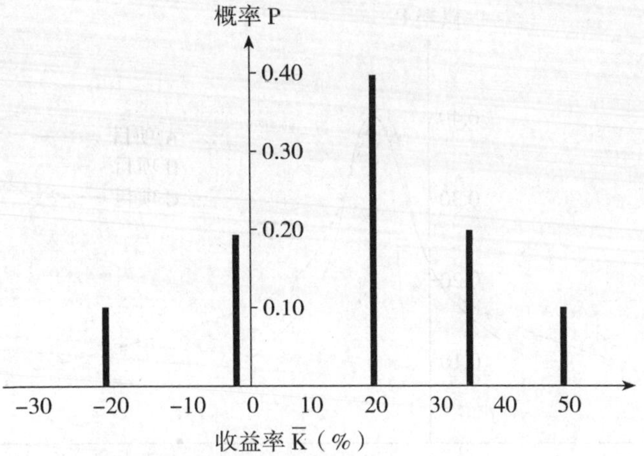

图 2-9　A 项目的离散型概率分布图

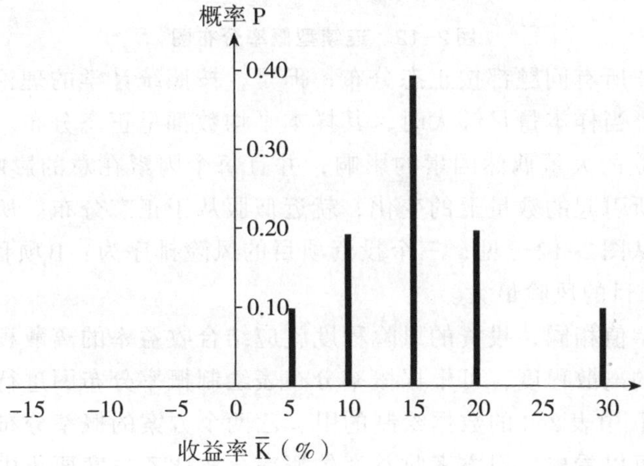

图 2-10　B 项目的离散型概率分布图

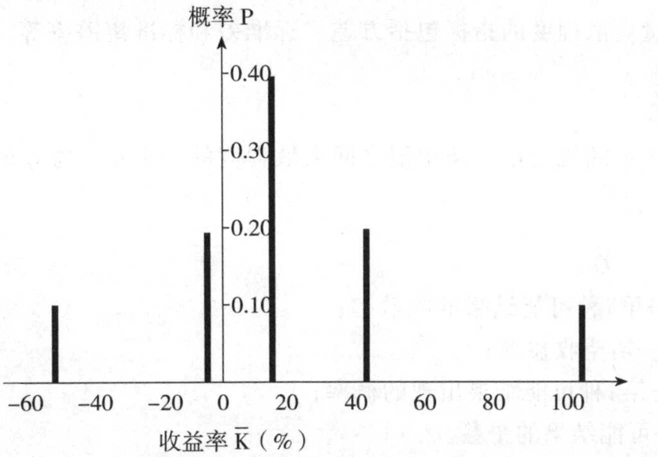

图 2-11　C 项目的离散型概率分布图

从图 2-12 可以看到，前面例子中的收益率呈正态分布，其主要特征是以曲线为对称

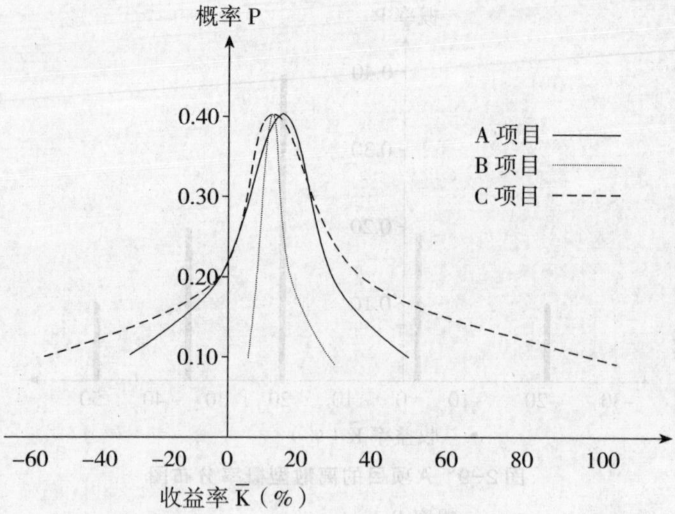

图2-12　连续型概率分布图

的钟型。实际上并非所有问题都按正态分布，但是，按照统计学的理论，不论是正态还是非正态的总体分布，当样本量足够大时，其样本平均数都呈正态分布。一般而言，如果被研究的量受彼此独立的大量偶然因素的影响，并且每个因素在总的影响中只占很小部分，那么，这个总影响所引起的数量上的变化，就近似服从于正态分布。所以，正态分布在统计上被广泛使用。从图2-12可见，三个投资项目的风险排序为：B项目的风险最小，A项目的风险居中，C项目的风险最大。

如果收益的期望值相同，投资的风险程度就应结合收益率的离散程度来加以判断。为了清晰地观察概率的离散程度，可根据概率分布表绘制概率分布图进行分析。

根据【例2-20】中表2-1的数据绘制的甲、乙两个方案的概率分布如图2-13所示。

从概率分布图可以看出，甲方案收益率的概率分布比乙方案要集中得多，在期望收益率相同的情况下，选择甲方案实现预期收益率的可能性较大，即风险程度较低。

反映随机变量离散程度的指标包括方差、标准差和标准离差率等，最常用的是标准差和标准离差率。

2.收益的方差

方差是用来表示随机变量与期望值之间离散程度的一个量。方差的计算公式如下：

$$\delta^2=\sum_{i=1}^{n}(K_i-\bar{K})^2\cdot P_i$$

式中：δ^2——方差；

K_i——第i种可能结果的收益率；

$\bar{K}$——期望收益率；

P_i——第i种可能结果出现的概率；

n——可能结果的个数。

3.收益的标准差

标准差是方差的平方根，也称为均方差，它反映各种随机变量值和期望值的综合偏离

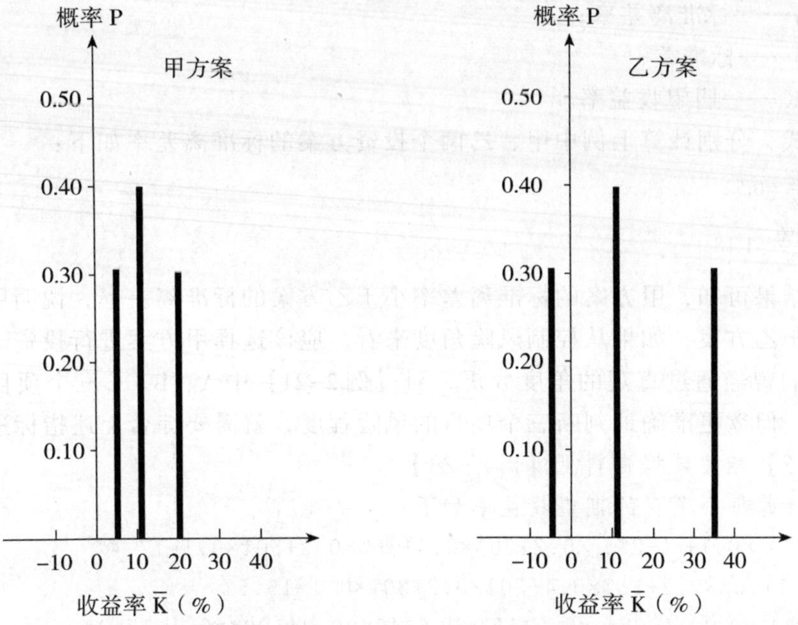

图2-13　甲、乙投资方案投资收益率的概率分布图

程度。标准差的计算公式如下：

$$\delta=\sqrt{\sum_{i=1}^{n}(K_i-\overline{K})^2\cdot P_i}$$

标准差反映了投资收益率偏离期望收益率的绝对程度，标准差越大，投资收益率偏离期望收益率的程度越大，风险越大；标准差越小，投资收益率偏离期望收益率的程度越小，风险也就越小。因为标准差是一个绝对值指标，只有对期望值（期望收益率）相同的投资项目，才有可能比较它们的风险程度。

根据【例2-20】中表2-1的数据，分别计算甲、乙两个投资方案的标准差如下：

$$\delta_{甲}=\sqrt{(20\%-11.5\%)^2\times0.3+(10\%-11.5\%)^2\times0.4+(5\%-11.5\%)^2\times0.3}$$

$$=5.94\%$$

$$\delta_{乙}=\sqrt{(30\%-11.5\%)^2\times0.3+(10\%-11.5\%)^2\times0.4+(-5\%-11.5\%)^2\times0.3}$$

$$=13.61\%$$

由计算结果可知，甲方案的标准差小于乙方案，在期望值相同的情况下，选择甲方案的投资风险较小。

4.收益的标准离差率

标准离差率是标准差和期望收益率的比值。标准离差率是一个相对数指标，既可以衡量期望收益相同的投资项目的风险程度，又能衡量期望收益不同的投资项目（或投资方案）的风险程度，特别适用于期望收益不同的多方案择优。标准离差率越大，风险程度就越大；反之，标准离差率越小，则风险程度就越小。

标准离差率的计算公式如下：

$$V=\frac{\delta}{\overline{K}}$$

式中：V——标准离差率；

δ——标准差；

$\bar{K}$——期望收益率。

根据公式，分别计算上例中甲、乙两个投资方案的标准离差率如下：

$$V_{甲}=\frac{5.94\%}{11.5\%}=0.52$$

$$V_{乙}=\frac{13.61\%}{11.5\%}=1.18$$

由计算结果可知，甲方案的标准离差率小于乙方案的标准离差率，说明甲方案的投资风险程度小于乙方案，如果从控制风险角度来看，应该选择甲方案进行投资。

前述我们曾经通过直观的角度分析，对【例2-21】中A、B、C三个项目的风险作出简单的评判，但欲更准确地判断三个项目的风险程度，就需要综合上述指标进一步计算。

【例2-22】相关数据资料见【例2-21】。

首先，计算每个项目的期望收益率如下：

$$\bar{K}_A=(-22\%)\times0.1+(-2\%)\times0.2+20\%\times0.4+35\%\times0.2+50\%\times0.1=17.4\%$$

$$\bar{K}_B=5\%\times0.1+10\%\times0.2+15\%\times0.4+20\%\times0.2+30\%\times0.1=15.5\%$$

$$\bar{K}_C=(-50\%)\times0.1+(-2\%)\times0.2+12\%\times0.4+40\%\times0.2+100\%\times0.1=17.4\%$$

其次，计算每个方案的标准差如下：

$$\delta_A=\sqrt{\begin{aligned}&(-22\%-17.4\%)^2\times0.1+(-2\%-17.4\%)^2\times0.2+(20\%-17.4\%)^2\times0.4+\\&(35\%-17.4\%)^2\times0.2+(50\%-17.4\%)^2\times0.1\end{aligned}}$$

$$=20.04\%$$

$$\delta_B=\sqrt{\begin{aligned}&(5\%-15.5\%)^2\times0.1+(10\%-15.5\%)^2\times0.2+(15\%-15.5\%)^2\times0.4+\\&(20\%-15.5\%)^2\times0.2+(30\%-15.5)\%^2\times0.1\end{aligned}}$$

$$=6.5\%$$

$$\delta_C=\sqrt{\begin{aligned}&(-50\%-17.4\%)^2\times0.1+(-2\%-17.4\%)^2\times0.2+(12\%-17.4\%)^2\times0.4+\\&(40\%-17.4\%)^2\times0.2+(100\%-17.4\%)^2\times0.1\end{aligned}}$$

$$=36.41\%$$

然后，计算每个方案的标准离差率如下：

$$V_A=\frac{20.04\%}{17.4\%}=1.15$$

$$V_B=\frac{6.5\%}{15.5\%}=0.42$$

$$V_C=\frac{36.41\%}{17.4\%}=2.09$$

从计算结果可知，三个投资项目的风险排序为：B项目的风险最小，A项目的风险居中，C项目的风险最大。

从标准离差率来判断风险得到的结论和概率分布得到的结论一致，但显然标准离差率得到的结论更确切、更有说服力。

（三）协方差与相关系数

以上研究的只是单个投资项目的风险。实际上很少有投资者会将资金集中投资于一个项目，往往将不同的投资项目组合在一起进行投资，以分散投资风险，减少总投资的风险程度。这种将不同的投资项目结合在一起构成的总投资，称为投资组合。当我们进行两个或两个以上的投资项目时，需要考虑总投资的收益和风险。若企业将X_1比例的资金投资于项目1，X_2比例的资金投资于项目2，则总投资的期望收益率为两项投资的期望收益率按比例相加（即加权平均数）。计算公式为：

$$\bar{K}=X_1\bar{K}_1+X_2\bar{K}_2$$

式中：$\bar{K}_1$——项目1的期望收益率；

$\bar{K}_2$——项目2的期望收益率；

X_1——项目1所占的投资比例；

X_2——项目2所占的投资比例。

【例2-23】假设A证券的预期报酬率为9%，标准差是10%，B证券的预期报酬率是18%，标准差是20%。两种证券投入资金的比例各占50%，则该投资组合的预期报酬率为：

$$\bar{K}=9\%\times50\%+18\%\times50\%=13.5\%$$

一个投资组合的标准差并不是像期望值那样，根据两个单独标准差的简单加权平均数计算出来的，而是要考虑投资组合中的相互关系，即负相关、正相关还是不相关。如一项投资在某种情况下收益高，而另一项却低，反过来也一样，这样两项投资的组合才可能会减少风险，使投资组合后的标准差比其中任何一个投资的标准差都要小，这就是负相关投资组合效应。

由概率统计知识可知，两个投资项目组合的方差为：

$$\delta^2=\sum_{i=1}^{n}\sum_{j=1}^{n}X_iX_j\delta_{ij}=(X_1\delta_1)^2+2X_1X_2\delta_{12}+(X_2\delta_2)^2$$

故投资项目组合的标准差公式为：

$$\delta=\sqrt{X_1^2\delta_1^2+2X_1X_2\delta_{12}+X_2^2\delta_2^2}$$

$$=\sqrt{X_1^2\delta_1^2+2X_1X_2\delta_1\delta_2\sigma+X_2^2\delta_2^2}$$

式中：δ_1——项目1的标准差；

δ_2——项目2的标准差；

δ_{12}——协方差；

σ——相关系数。

【例2-24】假设【例2-23】中两种证券的相关系数σ分别为1、0.5和-1，要求计算投资组合的标准差。

当相关系数=1时，组合后的标准差为：

$$\delta=\sqrt{(50\%)^2\times(10\%)^2+2\times50\%\times50\%\times10\%\times20\%\times1+(50\%)^2\times(20\%)^2}=15\%$$

结果可见，如果两个证券的相关系数等于1，没有任何风险抵销作用，该组合标准差等于两种证券各自标准差的加权平均数，在等比例投资的情况下该组合标准差等于两种证券各自标准差的简单算术平均数。

当相关系数=0.5时，组合后的标准差为：

$$\delta=\sqrt{(50\%)^2\times(10\%)^2+2\times50\%\times50\%\times10\%\times20\%\times0.5+(50\%)^2\times(20\%)^2}=13.23\%$$

结果可见，如果两个证券的相关系数小于1，该组合标准差并不等于两种证券各自标准差的加权平均数。

当相关系数=-1时，组合后的标准差为：

$$\delta=\sqrt{(50\%)^2\times(10\%)^2+2\times50\%\times50\%\times10\%\times20\%\times(-1)+(50\%)^2\times(20\%)^2}=5\%$$

结果可见，如果两个证券的相关系数等于-1，则有风险抵销作用，以两种证券组合的资金比例为权数进行风险抵减。

协方差是用来描述投资项目1与投资项目2之间的相互关联程度的。若二者不相关，协方差为零；若二者正相关，协方差大于零；若二者负相关，协方差小于零。

协方差的计算公式为：

$$\delta_{12}=\sum(\overline{K_1}-K_1)(\overline{K_2}-K_2)\cdot P_i$$

【例2-25】根据【例2-20】的资料，如果把甲、乙两个投资方案进行组合，其协方差计算见表2-3。

表2-3　　甲、乙投资方案的协方差计算表

$\overline{K}_甲$	$K_甲$	$\overline{K}_乙$	$K_乙$	P_i	$(\overline{K}_甲-K_甲)(\overline{K}_乙-K_乙)\cdot P_i$
11.50%	20%	11.50%	30%	0.30	0.47%
11.50%	10%	11.50%	10%	0.40	0.009%
11.50%	5%	11.50%	-5%	0.30	0.32%
					0.799%

计算甲、乙两个投资方案的协方差：

$$\delta_{甲乙}=\sum(\overline{K}_甲-K_甲)(\overline{K}_乙-K_乙)\cdot P_i=0.799\%$$

协方差给出的是两个变量相对运动的绝对值，有时投资者更需要了解这种相对运动的相对值，这个相对值，就是相关系数σ。计算公式为：

$$\sigma_{12}=\frac{\delta_{12}}{\delta_1\delta_2}$$

相关系数永远满足$-1\leqslant\sigma\leqslant1$的条件。大多数变量的相关系数在-1和1之间。当$\sigma_{12}=1$时，说明投资项目1和投资项目2是完全正相关的；当$\sigma_{12}=-1$时，说明投资项目1和投资项目2是完全负相关的；当$\sigma_{12}=0$时，表示投资项目1和投资项目2之间没有关系。

资产的风险尽管可以利用历史数据来估算，但不同资产的风险受其自身特性的影响较大，此外环境因素的多变以及管理人员估计技术的限制等影响，都可能造成估计的结果不够准确。因此，在估计某项资产的风险时，应该综合采用各种定量方法和管理人员的经验，以期获得相对可靠的评估结果。

三、风险与收益的关系

收益和风险总是相伴而生，资产收益是由货币时间价值和风险价值两部分构成。货币时间价值部分由无风险的收益率来衡量，这对于任何一项资产来说都是一样的。风险补偿价值由风险溢酬和资产的相对风险水平来决定，前者是指市场组合的收益率与无风险收益率的差额，后者是用β系数来表示。为了正确判断一个投资方案在某种风险程度下取得的投资收益是否值得，这就需要计算投资的风险价值。风险价值既可以用风险收益率表示，也可以直接用风险收益额表示。

（一）风险收益率的计算

投资者冒风险投资，目的就是为了获取超过货币时间价值的风险价值（风险收益），一般所冒风险越大，期望得到的风险收益越高。这就是说，风险收益的大小应该与所冒风险的大小成正比。因此，表示风险价值的风险收益率应与反映风险程度的投资收益率的标准离差率呈正比例关系。借助一个参数——风险价值系数b，就可以将投资收益率的标准离差率转换成风险收益率。

风险收益率的计算公式如下：

$$R_r=b\cdot V$$

式中：R_r——风险收益率；

b——风险价值系数；

V——标准离差率。

风险收益率、风险价值系数、标准离差率三者之间的关系可用图2-14表示。

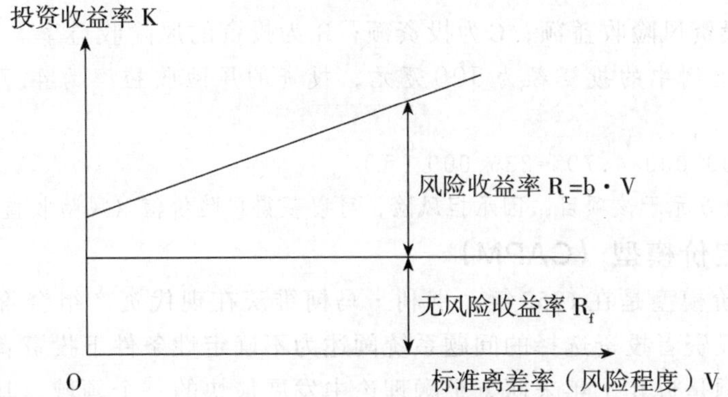

图2-14　风险与收益关系图

风险价值系数通常由投资者主观确定。如果投资者愿意冒较大的风险以追求较高的投资收益率，可把风险价值系数定得小一些；反之，不愿意冒大的风险，就可以定得大一些。风险价值系数还可以根据以往同类项目的投资收益率、无风险收益率、投资收益率的标准离差率等历史资料计算确定。

【例2-26】华美集团投资500万元资金于M项目，预测未来投资收益的概率分布见表2-4。经过分析测算，确定该投资项目的风险价值系数为12%。计算该投资项目的风险收益率。

表2-4　**M项目的投资收益率及概率分布**

经济状况(i)	经济状况出现的概率(P_i)	收益率(K_i)
繁荣	0.20	20%
正常	0.70	10%
衰退	0.10	5%

首先，计算该投资项目的期望收益率：

$\bar{K}=20\%\times0.20+10\%\times0.70+5\%\times0.10=11.5\%$

其次，计算投资收益率的标准差：

$$\delta=\sqrt{(20\%-11.5\%)^2\times0.2+(10\%-11.5\%)^2\times0.7+(5\%-11.5\%)^2\times0.1}=4.5\%$$

然后，计算标准离差率：

$$V=\frac{\delta}{\bar{K}}=\frac{4.5\%}{11.5\%}=39.13\%$$

最后，计算风险收益率：

$$R_r=b\cdot V=12\%\times39.13\%=4.7\%$$

即该投资项目的风险收益率为4.7%。

（二）风险收益额的计算

风险价值的另一种表示方式为风险收益额，利用风险收益率，可以进一步计算得到风险收益额。

风险收益额的计算公式如下：

$$P_r=C\cdot R_r$$

式中：P_r为投资风险收益额；C为投资额；R_r为投资的风险收益率。

【例2-27】上例中的投资额为500万元，投资的风险收益率为4.70%，则投资的风险收益额为：

$$P_r=C\cdot R_r=5\ 000\ 000\times4.70\%=235\ 000\text{（元）}$$

说明投资500万元于该项目，因承担风险，可以获得风险价值（风险收益额）235 000元。

四、资本资产定价模型（CAPM）

资本资产定价模型是在1952年，亨利·马柯维茨在现代资产组合管理理论基础上发展起来的，它把投资者投资选择的问题系统阐述为不确定性条件下投资者效用最大化的问题。资产定价问题是近几十年来西方金融理论中发展最快的一个领域，其实质也是对资产未来的风险和收益的评判问题。威廉·夏普将这一模型进行了简化并提出了资本资产定价均衡模型（CAPM）。作为第一个不确定性条件下的资产定价的均衡模型，CAPM具有重大的历史意义，它第一次使人们可以量化市场的风险程度，导致了西方财务理论的一场革命。

（一）资本资产定价模型（CAPM）的基本假设

资本资产定价模型是建立在一系列严格的理论假设基础上的。系统地了解这些理论假设，对资本市场的理论研究、实证分析及其应用于实践都十分重要。

资本资产定价模型的基本假设包括：

（1）投资决策是针对一个确定的阶段而言；

（2）投资者的投资决策是基于预期收益和风险；

（3）投资者的决策标准是使其预期效用最大化；

（4）投资者的预测具有同质性，即每个投资者对证券的预期收益、收益方差和协方差都具有相同的估计；

（5）投资者可以进行无限制的卖空；

（6）投资者可以按无风险利率进行无限制借贷；

（7）所有资产都是完全可分的；

（8）每一个投资者都单独进行决策，个人投资行为不会影响到整个市场价格；

（9）既无个人所得税，也无交易成本；

（10）市场处于均衡状态。

正是基于以上假设，资本资产定价模型才能用来有效研究风险与收益的关系问题。

（二）资本资产定价模型（CAPM）基本原理

资本资产定价模型（CAPM）就是在投资者持有投资充分组合情况下，用来分析证券的风险与必要收益率之间均衡关系的模型，即资本资产定价模型的实质是讨论资本风险与收益的关系。

1.资本资产定价模型的公式

资本资产定价模型的基本公式为：

$$K=R_f+\beta(K_m-R_f)$$

式中：K——某种证券的必要收益率；

R_f——无风险收益率，一般根据政府发行的短期债券的收益率确定；

β——该证券风险相对于市场风险的调整系数；

K_m——市场上所有证券的平均收益率。

公式中的（K_m-R_f）表示市场风险补偿率，β（K_m-R_f）则表示该证券的风险补偿率。某个证券的风险补偿率是否大于市场证券的平均风险补偿率，取决于β系数是大于1、小于1，还是等于1。

2.β系数的概念及估计

β系数反映个别资产收益随着市场投资组合平均收益变动的关联程度。β系数的经济意义在于，它告诉我们相对于市场组合而言，特定资产的系统风险是多少。如果β为0.5，表明该资产的系统风险只相当于市场总系统风险的一半。即当市场资产组合的风险报酬上升10%，该资产的风险报酬只上升5%；而当整个市场组合的风险报酬下降10%，该资产的风险报酬也只下降5%。如果β为3.0，表明该资产的系统风险相当于市场总系统风险的3倍。即当市场资产组合的风险报酬上升10%，该资产的风险报酬上升30%；而当整个市场组合的风险报酬下降10%，该资产的风险报酬也将下降30%。

个别证券资产β系数的估计公式为：

$$\beta_i=\frac{\text{第i种证券与市场投资组合间的协方差}}{\text{市场投资组合的方差}}=\sigma_{im}\frac{\delta_i\delta_m}{\delta_m^2}=\sigma_{im}\frac{\delta_i}{\delta_m}$$

式中：δ_i——该资产的标准差；

δ_m——市场组合标准差；

σ_{im}——两者的相关系数。

一般而言，β系数小于1的证券，称为低风险证券，表明该证券的风险小于整个市场的风险水平；而β系数大于1的证券，则称为高风险证券，表明证券的风险大于整个市场的风险水平。如果某证券的β系数为1，则表明该证券的风险与整个市场的风险相同。

【例2-28】某种股票的有关数据为：R_f=7%，β=0.6，K_m=10%，则该股票的投资报酬率为：

K=7%+0.6×（10%-7%）=8.8%

如果该股票风险等于平均股票的风险，即β=1.0，则该股票的投资报酬率为：

K=7%+1.0×（10%-7%）=10%

如果该股票系统风险大，β=2.0，则该股票的投资报酬率为：

K=7%+2.0×（10%-7%）=13%

上述计算说明，当该股票的β系数分别为0.6、1.0和2.0时，它的必要投资报酬率分别为8.8%，10%，13%。

如果我们投资多种证券，则需要计算某一投资组合的β系数。某一投资组合的β系数等于组合中个别证券的β系数的加权平均数之和，其计算公式为：

$$\beta_p=\sum W_i \cdot \beta_i$$

式中：β_p——投资组合的β值；

W_i——第i种证券的权重；

β_i——第i种证券的β值。

【例2-29】东方公司持有A、B、C、D四种股票构成的投资组合，它们的β系数分别为2.0、1.0、0.5和0.1，它们在投资组合中所占的比重分别为30%、20%、20%和30%，则组合后的β系数为：

β_p=2.0×30%+1.0×20%+0.5×20%+0.1×30%=0.93

在风险资产的定价中，那些只影响该证券的方差而不影响其与股票市场组合的协方差的因素在定价中不起作用，对定价唯一起作用的是该股票的β系数。由于收益的方差是风险大小的量度，因此，与市场风险不相关的单个风险，在股票的定价中不起作用，起作用的是有规律的市场风险，这就是资本资产定价模型的中心思想。

（三）资本资产定价模型的应用价值

资本资产定价模型的最大特点是简单明了，它把任何一种风险资产的价格都归纳为三个因素：无风险因素、风险的价格因素和风险的计算单位。所以，用资本资产定价模型解决风险资产价格确定问题，就不再感到困难。原因在于，资本资产定价模型使我们能够用β系数来确定单项资产所包含的绝对风险量，它通过整个市场资产组合的概念求出了风险的市场价格，将某种单项资产的系统风险和非系统风险的市场价格联系在一起，从而得出了在整个市场资产组合存在条件下怎样计算单项资产价格的标准化计算公式。

资本资产定价模型在企业财务管理中有着广泛的应用，比如在资本预算、资本成本估计、杠杆效应及投资组合分析等方面具有独特的应用价值。

1.在投资决策中的应用

因为投资者只要有了要选择风险资产的基本信息，就可以计算出该种资产的预期收益率、方差、标准差和β系数。利用这些计算得到的数据，投资者便可根据市场情况进一步计算要选择资产的市场价格，并从中选择最佳的一种进行投资。也就是说，CAPM模型为投资者提供了这样一种机制，使投资者可以根据系统风险而不是总风险来对几种竞争报价的金融资产作出评价和选择。投资者可以利用具有权威性的综合指数，确定整个市场资产组合的预期收益率，并计算出可供选择投资的单项资产的β系数。比如，可以用国库券或其他合适的政府债券确定无风险资产的收益率，然后在此基础上再确定风险资产的预期收益率。

在市场均衡情况下，投资者的预期收益率与必要收益率总是相等的，换言之，股票的市场价值总是维持在均衡状态。

按照资本资产定价模型的基本公式，股票的必要收益率K_x为：

$K_x=R_f+\beta_x\ (K_m-R_f)$

【例2-30】如果贾先生欲购入B股票，目前无风险收益率为8%，市场平均收益率为15%，β系数为1.2，则贾先生对B股票要求的收益率为：

$K_x=8\%+1.2\times(15\%-8\%)=16.4\%$

在证券市场上，如果预期收益率高于16.4%，贾先生就会买进该股票；如果低于16.4%，贾先生应该选择卖出。如果预期收益率与要求收益率相等，则既不卖出，也不买入，市场就处于均衡状态。

2.资本成本的估计与测算

如前所述，由于股票价格信息可以随时得到，因而每一个具体公司的β系数的估计与获得并不困难，这样我们就不难以β系数为基础测算公司资本成本，尤其是股本的资本成本，这部分内容将在后续的章节中详细介绍。

3.投资组合的风险估计

利用资本资产定价模型，可以估计投资组合的风险程度，及时调整各种证券在证券组合中的比重，以规避证券组合的风险，获取最大的风险收益率和风险收益额。

【例2-31】发达公司持有由甲、乙、丙三种股票构成的证券组合，它们的β系数分别为2.0、1.0和0.5，它们在投资组合中所占的比重分别为60%、20%和20%，股票的市场收益率为16%，无风险收益率为6%，试确定这种证券组合的风险收益率。

首先，确定证券组合的β系数：

$\beta_p=60\%\times2.0+20\%\times1.0+20\%\times0.5=1.5$

然后，计算该证券组合的风险收益率：

$R_p=R_f+\beta_p\ (K_m-R_f)=6\%+1.5\times(16\%-6\%)=21\%$

计算出风险收益率后，还可以根据投资额和风险收益率计算出投资组合的风险收益额。

（四）资本资产定价模型的局限性

尽管资本资产定价模型存在前述优点，但是在实际应用中它的局限性也是显而易见的，具体反映在以下几个方面：

（1）资本资产定价模型要求整个市场资产组合，若找不出真正的整个市场资产组合，也要找出其替代物，以便计算市场预期收益率和单项资产的β系数，这就要求资本市场上各种资产组合的实际收益率统计形成一条资产组合的有效边界线，且使整个市场资产组合或其替代物恰好落到这条有效边界上。事实上，真正找到这条有效边界线是不可能的。

（2）无论投资者的效用曲线如何，资本资产定价模型中β系数总是与预期收益率成正比，即所有投资者对市场上有效资产未来收益率的评价都是一致的，因而它实际上完全忽视了不同投资者的效用差异。

（3）资本资产定价模型要求存在无风险资产，使得任何一个投资者都可以任意将这种无风险资产纳入自己的资产组合。事实上由于通货膨胀等因素的存在，哪怕是国债也称不上是无风险资产。

（4）资本资产定价模型所依据的是资产单期收益假说，即不存在相当长时间内的未来收益。显然，这与资产价值中的时间因素相矛盾。

【进一步学习指南】

套利定价理论

由于资本资产定价模型受制于十分复杂的前提条件，在实际应用中存在一定的缺陷，20世纪70年代，美国经济学家斯蒂芬·罗斯提出了一种新的资本市场均衡理论——套利①定价理论（Arbitrage Pricing Theory，APT）。套利定价理论是CAPM的拓广，其给出的定价模型与CAPM一样，都是均衡状态下的模型，不同的是APT的基础是因素模型。APT的基础是价格规律，即在均衡市场上，两种性质相同的商品不能以不同的价格出售。套利定价理论是一种均衡模型，用来研究证券价格是如何决定的。它假设证券的收益是由一系列产业方面和市场方面的因素确定的。当两种证券的收益受到某种或某些因素的影响时，两种证券收益之间就存在相关性。

一、套利定价理论的模型

套利定价理论的出发点是假设证券的回报率与未知数量的未知因素相联系。不同的系统风险对证券的影响程度不同，可以用β系数来表明证券收益对于某种系统风险的敏感程度。假设有j个系统风险因素，某种证券的收益率可以表示为：

$$R_i=ER_i+\beta_{i1}F_1+\beta_{i2}F_2+\cdots+\beta_{ij}F_j+\varepsilon_i$$

式中：R_i——证券i的实际收益；

ER_i——其他因素为0时证券i的期望收益，包括到目前为止所有可知的信息；

β_{ij}——证券i的收益率对于第j个系统风险因素的敏感程度；

F_j——影响证券i的收益率的第j个系统风险因素的值，它是对所有证券都起作用的共同因素，也称系统因素；

ε_i——随机误差项，也可认为是指对个别证券起作用的非系统风险因素。

由单一证券收益率的表达式可以推断出证券投资组合的收益率表达式为：

$$R_p=\sum_{i=1}^{n}x_iER_i+\sum_{j=1}^{n}(F_j\cdot\sum_{i=1}^{n}x_{ij}\beta_{ij})+\sum_{i=1}^{n}x_i\varepsilon_i$$

如果投资组合有一定规模，n较大时，$\sum_{i=1}^{n}x_i\varepsilon_i$值为0，即非系统风险被分散化解。

套利定价理论假设资产或资产组合都可由上述公式表示，且假定无套利的机会存在。套利定价理论证明风险的单位价格必然相等，并进一步证明出某种证券或者证券组合的收益与风险的关系如下：

$$R=R_f+\beta_1(ER_1-R_f)+\beta_2(ER_2-R_f)+\cdots+\beta_n(ER_2-R_f)$$

式中：β_j——第j个系统风险因素的敏感程度；

ER_i——某种证券或证券组合对应于第j种因素的β为1，而对应于其他因素的β为0时的期望收益；

R_f——无风险收益率；

(ER_i-R_f)——市场对某种证券或证券组合第j个风险因素的价值补偿或风险的溢价。

上式表明资产的期望收益与相应的系统风险的β系数正相关，β系数的数值越大，得到的补偿也就越高。

二、套利定价理论与资本资产定价模型的关系

（一）套利定价理论与资本资产定价模型假设条件的异同点

套利定价理论用套利概念定义均衡，不需要市场组合的存在性，而且所需的假设比资本资产定价模

① 这里的套利是指投资者利用同一种物质或证券存在不同的市场价格来赚取无风险利润的行为。

型（CAPM模型）更少、更合理。与资本资产定价模型一样，套利定价理论假设：

（1）投资者有相同的投资理念；

（2）投资者是回避风险的，并且要效用最大化；

（3）市场是完全的。

与资本资产定价模型不同的是，套利定价理论没有以下假设：

（1）单一投资期；

（2）不存在税收；

（3）投资者能以无风险利率自由借贷；

（4）投资者以收益率的均值和方差为基础选择投资组合。

（二）套利定价理论与资本资产定价模型的关系

（1）虽然套利定价理论和资本资产定价模型的推导证明可以依赖不同的条件，资本资产定价模型依赖于市场有效组合的存在，套利定价理论依赖于无套利的存在，但是它们都表明了期望收益和风险的正相关关系。套利定价理论中，β系数是度量一种资产对某种因素变动的反应程度。如在套利定价理论中只考虑市场资产组合这一因素，那么套利定价理论就很容易转换成资本资产定价模型，因此，可以说，资本资产定价模型实际上是套利定价理论的一个特例，或者说，APT是比CAPM更一般化的资本资产定价模型。

（2）资本资产定价模型中，证券的风险只用某一证券相对于市场组合的系数来解释，它只能告诉投资者风险的大小，而无法告诉投资者风险来自何方。套利定价理论中，证券的风险由多个共同因素来解释，不仅能告诉投资者风险的大小，而且还能告诉投资者风险来自何方、对证券的影响程度有多大。

（3）资本资产定价模型假定了投资者对待风险的类型，即全部属于风险回避者。套利定价理论并没有对投资者的风险偏好作出假定，因此，套利定价理论的适用性更广。

（4）套利定价理论是多因素的风险模型，可以对系统风险进行细分，而且又能够更准确地度量投资组合对于不同风险的敏感程度和获得期望收益的能力，因而投资者可以根据自己对待风险的态度，选择自己愿意和能够承担的风险，而完全回避那些自己不愿意承担的风险，对实际的组合策略有指导意义。但是套利定价理论在操作上的困难体现在投资者很难确定哪些是影响资产期望收益的合适因素，而且不同的决策者可能会作出不同的判断。

复习思考题

1.什么是货币时间价值？

2.货币时间价值在实践中有哪些应用？

3.货币时间价值与社会平均投资收益率有什么区别？

4.什么是年金？年金有几种类型？

5.名义利率与实际利率的关系如何？

6.什么是协方差？协方差与相关系数的关系如何？

7.什么是投资风险价值？

8.风险与收益有着怎样的关系？

9.资本资产定价模型的原理和使用前提是什么？

10.资本资产定价模型存在哪些局限性？

计算与分析题

1. 甲公司2015年和2016年年末对A设备投资均为80 000元，该项目2017年年初完工投产；2017、2018、2019年每年年末的预期收益均为70 000元；银行存款的复利率为6%。要求：按年金计算2017年年初投资额的终值和2017年年初每年预期收益的现值。

2. 某投资项目预计5年后可获得收益1 000 000元，按年利率8%计算，问这笔收益的现值是多少？

3. 某人购买了100万元的房屋，首付20%，剩余款项从当年年末开始分10年付清，若银行贷款的年利率为6%，问此人每年年末应付多少？

4. 某人采用零存整取方式存款，每月月初存1 000元，月利息率1%，问年末可取本息和多少？

5. 企业有一笔6年后到期的长期借款100万元，年利率8%，试问：（1）每年年末应偿还多少？（2）每年年初应偿还多少？

6. 四方公司2015年年初对乙设备投资100万元，该项目于2017年年初完工投产，2017、2018、2019年每年年末的现金流入量分别为50万元、40万元、30万元；年复利利率为6%。要求：按复利计算投资额在2016年年末的终值和各年现金流入量在2017年年初的现值，并论证该投资方案是否可行？

7. 八达公司准备对外投资，现有三家公司可供选择，分别为甲公司、乙公司和丙公司，这三家公司的年预期收益及概率的资料见表2-5。

表2-5 年预期收益及概率

市场状况	概率	年预期收益		
		甲公司	乙公司	丙公司
良好	0.3	40%	50%	80%
一般	0.5	20%	20%	10%
较差	0.2	5%	−5%	−25%

要求：假定你是该企业集团的稳健型决策者，请依据风险与收益原理作出选择。

8. 某公司有一项付款业务，有甲、乙两种付款方式可供选择。

甲方案：现在支付15万元，一次性结清。

乙方案：分5年付清，1~5年各年初的付款分别为3万元、3万元、4万元、4万元、4万元，年利率为10%。

要求：按现值计算，择优方案。

9. 某人购买商品房，如付现金，则应一次性支付50万元，如果通过商业银行按揭贷款，则年利率为6%，复利，年末支付，每年末支付6万元，共需支付20年，问哪一种付款方式好？若使两种方法的结果无差异，在利率、期数不变的情况下应于每年年末支付多少？

10. 某公司的投资组合中有5种股票，所占比例分别为30%、20%、20%、15%、15%，其β系数分别为0.8、1、1.4、1.5、1.7，平均风险股票的必要报酬率为10%；无风险收益率为8%。试求投资组合的β系数和预计收益率。

案例分析题

1. 资料：李博士是国内某领域的知名专家，某日收到一家上市公司的邀请函，邀请他作为该公司的技术顾问，负责指导开发新产品。该公司开出的聘用条件如下：

（1）每个月来公司指导1天；

（2）每年酬金10万元；

（3）提供公司所在A市的住房一套，价值80万元；

（4）在公司服务至少5年。

李博士对以上工作待遇很感兴趣，对公司开发的新产品也很有研究，决定应聘。但他考虑每月只服务1天，只需住公司招待所就可以了，不想接受住房。因此，他向公司提出能否将住房改成住房补贴。

公司经过研究，决定将提供住房改变成：在今后5年里每年年初，给予李博士20万元住房补贴。李博士接到通知后又感到很纠结，因为他觉得也可以向公司要住房，然后将房子出售，扣掉5%的契税和手续费可以净得76万元，假定银行存款的利息率为3%，如果李博士自己有一家小公司，近年的平均投资利润率为12%。

要求：李博士应该做何种选择？

2.资料：张先生，35岁，ABC公司中国区市场总监，每月税后收入80 000元。他的孩子3月初刚过完3周岁生日，计划2017年迁新居，但目前尚未购新房，仍住在2013年买的位于北京北五环附近的两居室，该住宅当前市场价为120万元，当初购入价为70万元，并且为一次性付款。

张太太已看好了四环附近的某大型高档社区一套230平方米的住宅。为此，张先生需准备450万元的房款，他现在基金账户中有360万元的基金净值（均为后端收费），其中有100万元净值的基金为当初买房时所余款项购买累积至目前，因此，他打算赎回部分基金，并将目前的房屋出售，以付清房款。张太太觉得现在付清房款可能不划算，但又不知道如何更好地处理这些资产，于是向理财规划师庄先生咨询。

庄先生了解到张先生一家对目前的居住环境不满意，主要是张先生办公地址距离住所较远，而且路上堵车严重，对于购买的新房，张先生完全可用存款支付相关的税费和装修费用。因此，建议他们出售该住宅，但对于是否付清房款，他有不同的看法，他希望张先生和张太太能够将基金长期持有下去。于是，他测算了张先生出售目前住宅的净所得，并建议他们先将房屋出售，之后再办理新房的购买，并且首付四成，其余按照20年按揭贷款的方式付清余款。并告诉张太太，做好基金的配置，保证每年8.5%的复合收益率，可在将来为自己准备一笔养老金。

要求：

（1）张先生可享受60万元的公积金贷款限额，贷款利率是5.22%，则等额本息法下其公积金贷款月供是多少？

（2）张先生其余的贷款使用等额本金方法还款，其总共需要向银行付多少贷款利息（贷款利率是6.66%）？孩子6岁进入小学时那个月他的房贷月供是多少？

（3）张先生基金账户可积累的养老金在其55岁退休时是多少？相比一次性付清房款，他在基金投资上可以多获得多少养老金（考虑他多付出的利息成本）？

第三章 财务报表的解读与分析

【学习目标】

通过本章学习，要求理解和掌握：

- 财务报表的构成
- 财务分析的目的和方法
- 偿债能力、营运能力、盈利能力分析方法
- 财务综合分析和评价方法

【引例】

浙江古越龙山绍兴酒股份有限公司（股票代码600059，简称古越龙山）[①]于1997年5月在上交所上市，主要经营黄酒、白酒生产，是中国黄酒业第一家上市公司，国内最大的黄酒生产基地。截至2015年年末，公司资产总额达44.06亿元，归属于上市公司股东的所有者权益37.72亿元；2015年经营活动现金流量净额0.57亿元，全年实现营业收入13.76亿元，同比增长2.84%，归属于上市公司股东的净利润为1.33亿元，同比下降27.89%。2015年公司的每股收益为0.16元，年末股价为10.99元，年末总市值为88.86亿元，比上年增长22.93%。

如何解读古越龙山的财务报表？股东、债权人与管理层如何分析并利用财务报表？影响古越龙山营业收入、净利润以及股价的因素是什么？能否从财务报表的角度寻找古越龙山市值变动的原因？带着这些问题，我们进入本章学习。

第一节 财务报表及其解读方法

财务报表是反映企业一定时期财务状况与经营成果的总结性书面文件，包括财务报表体系和附注。财务报表体系由资产负债表、利润表、现金流量表、所有者权益（或股东权益，下同）变动表等四张主要报表构成。

一、资产负债表

（一）资产负债表的概念及功能

资产负债表是反映企业在某一特定日期的财务状况的财务报表，它以“资产=负债+所有者权益”这一会计等式为依据，按照一定的分类标准和顺序，把企业在一定日期的资产、负债、所有者权益各个项目予以适当排列编制而成的，它是企业第一张主要财务报表。资产负债表是一张静态报表，它反映的是企业在某一会计期间期末的财务状况，它是报表编制日财务状况的一幅快照。它主要有四个方面的功能：（1）可以了解企业的资产总额及分布与结构；（2）可以了解企业的负债总额及结构；（3）可以了解企业的短期偿债能力、现金支付能力等；（4）通过前后两期或更多期资产负债表资料的比较，可以推断企业财务状况发展的趋势。

（二）资产负债表项目的分类

资产负债表项目一般按流动性分类。资产按其流动性可以分为流动资产和长期资产。流动资产按其变现能力大小分为货币资金、交易性金融资产、应收票据、应收账款、预付

---

① 见浙江古越龙山绍兴酒股份有限公司相关公告及年度报告。

款项、存货等。非流动资产又分为可供出售金融资产、长期股权投资、投资性房地产、固定资产、无形资产、商誉等。负债按其流动性分为流动负债和非流动负债。流动负债又分为短期借款、应付账款、预收款项等。非流动负债又分为长期借款、应付债券、长期应付款等。所有者权益分为实收资本、资本公积、盈余公积和未分配利润等。

(三) 资产负债表基本内容及格式

资产负债表的整体框架由三部分组成，即表首、正表和附注。表首标明报表的名称、编制日期以及表中所用的货币单位等内容；正表是资产负债表的主体内容；附注是对正表中列示项目所做的进一步说明以及对未能在报表中列示项目的说明。表3-1给出了苏泊尔股份有限公司2015年资产负债表的简要内容及格式，为了分析解读报表，我们将资产负债表的项目同时用实际数与总资产的百分比列示。

表3-1　资产负债表

编制单位：浙江苏泊尔股份公司　　2015年12月31日　　金额单位：百万元

项　目	2015年报	百分比	2014年报	百分比	差异金额	增减百分比
流动资产：						
货币资金	1 041.01	14.08%	620.68	9.36%	420.33	67.72%
以公允价值计量且其变动计入当期损益的金融资产	402.22	5.44%	913.66	13.77%	−511.44	−55.98%
应收票据	604.77	8.18%	486.32	7.33%	118.45	24.36%
应收账款	1 057.15	14.29%	1 004.26	15.14%	52.89	5.27%
预付款项	108.84	1.47%	171.34	2.58%	−62.50	−36.48%
应收利息	1.21	0.02%	1.33	0.02%	−0.12	−9.02%
其他应收款	34.92	0.47%	48.73	0.73%	−13.81	−28.34%
存货	1 426.75	19.29%	1 568.48	23.64%	−141.73	−9.04%
其他流动资产	1 375.17	18.59%	448.72	6.76%	926.45	206.47%
流动资产合计	6 052.05	81.83%	5 263.51	79.35%	788.54	14.98%
非流动资产：						
长期股权投资	51.33	0.69%	48.48	0.73%	2.85	5.88%
固定资产	920.31	12.44%	956.19	14.41%	−35.88	−3.75%
在建工程	22.57	0.31%	24.93	0.38%	−2.36	−9.47%
无形资产	220.72	2.98%	225.59	3.40%	−4.87	−2.16%

续表

项　　目	2015年报	百分比	2014年报	百分比	差异金额	增减百分比
递延所得税资产	129.14	1.75%	114.95	1.73%	14.19	12.34%
非流动资产合计	1 344.05	18.17%	1 370.14	20.65%	-26.09	-1.90%
资产总计	7 396.11	100.00%	6 633.64	100.00%	762.47	11.49%
流动负债：						
应付账款	1 639.63	22.17%	1 593.47	24.02%	46.16	2.90%
预收款项	363.05	4.91%	355.56	5.36%	7.49	2.11%
应付职工薪酬	209.10	2.83%	196.27	2.96%	12.83	6.54%
应交税费	95.97	1.30%	134.95	2.03%	-38.98	-28.88%
其他应付款	66.61	0.90%	52.77	0.80%	13.84	26.23%
流动负债合计	2 374.37	32.10%	2 333.01	35.17%	41.36	1.77%
非流动负债：						
长期应付职工薪酬	7.35	0.10%	7.64	0.12%	-0.29	-3.80%
预计负债	3.00	0.04%	13.01	0.20%	-10.01	-76.94%
递延所得税负债	1.66	0.02%	1.16	0.02%	0.50	43.10%
非流动负债合计	12.01	0.16%	21.82	0.33%	-9.81	-44.96%
负债合计	2 386.37	32.27%	2 354.83	35.50%	31.54	1.34%
所有者权益（或股东权益）：						
实收资本（或股本）	632.88	8.56%	633.85	9.56%	-0.97	-0.15%
资本公积	557.58	7.54%	544.29	8.20%	13.29	2.44%
其他综合收益	-20.23	-0.27%	-24.08	-0.36%	3.85	-15.99%
盈余公积	197.41	2.67%	154.97	2.34%	42.44	27.39%
未分配利润	3 053.47	41.28%	2 479.04	37.37%	574.43	23.17%
归属于母公司所有者权益合计	4 421.10	59.78%	3 788.07	57.10%	633.03	16.71%
少数股东权益	588.63	7.96%	490.75	7.40%	97.88	19.94%
所有者权益（或股东权益）合计	5 009.73	67.73%	4 278.82	64.50%	730.91	17.08%
负债和所有者权益（或股东权益）总计	7 396.11	100.00%	6 633.64	100.00%	762.47	11.49%

资产负债表内各项目的一般排列顺序是：资产类项目按资产流动性程度的高低顺序，即资产的变现能力排列，先流动资产，后非流动资产，这对投资者进行投资决策和债权人进行信贷决策有重要意义；负债类项目按偿还期限长短和偿债风险大小排列，风险大的项目排在前面，一般来说，流动负债对企业的风险和压力要大于非流动负债；所有者权益项目一般按其永久性程度递减的顺序排列，先实收资本，后资本公积、其他综合收益，盈余公积，最后是未分配利润。

其他综合收益项目反映企业根据其他会计准则规定未在损益中确认的各项利得和损失扣除所得税影响后的净额，具体内容在利润表解读中详细介绍。在资产负债表中作为所有者权益的构成部分，采用总额列报的方式进行列报。无需按照明细子目列示，但列示的总额是扣除所得税影响后的金额。

（四）资产负债表的解读

1.公司资产变化情况分析

首先，根据表3-1，可以对资产变化给出总体评价。企业总资产从期初的66.34亿元增长到期末的73.96亿元，增长幅度达到11.49%，这表明企业占有的经济资源有所增加，经营规模有所扩大。从总资产构成看，企业流动资产比重有所上升，从总资产的79.35%上升到81.83%，固定资产比重则有所下降，从总资产的14.41%下降到12.44%。由于期末企业的短期、长期借款和应付债券均为零，因此，这种资产结构的变化并不会导致实质性的财务风险，企业的流动性进一步增强。需要考虑的问题是固定资产的比重下降是否会导致企业的盈利能力降低。结合企业利润水平的显著增长，说明企业进一步朝着“低风险，高收益”的方向迈进。

其次，对各类资产变化进行初步评价。初步评价前应该寻找分析重点。从公司各大类资产金额和构成变化来看，企业的预付款项、应收利息、其他应收款、长期股权投资和在建工程等项目基本没有余额，可以忽略不计；应收票据项目比2014年略增，由于应收票据违约风险相对较小，因此，也不作为考虑重点。

需要重点分析的项目包括：（1）占比较大的资产，通常在10%以上的资产需要做重点分析；（2）增减变化较大的资产。考虑到流动资产占总资产比重超过80%，因此，流动资产应当作为分析重点，货币资金从期初的6.2亿元增长到10.41亿元，增长率高达67.72%。企业的货币资金大幅增加可以通过现金流量表进一步分析原因，主要是企业2015年度通过经营活动产生现金净流入11.33亿元。公司的存货从期初的15.68亿元下降到14.27亿元，下降了1.42亿元，下降9%，结合销售收入年度增长15%，这种存货金额的下降主要是存货周转加快、合理控制存货库存所致。公司固定资产总体平稳，从期初的9.56亿元减少到9.20亿元，减少了0.36亿元，主要原因是固定资产折旧计提同比增加。

2.公司负债变化情况分析

公司负债总额总体平稳，从年初的23.55亿元增加到年末的23.86亿元，表明企业年末财务风险与年初基本持平。从负债总额的构成来看，苏泊尔的负债基本上是流动负债，期末流动负债的比重达到负债总额的99%。由于公司非流动负债金额很小，分析时可基本忽略。

从理论上看，流动负债风险大于非流动负债，流动负债比重高往往意味着企业财务风险增加。需要注意的是，企业的流动负债项目中，短期借款为0，主要的流动负债由应付账款、预收账款和应付职工薪酬三项经营性负债构成。应付账款的增加与销售收入增加相匹配，提供了低成本的融资渠道；预收账款的增加说明企业的产品受到市场欢迎的程度在不断增加，企业未来的销售成长性较好；应付职工薪酬的增加说明企业提高了职工薪酬水平。总体看，对于公司负债的变化也可以给予积极评价。

3.股东权益变化情况分析

从股东权益总额看，年末数比年初数增加了7.31亿元，增长率为17%。且由于2015年度未发行新股，故17%的增长率均来自于经营业绩。股东权益占总资金来源从期初的64.50%提升到期末的67.73%，意味着公司年末财务风险进一步降低。

二、利润表

（一）利润表的概念及作用

利润表是反映企业在一定会计期间的经营成果的财务报表。利润表以“利润=收入-费用”这一会计等式为依据，根据企业一定会计期间发生的各项收入与各项成本费用支出经过配比计算编制而成。利润表属于动态报表，它表现的是企业一定会计期间的生产经营成果。它好比企业一定会计期间生产经营成果的一部录像。利润表是企业第二张主要财务报表。通过利润表，企业的所有者可以了解和考核管理人员的经营业绩，分析和预测企业的获利能力，从而把企业的经营管理导向正确的发展道路；债权人和所有者都可以分析测定企业损益的发展变化趋势，作出对其有利的信贷和投资决策。管理人员运用此表提供的构成企业利润或亏损的各种资料，可以分析出企业损益的形成原因，作出合理的经营决策。

（二）利润表的内容及格式

利润表的整体框架由三部分组成，即表首、正表和附注。表首标明报表的名称、编制日期以及表中所用的货币单位等内容；附注是对正表中列示项目所做的进一步说明以及对未能在报表中列示项目的说明。正表是利润表的主体内容，从内容上看，主要由收入、费用、利得和损失四部分构成；从结构上看，利润表由营业利润、利润总额、净利润和每股收益四部分构成。利润表的格式，差别主要就在于正表部分，目前国际上流行的一般有多步式和单步式两种。我国会计准则规定的格式是多步式。表3-2给出了苏泊尔公司2015年利润表的简要内容及格式（最新报表中已将“营业税金及附加”项目改为“税金及附加”），为便于报表分析，我们同时将每个利润表项目的实际数据除以当年的营业收入得到百分比数据。

利润表各项目之间的关系为：

（1）营业总成本=营业成本+营业税金及附加+销售费用+管理费用+财务费用+资产减值损失；

（2）营业利润=营业总收入-营业总成本+公允价值变动收益+投资收益；

（3）利润总额=营业利润+营业外收入-营业外支出；

（4）净利润=利润总额-所得税费用；

（5）综合收益总额=净利润+其他综合收益的税后净额。

表3-2 **利润表**

编制单位：苏泊尔股份公司 2015年度 金额单位：百万元

项 目	2015	百分比	2014	百分比	差异金额	增减百分比
一、营业总收入	10 909.69	100.00%	9 534.64	100.00%	1 375.05	14.42%
其中：营业收入	10 909.69	100.00%	9 534.64	100.00%	1 375.05	14.42%
二、营业总成本	9 802.29	89.85%	8 659.28	90.82%	1 143.01	13.20%
其中：营业成本	7 749.21	71.03%	6 766.78	70.97%	982.43	14.52%
营业税金及附加	69.39	0.64%	55.82	0.59%	13.57	24.31%
销售费用	1 580.07	14.48%	1 481.09	15.53%	98.98	6.68%
管理费用	367.20	3.37%	324.56	3.40%	42.64	13.14%
财务费用	−23.05	−0.21%	−19.28	−0.20%	−3.77	19.55%
资产减值损失	59.48	0.55%	50.31	0.53%	9.17	18.23%
加：公允价值变动收益（损失以“−”号填列）	−1.44	−0.01%	3.67	0.04%	−5.11	−139.24%
投资收益（损失以“−”号填列）	38.51	0.35%	26.28	0.28%	12.23	46.54%
其中：对联营企业和合营企业的投资收益	3.29	0.03%	2.61	0.03%	0.68	26.05%
三、营业利润（亏损以“−”号填列）	1 144.47	10.49%	905.31	9.49%	239.16	26.42%
加：营业外收入	48.61	0.45%	32.75	0.34%	15.86	48.43%
其中：非流动资产处置利得	1.04	0.01%	1.38	0.01%	−0.34	−24.64%
减：营业外支出	19.40	0.18%	29.98	0.31%	−10.58	−35.29%
其中：非流动资产处置损失	3.12	0.03%	2.76	0.03%	0.36	13.04%
四、利润总额（亏损总额以“−”号填列）	1 173.68	10.76%	908.07	9.52%	265.61	29.25%
减：所得税费用	187.18	1.72%	143.13	1.50%	44.05	30.78%
五、净利润（净亏损以“−”号填列）	986.51	9.04%	764.94	8.02%	221.57	28.97%
归属于母公司所有者的净利润	889.00	8.15%	689.89	7.24%	199.11	28.86%
少数股东损益	97.50	0.89%	75.05	0.79%	22.45	29.91%
六、其他综合收益的税后净额	3.85	0.04%	−0.80	−0.01%	4.65	−581.25%
七、综合收益总额	990.36	9.08%	764.15	8.01%	226.21	29.60%
归属于母公司所有者的综合收益总额	892.85	8.18%	689.10	7.23%	203.75	29.57%
归属于少数股东的综合收益总额	97.50	0.89%	75.05	0.79%	22.45	29.91%

总体来看，营业收入、营业成本、各类费用和利润项目构成利润表的主体。多步式的利润表中，收入的列报应能反映企业的盈利渠道和发展方向。对于各类费用，企业应按照费用在公司经营与管理活动中所发挥的功能进行分类列报，通常分为从事生产经营业务发生的成本、销售费用、管理费用和财务费用等。这样有助于财务报告使用者了解企业的活动领域和相应的开支。销售费用反映企业在市场营销这一领域的开支大小，管理费用意味着企业为日常经营管理所发生的费用，财务费用表示企业为融资所发生的费用等。向财务报告使用者提供这种结构性信息，能更清楚地揭示企业经营业绩的主要源泉和构成，使相关会计信息更加有用。

“其他综合收益的税后净额”项目应当根据其他相关会计准则的规定分为下列两类列报：

（1）以后会计期间不能重分类进损益的其他综合收益项目，如按照权益法核算的在被投资单位以后会计期间不能重分类进损益的其他综合收益中的所享有的份额。

（2）以后会计期间在满足规定条件时将重分类进损益的其他综合收益项目，如可供出售金融资产公允价值变动形成的利得或损益、持有至到期投资重分类为可供出售金融资产形成的利得或损益等。在综合收益总额项目之下单独列示归属于母公司所有者的综合收益总额和归属于少数股东的综合收益总额。

（三）利润表的解读

1.利润构成变化分析

公司营业收入2015年比2014年增长了13.75亿元，增幅为14.42%。营业利润增长26.42%，利润总额增长29.25%，净利润增长28.97%。企业总利润与净利润以及营业利润的增长幅度均超过了营业收入的增长幅度。这表明利润表中的各个项目并不都是与营业收入同比例上升的。详细观察表3-2，可以发现与营业收入不同比例上升的主要项目是销售费用与营业外支出两个项目。对这些项目可进一步分析。

2.营业成本费用变化分析

公司营业收入与营业成本几乎同比例增长，说明2015年度企业经营正常。销售费用项目2015年比2014年增长了0.99亿元，增长率为6.68%。销售费用增加小于营业收入的增加幅度导致本期利润有了更大幅度的增加。营业税金及附加本期比2014年增加了0.14亿元，企业营业税金的较大幅度增加减小了本期利润的增长幅度。公司管理费用平稳增长，增长幅度为13.14%，与企业营业收入增长速度相当。公司财务费用2年均小于零，且绝对数有所增长，这主要来源于公司存款的利息收入。财务费用为负值表明企业的现金流比较充裕，对外部融资的需求小。营业外支出本期下降了35.29%，主要原因是本期减少了赔偿支出。

3.其他综合收益分析

本期的其他综合收益比上期增加了465万元，主要内容是外币财务报表折算差额，这个项目属于第二类其他综合收益，即以后将重分类进损益的其他综合收益。外币财务报表折算差额的余额为正，说明汇率变化出现了对公司有利的趋势。

三、现金流量表

（一）现金流量表的相关概念

现金流量表是指反映企业在一定会计期间现金和现金等价物流入和流出情况的报表。现金流量表中的现金是指企业库存现金和可以随时用于支付的银行存款，包括库存现金、银行存款和其他货币资金；现金等价物是指企业持有的期限短、流动性强、易于转换为已知金额现金、价值变动风险很小的投资，期限短一般是指从购买日起3个月内到期，现金等价物通常包括3个月内到期的债券投资等，股权投资变现的金额通常不确定，因而不属于现金等价物；经营活动是指企业投资活动和筹资活动以外的所有交易和事项；投资活动是指企业长期资产的购建和不包括在现金等价物范围内的投资及处置活动；筹资活动是指导致企业资本及债务规模和构成发生变化的活动；现金流量是指企业一定会计期间内现金和现金等价物流入和流出的数量，它包括经营活动产生的现金流量、投资活动产生的现金流量和筹资活动产生的现金流量。

（二）现金流量表的作用

现金流量表主要提供有关企业现金流量方面的信息。在市场经济条件下，企业的现金流转情况很大程度上影响着企业的生存和发展。企业现金充裕，就可以及时购入必要的材料物资和固定资产，及时支付工资、偿还债务、支付股利和利息；反之，轻则影响企业的正常生产经营，重则危及企业的生存。现金管理已经成为企业财务管理的一个重要方面，受到企业管理人员、投资者、债权人以及政府监管部门的关注。企业编制的现金流量表有助于评价企业支付能力、偿债能力、周转能力，有助于预测企业未来的现金流量，有助于分析企业收益质量及影响现金净流量的因素。

（三）现金流量表的内容

现金流量表的整体框架由三部分组成，即表首、正表和附注。表首标明报表的名称、编制日期以及表中所用的货币单位等内容；附注是对正表中列示项目所做的进一步说明以及对未能在报表中列示项目的说明，包括将净利润调节为经营活动现金流量的信息、以总额披露当期取得或处置子公司及其他营业单位的信息、与现金和现金等价物有关的信息。正表是现金流量表的主体内容，从内容上看，主要由经营活动产生的现金流量、投资活动产生的现金流量、筹资活动产生的现金流量、汇率变动对现金及现金等价物的影响以及现金及现金等价物净增加额等五部分构成。表3-3给出了苏泊尔公司2015年现金流量表的简要内容及格式。

现金流量按照经营活动、投资活动和筹资活动进行分类报告，其目的是便于报表使用者深入了解各类活动对企业财务状况的影响，以及预测评估企业现金流量未来前景。现金流量表各项目之间的关系为：现金及现金等价物的净增加额=经营活动产生的现金流量净额+投资活动产生的现金流量净额+筹资活动产生的现金流量净额+汇率变动对现金及现金等价物的影响；期末现金及现金等价物余额=现金及现金等价物的净增加额+期初现金及现金等价物余额。

（四）现金流量表的解读

现金流量分析包括现金流入量分析与现金流出量分析两部分。现金流入量分析的目的

表3-3　　现金流量表

编制单位：苏泊尔股份有限公司　　2015年度　　单位：百万元

项　目	2015年报	2014年报	差异金额	增减百分比
一、经营活动产生的现金流量：				
销售商品、提供劳务收到的现金	12 004.77	10 490.88	1 513.89	14.43%
收到的税费返还	158.58	186.07	−27.49	−14.77%
收到其他与经营活动有关的现金	55.72	36.95	18.77	50.80%
经营活动现金流入小计	12 219.07	10 713.90	1 505.17	14.05%
购买商品、接受劳务支付的现金	8 039.69	7 353.54	686.15	9.33%
支付给职工以及为职工支付的现金	1 097.84	1 013.18	84.66	8.36%
支付的各项税费	638.34	507.93	130.41	25.67%
支付其他与经营活动有关的现金	1 310.11	1 006.06	304.05	30.22%
经营活动现金流出小计	11 085.98	9 880.72	1 205.26	12.20%
经营活动产生的现金流量净额	1 133.09	833.19	299.90	35.99%
二、投资活动产生的现金流量：				
取得投资收益收到的现金	30.25	21.41	8.84	41.29%
处置固定资产、无形资产和其他长期资产收回的现金净额	2.40	3.72	−1.32	−35.48%
收到其他与投资活动有关的现金	1 542.33	1 369.80	172.53	12.60%
投资活动现金流入小计	1 574.98	1 394.93	180.05	12.91%
购建固定资产、无形资产和其他长期资产支付的现金	75.92	124.46	−48.54	−39.00%
支付其他与投资活动有关的现金	1 905.40	1 840.76	64.64	3.51%
投资活动现金流出小计	1 981.32	1 965.21	16.11	0.82%
投资活动产生的现金流量净额	−406.34	−570.29	163.95	−28.75%
三、筹资活动产生的现金流量：				
吸收投资收到的现金	0	0		
取得借款收到的现金	0	0		
收到其他与筹资活动有关的现金	0	0		
筹资活动现金流入小计	0	0		
偿还债务支付的现金	0	0		
分配股利、利润或偿付利息支付的现金	271.09	234.66	36.43	15.52%
筹资活动现金流出小计	271.09	234.66	36.43	15.52%
筹资活动产生的现金流量净额	−271.09	−234.66	−36.43	15.52%
四、汇率变动对现金及现金等价物的影响	15.28	−1.62	16.90	−1 043.21%
五、现金及现金等价物净增加额	470.94	26.62	444.32	1 669.12%
加：期初现金及现金等价物余额	416.88	390.26	26.62	6.82%
六、期末现金及现金等价物余额	887.82	416.88	470.94	112.97%

主要是揭示公司现金流入量的质量。经营活动产生的现金流入量是经常性的现金流入量，特别是销售商品收到的现金，其稳定性强于其他来源的现金流入量，经营活动产生的现金流入量占现金流入量的比重越大，公司的现金流入量的质量就越高。公司2015年度的经营产生的现金流入量占总现金流入量的比重达到88.59%，其质量相当高，至于公司投资活动产生的现金流入量占总现金流入量比重较低，可不作为分析重点，筹资活动现金流入量更是为0，说明企业自身具有较强的通过经营获得现金的能力。根据现金流入量的这些特征，可以得出如下结论：公司是一个主营业务突出、投机性小、主要依靠自身创造现金流入量生存与发展的企业。

对现金流出量分析的重点是考察公司现金流出量的刚性程度。经营活动产生的现金流出量是经常性的现金流出量，特别是为主营业务而支付的现金，其刚性要大于其他现金流出量，经营活动产生的现金流出量占现金流入量的比重越大，公司的现金流出量的刚性程度就越大，公司在生产经营领域之外可以动用的现金流入量的比例就越低。从公司的现金流出量看，经营活动产生的现金流出量占现金总流入量的比重达到80.37%。这表明，公司在生产经营之外，可以动用的现金流入量的比例为19.63%，对应的金额为27.08亿元，这说明公司具有一定的通过经营积累扩张企业规模的能力，同时因为这些多余的现金可以用来偿还债务，因此，公司的财务风险相对较低。

企业投资活动的现金流出量达到19.81亿元，主要是投资理财产品及定期存款，支出金额达到19.05亿元。说明企业当前的产能可以应对市场的需求，企业没有进行扩张产能的投资。企业筹资现金流入量为0，筹资现金流出量主要为股利的支付。

从现金流量表看，苏泊尔公司2015年经营创造现金的能力强，公司产能保持稳定，固定资产、存货都不需要追加投资，对外部资金的需求量小，注重对股东的回报，公司现金分红占分红年度合并报表中归属于上市公司普通股股东的净利润的比例达到40%。

四、财务报表附注包括的内容

附注是财务报表的重要组成部分。企业应当按照规定披露附注信息，其主要内容有：（1）企业的基本情况；（2）财务报表的编制基础；（3）遵循企业会计准则的声明；（4）重要会计政策和会计估计；（5）会计政策和会计估计变更以及差错更正的说明；（6）报表重要项目的说明；（7）或有事项；（8）资产负债表日后事项；（9）关联方关系及其交易。

五、为管理层决策修改会计数据

上述财务报表更多是为贷款人、税务部门设计的，而不是给管理层和股票投资者设计的。所以，为了在公司决策制定中有效地使用这些报表，必须做一定的修改。

（一）经营性资产和经营性资本（投资资本）

修改传统会计框架的第一步是将总资产分为两类：经营性资产和非经营性资产。经营性资产是指业务运作所必需的资产，它不包括没有被用于生产经营活动的金融资产。经营性资产进一步可以被分成经营性流动资产和经营性长期资产。购买资产所需的全部资金不都是从投资者（股东、债权人）那里获得的，因为企业的经营活动会自发产生一部分资金。例如，“应付账款”“应付职工薪酬”“应交税费”等，这些资金被称为经营性流动负债。把经营性流动资产减去经营性流动负债后的结果称为经营性营运资本，经营性营运资本加上经营性长期资产称为经营性资本（投资资本）。

根据表3-1的有关资料，查阅报表附注，发现公司2015年货币资金中期末使用有限制的款项共计1.53亿元；其他流动资产中含有理财产品13.27亿元，交易性金融资产4.02亿元。公司2014年货币资金中期末使用有限制的款项共计2.04亿元；其他流动资产中含有理财产品3.92亿元，交易性金融资产9.14亿元。

该公司2015年、2014年的经营性资本（投资资本）分别为：

2015年的经营性资本（投资资本）=经营性营运资本+经营性长期资产

=经营性流动资产-经营性流动负债+经营性长期资产

=（6 052.05-1 327-153-402）-2 374.37+1 344.05-12.01

=3 127.72（百万元）

2014年的经营性资本（投资资本）=经营性营运资本+经营性长期资产

=经营性流动资产-经营性流动负债+经营性长期资产

=（5 263.51-392-914）-2 333.01+1 370.14-21.82

=2 972.82（百万元）

（二）息税前利润和息前税后利润

如果两家企业的债务数额不同，则有不同的利息费用，即使它们可能有相同的经营业绩，但此时它们的净利润也不同——负债较多的企业净利润较低。净利润确实重要，但它并不总是能真实反映企业的经营业绩和营运效率。能更好衡量经理业绩的指标是息税前利润或息前税后利润，它们反映的是假设企业无负债条件下能够产生的利润。

息税前利润是指既没有扣除所得税费用也没有扣除利息费用的利润。

息税前利润=利润总额+利息费用

息前税后利润是指虽扣除了所得税费用但没有扣除利息费用的利润。

息前税后利润=息税前利润-息税前利润所得税

（三）市场增加值（MVA）

现代企业财务管理的最优目标是企业价值最大化。企业价值达到最大化，股东的财富相应地达到最大化。股东财富最大化是通过最大化企业股票市值和股东提供的权益资本价值之间的差达到的，该价值差即为市场增加值（MVA）。

市场增加值（MVA）=企业股票市场价值-股东权益

（四）经济增加值（EVA）

市场增加值（MVA）衡量的是自企业最初创立到现在这段时间内管理层行为的影响，而经济增加值（EVA）衡量的是特定年份内的管理有效性。

经济增加值=息前税后利润-资本费用

=息前税后利润-投资资本×加权平均资本成本

经济增加值（EVA）的具体内容详见本章的第三节。

结合表3-1、表3-2的数据，我们将以上定义应用于该公司，见表3-4。

表 3-4　**为管理决策修改的会计数据表**　单位：百万元

项　目	2015年	2014年
净利润	986.51	764.94
加：所得税费用	187.18	143.13
利息费用	0	0
息税前利润	1173.69	908.07
减：所得税费用	187.18	143.13
息前税后利润	986.51	764.94
归属于上市公司股东的净利润	889	689.89
股数（百万股）	632.87	633.85
每股收益（元）=净利润÷普通股股数	1.405	1.088
归属于上市公司股东的所有者权益	4 421.10	3 788.07
每股净资产（元）=股东权益÷普通股股数	6.986	5.976
市场价格（元）	27.82	17.02
企业总市值=股数×市场价格	17 606.44	10 788.13
企业账面价值（股东权益）	4 421.10	3 788.07
市场增加值（MVA）=企业总市值-企业账面价值	13 185.34	7 000.06
经营性资本（投资资本）	3 127.72	2 972.82
加权平均资本成本（%）	10.77	10.77
资本费用=投资资本×加权平均资本成本	336.86	320.17
经济增加值=息前税后利润-资本费用	649.65	444.77

注：经济增加值计算的加权平均资本成本的股权成本使用资本资产定价模型，具体是使用1年定期存款利率作为无风险收益率，5年沪深指数平均收益作为市场收益率。另外，计算每股收益时由于本书使用的计量单位误差等原因使计算结果与年度报告结果略有差异。

第二节　财务报表分析概述

一、财务报表分析的目的与内容

（一）财务报表分析的概念

财务报表分析是指以企业财务报表和其他资料为依据，采用一系列专门的方法，对企业的财务状况、经营成果进行分析、研究与评价的一项业务手段。它既是对已完成的财务活动的总结，又是财务预测的前提，在财务管理环节中起着承上启下的重要作用。

财务报表分析产生于19世纪末20世纪初。当时主要是为银行服务的信用分析，因为银行家需要对借款人进行信用调查和分析，借以判断客户的偿债能力。资本市场形成后，财务报表分析由主要为银行服务扩展到为投资人服务。随着社会筹资范围扩大，非银行的贷款人和股权投资人增加，公众进入资本市场和债务市场，投资人要求的信息更为广泛，财务分析从针对企业的盈利能力、筹资结构、利润分配进行分析，发展为比较完善的外部财务分析体系。公司发展起来以后，财务分析由外部分析扩展到内部分析，为改善内部管理服务。

（二）财务报表分析的目的

财务报表分析的一般目的可以概括为：评价过去的经营业绩；衡量现在的财务状况；预测未来的发展趋势，为信息使用者提供决策所需要的信息。但由于企业对外发布的财务报告，是根据全体使用者的一般要求设计的，并不适合特定财务报告使用者的特定要求，使用者要从中选择自己需要的信息，重新排列，并研究其相互关系，使之符合特定决策要求。

企业财务分析报告的信息使用者主要有两类。

1.外部使用者，包括所有者、债权人、政府、中介机构等

（1）所有者：分析企业资产的盈利能力，以决定是否投资；分析企业的盈利状况、股价变动和发展前景以决定是否转让股份；分析资产盈利水平、破产风险和竞争能力，以考查经营者业绩；分析筹资状况，以决定股利分配政策等。

（2）债权人：分析贷款的报酬和风险，决定是否给企业贷款；分析债务人资产的流动性，了解债务人的短期偿债能力；分析盈利状况，了解债务人的长期偿债能力等。

（3）政府：了解企业纳税情况；了解企业遵守法规和市场秩序的情况等。

（4）中介机构（注册会计师、咨询人员等）：注册会计师通过财务分析可以确定审计的重点。在一些国家“财务分析师”已成为专门职业，他们为各类报表使用人提供专业咨询。

2.内部使用者，包括经营管理者和员工等

（1）经营管理者：为改善经营管理而进行财务分析，涉及的内容最广泛，几乎包括外部使用人和内部职工关心的所有问题。

（2）员工：通过分析判断企业盈利与自身收入、保险、福利之间是否相适应。

（三）财务报表分析的内容

（1）分析企业的盈利能力，评价企业利润目标的完成情况和不同年度盈利水平的变动情况，预测企业的盈利前景。

（2）分析企业的偿债能力，分析企业资本结构，估量对债务资本的利用程度。

（3）分析企业资产的营运能力，评价企业资产的分布情况和周转使用情况。

（4）综合分析，从总体上分析评价企业的财务状况和经营成果，揭示企业财务活动方面的优势和薄弱环节，找出改进经营管理工作的主要途径。

二、财务报表分析的方法

企业进行财务报表分析常用的方法有比较分析法、因素替换法、比率分析法，其中比较分析法是企业财务报表分析的基本方法。

(一) 比较分析法

比较分析法是将可比的财务指标进行比较，根据比较的差异，分析企业财务状况和经营成果的一种方法。指标比较的范围，包括以下几方面：

(1) 以报告期实际指标与计划（预算、目标等）指标相比较。这种比较一方面可以揭示计划（预算、目标）的完成情况，另一方面也可以评价计划（预算、目标）本身的正确性和先进性。

(2) 以报告期实际指标与上期实际指标相比较。这种比较可以反映指标的变动情况及其发展速度，据以研究其发展变化趋势。

(3) 以报告期实际指标与本企业历史最好水平相比较。这种比较可以了解企业的现状，以便找出差距，分析原因，赶超历史先进水平。

(4) 以报告期实际指标与条件大体相同的先进企业相比较。这种比较可以找出本企业的薄弱环节，反映企业在同行业竞争中的地位。

在运用比较法进行分析时，必须注意指标之间的可比性，做到指标时间范围必须一致，指标包含内容和计算方法必须相一致，不同企业之间的生产经营条件大体相同。

(二) 因素替换法

因素替换法，又称连环替换法。它是在比较分析法的基础上，分析某项财务指标的差异受哪些因素影响及其影响程度的一种方法。企业各项财务指标的完成情况是受许多因素综合影响的结果，这些因素可能按照不同的方向发生不同的影响，同时各个因素所发生的影响又是相互联系的，因此，要分析各个因素对财务指标完成结果的影响程度，只有顺序地把其中一个因素当作可变，而暂时假定其他因素不变的情况下，才能单独地反映出这个因素的变动对被分析指标的影响程度。这样能帮助人们找出影响指标变动的主要因素与次要因素，以便抓住主要矛盾，使分析更深入。

【例3-1】某企业上期的毛利额为48 000万元，本期实际毛利额为70 600万元。其指标构成见表3-5。

表3-5　　**毛利额的影响因素分析**　　单位：万元

项　目	上期实际	本期实际	差　异
主营业务收入	616 000	826 600	+210 600
毛利率	7.792%	8.541%	+0.749%
毛利额	47 999	70 600	+22 601

按“毛利额=主营业务收入×毛利率”的关系，分析两个时期毛利额的差异22601万元，受主营业务收入和毛利率两因素变动影响的程度，其分析的方法如下：

上期实际：616 000×7.792%=47 999（万元）　①

替换：826 600×7.792%=64 409（万元）　②

本期实际：826 600×8.541%=70 600（万元）　③

②-①=64 409-47 999=16 410（万元）

是由于主营业务收入的增加，影响毛利额增加。

③-②=70 600-64 409=6 191（万元）

是由于毛利率的提高，影响毛利额增加。

16 410+6 191=22 601（万元）

是主营业务收入的增加和毛利率的提高，对毛利额的共同影响。

通过上述分析可见，采用因素替换法，不但能看出各种因素对财务指标的影响，而且还可测定各个因素对财务指标的影响程度。在运用因素替换法测定各个因素的变动对被分析财务指标的影响时，必须注意：

（1）正确安排被分析的指标与影响因素的依存关系。

（2）正确替换各因素的顺序，先替换主要因素，后替换次要因素；先替换主观因素，后替换客观因素；先替换数量指标，后替换质量指标。替换顺序不能随意颠倒，否则会得出不同的结果。

（三）比率分析法

比率分析法是把某些彼此存在关联的项目加以对比，计算出比率，据以确定财务活动变动程度的分析方法。采用这种方法，能够把某些条件下的不可比财务指标变为可以比较的指标。

比率指标主要有以下三类：

1.结构比率

它是某项财务指标的各个组成部分与总体的比率，反映部分与总体的关系。其一般计算公式为：

结构比率=某个组成部分数额÷总体数额

利用结构比率，可以考察总体中某个部分的形成和安排是否合理，以便协调各项财务活动。

2.效率比率

它是某项财务活动中所费与所得的比率，反映投入与产出的关系。如成本费用与销售收入的比率、利润与资本的比率等。利用效率比率指标，可以进行得失比较，考察经营成果，评价经济效益的水平。

3.相关比率

它是以某个财务指标与其有关但又不同的另一指标加以对比所得的比率，反映有关财务活动的相互关系。利用相关比率指标，可以考察有联系的相关业务安排是否合理，以保障企业经营活动能够顺畅进行。如将流动资产与流动负债对比，计算出流动比率，据以判断企业的短期偿债能力。

三、财务分析的程序

（一）明确财务分析的目的和要求

企业进行财务分析时，应从本企业的实际出发，根据财务管理的需要，确定某一时期财务分析的目的和要求，以便有计划、有步骤地开展财务分析。

（二）收集资料、掌握数据

掌握真实而又足够的数据和情况，是做好财务分析的前提条件。除了取得会计核算等有关实际资料外，还要根据分析的目的和要求，搜集其他有关资料。对已收集的各项资料需要进行核实、加工、整理、归类。进行财务分析所需的财务报表资料见表3-2、表3-3、表3-4。

（三）数量分析、调查研究

在掌握数据资料的基础上，运用定量分析方法，对企业的财务状况进行数量分析，并深入实际，调查研究，掌握生产经营活动的具体情况。

（四）综合分析，把握财务活动的本质

在基本数量分析和调查研究的基础上，还要把财务活动和生产经营活动结合起来，把各财务指标结合起来，进行全面综合分析。从生产经营管理、财务管理等方面寻找影响资本、成本、费用、利润计划完成的具体原因。在分析各种矛盾时，要抓住主要矛盾，透过现象看本质。只有这样，才能对企业的财务状况及其经营成果和现金流量作出客观正确的评价。

（五）作出评价，提出改进意见

进行财务分析，必须对企业的财务状况作出正确的评价，据以指导今后的工作。在结论中，一方面要评价企业财务指标完成的情况，另一方面，要提出改善生产经营管理和财务管理的意见和方案。在评价企业财务状况时，既要肯定成绩，又要看到问题。对存在的问题，要提出切实可行的改进措施，拟订有效的方案，以便改进工作，提高企业生产经营管理和财务管理水平。

（六）撰写财务分析报告

财务分析报告是在财务分析结果的基础上，进行综合、概括、提炼，得出说明性和结论性的书面材料。它是为企业管理者研究、改进企业财务管理的一种文字和数字相结合的报告文件。财务分析报告也为企业投资者进行投资决策、信贷供应者制定信贷政策提供依据。

四、财务分析的局限性

（一）财务报表的真实性问题

只有根据真实的财务报表，才有可能得出正确的分析结论。财务分析不能解决财务报表的真实性问题，但是财务分析人员通常要注意以下与此有关的问题：

（1）要注意财务报表是否规范。不规范的报表，其真实性也应受到怀疑。

（2）要注意财务报表是否有遗漏。遗漏是违背充分披露原则的。遗漏很可能是因为不想讲真话。

（3）要注意分析数据的反常现象。如无合理的反常原因，则要考虑数据的真实性和一贯性是否有问题。

（4）要注意审计报告的意见和注册会计师的信誉。

（二）企业会计政策的不同选择影响可比性

对同一会计事项的账务处理，会计准则允许使用几种不同的规则和程序，企业可以自行选择。虽然财务报表附注对会计政策的选择有一定的表述，但报表使用人未必能完成可比性的调整工作。

（三）比较基础问题

在比较分析时，必须要选择比较的基础，作为评价本企业当期实际数据的参照标准，包括本企业的历史数据、同业数据和计划预算数据。

横向比较时，使用同业标准。同业的平均数，只起一般性的指导作用，不一定有代表性，也不是合理性的标志。通常，选一组有代表性的企业求其平均数，作为同业标准，可能比整个行业的平均数更好。近年来，更重视以竞争对手的数据作为分析基础。

纵向比较时，以本企业历史数据作比较基础。历史数据代表过去，并不代表合理性。经营环境是变化的，今年的利润比去年提高了，不一定说明已经达到了应该达到的水平，甚至不一定说明管理有了改进。

表3-6　　苏泊尔近3年主要财务指标

报告日期 财务指标	2013-12-31	2014-12-31	2015-12-31	行业均值
销售净利润率（%）	7.65	8.02	9.04	7.65
净资产收益率（%）	17.73	18.21	21.24	8.86
销售毛利率（%）	28.54	—	28.97	25.95
流动比率（%）	2.23	2.26	2.55	2.15
速动比率（%）	1.56	1.58	1.95	1.75
资产负债率（%）	34.94	35.5	32.27	42.19
产权比率（%）	53.28	54.52	47.63	101
应收账款周转率（次）	12.67	11.49	10.58	13.32
存货周转率（次）	4.99	4.68	5.17	5.36
总资产周转率（次）	1.57	1.54	1.56	0.94
经营现金净流量对流动负债比率（%）	0.29	0.35	0.48	0.27

实际与计划的差异分析，以计划预算作比较基础。实际和预算的差异，有时是预算不合理造成的，而不是执行中有了什么问题。

第三节　盈利能力分析

盈利能力是指企业获取利润的能力。不论是所有者、债权人，还是企业经营管理者，都非常重视和关心企业的盈利能力。因为利润是所有者取得投资效益、债权人收取本息的资金来源，是经营管理者经营管理业绩的集中体现，也是职工集体福利设施不断完善的重要来源。因此，企业盈利能力分析十分重要。

企业盈利能力分析可以从下列五个方面进行：

一、利润额

利润是会计上按照权责发生制原则，将一定时期的全部收入抵减全部支出后的余额。利润包括三个层次：营业利润、利润总额和净利润。

（一）利润数量分析

对一个企业的利润分析，首先要分析在这一时期取得了多少利润额，并且要与目标利润（或计划、预算）相比、与过去相比，分析目标利润的完成情况以及利润是否不断增长，还要与同行业的平均水平相比，考查利润的规模以及在竞争中的地位。虽然利润额是一个绝对数指标，有其固有的缺陷，但是不断增加利润的数量以及在一个行业中拥有较大规模的利润总量是非常重要的，它体现了一个企业盈利能力的总水平。

（二）利润质量分析

利润质量是指企业利润的形成过程以及利润结果的质量。利润的数量固然很重要，但提高利润的质量较之单纯地追求利润的数量对企业更具有现实性。实际生活中常常会出现这样的矛盾：当企业陶醉于利润总额持续增长时，瞬间便被市场无情地抛弃；当一些企业利润的数量巨额增加时，却发现自己正濒临严重的财务困境。对利润质量的分析可以从两个方面进行：

1.利润形成过程的质量分析

在利润的总体构成中，营业利润及其所占的比重大小是决定企业利润质量好坏的关键。如果一个企业在利润总额及总水平提高的同时，营业利润率及其在总利润中所占的比重却呈现下降趋势，往往是企业经营不稳定的危险征兆，若得不到及时纠正，企业有可能从此转入衰退以致失败。例如，2001年申请破产的美国安然公司，从1997年开始净利润逐年大幅度增长，而营业利润逐年下降，非营业利润的比重逐年加大，这就是利润质量越来越差的明显表现。诚然，非营业活动也会给企业带来收益或损失，但只是特殊情况下的个别结果，不能说明企业正常的盈利能力。当然，在营业利润水平总体滑坡的同时，如果非营业利润中的某些项目的利润水平出现较大幅度增长的势头，也往往意味着是企业调整产业结构的良好时机，如果能够迅速抓住，便可能将企业引向新的成功之路。

2.利润结果的质量分析

对利润结果的质量分析，一是对利润各个项目所对应的资产负债表项目的质量分析，如企业收入的增加，对应资产的增加或负债的减少；费用的增加，对应资产的减少或负债的增加。二是考查企业利润的现金保障能力。我们一般讲的利润是按照权责发生制确认的会计利润，它表现为账面利润，是一种应计的现金流入量与企业的可能财富。从财务角度来讲，只有当应计现金流入量成为实际的现金流入量时，才表明利润的真正实现与企业财富的取得。如果会计利润不能转化为足够的实际现金流入量，那叫“纸上富贵”，势必给企业带来极为不利的负面影响。对于利润的现金保障能力可以通过下列指标加以分析：

（1）净利收现率

净利收现率也叫净利润现金含量，它是经营活动产生的现金流量净额与净利润的比值，它表示每1元的净利润中的经营活动现金流量净额，反映净利润的收现水平，说明企业的账面利润是否有真实的现金来保证，是体现企业现金状况、利润质量是否良好的重要指标。其计算公式为：

净利收现率=经营活动产生的现金流量净额÷净利润

一般来说，该指标越大，说明企业的现金流量状况越好，现金对当期利润的保障程度越强。

根据表3-2、表3-3的有关资料，苏泊尔公司2015年净利收现率为：

净利收现率=1 133.09÷986.50=1.15

（2）每股经营现金流量净额

它是经营活动现金流量净额与普通股股数之比。其计算公式为：

每股经营现金流量净额=经营活动现金流量净额÷普通股股数

该指标表示每一普通股能形成的经营活动现金流量净额，反映了公司在维持期初现金存量的水平下发放现金股利的能力。把它与每股收益对照起来，能进一步说明利润的现金保障程度，如果每股收益很高，而每股经营现金流量净额很低，说明利润的现金保障程度不强。

根据表3-1、表3-3的有关资料，该公司2015年末普通股股数为632.87百万股，则该公司2015年每股经营现金流量净额为：

每股经营现金流量净额=1 133.09÷632.87=1.79（元）

二、毛利率、营业利润率、销售净利润率

（一）毛利率

1.毛利率的概念及计算

毛利率是毛利额与营业收入之比。其计算公式为：

毛利率=毛利额÷营业收入×100%

其中：

毛利额=营业收入-营业成本

根据表3-2的有关资料，该公司2015年的毛利率为：

毛利率=（10 909.69-7 749.21）÷10 909.69×100%=28.97%

根据表3-6可知，苏泊尔公司近3年毛利率呈上升趋势，且高于同期行业均值，由此可知，苏泊尔公司毛利率表现良好。

2.毛利率分析

毛利率是营业利润率的组成基础，也是企业销售净利润率的基础。毛利率的高低可反映企业生产经营在商品市场中竞争力的高低。一般来说，技术含量高、质量好、品牌产品的毛利率都比较高。

（二）营业利润率

1.营业利润率的概念及计算

营业利润率是指营业利润与营业收入的比值。其计算公式为：

营业利润率=营业利润÷营业收入×100%

根据表3-2的有关数据，该公司2015年营业利润率为：

营业利润率=1144.47÷10909.69×100%=10.49%

2.营业利润率分析

营业利润率反映每百元营业收入中所获取的利润数，相比较而言，营业利润率更好地说明了企业经营业务的获利情况，从而能全面、完整地体现销售获利能力。显然，该指标越高，说明企业的营业获利能力越强，反之，较弱。

（三）销售净利润率

1.销售净利润率的概念及计算

销售净利润率也叫净利润率，是净利润与营业收入的百分比，其计算公式为：

销售净利润率=净利润÷营业收入×100%

根据表3-2的有关数据，该公司2015年销售净利润率为：

销售净利润率=986.50÷10 909.69×100%=9.04%

根据表3-6可知，苏泊尔公司近3年销售净利润率逐年上升，且高于同期行业均值，由此可知，苏泊尔公司销售净利率较好。

2.销售净利润率分析

销售净利润率反映每实现100元营业收入带来多少净利润。企业在增加营业收入的同时，必须相应地获得更多的净利润，才能使销售净利润率保持不变或有所提高，这就要求企业在扩大销售的同时，注意改进经营管理，提高盈利水平。

三、总资产报酬率、资产净利润率、净资产收益率

（一）总资产报酬率

1.总资产报酬率的概念及计算

总资产报酬率是息税前利润总额与平均资产总额之比，也称总资产息税前利润率，其计算公式为：

总资产报酬率=息税前利润总额÷平均总资产额×100%

其中：

息税前利润总额=利润总额+利息支出

平均总资产额=（期初总资产+期末总资产）÷2

根据表3-1、表3-2的有关数据，该公司2015年总资产报酬率为：

总资产报酬率=（1 173.68+0）÷［（7 396.11+6 633.64）÷2］×100%

=1 173.68÷7 014.88×100%=16.73%

2.总资产报酬率分析

总资产报酬率反映了企业利用全部经济资源的盈利能力。一个企业的总资产报酬率越高，表明其资产管理的效益越好，企业的财务管理水平越高，企业整体资产的投资报酬也越高。反之，则相反。

（二）资产净利润率

1.资产净利润率的概念及计算

资产净利润率是指净利润与平均资产总额的比值，计算公式为：

资产净利润率=净利润÷平均总资产额×100%

根据表3-1、表3-2的有关数据，该公司2015年资产净利润率为：

资产净利润率=986.50÷7 014.88×100%=14.06%

2.资产净利润率分析

把企业一定时期的净利润与企业的资产相比较，可反映企业资产利用的综合效果。该指标越高，表明资产的利用效率越高，说明企业在增加收入和节约资本使用等方面取得了良好的效果，否则相反。该指标是一个综合指标，企业的资产是由投资人投入或举债形成

的。净利润的多少与企业资产的多少、资产结果、经营管理水平有着密切的关系。在分析时，可以进行横比和纵比，比较出差异找出其原因。资产净利润率可以分解为销售净利润率与总资产周转次数，资产净利润率是指两个指标的乘积。

（三）净资产收益率

1.净资产收益率的概念及计算

净资产收益率也称权益利润率，是指企业一定时期内的净利润同平均净资产的比率，其计算公式为：

净资产收益率=净利润÷平均净资产×100%

其中：

平均净资产=（期初净资产+期末净资产）÷2

根据表3-1、表3-2的有关数据，该公司2015年净资产收益率为：

净资产收益率=986.50÷［（5 009.73+4 278.82）÷2］=986.5÷4 644.28=21.24%

根据表3-6可知，苏泊尔公司近3年净资产收益率逐年上涨，且显著高于同期行业均值，由此可知，苏泊尔公司净资产收益率表现良好，盈利情况良好。

2.净资产收益率分析

净资产收益率是评价所有者投入资本获取报酬水平的最具综合性与代表性的指标，反映企业资本运营的综合效益。该指标通用性强，适用范围广泛，不受行业限制，在我国上市公司业绩综合排序中，该指标居于首位。一般认为，该指标越高，企业权益资本获取收益的能力越强，运营效益越好，对企业投资者保证程度越高。

对该指标的具体分析，详见本章的第六节中“杜邦财务分析系统”。

四、每股收益与每股净资产

（一）每股收益

1.基本每股收益的概念及计算

基本每股收益是指企业应当按照归属于普通股股东的当期净利润除以发行在外普通股的加权平均股数从而计算出的每股收益，其计算公式为：

每股收益=净利润÷发行在外普通股的加权平均股数

发行在外普通股的加权平均数的计算公式为：

$$\text{发行在外普通股的加权平均数}=\text{期初发行在外普通股股数}+\text{当期新发行普通股股数}\times\text{已发行时间}\div\text{报告期时间}-\text{当期回购普通股股数}\times\text{已回购时间}\div\text{报告期时间}$$

其中：已发行时间、报告期时间和已回购时间一般按照天数计算；在不影响计算结果合理性的前提下，也可以采用简化的计算方法，即时间按月数计算；当期新发行普通股股数，应当根据发行合同的具体条款，从应收对价之日（一般为股票发行日）起计算确定。

根据表3-1、表3-2以及相关资料，该公司2015年没有新发行普通股和回购普通股的情况，也没有优先股，则该公司2015年的基本每股收益为：

基本每股收益=1.405元

2.稀释每股收益的概念及计算

企业存在稀释性潜在普通股的，应当分别调整归属于普通股股东的当期净利润和发行在外普通股的加权平均股数并据以计算稀释每股收益。稀释性潜在普通股是指假设当期转换为普通股会减少每股收益的潜在普通股，目前常见的潜在普通股主要包括：可转换公司债券、认股权证和股份期权等。

对于可转换公司债券，计算稀释每股收益时，分子的调整项目为可转换公司债券当期已确认为费用的利息等的税后影响额；分母的调整项目为假定可转换公司债券当期期初或发行日转换为普通股的股数加权平均数。

认股权证、股份期权等的行权价格低于当期普通股平均市场价格时，应当考虑其稀释性。这时计算稀释每股收益时，作为分子的净利润金额一般不变；分母的调整项目为：

$$\text{增加的普通股股数}=\text{拟行权时转换的普通股股数}-\text{行权价格}\times\text{拟行权时转换的普通股股数}\div\text{当期普通股平均市场价格}$$

公式中的行权价格和拟行权时转换的普通股股数，按照有关认股权证合同和股份期权合约确定。公式中的当期普通股平均市场价格，通常按照每周或每月具有代表性的股票交易价格进行简单算术平均计算。在股票价格比较平稳的情况下，可以采用每周或每月股票的收盘价作为代表性价格；在股票价格波动较大的情况下，可以采用每周或每月股票最高价与最低价的平均值作为代表性价格。无论采用何种方法计算平均市场价格，一经确定，不得随意变更，除非有确凿证据表明原计算方法不再适用。当期发行认股权证或股份期权的，普通股平均市场价格应当自认股权证或股份期权的发行日起计算。

稀释性潜在普通股应当按照其稀释程度从大到小的顺序计入稀释每股收益，直至稀释每股收益达到最小值。其中“稀释程度”根据不同潜在普通股转换的增量股的每股收益大小进行衡量，即假定稀释性潜在普通股转换为普通股时，将增加的归属于普通股股东的当期净利润除以增加的普通股股数加权平均数所确定的金额。在确定计入稀释每股收益的顺序时，通常应首先考虑股份期权和认股权证的影响。每次发行的潜在普通股应当视为不同的潜在普通股，分别判断其稀释性，而不能将其作为一个总体考虑。

企业派发股票股利、公积金转增资本、拆股或并股等，会增加或减少其发行在外普通股或潜在普通股的数量，但不影响所有者权益总额，也不改变企业的盈利能力。企业应当在相关报批手续全部完成后，按调整后的股数重新计算各列报期间的每股收益。上述变化发生于资产负债表日至财务报告批准报出日之间的，应当以调整后的股数重新计算各列报期间的每股收益。

企业当期发生配股的情况下，计算基本每股收益时，应当考虑配股中包含的送股因素，据以调整各列报期间发行在外普通股的加权平均数。计算公式如下：

$$\text{每股理论除权价格}=(\text{行权前发行在外普通股的公允价值}+\text{配股收到的款项})\div\text{行权后发行在外的普通股股数}$$

调整系数=行权前每股公允价值÷每股理论除权价格

因配股重新计算的上年度基本每股收益=上年度基本每股收益÷调整系数

$$\text{本年度基本每股收益}=\text{归属于普通股股东的当期净利润}\div(\text{行权前发行在外普通股股数}\times\text{调整系数}\times\text{行权前普通股发行在外的时间权数}+\text{行权后发行在外普通股加权平均数})$$

存在非流通股的企业可以采用简化的计算方法，不考虑配股中内含的送股因素，而将配股视为发行新股处理。

3.每股收益分析

一般来说，每股收益越大，说明公司的盈利能力越强，公司有较好的经营和财务状况。由于每股收益大，公司可能有发放较高股利的能力，使公司股票价格在市场上有良好的表现。但并非是公司每股收益越高，公司的股价就必然越高，只有当公司每股收益上升，其财务风险并无增长时，其公司的股票市价才会有良好的市场表现。每股收益还是确定股票价格的主要参考指标。在分析时，可以进行公司间的比较，以评价该公司的相对盈利能力；可以进行不同时期的比较，了解该公司盈利能力的变化趋势。

4.每股收益的延伸指标

为使对每股收益的分析更全面、深入，可以延伸分析每股股利、股利支付率、股利保障倍数、留存盈利比率和市盈率等指标。

（1）每股股利

每股股利是指现金股利总额与年末普通股股数之比。其计算公式为：

每股股利=现金股利总额÷年末普通股股数

每股股利是反映每一普通股获得多少现金股利的指标。该指标的高低，一方面取决于该公司的盈利能力，另一方面还受公司股利政策的影响。如果公司为扩大再生产，增强企业的后劲而多留盈利，则每股股利可能就少，反之就多。

（2）股利支付率

股利支付率是指已支付的普通股每股现金股利占普通股每股收益的比率，反映公司的股利政策和支付股利的能力。其计算公式为：

股利支付率=普通股每股现金股利÷普通股每股收益×100%

（3）股利保障倍数

股利保障倍数是指普通股每股收益与普通股每股现金股利的比值，即股利支付率的倒数，其计算公式为：

股利保障倍数=普通股每股收益÷普通股每股现金股利

该指标越大，支付股利的能力越强。它其实是一种安全性指标，可以看出净利润减少到什么程度公司仍能按目前水平支付股利。

（4）留存盈利比率

留存盈利比率是指留存盈利与净利润的比率，其计算公式为：

留存盈利比率=留存盈利÷净利润×100%

其中：

留存盈利=净利润减去全部股利（优先股股利和普通股股利）的余额

留存盈利比率的高低，反映企业的理财方针。如果企业认为有必要从内部积累资金，以便扩大经营规模，经股东大会同意可以采用较高的留存盈利比率；反之，可降低留存盈利比率。一般来说，留存盈利比率=1-股利支付率。

（5）市盈率

市盈率是普通股每股市价与每股收益的比率，其计算公式为：

市盈率（倍）=普通股每股市价÷普通股每股收益

式中的普通股每股收益一般按上年度的每股收益或本年度中期每股收益的两倍计算。

市盈率是通过公司股票价格的市场表现，间接地评价公司盈利能力。市盈率是投资者比较关注的指标，它反映投资者对每股收益所愿支付的价格，可以用来估计股票的投资风险和报酬。一般来说，市盈率越高，表明市场对公司未来的盈利能力和发展前景越看好。股票市价一定，每股收益越高，市盈率越低，投资风险越小。反之亦然。每股收益一定，市价越高，市盈率越高，投资风险越大。反之亦然。市盈率分析应注意以下问题：①影响市盈率变动的因素之一是股票市价，而股票市价变动的因素非常复杂，所以在分析时要注重市盈率的长期变动趋势而不应只看短期的高低。②在每股收益很少或亏损时，市价不会降至零，很高的市盈率往往不说明任何问题，失去了意义。③该指标不能用于不同行业公司的比较，充满扩展机会的新兴行业股票市盈率普遍较高，而成熟工业的股票市盈率普遍较低，但不能说后者的股票没有投资价值。

（二）每股净资产

1.每股净资产的概念及计算

每股净资产是期末净资产与普通股股数之比。其计算方式为：

每股净资产=期末净资产÷普通股股数

式中的普通股股数参照计算每股收益时普通股股数的方法计算。

根据表3-1的有关资料，该公司2015年的每股净资产（普通股股数按年末数）为：

每股净资产=4421.10÷632.87=6.986（元）

2.每股净资产分析

该指标反映了每一股普通股所拥有的净资产，它是公司对投资者回报的实力基础，它可以衡量公司股票的含金量，该指标越大，说明公司每股拥有的净资产越多，公司的发展潜力越强；它是支撑股票市价的物质基础，数值越大，表明公司实力强，抵御外来因素影响和打击能力越强，就会带动股价上升；它是公司在清算时股票的账面价值，通常被认为是股票市价下跌的最低限。但在分析时，只能有限地使用这一指标，因净资产是用历史成本计量的，既不反映净资产的变现价值，也不反映净资产的产出能力。

3.延伸指标——市净率

市净率是每股市价与每股净资产的倍数关系。其计算公式为：

市净率（倍数）=每股市价÷每股净资产

市净率在一定程度上揭示了股票价格背离价值的投资风险。每股净资产是股票的账面价值，它是用成本计量的；每股市价是这些资产的现在价值，它是证券市场上交易的结果。稳健的投资者认为，市净率太高，说明股票市价背离价值太多，投资风险较大；反之则相反。而投机者可能认为，买股票就是买未来，市净率高的股票，说明有发展潜力，而市净率低的股票，没有发展前景。

五、经济增加值

（一）经济增加值的含义

经济增加值（Economic Value Added，EVA）是指企业息前税后营业利润与全部资本成本的差额。它是一种新型的企业业绩衡量指标，它克服了传统的业绩考核指标，如净利润、每股收益、净资产收益率等的一些缺陷，比较准确地反映了企业在一定时期内为股东创造的价值，20世纪90年代中期以后逐渐在国外获得广泛应用，成为传统业绩衡量指标体系的重要补充。如果经济增加值为正，说明企业真正为股东创造了价值和财富；如果经济增加值为负，则相反。

（二）经济增加值的计算

经济增加值的计算公式为：

经济增加值=投资资本×（投资资本报酬率-加权平均资本成本）

或者：

经济增加值=投资资本×投资资本报酬率-投资资本×加权平均资本成本

=息前税后营业利润-资本费用

其中：息前税后利润是指已经扣除所得税，但未扣除利息的利润。

息前税后利润=息税前利润-息税前利润所得税

投资资本报酬率=息前税后利润÷投资资本×100%

加权平均资本成本是以债务资本和权益资本占总资本的比重为权数计算的综合资本成本。

在实务中，经济增加值的计算要相对复杂一些，这主要是由两方面因素决定的：

1.项目调整

在计算息前税后营业利润和投入资本总额时需要对财务报表中某些项目的处理方法进行调整，以消除根据会计准则编制的财务报表对企业真实情况的扭曲。

（1）将研究开发费用和市场开拓费用资本化。即将当期发生的研究开发费用和市场开拓费用作为企业的一项长期投资加入到资产中，资本总额也增加相同数量，息前税后利润也作相应增加。

（2）对于财务报表中已经对商誉进行摊销的，将累计摊销金额加入到资本总额中，同时把本期摊销额加回到息前税后营业利润中。

（3）将递延税项的贷方余额加入到资本总额中，如果是借方余额则从资本总额中扣除。同时，当期递延税项的变化加回到息前税后利润中。也就是说，如果本年递延税项贷方余额增加，就将增加值加到本年的息前税后利润中，反之则从息前税后利润中减去。

（4）将各种准备金账户的余额加入资本总额之中，同时将各种准备金余额的当期变化加入息前税后利润。

2.资本成本

资本成本的确定需要参考资本市场的历史数据。由于各国的会计制度和资本市场现状存在差异，资本成本的计算方法也不尽相同。

（1）债务资本成本=税前债务资本成本×（1-所得税税率）。我国上市公司的负债主要是银行贷款，这与国外上市公司大量发行短期票据和长期债券的做法不同，因此，可以中国人民银行公布的1年期流动资金贷款利率作为税前债务资本成本，并根据央行每年调息情况加权平均。

（2）权益资本成本通常根据资本资产价模型（CAPM）确定，计算公式为：

权益资本成本=无风险收益率+β×市场组合的风险溢价

国外一般以国债收益率作为无风险收益率，我国的流通国债市场规模较小，居民的无风险投资以银行存款为主，因此，以5年期银行存款利率作为无风险收益率。β值可通过公司股票收益率对同期股票市场指数（上证综指）的收益率回归计算得来。市场组合的风险溢价反映整个证券市场相对于无风险收益率的溢价，美国股市的风险溢价均为6%，计算方法是将60年左右的时间段里标准普尔指数的年均收益率与长期国债的年均收益率相减。我国证券市场诞生只有十几年的时间，各年的收益率相差较大，不宜采用这种方法计算风险溢价。由于我国金融市场中可供选择的投资品种比较少，投资者对股票投资的风险溢价要求要比美国低，因此，目前考虑将我国的市场组合风险溢价定为4%。

（三）经济增加值与净利润的区别

净利润由于忽略了权益资本成本的存在，所计算的只是收入与外显成本之差，并不真正体现企业盈利与价值。在EVA理念下，将股东投入的资本与借入资本等同看待，在评估企业的最终盈利和价值时扣除权益资本的机会成本。

（四）经济增加值的优缺点

1.经济增加值的优点

（1）真正以股东财富（所有者财富）的增加来衡量企业的经营业绩。对于股东来说，经济增加值越多越好，从这个意义上说，它是唯一正确的业绩衡量指标，它能连续地度量业绩的改善。相反，在传统的会计方法下，许多企业都是盈利的，但这种盈利的前提是不考虑对股东（所有者）的回报，因此，那些盈利少于权益资本成本的企业实际上是在侵蚀股东利益。

（2）它是一种全面财务管理的框架。经济增加值把资本预算、业绩评价和激励报酬结合起来。过去，人们使用净现值和内含报酬率评价资本预算，用每股收益或净资产收益率等评价企业业绩，用另外的一些效益指标作为奖金发放的依据。经理们在决策时，常常无所适从，只好应付了事。以经济增加值为依据的管理，其经营目标是经济增加值，资本决策的依据是以适当贴现率折现的经济增加值，衡量生产经营效益的指标是经济增加值，奖金根据适当的目标单位经济增加值来确定。这种管理变得简单、直接、统一与和谐。经济增加值框架下的综合财务管理系统，可以指导企业的每一个决策，包括营业预算、年度资本预算、战略规划、企业收购和出售等。

（3）它是一个独特的薪金激励制度的关键变量。经济增加值第一次真正把管理者的利益和股东利益统一起来，使管理者像股东那样思维和行动。经济增加值是一种治理企业的内部控制制度，在这种制度下，所有员工可以协同工作，积极地追求最好的业绩。

2.经济增加值的缺点

（1）它不能根据财务报表数据直接计算得出，而需要加以调整、分析，在数据收集和计算方面有一定困难。

（2）由于不同的企业有不同的资本成本，所以经济增加值不具有比较不同规模企业的能力。

（3）它有时误导使用人，例如处于成长阶段的企业经济增加值较少，而处于衰退阶段的企业经济增加值可能较高。

第四节 偿债能力分析

偿债能力是企业清偿全部到期债务的现金保证程度。按债务偿还期限的不同（通常以

1年为限)，企业的偿债能力可分为短期偿债能力和长期偿债能力。短期偿债能力一般取决于企业资产变现能力及企业再融资或现款筹措能力，它与企业一定时期的获利能力大小关系不大。对于长期偿债能力，由于债务是长期的，所以其能力强弱不仅取决于当时的现金净流量，而且与企业的获利能力密切相关。

一、短期偿债能力分析

短期偿债能力是企业流动资产对流动负债及时足额偿还的保证程度，是企业当前财务能力，特别是流动资产变现能力的重要标志。反映企业短期偿债能力的指标主要有流动比率、速动比率、现金比率、现金到期债务比率和现金流动负债比率等。

(一) 流动比率

1.流动比率的概念及计算

流动比率是流动资产与流动负债的比值，其计算公式为:

流动比率=流动资产÷流动负债

根据表3-1的有关资料，该公司2015年的流动比率为:

流动比率=6 052.05÷2 374.37=2.55

根据表3-6，比较近3年流动比率情况，苏泊尔公司近3年流动比率呈上升趋势，且高于同行业平均水平，因此，苏泊尔公司的流动比率表现良好。

2.流动比率分析

一般而言，流动比率越大，其偿债能力就越强，对债权人也越有保障。一般认为，流动比率为2是较理想的。流动比率过高，表示流动资产积压太多，没有充分利用，反之，则有可能出现偿还短期债务困难，甚至可能导致破产。在分析流动比率时，要注意以下几个问题:

(1) 流动比率为2较理想的观点，是从全社会企业平均水平而言的，具体到各行业又有其行业的不同特点，如加工业和制造业的平均流动比率一般要高于商业、旅游业和服务业。所以，考察此比率时须与同一行业其他企业相比较，才能得出较为合理的解释。

(2) 孤立地看某企业某个时点的流动比率，往往只能得到肤浅的解释，而如果把它同去年同期或前几年的数据进行比较，则可能会更进一步地了解到企业短期偿债能力改善或恶化的情况，从而采取相应的措施。

(3) 流动比率反映企业短期偿债能力，仅仅是一个粗略的估计，它并没有考虑流动资产各项目的流动性，而流动资产中各项目流动性并不是一样的，例如存货、预付账款是不一定能立即变现的，所以要更准确地分析企业偿还短期债务能力，应扣除这些因素，即利用速动比率作进一步分析。

(二) 速动比率

1.速动比率的概念及计算

速动比率是指速动资产与流动负债的比率，是衡量企业在某一时点上运用随时可变现资产偿付到期债务的能力，它是对流动比率的补充。其计算公式为:

速动比率=速动资产÷流动负债

从理论上讲，前面所谈到的流动性不强或者若在短时间内变现则可能会有很大折价的资产都不属于速动资产。在流动资产中，短期投资(有价证券)可以立即在证券市场上出售而变现，应收票据和应收账款通常也能在较短时间内变为现金，属于速动资产，而存货则流动性较差，变现时间长，而且有可能发生冷、背、残、次，不属于速动资产；预付账款等在流动资产中一般比重较小，可忽略（如比重较大也可以在速动资产中扣除）。因此，按资产变现速度快慢进行划分：速动资产=流动资产-存货。需要指出用流动资产扣除存货来计算速动资产只是一种粗略的计算，严格地讲，不仅要扣除存货，还应扣除预付账款、1年内到期的非流动资产和其他流动资产等变现能力较差的项目。这样，速动资产就只包括货币资金、交易性金融资产、应收票据、应收账款、应收利息、应收股利和其他应收款。

根据表3-1的有关资料，该公司2015年的速动比率为：

速动比率=（6 052.05-1 426.75）÷2 374.37=1.95

根据表3-6，苏泊尔公司近3年速动比率呈上升趋势，且高于同行业平均水平，因此，苏泊尔公司的速动比率表现良好。

2.速动比率分析

一般情况下，正常的速动比率是1。与流动比率一样，速动比率过高也可能说明企业投资过于保守，而过低则会被认为是短期偿债能力偏低。当然，要注意的是不同的行业速动比率不完全一样，有的甚至差别很大。如大量采用现金销售的零售商店，几乎没有应收账款，大大低于1的速动比率是很正常的；相反，一些应收账款较多的企业，速动比率大于1，才可能是正常的。所以，我们在分析时一般要参考同行业资料和本企业历史情况进行判断。

（三）现金比率

1.现金比率的概念及计算

现金比率是企业现金类资产与流动负债的比率。现金类资产包括企业所拥有的货币资金和持有的短期有价证券，即现金流量表中所反映的现金及现金等价物，也可用速动资产扣除应收款项后的余额来计算。由于应收款项存在着发生坏账损失的可能，因此，速动资产扣除应收款项后计算出来的金额，最能反映企业偿还短期债务的能力。其计算公式为：

现金比率=现金类资产÷流动负债

根据表3-1的有关资料，该公司2015年的现金比率为：

现金比率=（1 041.01+402.22）÷2 374.37=0.61

2.现金比率分析

现金比率高，说明企业即刻变现能力强，就是随时可以偿还短期债务。如果这个指标很高也不一定是好事。它可能反映该企业不善于充分利用现金资源，没有把现金投入经营以获取更多的利润。一般说来，在评价企业变现能力时，现金比率重要性不大，因为不可能要求企业用货币资金和短期有价证券来偿还全部流动负债，企业也没有必要总是保持足够还债的货币资金和短期有价证券。但是，当发现企业的应收账款和存货的变现能力存在问题时，现金比率就显得很重要了。它的作用是表明在最坏情况下的短期偿债能力。

（四）现金到期债务比率和现金流动负债比率

通过计算流动比率、速动比率以及现金比率，可以反映出企业的短期偿债能力。但它们都是根据资产负债表中流动资产、速动资产以及现金类资产的账面数计算出来的，有一定的局限性。许多企业账面上有大量的流动资产、速动资产，但因没有足够的可用于偿债的现金，而导致企业不能偿还到期债务，严重的会被破产清算。真正能用于偿还债务的是现金流量，尤其是经营活动产生的现金净流量，所以在计算出流动比率、速动比率以及现金比率后，还要计算现金流量与负债的有关比率，使得分析更全面。

1.现金到期债务比率

它是指经营活动现金流量净额与本期到期债务的比值，其计算公式为：

现金到期债务比率=经营活动现金流量净额÷本期到期债务

本期到期债务，是指本期到期的长期债务和本期应付票据。通常这两种债务是不能展期的，必须如数偿还。

2.现金流动负债比率

它是指经营活动现金流量净额与流动负债的比值，其计算公式为：

现金流动负债比率=经营活动现金流量净额÷流动负债

现金到期债务比率和现金流动负债比率分别反映出经营活动产生的现金流量净额偿还到期债务和流动负债的保证程度。计算出的两个比率要与企业同行业平均水平相比较进行分析，不能片面说某个比值数高就绝对好，低就不好。

根据表3-1、表3-3的有关资料，该公司2015年的现金流动负债比率为：

现金流动负债比率=1 133.09÷2 374.37=0.48

根据表3-6可知，苏泊尔公司近3年现金流动负债比率呈上升趋势，且高于同期行业均值，说明苏泊尔公司的现金流动负债比率表现良好，偿债能力较好。

二、长期偿债能力分析

长期偿债能力是指企业偿还长期负债的能力。企业的长期负债，一般包括长期借款、应付债券、长期应付款等。反映长期偿债能力的指标主要有：

(一) 负债比率

1.负债比率的概念及计算

负债比率也称资产负债比率或举债经营比率，是企业负债总额与资产总额的比率，用于衡量企业负债水平的高低，其计算公式为：

负债比率=负债总额÷资产总额×100%

根据表3-1的有关资料，该公司2015年的负债比率为：

负债比率=2 386.37÷7 396.11×100%=32.27%

根据表3-6，比较近3年资产负债率情况，苏泊尔公司2015年负债比率有所降低，且显著低于同行业平均水平，说明公司在2015年偿债能力有所提升。

2.负债比率分析

该指标表示企业对债权人资金的利用程度。该指标对不同信息使用者的意义不同：

(1) 从债权人的立场看，他们强调企业负债比率要低，总希望把钱借给那些负债比率比较低的企业，因为如果一个企业负债比率比较低，钱收回的可能性就会大一些。他们非常关心企业每1元钱背后有多少资产作为坚实后盾，到期能否收回本息。因此，对债权人来说，负债比率越低越安全。

(2) 从所有者的角度看，由于企业通过举债筹措的资本与所有者提供的资本在经营中发挥同样的作用，所以，所有者关心的是全部资本利润率是否超过借入资本利息率。因为，在这种条件下，所有者得到的利润就会加大，如果相反，则对所有者不利。因此，从所有者的立场看，在全部资本利润率超过借入资本利息率时，负债比率越大越好，否则相反。

（3）企业经营者对负债比率强调的是负债要适度，因为负债比率高，风险就大，负债比率低，又显得太保守。负债比率适度既能保证企业进行经营活动所需的资金，又能保证债权人提供的资金的安全性。

在负债比率基础上，可派生出与负债比率相关的几个比率，如股东权益比率、权益乘数、产权比率。

①股东权益比率=股东权益总额÷资产总额×100%，股东权益比率与负债比率之和等于1。负债比率越低，股东权益比率也就越大，偿债能力就越强。

②权益乘数是股东权益比率的倒数，权益乘数=资产总额÷股东权益总额。负债比率越大，权益乘数就越大，偿债能力越弱。

③产权比率是负债总额与股东权益总额的比率，反映出企业股东权益对债权人权益的保障程度。负债比率越低，产权比率越低，偿债能力越强。

股东权益比率、权益乘数和产权比率从不同角度反映企业长期偿债能力，其经济意义与负债比率相同，对负债比率起补充作用。

根据表3-1的有关资料，该公司2015年的股东权益比率、权益乘数和产权比率分别为：

股东权益比率=5 009.73÷7 396.11×100%=67.73%

权益乘数=7 396.11÷5 009.73=1.48

产权比率=2 386.37÷5 009.73×100%=47.63%

根据表3-6，苏泊尔公司近3年产权比率呈下降趋势，且显著低于同行业平均水平，说明公司的偿债能力有所提高。

（二）有形资产债务率

并非企业所有的资产都可以用来作为偿债的物质保证，如待处理财产损失与递延资产等本身并无直接变现能力。至于无形资产能否用于偿债，也存在着极大的不确定性（在企业清算时无形资产的经济价值往往不复存在或是大打折扣），所以为稳妥起见，应将上述资产从资产总额中予以扣除，以便将企业偿债能力分析建立在更加切实可靠的物质保障基础之上，这就是我们通常所说的有形资产债务率。其公式为：

有形资产债务率=负债总额÷有形资产总额×100%

其中：

有形资产总额=资产总额-（无形资产+递延资产+待处理财产损失）

根据表3-1的有关资料，该公司2015年的有形资产债务率为：

有形资产债务率=2 386.37÷（7 396.11-220.72-129.14）×100%=2 386.37÷7 046.25×100%=33.87%

（三）有形净资产债务率

与有形资产债务率相似，为了更加可靠地评价企业资本对负债偿还的承受能力与保障程度，可设置有形净资产债务率。其计算公式为：

有形净资产债务率=负债总额÷有形净资产总额×100%

其中：

有形净资产总额=有形资产总额-负债总额

根据表3-1的有关资料，该公司2015年的有形净资产债务率为：

有形净资产债务率=2 386.37÷（7 046.25-23 86.37）×100%=2 386.37÷4 659.88×100%=51.21%

（四）已获利息倍数

已获利息倍数也称利息保障倍数，是息税前利润与债务利息的比值。其计算公式为：

已获利息倍数=息税前利润÷债务利息

其中：

息税前利润=利润总额+债务利息

已获利息倍数反映了企业获利能力对债务利息偿还的保障程度。它是企业举债经营的前提，也是衡量企业长期偿债能力大小的重要标志。一般来说，已获利息倍数至少大于1，且比值越大越好，如比值过小，则企业面临亏损，偿债风险增大。在利用已获利息倍数这个指标时要注意：

（1）利润总额是指正常的经营利润，由于非正常项目带来的收支净额应当扣除。

（2）债务利息应包含短期债务与长期债务利息在内，若单独分析长期偿债能力，只需将“债务利息”改为长期债务利息即可。

（3）若已获利息倍数小于1，企业在短期内也有可能支付到期债务利息，主要是因为有些费用属于非付现成本（如折旧等），所以在评价企业短期偿还债务利息的能力时可将上述公式调整为下式：

短期已获利息倍数=（利润总额+债务利息+非付现成本）÷债务利息

根据表3-1、表3-2、表3-3的有关资料，该公司2015年没有利息支出，也就没有必要计算已获利息倍数，事实上该公司2015年偿债能力非常强。

（五）现金债务总额比

现金债务总额比是指经营活动现金流量净额与债务总额的比值，其计算公式为：

现金债务总额比=经营活动现金流量净额÷债务总额×100%

根据表3-1、表3-3的有关资料，该公司2015年的现金债务总额比为：

现金债务总额比=1 133.09÷2 386.37×100%=47.48%

这个比率越高，企业承担债务能力越强。该公司最大的付息能力是47.48%，即利息率高达47.48%时企业仍能按时付息。只要能按时付息，就能借新债还旧债，维持债务规模。假设市场利率是15%，那么该公司最大的负债能力是7 553.93百万元。仅从付息能力看，企业还可借债5 167.56百万元（7 553.93-2 386.37），可见该公司举债能力是非常强的。

三、影响企业偿债能力的表外因素

上述偿债能力指标都是从财务报表中取得资料的。还有一些因素财务报表资料中没有反映出来，也会影响企业的偿债能力，有时甚至影响力相当大。

（一）影响企业短期偿债能力的表外因素

1.增强短期偿债能力的表外因素

（1）可动用的银行贷款额度。银行已同意、企业未办理贷款手续的银行贷款限额，可以随时增加企业的现金，提高支付能力。

（2）准备很快变现的长期资产。由于某些原因，企业可能将一些长期资产很快出售变为现金，增强短期偿债能力。

（3）长期偿债能力的声誉。如果企业的长期偿债能力一贯很好，有一定的声誉，当短期偿债方面出现困难时，可以很快地通过发行债券和股票等办法解决资金短缺问题，提高短期偿债能力。

2.削弱短期偿债能力的表外因素

削弱短期偿债能力的表外因素主要是或有负债。对于或有负债，按我国《企业会计准则》和《企业会计制度》的规定，只有预计很可能发生损失并且金额能够可靠计量的，才可在财务报表中予以反映，否则只需作为报表附注予以披露。这些没有记录的或有负债一旦成为事实上的负债，将会加大企业的偿债负担。

（二）影响企业长期偿债能力的表外因素

1.经常性的经营租赁

当企业的经营租赁量比较大、期限比较长或具有经常性时，就形成了一种长期性筹资，这种长期性筹资虽然不包括在长期负债之内，但到期时必须支付租金，会对企业的长期偿债能力产生影响。

2.担保责任

担保项目的时间长短不一，有的涉及企业的长期负债，有的涉及企业的短期负债。在分析企业长期偿债能力时，应根据有关资料判断担保责任带来的潜在的长期负债问题。

3.或有负债

或有负债一旦发生，不仅对短期偿债能力有影响，对长期偿债能力也会产生影响，因此，在评价企业长期偿债能力时不得不对或有负债给予足够的重视。

第五节　营运能力分析

企业营运能力是指企业对自身资源（包括人、财、物）运用的效率。显然，企业营运能力直接表现为企业效率的高低，是影响企业不断发展的决定性因素，是企业获利能力与偿债能力提高的关键。营运能力分析包括人力资源营运能力分析和各项资产营运能力的分析。

一、人力资源营运能力分析

人力资源是企业生产经营的主体，是企业财富的直接创造者。任何企业，如果人力资源配置不合理，运用效率不高，则企业的资产营运能力、获利能力、偿债能力都不可能令人满意，相反人力资源运用效率的提高则会促进其他财务指标的好转。可见，对人力资源营运能力的分析非常重要。人力资源的营运能力分析主要采用劳动生产效率指标，即企业主营业务收入净额或净产值与平均职工人数的比值。其计算公式为：

劳动生产效率=主营业务收入净额或净产值÷平均职工人数

值得注意的是，劳动生产效率指标在不同行业差别很大，只有在同行业及同类企业中才有较大的可比性，因此，要将本企业与同行业先进企业相比；同时，也要将本企业本期实际与过去实际相比及与本期计划相比，找出差异并分析造成差异的原因，从而采取适当的对策。

二、各项资产营运能力分析

资产营运能力的强弱，关键取决于周转速度，一般来说，周转速度越快，资产的使用效率越高，资产营运能力越强；反之，则其营运能力就越差。资产营运能力的分析可以从以下几个方面进行：

（一）总资产周转率

总资产周转率是指营业收入与平均资产总额的比值。其计算公式为：

总资产周转率（次数）=营业收入÷平均资产总额

总资产周转天数=计算期天数÷总资产周转次数

其中：

平均资产总额=（期初资产总额+期末资产总额）÷2

该指标反映总资产周转的速度，总资产周转次数值越大、周转天数值越小，反映总资产周转越快，总资产使用效率越高，企业营运能力越强。总资产周转率是考察企业资产营运效率的一项重要指标，反映了企业全部资产的管理质量和使用效率。运用该指标时要注意平均资产总额要按分析期的不同来确定，要与销售收入净额在时间上保持一致。同时，平均资产总额一般取期初与期末的平均值，如果资产总额的波动较大，还应分阶段予以平均（如欲得到年平均资产总额，可分别取各月期初与期末平均值，再将这些平均值予以平均而得到）。

根据表3-1、表3-2的有关资料，该公司2015年的总资产周转率为：

总资产周转率（次数）=10 909.69÷7 014.88=1.56（次）

根据表3-6可知，苏泊尔公司近3年总资产周转率有略微下降，但显著高于同期行业均值，说明公司总资产周转较快，总资产使用效率较高。

（二）流动资产周转情况分析

反映流动资产周转情况的指标主要有流动资产周转率、应收账款周转率和存货周转率。

1.流动资产周转率

流动资产周转率是指企业在一定时期所实现的流动资产周转额与其对应的流动资产平均占用额之间的比率。以此反映流动资产周转速度的快慢。其计算公式为：

流动资产周转率（次数）=营业收入÷流动资产平均余额

流动资产周转天数=计算期天数÷流动资产周转次数

其中：

流动资产平均余额=（期初流动资产余额+期末流动资产余额）÷2

在一定时期内，流动资产周转次数越多，流动资产周转天数越少，表明以相同的流动资产完成的周转额越多，或表明完成同样的周转额所需要的流动资产平均占用额越少，流动资产利用效率越高。反之，则相反。

根据表3-1、表3-2的有关资料，该公司2015年流动资产周转率为：

流动资产周转率（次数）=1.93次

2.应收账款周转率

应收账款周转率是反映应收账款周转速度的指标，有两种表示方式：一种是应收账款周转次数，另一种是应收账款周转天数。其计算公式为：

应收账款周转次数=赊销净额÷应收账款平均余额

应收账款周转天数=计算期天数÷应收账款周转次数

其中：

赊销净额=营业收入-现销收入

应收账款平均余额=（期初应收账款余额+期末应收账款余额）÷2

一般来说，应收账款周转次数越多，其周转天数也就越短，说明应收账款周转速度越快。企业应收账款管理工作的效率就越高。反之，则表明应收账款周转速度慢。考察应收账款周转次数或应收账款周转天数时要注意几个问题：

（1）计算周转次数时分母是应收账款平均余额，如对于应收账款发生较均匀的企业来说，考察1年中的应收账款周转次数可用年初与年末的应收账款平均余额，如对销售季节性强的企业，应取每一阶段（如季度或月份）的期初、期末分别平均而得到的余额才有可能更真实地反映企业营运能力的实际情况。

（2）应收账款周转率是对流动比率和速动比率的修正和补充。在一般情况下，流动比率和速动比率的提高有利于短期债权人收债，但企业应收账款平均余额增大，应收账款回收变现速度缓慢，也会提高流动比率与速动比率。在这种情况下，流动比率和速动比率提高反而不利于债权人收回债款，这样流动比率和速动比率提高对债权人有利便成为一种误解。

（3）一般说来，应收账款周转次数越多，周转天数越少，对企业越有利。但从另一角度说，如平均收款期太短，则说明企业可能对赊销条件或付款期限控制过紧，销售政策过严，有可能因此而失去许多销售机会。因此，企业生产应根据实际情况，把科学合理的信用政策与加速应收账款周转速度结合起来考虑，统筹安排。

（4）从理论上说，计算应收账款周转次数时，其分子应该用“赊销净额”，但在实际中，由于“赊销净额”这项数据很难取得，一般也就用“营业收入净额”来代替“赊销净额”，只要保持历史的一贯性，使用“营业收入净额”来计算该指标一般不影响其分析和利用价值。

根据表3-1、表3-2的有关资料，设2015年苏泊尔公司营业收入中现销收入为0，则应收账款周转率为：

应收账款周转次数=10.58次

应收账款周转天数=360÷10.58=34.03（天）

根据表3-6可知，苏泊尔公司近3年应收账款周转率有所下降，且低于同期行业均值，说明公司应收账款周转较慢，应加强对应收账款的收账管理，减少坏账损失。

3.存货周转率

它是反映存货周转速度的指标，也有两种表示方法：一种是存货周转次数，另一种是存货周转天数。其计算公式为：

存货周转次数=营业成本÷存货平均余额

存货周转天数=计算期天数÷存货周转次数

其中：

存货平均余额=（期初存货余额+期末存货余额）÷2

在一般情况下，存货周转次数越多，存货周转天数就越短，表明存货周转速度就越快；反之，表明其周转速度越慢。存货周转速度的快慢，不仅反映企业的销售能力而且能用以衡量企业生产经营中的各有关方面运用和管理存货的工作水平；不仅可以衡量存货的储存是否适当，而且可以反映存货结构是否合理以及质量的合格状况。存货是流动资产中重要的组成部分，往往达到流动资产总额一半以上。因此，存货的质量和流动性对企业的流动比率具有举足轻重的影响，并进而影响了企业的短期偿债能力。存货周转速度这些重要作用，使其成为综合评价企业营运能力的一项重要指标。

在计算存货周转率时应注意以下几个问题：

（1）存货计价方法对存货周转率具有较大影响，因此，在分析企业不同时期或不同企业的存货周转率时，应注意存货计价方法的口径是否一致。

（2）分子、分母的数据应注意时间上的对应性。

根据表3-1、表3-2的有关资料，该公司2015年的存货周转率为：

存货周转次数=5.17次

存货周转天数=360÷5.17=69.63（天）

根据表3-6可知，苏泊尔公司近3年存货周转率有所提高，且略低于同期行业均值，说明公司存货管理水平有所改善，但仍需加强管理水平。

第六节　财务综合分析

财务分析的最终目的在于全面了解企业的经营状况、财务状况以及现金流量状况，并借此对企业经营效益的优劣作出系统的、合理的评价。这样单独分析任何一项财务指标或一张财务报表，都难以全面地评价，只能进行财务综合分析。

所谓财务综合分析就是将企业财务活动看做是一个大系统，对系统内的相互依存、相互作用的各种因素进行综合分析，从而对企业的经营状况、财务状况以及现金流量的优劣作出准确的评价和判断。

一、杜邦财务分析系统

杜邦财务分析系统，是利用几种主要的财务比率之间的内在联系，来综合分析企业财务状况的一种方法。它由美国杜邦公司最先采用，故称杜邦财务分析系统。杜邦财务分析系统在分析时首先把几个主要财务比率绘制成杜邦财务分析图（如图3-1所示），然后利用它们之间的内在联系进行层层分析。

图3-1反映了有关财务指标之间的内在关系，其主要意义有：

（1）净资产收益率是杜邦财务分析系统的核心，它直接代表了企业净资产的盈利能力。因为净资产即所有者财富的不断增加，体现了企业经营活动的最终成果。从图3-1可以看出，净资产收益率的变化，不但受总资产净利润率的影响，而且还受权益乘数的影响，因此，净资产收益率是总资产盈利水平与权益乘数（资本结构）的综合体现。

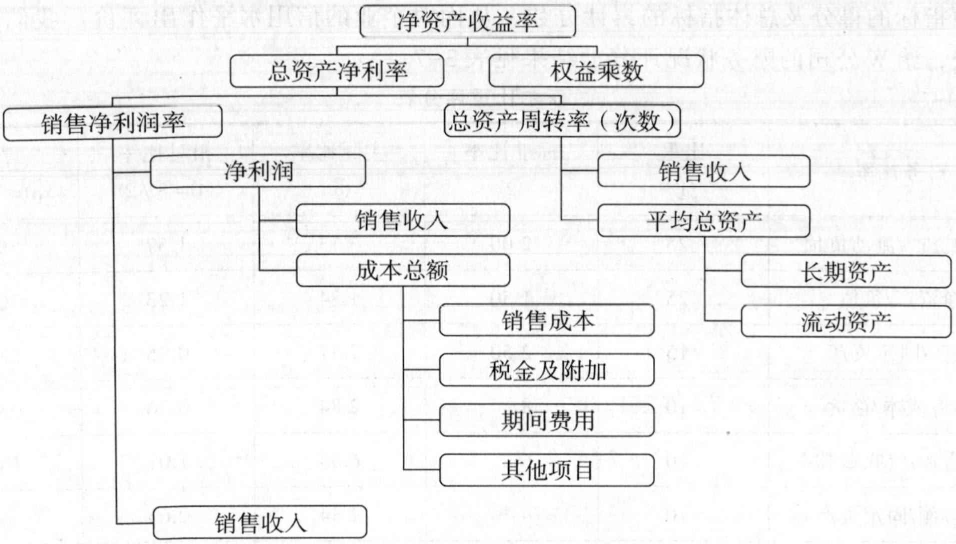

图3-1　杜邦财务分析系统

（2）总资产净利润率是销售净利润率与总资产周转率的综合体现，它是确保获得较好的净资产收益率的重要前提。因此，要进一步分析销售净利润率和总资产的营运情况。

（3）销售净利润率反映了主营业务收入与净利润的关系。要提高销售净利润率就必须一方面增加主营业务收入，另一方面降低各种成本费用水平。增加主营业务收入不仅直接有利于提高销售净利润率，同时它也是提高总资产周转率的必要前提。降低成本费用水平，要研究成本费用水平、结构是否合理，加强成本费用水平的预测和控制。

（4）总资产周转率体现了企业生产经营期间，总资产从投入到实现销售周而复始的周转速度。影响总资产周转速度的因素主要有主营业务收入、总资产水平以及资产结构。要加速总资产周转，必须合理配置各种资产，尤其是流动资产与长期资产的结构，以最少的资产占用实现尽可能多的销售收入。

（5）权益乘数是总资产与净资产（股东权益）之比。在总资产既定的前提下，增加负债，也就提高了权益乘数，能给企业带来较大的财务杠杆利益，同时也带来了较大的财务风险。因此，既要合理运用全部资产，又要妥善安排资本结构，这样才能有效地提高净资产收益率。

杜邦财务分析系统，就是通过上述这样层层分析，揭示财务指标间的相互关系，找出影响财务指标的主要因素，为决策者优化理财状况，提高企业经营效益提供思路。

在运用杜邦财务分析系统进行分析时，还可以结合因素分析法做进一步分析。

二、沃尔比重评分法

在进行财务分析时，人们遇到的一个主要困难就是计算出财务比率之后，无法判断它是偏高还是偏低。与企业的历史比较，也只能看出自身的变化，却难以评价其在市场竞争中的优劣地位。为了弥补这些缺陷，亚历山大·沃尔在其20世纪初出版的《信用晴雨表研究》和《财务报表比率分析》中提出了信用能力指数的概念，他选择了七项财务比率并将其用线性关系结合起来，分别给定各自的比重权数，然后通过与标准比率进行比较，确定各项指标的得分及总体指标的累计分数，从而对企业的信用水平作出评价。我们用沃尔的方法，给W公司的财务状况评分，结果见表3-7。

表3-7　　　　　　　　　　　　　沃尔比重评分表

财务比率	比重 ①	标准比率 ②	实际比率 ③	相对比率 ④=③/②	评分 ⑤=①×④
流动资产/流动负债	25	2.00	3.13	1.57	39.13
净资产/负债	25	1.50	1.84	1.23	30.67
资产/固定资产	15	2.50	2.37	0.95	14.22
销售成本/存货	10	8	2.84	0.36	3.55
销售额/应收账款	10	6	6.03	1.01	10.05
销售额/固定资产	10	4	2.44	0.61	6.1
销售额/净资产	5	3	1.45	0.48	2.42
合 计	100				106.14

沃尔比重评分法从理论上讲存在两个缺陷：一是为什么只选这7个财务指标，为什么每个指标所占的比重权数（见表3-7）缺乏理论证明和解释；二是当某项指标严重超标时，会对总评分产生不合逻辑的重大影响。

尽管沃尔比重评分法存在缺陷，但这种综合分析的思路至今还在实践中运用。在企业实践中，可以选择与决策相关的财务比率指标对企业财务状况进行综合评分。

三、平衡计分卡法

平衡计分卡法（Balanced Scorecard，BSC）是指利用平衡计分卡来综合评价企业经营情况的分析方法。

1.平衡计分卡的基本内容

平衡计分卡是由美国哈佛大学的卡普兰（Rober S.Kaplan）教授和诺顿（David D. Norton）教授率先提出的。针对传统的以财务指标为主的业绩评价系统，它强调非财务指标的重要性，通过对财务、顾客、内部作业、创新与学习四个各有侧重又互相影响的业绩评价因素来沟通目标、战略和企业经营活动的关系，实现短期利益和长期利益、局部利益与整体利益的均衡。

平衡计分卡保留了财务方面的内容，那是因为财务指标对概述可计量经济结果是有价值的，财务业绩指标则能反映出公司的战略。典型的财务业绩指标包括：营业利润、投资报酬率、经济增加值及现金流量等。

平衡计分卡的顾客方面，管理者要确定经营单位将要面对的竞争性客户和市场份额，并计量经营单位在这个目标范围内的业绩情况。典型的顾客方面的核心业绩指标包括：客户满意程度、客户保持程度、新客户的获得、客户可获利能力及市场份额等。

平衡计分卡的内部作业流程，包含三个主要的过程：创新、经营和售后服务。创新过程又包括确定市场和开发产品或提供服务两个方面。经营过程是把现有的产品和服务生产出来并交付给客户，这一过程强调效率、一致。售后服务过程包括保证书、修理及退换货、支付手段的管理（如信用证管理）。在内部作业流程方面，传统的业绩评价方法与平衡计分卡方法存在两个基本的不同点：（1）传统方法是监督和改进现在的作业流程，而平衡计分卡则是在那些企业为了达到财务目标和客户要求而必须做好的方面确立全新的过程。（2）传统的业绩评价方法着重于交付今天的产品和服务给今天的客户这一过程，而长期财务成功的动因，可能要求企业生产全新的产品和服务来满足现在和未来客户的需要。因此，平衡计分卡方法把创新过程结合到内部作业流程之中。

在平衡计分卡的学习和成长方面，确立了企业必须建立长期的成长和进步的基础结构。企业的学习和成长来自三个主要的资源：人员、信息系统和企业的程序。在平衡计分卡上的财务目标、客户目标和内部经营过程目标，通常显示出在现有的人员、系统和程序的生产能力与实现突破性业绩目标所要求的生产能力之间的巨大差距。为了弥补这些差异，企业必须投资于培训雇员、提高信息技术和信息系统，以及组织企业程序等方面。

2.平衡计分卡的总体评价

与传统业绩评价方法相比较，平衡计分卡的特点和进步之处主要体现在以下几个方面：

首先，它将目标与战略具体化，加强了内部沟通。一方面，设计平衡计分卡首先要求分析企业目标和基本战略对于经营活动各方面的基本要求，并由此确定各方面工作的重点，使其有利于保证目标与战略在具体经营活动中的实现。另一方面，由于从业绩评价体系构建的方法上加强了内部沟通，也就使各个层次的具体职员能更好地理解企业的目标和战略，有助于促进内部决策目标的一致。

其次，以顾客为先，重视竞争优势的获取和保持。如前所述，顾客是企业的重要资产，显然，如何确认、增加和保持这项“资产”的价值，对于竞争优势的获取和保持都是非常重要的。平衡计分卡将顾客的服务满足和满意程度作为单独的一个方面来加以考核，并通过内部作业流程、学习和创新来保证和促进这种业绩，不仅从观念上促进了企业内部各个层次对于顾客“价值”的重视，而且提供了贯彻企业竞争战略的具体方式。

再次，重视非财务业绩计量，促进了结果考核和过程控制的结合。传统的业绩评价大多是财务业绩评价，即根据财务结果来评价工作业绩。这种评价利用了财务性指标所具有的结合性、可比性以及财务结果对于股东的意义，因而在业绩评价中有重要地位。但它的缺陷是显而易见的：（1）财务指标大多以一定期间已实现的会计收益为基础进行计算，如作为考核指标，极易导致决策者的短期行为；（2）财务指标只是对结果的考评，而难以实现对过程的控制。平衡计分卡在业绩评价体系中综合运用财务指标和非财务指标，有效地促进了结果考核和过程控制的结合，使业绩评价更具改进意义。

最后，利用多方面考核所具有的综合性，促进了短期利益和长期利益的平衡。企业战略目标往往具有长期性，而财务业绩评价，特别是采用单一指标进行业绩评价时，往往使具体的经营人员容易更多地关注短期利益，不重视，甚至因此损害长期利益。平衡计分卡利用非财务指标与财务指标的结合，以及几个方面综合考核所具有的相互制衡作用，促进了短期利益和长期利益的平衡。

必须指出，作为一种业绩评价方法，平衡计分卡亦非十全十美。它的一个主要的弱点是：它遵循非线性的系统思想，行为与结果之间的关系并不非常明确，因而很难在各个方面之间建立起牢固的因果关系。

【进一步学习指南】

一、财务报表分析的哈佛分析框架

哈佛分析框架由哈佛大学帕利普（K.G.Palepu）、希利（P.M.Healy）和伯纳德（V.L.Bernard）三位学者于21世纪初提出，他们认为财务分析不应只分析报表数据，应该站在战略的高度，结合企业内外部环境并在科学预测的基础上为企业未来发展指明方向，哈佛分析框架主要包括企业战略分析、会计分析、财务分析及前景分析。

哈佛分析框架的第一步是战略分析，战略分析的主要目的是识别主要的利润驱动因素和经营风险，从而定性地评价企业的盈利潜力；第二步是会计分析，会计分析的目的是评价会计对企业实际经营状况的反映程度。通过识别会计灵活性以及评价企业会计政策和会计估计是否适当，分析师便能够评定企业会计信息的失真程度。

哈佛分析框架的第三步是财务分析，财务分析的目的是使用财务数据对企业当前和过去的业绩进行评价并对其持续性进行评估。在进行财务分析时应重点关注财务指标或财务数据在某一时点的异常变化，分析产生变化的原因。

哈佛分析框架的最后一步是前景分析。前景分析不同于传统财务报表分析中的企业发展能力分析，企业未来的发展前景是企业战略定位、产业环境及企业财务能力综合的结果，而不仅仅是从财务指标增长率来评价。分析企业发展前景时应注重企业能否发挥自身技术优势以及企业与竞争对手的竞争能力。具备较强竞争能力的企业即使短期业绩达不到预期，从长期来看依然具有较好的投资前景。

企业的内在价值是未来现金流量的函数，可以根据企业目前的股权账面价值、未来股权回报率以及增长率对企业的价值进行评估。战略分析、会计分析和财务分析是企业内在价值评估的基础。战略分析不仅有助于进行可靠的会计分析和财务分析，而且也有助于评价企业竞争优势可能发生的变化及其对企业未来的股权回报率和增长率的影响。会计分析旨在对企业目前的账面价值和股权回报率进行无偏估计。财务分析旨在深入了解企业目前股权回报率的驱动因素。因此，上述分析框架对证券分析、信用评估、企业并购等都非常有用。

二、央企业绩考核中的经济增加值

2009年12月28日，国资委发布了《中央企业负责人经营业绩考核暂行办法》，该暂行办法引入了经济增加值指标对中央企业进行业绩考核，并明确了经济增加值的计算规则。经济增加值是指企业税后净营业利润减去资本成本后的余额，其计算公式为：

经济增加值=税后净营业利润-资本成本=税后净营业利润-调整后资本×平均资本成本率

其中：

$$\text{税后净营业利润}=\text{净利润}+(\text{利息支出}+\text{研究开发费用调整项}-\text{非经常性收益调整项}\times 50\%)\times(1-25\%)$$

调整后资本=平均所有者权益+平均负债合计-平均无息流动负债-平均在建工程

资本成本率原则上定为5.5%，而对于承担国家政策性任务较重且资产通用性较差的企业，资本成本率定为4.1%；对于资产负债率在75%以上的工业企业和资产负债率在80%以上的非工业企业，资本成本率上浮0.5个百分点；资本成本率确定后，3年保持不变。

$$\text{年度经营业绩考核综合得分}=(\text{利润总额指标得分}+\text{经济增加值指标得分}+\text{分类指标得分})\times\text{业绩考核系数}+\text{奖励分}-\text{考核扣分}$$

军工、储备、科研、电力、石油石化企业利润总额指标的基本分为30分；其他企业利润总额指标的基本分为20分。军工、储备和科研企业经济增加值指标的基本分为30分；电力、石油石化企业经济增加值指标的基本分为40分；其他企业经济增加值指标的基本分为50分。该指标计分以基准值为基础。若利润总额或经济增加值指标未达到基本分，则其他指标最高只得基本分，所有考核指标得分不再乘业绩考核系数；业绩考核系数由企业资产总额、利税总额、净资产收益率、经济增加值、营业收入、职工平均人数、技术投入比率等因素加权计算，分类确定。

复习思考题

1.财务分析的目的是什么？

2.财务分析有哪些基本方法？

3.如何对企业的偿债能力进行分析？

4.如何对企业的营运能力进行分析？

5.如何对企业的盈利能力进行分析？

6.什么是杜邦财务分析系统？

7.如何运用沃尔比重评分法进行财务分析？

8.如何运用经济增加值衡量企业的业绩？

9.如何运用平衡计分卡进行分析？

10.如何撰写财务分析报告？

计算与分析题

1.目的：练习根据有关财务指标完成利润表。

资料：已知某公司的毛利率为25%，销售净利润率为6%，销售费用与营业收入的比率为10%。

要求：完成下列该公司简要的利润表（见表3-8）。

表3-8 利润表（简表）

编制单位：××公司 2016年度 单位：元

项 目	金 额
营业收入	
营业成本	102 000
毛利额	
销售费用	
财务费用	
利润总额	
所得税费用（税率40%）	
净利润	

2.目的：练习根据有关财务指标完成资产负债表。

资料：已知某公司2016年年初存货为20 000元，本年流动比率为2，营业成本为102 000元，速动比率为1，存货周转天数为90天，权益乘数为2.5。

要求：完成下列该公司简要的资产负债表（见表3-9）。

表3-9　　资产负债表（简表）

编制单位：××公司　　2016年12月31日　　单位：元

资　产	金　额	负债和所有者权益	金　额
流动资产：		流动负债	
货币资金	10 000	非流动负债	
应收账款		负债合计	
存货			
流动资产合计			
固定资产		所有者权益合计	60 000
资产总计		负债和所有者权益总计	

3.目的：练习财务指标的计算。

资料：伟业公司2016年简要的资产负债表和利润表见表3-10、表3-11。

表3-10　　资产负债表（简表）

编制单位：伟业公司　　2016年12月31日　　单位：千元

资　产	年初数	年末数	负债和所有者权益	年初数	年末数
流动资产：			流动负债：		
货币资金	340	360	短期借款	360	560
以公允价值计量且其变动计入当期损益的金融资产	20	20	应付票据	240	240
应收票据	220	200	应付账款	480	500
应收账款	2 010	2 390	预收款项	720	800
预付款项	300	300	应付款项	1 200	1 320
存货	3 030	3 250	流动负债合计	3 000	3 420
流动资产合计	5 920	6 520	非流动负债：		
非流动资产：			长期借款	1 800	2 380
固定资产	6 300	7 700	非流动负债合计	1 800	2 380
无形资产	780	780	所有者权益：		
非流动资产合计	7 080	8 480	实收资本	7 000	7 000
			盈余公积	1 000	2 000
			未分配利润	200	200
			所有者权益合计	8 200	9 200
资产总计	13 000	15 000	负债和所有者权益总计	13 000	15 000

表3-11

利润表（简表）

编制单位：伟业公司　　2016年度　　单位：千元

项　目	本年金额
一、营业收入（假定50%为赊销收入）	16 460
减：营业成本	9 200
税金及附加	820
销售费用	1 600
管理费用	1 400
财务费用（利息支出）	300
加：投资收益	160
二、营业利润	3 300
加：营业外收入	80
减：营业外支出	180
三、利润总额	3 200
减：所得税费用（税率30%）	960
四、净利润	2 240

要求：

（1）计算流动比率、速动比率、现金比率、负债比率、产权比率、已获利息倍数。

（2）计算应收账款周转率、存货周转率、流动资产周转率、总资产周转率。

（3）计算毛利率、营业利润率、销售净利润率、总资产报酬率、资产净利润率、净资产收益率。

4.目的：练习财务指标的计算与分析。

资料：某公司2016年财务报表的主要数据见表3-12、表3-13。

表3-12

资产负债表（简表）

编制单位：××公司　　2016年12月31日　　单位：千元

资　产	金　额		负债和所有者权益	年末金额
	年初	年末		
货币资金	764	310	应付账款	516
应收账款	1 156	1 344	应付票据	336
存货	700	966	其他流动负债	468
固定资产	1 170	1 170	长期借款	1 026
			实收资本	1 444
资产总计	3 790	3 790	负债和所有者权益总计	3 790

表3-13　　**利润表（简表）**

编制单位：××公司　　2016年度　　单位：千元

项　目	金额
营业收入	8 430
减：营业成本	6 570
毛利	1 860
管理费用	980
财务费用（利息支出）	498
利润总额	382
所得税费用（税率40%）	152.8
净利润	229.2

要求：

（1）计算该公司2016年有关财务比率（表3-14中列出的指标）。

表3-14　　**有关财务比率**

财务比率	本公司	行业平均水平
1.流动比率		2
2.速动比率		1
3.资产负债率		50%
4.已获利息倍数		4
5.存货周转率		6
6.应收账款周转率		9
7.毛利率		20%
8.销售净利润率		8%
9.净资产收益率		10%

（2）与行业平均水平比较，说明该公司财务上可能存在的问题。

案例分析题

1.资料

*ST生物（000504）公司系经海南省人民政府琼府办（1991）100号文批准，在海南国际房地产发展有限公司的基础上进行改组，正式创立的股份有限公司。1992年12月8日，本公司A股股票在深圳证券交易所挂牌交易。2000年度第一次临时股东大会批准变更为北京赛迪传媒投资股份有限公司。2014年12

月9日，公司中文名称由“北京赛迪传媒投资股份有限公司”变更为“湖南赛迪传媒投资股份有限公司”。2015年3月26日，公司名称由“湖南赛迪传媒投资股份有限公司”变更为“南华生物医药股份有限公司”。生物资源、干细胞和免疫细胞储存，生命科学技术、组织工程技术及其他生物技术研发和产业化，并对外提供相关产品和技术服务，生物技术产业、健康产业投资，基因工程药物制造。

天健会计师事务所（特殊普通合伙）对公司2015年度财务报表进行了审计，并出具了带强调事项段的无保留意见的审计报告，强调事项如下：

“我们提醒财务报表使用者关注：南华生物公司营业收入连续3年大幅下滑，2015年度扣除非经常性损益后的净亏损为2 364.79万元，截至2015年12月31日，流动负债高于流动资产7 485.90万元。南华生物公司已在财务报表附注中披露了拟采取的改善措施，但其持续经营能力仍然存在重大的不确定性。本段内容不影响已发表的审计意见。”

公司董事会针对本次带强调事项的解决措施：（1）凭借实际控制人的影响力，积极开展银行渠道融资，一方面改善公司的资金状况，支持业务的发展，形成新的现金流，另一方面优化公司负债结构，促进公司融资方式的健康发展；（2）在目前行业处于低谷的情况下，加强与大股东的沟通，充分利用大股东和实际控制人的资源，拓宽公司业务渠道，寻求公司的利润增长；（3）在继续做好纸媒主业、稳定主业发展的同时，深入拓展新业务，完善互联网业务战略架构，深入推动业务转型；（4）加强成本费用控制；（5）盘活资产，在改善公司资产结构的基础上，有效提高公司资产的使用效率；（6）进入生物医疗健康产业，进行业务转型升级，争取提升公司整体竞争能力和盈利水平，拟非公开发行股票募集资金投资干细胞储存库项目、细胞与组织工程实验中心项目、补充流动资金及偿还债务；（7）依托产业基金进行横向产业扩张。公司董事会将沿着生物医药和大健康的战略方向进行发展，为股东争取最大的利益。

2.要求

结合案例，根据*ST生物股份有限公司2014年和2015年的财务报表综合分析该公司的财务状况与经营成果，上市公司财务报表可以在巨潮资讯网络上下载。

第四章　筹资方式

【学习目标】

通过本章学习，要求理解和掌握：

- 筹资的类型、目标与原则
- 筹资需要量的预测方法
- 权益资本的筹资方式与特点
- 债务资本的筹资方式与特点

【引例】

截至2015年年末，新湖中宝股份有限公司[①]（股票代码600208，简称新湖中宝）的总资产规模达890.67亿元，其中负债总额636.67亿元（其中：短期借款29.72亿元，长期借款149.10亿元，预收货款94.30亿元），股东权益总额241.24亿元，股本数量近91亿股。公司主营地产、金融及其他投资，为浙江省市值最大的上市公司之一。新湖中宝的前身为中宝戴梦得股份有限公司，系浙江新湖集团于2006年借壳上市成功后更名而成。回顾新湖中宝的筹资之路，公司于1999年发行新股6 500万股，筹集资金31 330万元；2006年，公司以3.21元/股的价格，向浙江新湖集团定向发行12亿股股票，新湖集团以其拥有的14家房地产子公司的股权作为支付对价，公司募集资金38.52亿元，实现新湖集团地产业务的借壳上市；2007年，公司以16.06元/股的价格向7名符合相关规定的机构投资者非公开发行A股股票9 962万股，募集资金总额约16亿元；2008年7月发行无担保固定利率公司债券14亿元；2009年公司完成吸收合并新湖创业事项，增加股本56 255万元；2014年12月，定向增发股票18亿股，募集资金54亿元；2015年7月发行5年期公司债券35亿元，2015年11月，定向增发股票9.62亿股，募集资金50亿元，2016年4月8日，公司收到中国银行间市场交易商协会出具的《接受注册通知书》，接受公司中期票据注册，中期票据注册金额为33亿元。可以看到，正是其多元化的筹资方式和筹资渠道，支撑了新湖中宝经营规模的不断壮大。

新湖中宝运用了哪些筹资方式？为什么要运用这些筹资方式？筹资应遵循哪些原则？如何预测筹资需要量？股票筹资有哪些具体方式？应具备哪些条件？什么是可转换债券？债券筹资有哪些种类？应具备哪些条件？各种筹资方式有何利弊？带着这些问题，我们进入本章学习。

第一节　筹资概述

筹资是企业根据其生产经营、对外投资和调整资本结构的需要，通过金融市场，运用筹资方式，经济有效地筹措和集中资本的财务行为。资本筹集是企业资本运动的起点，也是财务管理创造企业价值的必要条件。

企业筹资的基本目的，是为了自身的生存与发展，企业具体的筹资活动通常受特定动机的驱使，包括因创建、发展、偿债和外部环境变化等原因而需要筹资。企业筹资需要通过一定的渠道并采用一定方式来完成。

---

① 见新湖中宝股份有限公司（股票代码600208）的相关公告。

一、筹资的类型

（一）权益资本与债务资本

1.权益资本

权益资本又称股权资本或自有资本，是指企业依法筹集并长期拥有、自主支配的资本来源。权益资本在资产负债表上体现为所有者权益（或股东权益），其内容包括实收资本（或股本）、资本公积、盈余公积金和未分配利润，可分别划入资本金和留存收益两大类。其特点有：

（1）其所有权归属于企业的所有者，所有者借此参与企业管理并取得收益，同时承担相应的责任；

（2）它是法人财产权的体现和企业负债的载体，在企业存续期内，投资者除依法转让外无权抽回其投入的资本，因而被视为企业的“永久性资本”；

（3）企业无需还本付息，是一种高成本、低风险的资本来源。

2.债务资本

债务资本又称负债或借入资本，是指企业依法筹措并依约使用、按期偿还的资本来源。债务资本在资产负债表上体现为负债总额，包括流动负债与非流动负债，其内容主要有金融机构的各种借款、应付债券、应付款项等。其特点有：

（1）它是企业债务，体现了企业和债权人之间的债权、债务关系；

（2）到期必须还本付息；

（3）它是一种低成本、高风险的资本来源，也是财务风险的主要根源。

（二）长期资本与短期资本

1.长期资本

长期资本是指期限在1年以上的资本。其内容包括长期负债和权益资本，主要通过吸收直接投资、发行股票、发行长期债券、长期借款、融资租赁等方式来筹集。相对于短期资本，它是一种高成本、低风险的资本来源。

2.短期资本

短期资本是指期限在1年以内的资金。其内容包括短期债务，一般通过短期借款、商业信用等方式来筹集。相对于长期资本，它是一种低成本、高风险的资本来源。

（三）直接筹资与间接筹资

1.直接筹资

直接筹资是指企业不通过银行等金融机构，用直接面对资本供应者借贷或发行股票、债券等方式所进行的筹资活动。在直接筹资过程中，筹资者和投资者通过双方都接受的合法手段，直接实现资金从所有者转移到资金使用方。其特点有：

（1）受金融市场及法律的限制较大。

（2）必须依附于一定的载体（如股票、债券等）。

（3）筹资范围广，可利用的筹资方式较多。随着金融工具的不断创新，企业选择的余地较大，是企业具有良好前景的筹资来源。

2.间接筹资

间接筹资是指企业借助于银行等金融机构进行的筹资，其主要形式为银行借款、非银行金融机构借款、融资租赁等。它是目前我国企业最为重要的筹资方式，具有筹资效率高、交易成本低等优点，但这种形式的筹资范围较窄。

（四）表内筹资与表外筹资

（1）表内筹资，是指所筹资本在资产负债表内予以披露的筹资行为。

（2）表外筹资，是指所筹资本未在资产负债表内披露的筹资行为，如经营租赁、应收票据贴现等。

二、筹资渠道与筹资方式

（一）筹资渠道

筹资渠道是指企业资本来源的方向与通道。在我国现阶段，企业筹资渠道主要有以下七种：

1.国家财政资金

这是国有企业的主要筹资渠道。现有国有企业的资本金大部分是过去由国家财政拨款方式投资形成的。国家财政资金具有丰富的源泉和稳固的基础，今后仍然是国有企业筹资的重要渠道。

2.银行信贷资金

银行一般分为商业性银行和政策性银行，前者为各类企业提供商业性贷款，后者为特定企业提供政策性贷款。银行信贷资金实力雄厚，贷款方式灵活，是企业筹资的重要渠道。

3.非银行金融机构资金

非银行金融机构包括保险公司、信托投资公司、租赁公司、证券公司、企业集团所属的财务公司等。虽然它们的财力比银行小，但它们比较灵活方便，且可为企业提供有关筹资服务，因而具有广阔的发展前景。

4.其他法人单位资金

其他法人单位资金包括企业法人单位和社会法人单位资金，它们以其可以支配的资产相互投资或企业法人之间购销往来相互融资。

5.民间资金

民间资金是指企业职工和城乡居民暂时不用的节余货币，可以通过购买股票、债券等方式对企业进行投资。

6.企业内部形成的资金

企业内部形成的资金，主要是计提折旧及税后利润分配形成的资金。折旧的提取不会使企业资本总额增加，但它可成为企业营运资本的来源，参加周转。税后利润的形成使企业资本总额增加，它可作为权益资本继续参加周转。

7.境外资金

境外资金包括境外投资者投入资本和借入资本。从范围上讲，有我国香港、澳门和台湾地区以及其他国家和地区投资者投入的资金。从具体形式上看，有向外国银行或国际金融机构借款，向境外发行股票、债券、租赁、信贷，补偿贸易，与外商合资经营和合作经营等。

(二) 筹资方式

筹资方式指企业筹集资本的具体形式，即通过哪些手段取得资本。目前，我国企业筹资方式主要有吸收直接投资、发行股票与债券、银行借款、商业信用、信托、短期融资券、租赁和留存收益筹资等。

不同的筹资方式，体现着不同的经济关系。如吸收直接投资、发行股票和留存收益筹资，体现所有权关系；银行借款、商业信用、发行债券、短期融资券，体现债权、债务关系；租赁筹资，体现债权债务关系，但在一定条件下会发生所有权的转移。因此，企业在筹资时，应认真考虑筹资方式的经济性质及相应的经济利益问题，合理地选择使用。

三、筹资目标与筹资原则

(一) 筹资目标

企业筹资的具体目标可表达为两层含义：

1.进行适当的筹资组合，使得所筹资的资本成本最低

筹资是为了投资，满足投资所需资本应当成为筹资的基本目标。由于负债与权益资本从不同程度上影响投资项目的最低可接受收益率和现金流量，确定最合适的筹资组合，降低筹资成本是筹资的首要任务。

2.选择适当的筹资种类，使资产与筹资来源间有着良好的匹配

由于不同筹资来源对公司的现金流要求不同，与投资的资产项目也存在着一定的对应关系。从公司稳健经营的角度看，长期资产投资由长期筹资来源匹配，短期资产投资由短期筹资来源匹配。因此，筹资种类选择必须考虑财务弹性，以促使公司的可持续发展。

(二) 筹资原则

筹资目标要求企业在具体筹资过程中必须遵循一定的筹资原则。以最低的资本成本，适量、适时、适度地筹集企业生产经营所需的资本，是企业筹资的总体要求。具体地讲，企业筹资必须遵循以下原则：

1.合理性原则

合理性原则是指筹资的数量应当合理。企业无论从什么渠道、用何种方式筹资，都应首先确定一个合理的资本需要量，使资本的筹集量与需要量达到平衡，防止筹资不足影响生产经营或筹资过量而降低筹资效益。

2.及时性原则

及时性原则是指筹资的时间应当及时。筹资要按照资本的投放使用时间来合理安排，使筹资与用资在时间上衔接，避免因筹资时间过早而造成使用前的闲置，或因筹资时间滞后而贻误有利的投资时机。

3.效益性原则

效益性原则是指应当以尽可能低的成本筹集所需资本。企业从不同筹资渠道和用不同方式筹资的难易程度、资本成本和筹资风险有所不同，因而在筹资时应综合考虑各种筹资

方式的资本成本和筹资风险，力求以最小的代价取得生产经营所需的资本。

4.适度性原则

适度性原则是指负债在全部资本中的比重应适度，即负债经营要适度。企业的全部资本由权益资本和负债两部分构成。企业的设立必须首先拥有一定的权益资本。一定量的权益资本是企业经营安全性和稳定性的前提条件，并为企业负债提供法律上的保障。企业的权益资本越多，其财务实力越强，财务风险越低，债权人的债权越安全。但仅靠权益资本经营不利于企业的发展和扩张。一个精明的企业家必然会利用别人的资本来发展自己的企业。因而，他们一般都需要利用债权人的资本来发展生产经营。债权人投入企业的资本称为负债或债务资本，利用负债开展经营就是负债经营。通过负债经营为股东创造财富，被认为是一种精明的举动。这是因为负债具有下列明显的优点：

（1）负债可以取得节税利益，降低资本成本。负债利息在税前利润中列支，负债利息的支付可以使企业少交所得税。债务资本的利息率一般低于权益资本的股息率。因而，负债资本成本一般低于权益资本成本。

（2）负债可以获得财务杠杆利益。由于负债利息是相对固定的，随着息税前利润的增加，每1元息税前利润所负担的固定利息就会减少，企业所有者所得的税后利润就会随之增加；同时，当投资报酬率（指总资产报酬率）大于债务资本利息率时，负债比例增加，权益资本的报酬率就会提高，从而给股东带来超额利润。

（3）负债有利于企业经营的灵活性。负债是企业重要的外部筹资来源。债务资本的增加，意味着企业总资本来源的增加，有更多的资本可用于生产经营，从而给企业经营带来较大的灵活性。

（4）负债是提高经营者自律并提高公司投资效益的一种有效管理机制。如果公司存在负债，就会强化经营者的经营自律，因为负债是需要还本付息的，投资收益率的下降会导致公司负债违约而被迫清算或破产。因此，负债增加了对经营者的约束，经营者与股东间目标的分离越大，负债对经营者的制约作用也越大。

此外，负债可以减少货币贬值损失。在通货膨胀比较严重的条件下，利用负债扩大经营，可以把一部分财务风险转嫁给债权人。

然而，负债也增加了企业的财务风险和破产成本。过多的负债会使企业财务风险增加甚至面临破产。当企业的总资产报酬率小于债务资本利息率时，负债经营可能产生逆向财务杠杆作用，负债比率越高，企业的亏损越大，财务风险越大。同时，负债也增加了股东与债权人间的代理成本。股东与债权人间目标的分离越大，代理成本也越高。

因此，企业应当合理安排负债比率，使负债经营适度。

四、筹资需要量的预测

筹资需要量的预测是企业确定筹资数量的依据。企业筹资需要量的多少，取决于企业投资规模的大小。预测筹资需要量的常用方法是销售百分比法。

销售百分比法是根据销售额与资产负债表、利润表项目之间的比例关系，来预测未来一定销售额下筹资需求量的方法。这种方法基于两个基本假设：（1）预测期的销售额已经由营销部门通过一定的方法预测完成；（2）销售与某些项目间的比率固定不变。

运用销售百分比法，要借助于预计资产负债表。通过编制预计资产负债表可以预测企业筹资需求总额和外部筹资额。编制预计资产负债表，要把表内项目分为三类：第一类是预计资产负债表中与销售额有着固定比率关系的项目，一般包括库存现金、应收账款、存货、固定资产净值、应付账款等项目，根据预测期预计销售额和基期资产负债表中这些项目与基期销售额的比率关系计算填列；第二类是留存收益项目，根据基期资产负债表中留存收益项目金额加预测期预计留存收益增加额计算填列；第三类是上述两类以外的其他项目，一般直接根据基期数额填列。预计资产负债表中以上各资产项目预计数与各负债项目、所有者权益项目预计数之差，即为预测期企业需要追加的外部筹资数额。

运用销售百分比法预测筹资需要量的具体计算方法有两种：一种是根据销售总额预计资产、负债和所有者权益总额，然后确定筹资需要量；另一种是根据销售的增加额预计资产、负债和所有者权益的增加额，然后确定筹资需要量。

（一）根据销售总额确定筹资需要量

【例 4-1】某企业上年年末资产负债表（简表）见表 4-1。

表 4-1

资产负债表（简表）

编制单位：　　　　2016年12月31日　　　　单位：万元

资　产		负债和股东权益	
项　目	金　额	项　目	金　额
货币资金	400	应付账款	440
应收账款	400	预收款项	60
存货	1 600	非流动负债合计	780
预付款项	150	股本	900
固定资产	650	留存收益	1 020
资产总计	3 200	负债和股东权益总计	3 200

根据历史资料考察，货币资金、应收账款、存货、固定资产、应付账款、预收款项等项目与销售收入变化成正比，其他资产、负债项目不随销售收入变动而变动。该企业上年度销售收入40 000万元，实现净利1 000万元，支付股利600万元。计划年度预计销售收入比上年增长25%，销售净利润率比上年增长10%，股利支付率保持上年水平。要求运用销售百分比法预测计划年度外部筹资需要量。

第一步，计算与销售额成正比的资产、负债项目与销售额之间的比率——销售百分比：

货币资金销售百分比=400÷40 000×100%=1%

应收账款销售百分比=400÷40 000×100%=1%

存货销售百分比=1 600÷40 000×100%=4%

固定资产销售百分比=650÷40 000×100%=1.625%

应付账款销售百分比=440÷40 000×100%=1.1%

预收款项销售百分比=60÷40 000×100%=0.15%

第二步，计算预计销售额下的与销售额成正比的资产、负债项目：

货币资金=50 000×1%=500（万元）

应收账款=50 000×1%=500（万元）

存货=50 000×4%=2 000（万元）

固定资产=50 000×1.625%=812.5（万元）

应付账款=50 000×1.1%=550（万元）

预收款项=50 000×0.15%=75（万元）

第三步，计算预计留存收益：

预计销售净利润率=（1 000÷40 000）×（1+10%）=2.75%

股利支付率=600÷1 000×100%=60%

预计留存收益=基期留存收益+预计留存收益增加额

=基期留存收益+预计销售额×预计销售净利润率×（1-股利支付率）

=1 020+50 000×2.75%×（1-60%）=1 570（万元）

第四步，编制进行外部筹资前的预计资产负债表（见表4-2）。

表 4-2　　**进行外部筹资前的资产负债表（简表）**　　单位：万元

资产		负债与股东权益	
项目	金额	项目	金额
货币资金	500	应付账款	550
应收账款	500	预收款项	75
存货	2 000	非流动负债合计	780
预付款项	150	股本	900
固定资产	812.5	留存收益	1 570
资产总计	3 962.5	负债与股东权益总计	3 875

第五步，利用会计恒等式，确定外部筹资需要量

外部筹资需要量=预计资产总计-预计负债与股东权益总计

=3 962.5-3 875=87.5（万元）

（二）根据销售增加额确定筹资需要量

外部筹资需要量=资产增加-负债增加-留存收益增加

$$=\frac{资产销售}{百分比}\times\frac{销售}{增加额}-\frac{负债销售}{百分比}\times\frac{销售}{增加额}-\frac{预计销售}{净利润率}\times 销售额\times(1-\frac{股利}{支付率})$$

【例 4-2】承【例 4-1】，要求根据销售增加额确定外部筹资需要量。

销售增加额=50 000-40 000=10 000（万元）

资产销售百分比=（400+400+1 600+650）÷40 000×100%=7.625%

负债销售百分比=（440+60）÷40 000×100%=1.25%

外部筹资需要量=7.625%×10 000-1.25%×10 000-50 000×2.75%×（1-60%）

=87.5（万元）

这种方法可以清楚地反映销售百分比法的实质，即利用销售额与财务报表各项目之间

的联系，考虑随着销售的增加，在资产占用增加的同时，负债将自然增长，留存收益也相应增加，据此测算预测期外部筹资需要量。

第二节　权益资本的筹集

权益资本的筹集方式主要有发行股票、吸收直接投资、留存收益筹资和认股权证筹资等方式。

一、发行股票

股票是股份有限公司为筹集权益资本而发行的有价证券，是股东拥有公司股份的凭证。

股份有限公司根据投资与筹资的需要，可发行不同种类的股票。普通股按有无记名分为记名股票和无记名股票；按是否标明金额分为面值股票和无面值股票；按投资主体分为国家股、法人股和个人股；按发行对象和上市地区分为A股、B股、H股和N股等；股票按股东权利的不同分为普通股股票与优先股股票。

（一）普通股股东的权利

公司发行普通股股票筹集的资本称为普通股股本，它是股份有限公司的首要资本来源，也是股份有限公司筹集其他资本的基础。普通股股票持有者称为普通股股东。普通股股东在法律上享有的各种权利，以股东认购股份并缴清股款为标志。一般来讲，普通股股东依法享有下列权利：

1.表决权

股东有依据公司章程的规定对股东大会的提案表示同意或不同意的权利，它是基于股东拥有公司股份而产生的，是股东通过股东大会参与公司经营管理决策的一项重要权利，它按照同股同权的原则实行一股一票制。

在股东行使表决权时，通常使用委托代理投票权。委托代理投票权是股东授权他人代理行使投票表决权的一种法定权利。股东既可以亲自出席年会参与表决，也可以委托他人代理行使表决权。显然，公司管理者会试图争取尽可能多的委托表决权。但是，如果股东对公司管理者不满，外部股东集团也会通过委托方式尽可能多地获取选票，添加足够数量的董事，投票表决撤换公司当前管理者。

2.优先认股权

普通股股东有优先认购公司新股的权利。

3.收益分配权

股东有权要求公司按照公司法及公司章程的有关规定，结合公司的经营状况分得收益，其收益的多少随公司经营情况而定。

4.剩余资产分配权

股份公司一旦解散，经财产清算后所剩余的财产，股东有权按所持股份比例参与分配。普通股股东的剩余财产求偿权位于债权人和优先股股东之后。

5.股份转让权

股份转让权是指股东有权依据有关法律规定，转让其所拥有的股份。

由于上述权利派生，股东还拥有其他一些相关权利，如查阅公司章程的权利、查阅股东大会会议记录的权利、查阅公司财务会计报告的权利、对公司经营提出建议或者质询的权利、诉讼的权利等。同时，股东还须履行与其权利相对应的义务，如遵守公司章程、缴纳股款、对公司债务负有限责任、不得抽回投入资本等。

（二）发行股票的条件

根据《证券法》和《上市公司证券发行管理办法》的规定，公司公开发行新股，应当符合下列条件：

（1）具备健全且运行良好的组织机构；

（2）具有持续盈利能力，财务状况良好；

（3）最近3年财务会计文件无虚假记载，无其他重大违法行为；

（4）经国务院批准的国务院证券监督管理机构规定的其他条件。

公司对公开发行股票所筹集资金，必须按照招股说明书所列资金用途使用。改变招股说明书所列资金用途，必须经股东大会作出决议。

（三）发行股票的程序

1.设立发行股票的程序

（1）发起人认购全部股份，交付出资。

（2）提出募集股份申请。

（3）公告招股说明书，制作认股书，签订承销协议。

（4）招认股份，缴纳股款。

（5）召开创立大会，选举产生董事会、监事会。

（6）办理公司设立登记，交割股票。

2.增资发行新股的程序

（1）股东大会作出发行新股的决议。

（2）由董事会向国务院授权的部门申请并经批准。

（3）公告招股说明书，制作认股书，签订承销协议。

（4）招认股份，缴纳股款，交割股票。

（5）召开股东大会改选董事、监事，办理变更登记并公告。

（四）股票发行方式及投资银行在股票发行中的作用

1.股票发行方式

股票发行方式，是指公司通过何种途径发行股票。常见的股票发行方式有两种：

（1）公开间接发行，也称公募发行，是指通过中介机构，公开向社会公众发行股票。我国股份有限公司采用募集设立方式向社会公开发行股票时，须由证券经营机构承销的做法，就属于股票的公开间接发行。这种发行方式的优点是：发行范围广、发行对象多，易于足额募集资本；股票的变现性强，流通性好；有助于提高发行公司的知名度，扩大其影响力。但这种发行方式的手续繁杂，发行成本高。

（2）不公开直接发行，也称私募发行或定向发行，是指不公开对外发行股票，只向少数特定的对象直接发行，因而不需经中介机构承销。我国股份有限公司采用发起式设立方式和以不向社会公开募集的方式发行股票的做法，属于股票的不公开直接发行。这种发行方式弹性较大，发行成本低。但发行范围小，股票变现性差。

2.投资银行在股票发行中的作用

投资银行是金融市场的重要参与者，它是筹资者与投资者之间的中介。投资银行作为一个行业，其传统业务是证券推销，如摩根士丹利公司、美林证券公司等。现代投资银行除了其传统业务外，还参与咨询业务、并购业务、代理理财等。

投资银行在股票发行过程中主要从事下列业务：

（1）对拟发行股票的发行人进行上市辅导；

（2）与发行人共同确定发行价格；

（3）从事股票推介业务，承销股票；

（4）作为上市公司的保荐人履行相应的责任和义务等等。

（五）股票发行定价决策

股票发行价格是股票发行时所使用的价格，即投资者认购股票时所支付的价格。股票发行价格的高低直接关系到企业筹资金额的多少。过高的发行价格会影响股票顺利发行，难以及时筹足资本，过低的发行价格会影响发行公司筹资数量。因此，必须认真测算，确定适当的发行价格。

股票发行定价决策是公司上市发行所面临的最主要财务决策之一。从规范的市场运作看，股票定价首先需要测定股票的内在投资价值及价格底线，其次才是根据供求关系来确定其发行价格。

从理论上讲，股票发行价格必须以股票内在价值为定价基础，并通过市场发行价格来体现其内在价值。

1.定价基础：股票内在投资价值

反映股票内在投资价值的常用方法有股利贴现法和市盈率法。

方法一：股利贴现法。

股东购买股票是期望获取股利，因此，股票价值等于预期未来可收到的股利现值之和，用公式表示为：

$$P_0 = \frac{D_t}{(1+K_s)^t}$$

式中：P_0——股票的内在投资价值；

D_t——第t年底预期得到的每股股利；

K_s——投资者要求的必要报酬率，可根据资本资产定价模型来确定。

以上是股票价值最一般的计算模型。在具体应用时可能出现三种特殊情况，即股利零增长、股利固定增长和股利不固定增长，具体内容详见第六章第四节。

在公司未来收益能作出准确预测的条件下，股票的投资价值即可确定为其发行价格，按此确定的价格能反映市场均衡价格。因此，这种方法是确定股票价值最一般、最基本的方法。但这种方法的关键是要准确预测公司未来每年的股利。

方法二：市盈率法。

市盈率法是根据同行业的参考市盈率，结合公司的盈利预测来确定股票投资价值的方法，用公式表示为：

股票价值（P_0）=市盈率（P/E）×每股收益（EPS）

市盈率是一个能够较好地反映股票基本条件、市场供需状况等多种因素的指标。在公司发行股票时，即使准确地知道了股票的基本价值，但如果当时市场上的市盈率较低，公司也只能以这种较低的市盈率发行股票；反之，如果市盈率较高，公司可以当时的市盈率发行股票，因为以较高的市盈率发行股票会筹集到更多的资金。因此，市盈率法是一种更简单、更常用的定价方法。

2.股票发行定价方法

根据股票定价基础和世界各国的经验，常用的股票发行定价方法有议价法和竞价法两种。

（1）议价法

议价法是指由股票发行人与主承销商协商确定发行价。在核准制下，议价法是新股定价的主要方式，主承销商在发行市场中起着主导作用。发行人和主承销商在议定发行价格时，主要考虑二级市场股票价格的高低（可用平均市盈率等指标来衡量）、市场利率水平、发行公司的未来发展前景、发行公司的风险水平和市场对新股的需求状况等因素。具体有两种定价方式：

方法一：固定价格定价方式。

固定价格定价方式是由发行人和主承销商在新股公开发行前商定一个固定价格，然后根据这个价格进行公开发售。在大多数发达国家的股票发行中，承销商一般采用尽力而为的承销方式，新股发行价格的确定也采用固定价格方式。其基本做法是：发行人和承销商在新股发行前商定一个发行价格和最小及最大发行量。股票销售期开始，承销商尽力向投资者推荐股票。如果在规定时间（一般为90天）和给定价格下，股票销售额低于最低发行量，股票发行将终止，已筹集的资金返还给投资者。这种方式的优点是筹资金额确定、定价过程相对简单、时间周期较短，但定价的准确性、灵活度不高。

方法二：市场询价方式。

市场询价方式在美国应用普遍。当新股销售采用包销方式时，一般采用市场询价方式。这种方式确定新股发行价格一般包括两个步骤：

第一步，根据新股价值（一般采用前面介绍的股利贴现法等方法确定）、股票发行时大盘走势、流通盘大小、公司所处行业股票的市场表现等因素确定新股发行的价格区间。

第二步，主承销商协同发行人向投资者介绍和推介该股票，并向投资者发送预订邀请文件，征集在各个价位上的需求量，通过反馈回来的投资者的预订股份单进行统计，主承销商和发行人对最初的发行价格进行修正，最后确定新股发行价格。

（2）竞价法

竞价法是指由各股票承销商或者投资者以投标方式相互竞争确定股票发行价格。在实施过程中，有网上竞价、机构投资者（法人）竞价和券商竞价等具体形式。

由于竞价法是一种“直接”的市场化定价方式，因此，它更能直接地反映出投资主体对新股价格的接受程度，最终确定的价格更接近于新股未来上市后的市场价格。但在不成熟的证券市场中，却有可能造成新股发行定价过高，上市企业筹资额过大的现象。

（六）股票增发

股票增发即增资发行股票，它是股票发行后的后续筹资行为。

1.股票增发按投资者是否付出代价可分为有偿增发和无偿增发

股票的有偿增发，是指投资者需按股票面额或溢价，用现金或实物购买股票，有间接公募、向老股东配股及向特定的第三者配股等具体发行方式。

股票的无偿增发，是指公司不向股东收取现金或实物财产，而是无代价地将公司发行的股票交付给股东，有资本公积转增、股票股利及股票分割等具体方式，其目的是为了调整公司股东权益的内部结构，增强股东信心，提高公司的社会地位。

2.股票增发按发行对象不同分为配股、公开增发和非公开增发三种

配股是指向现有股东按持股的一定比例配售股份的行为，它是股票增发的一种主要方式。我国法律法规对上市公司的配股条件进行了严格的限制，其中最主要的是关于公司盈利能力的要求。公司实施配股计划，主要是基于新筹资本能够满足投资需要。在确定配股价格时，除了与新股发行时一样需要进行财务决策外，还要考虑有关法律规定。如配股价格不低于每股净资产等。另外，为了保证配股价格对原股东的吸引力，并考虑承销商的盈利空间，配股价格一般低于现行市价。

公开增发是指向不特定对象公开募集股份。根据《上市公司证券发行管理办法》的规定，上市公司公开增发股票除符合发行新股的相关规定外，还应符合：

（1）最近3个会计年度加权平均净资产收益率平均不低于6%。扣除非经常性损益后的净利润与扣除前的净利润相比，以低者作为加权平均净资产收益率的计算依据。

（2）除金融类企业外，最近一期期末不存在持有金额较大的交易性金融资产和可供出售的金融资产、借予他人款项、委托理财等财务性投资的情形。

（3）发行价格应不低于公告招股意向书前20个交易日公司股票均价或前1个交易日的均价。

非公开增发也称定向增发，是指上市公司采用非公开方式，向特定对象发行股票的行为。非公开发行股票的特定对象应当符合下列规定。（1）特定对象符合股东大会决议规定的条件；（2）发行对象不超过10名。发行对象为境外战略投资者的，应当经国务院相关部门事先批准。上市公司非公开发行股票还应当符合：发行价格不低于定价基准日前20个交易日公司股票均价的90%；本次发行的股份自发行结束之日起，12个月内不得转让；控股股东、实际控制人及其控制的企业认购的股份，36个月内不得转让等规定。

（七）股票上市决策

股票上市，是指股份有限公司发行的股票经批准在证券交易所进行挂牌交易。经批准在证券交易所上市交易的股票称为上市股票，其股份有限公司称为上市公司。

1.股票上市的方式

公司股票上市可以通过IPO方式，也可以通过买壳上市或借壳上市的方式。

股票首次公开发行（Initial Public Offering，IPO），是指股份公司通过证券交易所第一次向公众投资者发行股票的行为。买壳上市，是指非上市公司通过收购一些业绩较差、筹资能力弱化的上市公司，剥离被收购公司资产，注入自己的资产，从而实现间接上市的目的。借壳上市是指上市公司的母公司（集团公司）通过将主要资产注入到上市的子公司

中，来实现母公司的上市。

买壳上市与借壳上市都是一种对上市公司“壳”资源进行重新配置的活动，都是为了实现间接上市，但买壳上市的企业首先需要获得对一家上市公司的控制权，而借壳上市的企业则要求已经拥有了对上市公司的控制权。买壳上市或借壳上市成败的关键在于对上市公司“壳”资源的选择和重新配置。

2.股票上市的利弊

股份公司申请股票上市，其基本目的是为了增强本公司股票的吸引力，形成稳定的资本来源，能在更大范围内筹措大量资本。股票上市的优点主要体现在：

（1）便于筹措新的资金。非上市公司在筹措新资金时，可以选择的筹资方式十分有限。股票上市可以使公司在公开市场上以更有利的条件取得资本。一般认为，上市公司具有更好的信用，成为上市公司在拓宽股权筹资渠道的同时也增加了获得信贷资金的可能性。

（2）便于确定公司的价值。股票上市后，可以通过对股票市价的观测确定公司价值。股票市价是理性的投资者对企业价值形成的综合判断的直接表现。同时，公开市场上的股票价格也为公司经营提供有用的信息。在有效市场条件下，股票价格的上涨或下跌从一个侧面反映了公司的经营情况，便于经营者及时发现经营中的问题，及时调整经营方针，促进企业健康、持续地发展。

（3）便于原始股东分散风险。股票上市后，公司的原始股东可以将其持有的部分公司股票转售给其他投资者，再将所得资金投资到其他资产上，以达到优化个人资产组合、分散投资风险的目的。

（4）提高股权的流动性和变现能力。股票上市大大提高了公司股权的流动性和变现能力。尤其是当公司对管理层和员工采取股权激励方式时，股票上市为其股权的变现提供了便利，使上市公司能够吸引更多的优秀人才。

（5）提高公司知名度，扩大销售。股票上市会提高公司知名度，增强客户、雇员和供应商对公司的信心，扩大销售。

但股票上市对上市公司也有不利的一面，主要体现在：

（1）可能稀释原有股东的控制权。股票上市可能使原有股东的控制权被稀释，在一些情况下，老股东会失去对公司的控制权。在公司上市的情况下，原来的控制者想要维持对公司的控制，可能要付出更高的成本。

（2）维持上市地位需要支付很高的费用。成为上市公司需要支付高额的上市费用，包括资产评估费用、股票承销费用、律师费、注册会计师费用等等；成为上市公司后，公司每年还需要支付大量的费用，如必须聘请会计师审计定期财务报告，并提交政府管理部门和投资者等利益相关者，需要支付审计费用和定期报告印刷费用，其报告成本相当可观。特别是对小公司而言，这种信息披露成本是一种沉重的负担。

（3）必须对外公开公司的经营状况与财务资料。上市公司各种信息“公开”的要求可能会暴露公司的商业秘密，使竞争对手有机可乘，他们可以透过公司披露的信息了解公司经营情况并制定相应对策。

（4）降低公司决策效率。成为上市公司后，公司需要遵守更多的公司治理规范，所有重要的决策都需要经董事会讨论通过，部分至关重要的决策甚至需要由全体股东投票决定。这个过程可能是很漫长的，相比私人公司的灵活决策而言，上市公司的决策效率降低了。

此外，投资者通常以公司盈利、分红、股价来判断经理人员的业绩，这些压力往往使得经理人员注重短期效益而忽略长期效益。

因此，问清“为什么要上市”是每一家拟上市公司都要思考的问题。只有当股票上市的利大于弊时，即股票上市给企业带来的收益大于成本时，公司才应选择股票上市。

3.股票上市的条件

我国《证券法》与相关股票交易规划规定，股份有限公司申请股票上市，应当符合下列条件：

（1）股票已公开发行；

（2）公司股本总额不少于五千万元；

（3）公开发行的股份达到公司股份总数的25%以上，公司股本总额超过4亿元的，公开发行股份的比例为10%以上；

（4）公司最近3年无重大违法行为，财务会计报告无虚假记载；

（5）交易所要求的其他条件。

具备上述条件的股份有限公司经申请，由国务院或国务院授权的证券管理部门批准，其股票方可上市。股票上市公司必须公告其上市报告，并将其申请文件存放在指定的地点供公众查阅。上市公司还必须按规定定期公布其财务状况和经营情况。

我国《证券法》规定，上市公司不再具备上市条件时，其股票应当暂停上市交易：如公司股本总额、股权分布等发生变化不再具备上市条件；公司不按照规定公开其财务状况，或者对财务会计报告作虚假记载，可能误导投资者；公司有重大违法行为；公司最近3年连续亏损等情形。

我国《证券法》还规定，上市公司有下列情形之一的，由证券交易所决定终止其股票上市交易：公司股本总额、股权分布等发生变化不再具备上市条件，在证券交易所规定的期限内仍不能达到上市条件；公司不按照规定公开其财务状况，或者对财务会计报告作虚假记载，且拒绝纠正；公司最近3年连续亏损，在其后一个年度内未能恢复盈利；公司解散或者被宣告破产；证券交易所上市规则规定的其他情形。

（八）普通股筹资的评价

与其他筹资方式相比，普通股筹资具有下列优点：

（1）股本没有固定的到期日，无需偿还。它是公司永久性资本，在公司持续经营期内都无需偿还，除非公司清算解散。

（2）没有固定的股利负担。公司有盈利，并认为适合分配股利，就可以分给股东；公司盈利较少或虽有盈利但现金短缺或有更有利的投资机会，也可以少付或不付股利。

（3）筹资风险小。由于普通股股本没有固定的到期日，一般也不用支付固定的股利，不存在还本付息的风险。

（4）普通股筹资形成权益性资本，能增强公司信誉。普通股股本以及由此产生的资本公积金和盈余公积金等，是公司举债的基础，有利于提高公司的举债能力。

普通股筹资也有其缺点，主要表现在：

（1）资本成本较高。

①从投资者的角度讲，投资于普通股风险较高，相应地要求有较高的投资报酬率。②对于筹资公司来讲，普通股股利从税后利润中支付，不像债券利息那样作为费用从税前支付，因而不具抵税作用。③普通股的发行费用一般也高于其他证券。

（2）可能分散公司的控制权。

（3）可能导致股票价格下跌。由于新股东对已积累的盈余具有分享权，会降低普通股的每股收益，从而可能引起普通股市价的下跌。

（九）优先股筹资

优先股是相对普通股而言，较普通股具有某些优先权利，同时也受到一定限制的股票。公司发行优先股筹集的资本称为优先股股本，优先股的持有者称为优先股股东。

1.优先股的种类及基本特征

优先股按股息是否可以累积，可分为累积优先股和非累积优先股；按能否参与剩余利润的分配，可分为参与优先股和非参与优先股；按能否调换为普通股或公司债券，可分为可调换优先股与不可调换优先股；按是否可由发行公司赎回，可分为可赎回优先股和不可赎回优先股。优先股与普通股比较，具有下列特征：

（1）优先分配股利的权利。优先股股东通常优先于普通股股东分配股利，且其股利一般是固定的，受公司经营状况和盈利水平的影响较少。

（2）优先分配公司剩余财产。当公司解散、破产等进行清算时，优先股股东优先于普通股股东分配剩余财产。

（3）优先股股东一般无表决权。在公司股东大会上，优先股股东一般没有表决权，通常也无权过问公司的经营管理，仅在涉及优先股股东权益时享有表决权。因此，发行优先股一般不会稀释普通股股东的控制权。

（4）优先股可由公司赎回。发行优先股的公司，按照公司章程有关规定，根据公司的需要，可以一定的方式将所发行的优先股赎回，以调整资本结构。

2.优先股发行目的及发行时机

股份公司发行优先股的基本目的是筹集权益资本。但由于优先股的上述特征，公司发行优先股往往还有下列动机：

（1）防止公司股权分散化。由于优先股股东一般没有表决权，发行优先股可以避免公司股权分散，保障公司的原有控制权。

（2）维持举债能力。公司发行优先股，有利于巩固权益资本的基础，增强公司的举债能力。

（3）增加普通股股东权益。由于优先股股息固定，且优先股股东对公司留存收益不具有要求权。因此，在公司收益一定的情况下，提高优先股比重，会相应提高普通股股东的权益，提高每股收益额，发挥其杠杆作用。

（4）调整资本结构。由于优先股在特定情况下具有可转换性和可赎回性，在安排资本结构时可以此来调整资本结构。

因此，公司一般选择在以下几种情况下发行优先股：公司初创、急需筹集资本时期，公司财务状况欠佳、不能追加债务时，或公司发生财务重整时，为避免股权稀释时等等。

3.优先股筹资的评价

与其他筹资方式比较，优先股筹资具有下列优点：

（1）优先股一般没有固定的到期日，不用偿付本金。发行优先股股票筹资，实际上近乎得到一笔永久性借款，在公司存续期内，一般不需偿还本金。

（2）股利的支付既固定，又有一定的灵活性。一般而言，优先股采用固定股利，但对固定股利的支付并不构成公司的法定义务。如果公司财务状况不佳，可以不支付优先股股利，并且优先股股东也不能像公司债权人那样迫使公司破产。

（3）优先股筹资形成权益资本，发行优先股能增强公司的信誉，提高公司的举债能力。

但优先股筹资也有一些不足之处：

（1）资本成本较高。由于其股利以税后利润支付，所以优先股的资本成本一般高于债务资本的成本。

（2）可能形成较重的财务负担。优先股要求支付固定股利，且又不能在税前支付，当公司盈利不佳时，可能会成为一项较重的财务负担。尤其是当公司盈利不多时，普通股可能就分不到股利。

二、吸收直接投资

吸收直接投资，是指企业以协议合同等形式吸收国家、其他法人、个人和外商等直接投入资本，形成企业资本金的一种筹资方式。它是目前我国有限责任公司筹集权益资本的基本形式。

（一）吸收直接投资的投资主体

吸收直接投资的投资主体，是指企业的投资者（出资人）。在我国现阶段，这种筹资方式的投资主体可以是国家、法人、个人和外商。

1.国家

它是指有权代表国家投资的政府部门或机构以国有资产向企业的投资，包括国家财政部门和经授权代表国家投资的投资公司、资产经营公司等机构向企业投入的资本等。国家对企业的投资形成国家资本金，被投资的企业称为国有独资企业、国有控股企业和国有参股企业。

2.法人

它是指其他法人以其有权支配或控制的法人资产对被投资企业的投资。法人对企业的投资形成法人资本金。

3.个人

它是指本企业职工或社会个人以其合法财产对企业进行的投资。个人对企业的投资形成个人资本金。

4.外商

它是指我国港澳台地区和外国投资者对企业进行的投资。外商对企业的投资形成外商资本金。

（二）吸收直接投资的出资方式

1.现金

这是企业最乐于接受的出资方式。现金具有使用上的灵活性，它既可用于购置资产，也可用于支付费用。因而，一些国家规定了现金出资的最低限额。

2.实物

这是指投资者以房屋、建筑物、设备等固定资产和材料、商品等流动资产作价投资。

3.无形资产

这是指投资者以专利权、商标权、非专有技术、土地使用权等无形资产作价投资。

投资者以实物和无形资产投资，必须符合生产经营的需要，投入资产必须进行合理估价，并办理产权转移手续。无形资产投资还应符合法定比例。

（三）吸收直接投资的程序

1.合理确定吸收直接投资的数量

企业的筹资规模应与其生产经营需要相适应，既要避免筹资规模过大而造成资产闲置，又要避免因筹资规模不足而影响资产经营效益。

2.正确选择出资形式，保持合理的出资结构与资产结构

现金出资与非现金出资间的比例，实物资产与无形资产间的比例，流动资产与长期资产间的比例，均应满足资产的流动性和收益性的需要。

3.签署合同或协议

企业在吸收投资的过程中，必须以合同或协议形式明确投资过程中的产权关系，包括企业与投资者之间、各投资者之间的产权关系。对于企业与投资者之间的产权关系，应以各投资者投入资产并办理产权转移手续为前提；对于各投资者之间的产权关系，应以合同、协议的方式确定投资金额、比例和投资方式，并具法律效力。

4.取得筹资来源

合同或协议签署后，应按规定取得筹资来源。投资者以现金出资的，应按规定的时间和金额投入指定的账号；以实物和无形资产出资的，应进行合理估价，并办理产权转移手续，取得资产。

（四）吸收直接投资筹资的评价

吸收直接投资具有下列优点：

（1）所筹集资本属于企业权益资本，能提高企业对外负债的能力。

（2）这种筹资方式不仅可筹得现金，而且能够直接取得所需的先进设备和技术，能尽快地形成生产经营能力。

（3）与股票筹资相比，筹资履行的法律程序相对简单，筹资速度更为快捷。

（4）所筹资本是“永久性资本”，财务风险较低。

但吸收直接投资筹资方式也存在缺点，主要体现在：

（1）筹资成本较高。

（2）由于不以证券为媒介，不便于产权转让和交易。

三、留存收益筹资

留存收益筹资也称为“内源筹资”或“内部筹资”，它是企业将实现利润的一部分甚至全部留下作为资本来源的一种筹资方式。

（一）留存收益筹资的具体形式

留存收益筹资的具体形式有：按法定要求提取盈余公积金、当期利润不分配等。留存收益的实质是所有者向企业追加投资，对企业而言是一种筹资来源。

（二）留存收益筹资的评价

留存收益筹资的优点主要体现在：

（1）不发生筹资费用。

（2）可使企业的所有者获得税收上的利益。由于资本利得税率一般低于股利收益税率，股东往往愿意将收益留存于企业而通过股票价格的上涨获得资本利得，从而避免取得现金股利应交的较高的个人所得税。

（3）留存收益筹资在性质上属于权益资本，可提高企业信用和对外负债能力。

留存收益筹资的缺点主要体现在：

（1）留存收益的数量常常会受到某些股东的限制，尤其受到依靠股利维持生活的股东的反对。

（2）留存收益过多、股利支付过少，可能会影响今后的外部筹资，同时不利于股票价格的提高，影响企业在证券市场上的形象。

四、认股权证筹资

（一）认股权证的概念与特征

认股权证（Warrant），又称“认股证”或“权证”，在香港又俗译为“窝轮”，是一种约定该证券的持有人可以在规定的某段期间内，有权利（而非义务）按约定价格向发行人购买标的股票的权利凭证。按照权利内容，权证分为认购权证和认沽权证。如果在权证合同中规定持有人能以某一个价格买入标的资产，那么这种权证就叫认购权证。如果在权证合同中规定持有人能以某一个价格卖出标的资产，那么这种权证就叫认沽权证。

作为公司筹资工具的认股权证是指认购权证，它是由公司发行的授权其持有者按预定价格优先购买一定数量普通股的权证。这是一种典型意义上的选择权。这种选择权的行使对公司意味着权益资本量的增加。

认股权证所附的证券主要包括普通股与公司债券，即附认股权的普通股筹资与附认股权的债券筹资。在实际经济活动中，它常伴随着债券一同发行，旨在刺激投资者购买公司较低利率的长期债券。

认股权证可以同债券分离，也可联结在一起，可分离的认股权证可与债券分开出售，其债券持有人无需为获得认股权证价值而行使其购股权；不可分离的认股权证则不能与债券分开出售，它只有在债券持有人行使了优先认股权并购买了股票之后才可以与债券分开。

认股权证对持有人而言类似于购买期权，持有人在规定的期限内可以按执行价格购入股票，也可以放弃权利，或者直接转让。执行价格是指认股权证规定的股票购买价格。促使认股权证持有人行使权力的主要原因有：

（1）股票市场价格超过认股权证的行使价格（即股票的执行价格）；

（2）公司增长潜力大，未来有盈利前景看好；

（3）公司提高股票的派息率。

（二）认股权证的理论价值

同其他选择权一样，认股权证也只有在股票市场价格上升的条件下才具有价值。

认股权证的理论价值=N×P−E

式中：N——一张认股权证可以购买的普通股股数；

P——普通股票的市场价格；

E——凭一张认股权证购买N股普通股的价格。

例如，如果A公司普通股的市场价格为15元，而该公司认股权证的股票执行价格为10元，每张认股权证可以购买1股股票，则认股权证的理论价值为5元。

一般而言，认股权证的理论价值是出售认股权证的最低价值，即底价。如果认股权证的市场价格低于其理论价值，则套利行为就会产生，即购入认股权证，凭证购买股票，再将买来的股票抛售出去。当套利行为大量发生时，套利的最终收益等于零。

（三）认股权证筹资的评价

利用认股权证筹资的最大优点是可以降低筹资成本。对于增长速度很快的公司而言，利用债券和优先股筹资很可能被要求很高的报酬率，因为潜在投资者只有在高价位的利率水平上才能接受此类风险证券，对公司而言，其筹资成本较高；但是，如果将此类债券附上认股权证，由于收益潜在预期，公司可以降低其证券必要的报酬率。对投资者来说，如果对公司潜在收益的预期非常乐观，也将愿意接受较低的现时收益率和不很严格的市场签约条件。

然而，认股权证的价值都是建立在预期之上的。对投资者而言，由于杠杆作用的存在，使得认股权证的行使成为一种高收益的投资，但需以公司未来股价上升为基础。离开这一基础，选择权将不会被行使，其投资也会造成损失。

五、境外上市与股票筹资

资本市场的全球化已经构成了当今权益资本市场发展的主旋律。

目前，境外上市主要包括境外直接上市、通过控股公司境外间接上市、境外买壳上市、利用存股证（DR）间接上市等方式。

1.境外直接上市

境外直接上市，是指股份有限公司向境外投资人发行股票，并将该股票直接在境外公开的证券交易所挂牌上市，这种股票称为境外上市外资股。目前，我国公司发行的境外上市外资股主要有H股和N股两种。如农业银行H股（601 288，HK）。

2.通过控股公司境外间接上市

通过控股公司境外间接上市，也叫境外造壳上市，是指预先在境外注册一家控股公司并由其实现对国内企业的控股，而后通过控股公司的公开上市募集资金，并将所募集的资金投资于国内企业，从而达到境外间接上市的目的。

境内企业境外间接上市的一般程序可概括为：境内企业股东在香港或维京、百慕大、开曼、巴哈马等避税岛先注册一个或多个“壳”公司，通过直接注册换股或者融资收购等方式，将境内的资产和权益注入“壳”公司，而后再通过“壳”公司将境内资产证券化，在境外上市募集资金或者私募，境外上市公司再以外商投资或外债形式将大部分募集资金调回境内使用。如绿城中国（03 900，HK）。

3.境外买壳上市

境外买壳上市，是指国内企业通过收购已在境外上市公司的部分或全部股权，购入后以现成的境外上市公司作为外壳，取得上市地位，然后对其注入资产，实现公司海外间接上市的目的。迄今已有许多国内企业利用买壳上市的方式在境外上市，其中主要集中在香港联交所和纽约证交所，如吉利汽车（00175，HK）。

4.通过存股证（DR）间接上市

存股证（Depositary Receipt，DR），又称存券收据或存托凭证，是指在一国证券市场流通的代表外国公司有价证券的可转让凭证，属公司融资业务范畴的金融衍生工具。

DR已发展成多种形式，部分DR具有筹资功能，如“中国华能国际”和“山东华能”采取的三级ADR。根据发行市场不同，DR可分为ADR（美国存股证）、EDR（欧洲存股证）、HKDR（香港存股证）、SDR（新加坡存股证）和GDR（全球存股证）等，其中ADR出现最早，运作最规范，流通量也最大。

第三节 债务资本的筹集

债务资本，又称负债或借入资本，是指企业依法筹措并依约使用、按期偿还的资本来源。本章阐述债务资本的筹集方式，包括银行借款、债券和租赁等方式。

一、银行借款

银行借款是指从银行和非银行金融机构借入的款项，按借款期限的不同分为短期借款与长期借款，按是否有担保分为信用借款与担保借款。

（一）短期借款

短期借款是指企业向银行和其他金融机构借入的、期限在1年以内的借款。

1.短期借款的种类

短期借款通常按有无担保分为信用借款和担保借款。

（1）信用借款，是以借款人的信用取得的借款。根据我国相关法律规定，只有那些经商业银行审查、评估，确认借款资信很好并确能偿还贷款的企业，方可取得信用借款。由于信用借款的风险比抵押借款的风险要大，因此，利率通常较高，且往往附加一些苛刻的限制条件。

（2）担保借款是以特定的担保物为担保取得的借款。企业到期不能还本付息时，银行等金融机构有权处置担保物。从理论上讲，短期借款中用作担保的资产通常是应收账款和存货等易于变现的流动资产；长期借款中用作担保的资产可以是房屋、建筑物、机器设备等实物资产，也可以是股票、债券等有价证券。但在实务中，我国《担保法》把企业凭自身的信用所得信用借款以外取得的借款统称为担保借款，并规定担保的主要方式有保证、抵押、质押、留置和定金。目前我国企业常用的担保方式有保证、抵押和质押三种方式。

2.短期借款的信用条件

按照国际惯例，银行在发放短期贷款时，通常会附加一些信用条件，主要有：

（1）信用额度，或称非承诺式信贷额度。它是银行对借款企业规定的无担保贷款的最高限额。通常企业在批准的信贷额度内，可随时按需要向银行申请借款，但银行并不承担必须提供全部信贷限额的义务。如果企业信誉恶化，即使曾同意过按信贷额度提供贷款，企业也可能得不到借款。

（2）周转信贷协议，或称承诺式信贷额度，它是银行向大企业提供的、具有法律义务的、不超过一定限额的信用贷款协议。企业享用周转信贷协议，通常要就贷款限额的未使用部分，付给银行一笔承诺费。

（3）补偿性余额，是银行要求借款人在银行中保持按实际借用额的一定比例计算的最低存款余额。补偿性余额的比例，一般在10%~20%之间。其目的是降低银行的贷款风险。但对借款企业而言，补偿性余额减少了企业借用款项的实际可用金额，从而提高了银行贷款的实际利率。

实际利率=利息÷可用借款额

=（借款额×名义利率）÷（借款额-借款额×补偿性余额比率）

=［名义利率÷（1-补偿性余额比率）］×100%

【例4-3】某企业按年利率10%向银行借入200万元，银行要求企业按借款额的18%保持补偿性余额。因此，企业实际可用资金为164万元，该借款的实际利率为：

$$实际利率=\frac{200\times10\%}{164}=12.2\%$$

（4）借款抵押。银行向风险较大的借款人或对其信誉没有把握的借款人提供贷款，有时需要有抵押品担保，以减少蒙受损失的风险。短期借款的抵押品，通常是应收账款、存货、股票和债券等等。银行接受抵押品后，一般按抵押品面值的30%~90%发放贷款。抵押借款的成本通常高于非抵押借款的成本。

（5）偿还条件。贷款的偿还，有到期一次偿还和在贷款期内定期（每月、季）等额偿还两种。一般来说，借款人不希望采用后一种偿还方式，这是因为此种还款方式会提高借款的实际利率；而银行不希望采用前一种偿还方式，因为它增加了借款人的拒付风险，同时会降低贷款实际利率。

3.短期借款利息支付方式

一般来说，借款人可以用利随本清法、贴现法等方式向银行支付利息。

（1）利随本清法，又称收款法，是在借款到期时向银行支付利息的方法。银行向工商企业发放的贷款，大都采用这种方法收息。

（2）贴现法，是银行向借款企业发放贷款时，先从本金中扣除利息，而到期时借款企业再偿还全部本金的一种计息方法。采用此法，借款企业可利用的借款额只有本金减去利息部分后的差额，因此，贷款的实际利率要高于其名义利率。

4.短期借款筹资的评价

短期借款筹资具有下列优点：

（1）筹资速度快，容易取得。借款取得所需时间短，程序较为简单，可以快速获得现金，较快地满足经营需要。

（2）筹资成本低。短期借款的成本在各种筹资方式中是最低的。

（3）借款弹性好。企业可以直接与银行接触，协商借款金额、期限和利率，可随借随还。

（4）可以取得财务杠杆利益。当企业的总资产报酬率大于借款利率时，会提高股东权益报酬率（净资产收益率）。

但短期借款筹资也有财务风险较大、筹资数量有限等缺点。

（二）长期借款

长期借款，是指企业向银行或其他非银行金融机构借入的、使用期限超过1年的借款。长期借款主要用于购建固定资产和满足永久性流动资产的需要。

1.长期借款的种类

（1）按照借款用途不同，长期借款可分为基本建设借款、更新改造借款、科技开发和新产品试制借款等。

（2）按照提供贷款的机构不同，长期借款可分为政策性银行借款、商业性银行借款及其他金融机构借款等。

（3）按照有无担保，长期借款可分为信用借款和抵押借款。与短期借款不同的是，长期借款的抵押（质押）品通常是房屋、建筑物、机器设备及土地使用权、股票、债券等权利凭证。

2.长期借款的程序

（1）企业提出申请。企业申请借款必须符合贷款原则和条件，填写包括借款金额、借款用途、偿还能力以及还款方式等主要内容的借款申请书，并提供以下资料：借款人及保证人的基本情况；财政部门或会计师事务所核准的上年度财务报告；抵押物清单及同意抵押的证明，保证人拟同意保证的有关证明文件；项目建议书和可行性报告；贷款机构认为需要的其他资料等。

（2）贷款机构审批。贷款机构接到企业的申请后，要对企业的申请进行审查，包括对借款人的信用等级进行评估；对借款的合法性、安全性和借款人的盈利性进行调查，核实抵押物、保证人情况，测定贷款风险等，以确定是否发放贷款。

（3）签订借款合同。借款合同是规定借贷各方权利和义务的契约，其内容分为基本条款和限制条款。限制条款不是借款合同的必备条款。基本条款则是借款合同必备条款，其内容一般包括：借款种类、借款用途、借款金额、借款利率、借款期限、还款资金来源及还款方式、保证条款、违约责任等。

（4）企业取得借款。借款合同生效后，企业便可取得借款。贷款人不按合同约定按期发放贷款、借款人不按合同的约定用款的，都要偿付违约金。

（5）企业偿还借款。待借款合同到期时，企业应按借款合同的规定按时足额还本付息。如果企业不能按期归还，应在借款到期之前，向贷款机构申请贷款展期。由贷款机构根据具体情况决定是否展期。

3.长期借款合同的限制条款

由于长期借款的期限长、风险大，按照国际惯例，贷款机构通常对借款企业提出一些有助于保证贷款按时足额偿还的限制条件，这些条件写进借款合同中，形成了合同的限制条款。归纳起来，限制条款大致有如下三类。

（1）一般性限制条款。一般性限制条款应用于大多数借款合同，但根据具体情况会有不同内容。一般包括：企业需持有一定限度的现金及其他流动资产，保持其资产的流动性及支付能力；限制支付现金股利和股票回购；限制资本支出规模；限制借款企业借入其他长期债务等。

（2）例行性限制条款。它作为例行常规，在大多数借款合同中都会出现，主要包括：借款企业定期向银行报送财务报表；不准在正常情况下出售较多的资产，以保持企业正常的生产经营能力；不得为其他单位或个人提供担保；限制租赁固定资产规模，以防止过多的租金支付；及时清偿到期债务（特别是短期债务）；禁止应收账款的转让等等。

（3）特殊性限制条款。特殊性限制条款是针对某些特殊情况，而出现在少数借款合同中的。如贷款专款专用；不准企业投资于短期内不能收回资金的项目；限制企业高级职员的薪金和奖金总额；要求企业主要领导人在合同有效期间担任领导职务；要求企业主要领导人购买人身保险等。

4.长期借款筹资的评价

长期借款筹资具有下列优点：

（1）筹资速度快。借款的手续比发行证券筹资简单得多，得到借款所需要的时间较短，可以迅速地筹资。

（2）筹资成本较低。与股票筹资相比，其利息可在所得税前支付，故可减少企业实际负担的成本；与债券相比，无需支付大量的发行费用。

（3）借款弹性好。借款时企业与贷款机构直接交涉，容易就借款的时间、数量、还款方式、利率达成协议。用款期间，如企业情况发生变动，也可与贷款机构再协商修改部分合同条件，这比债券筹资方便得多。

（4）可以发挥财务杠杆的作用。只要投资报酬率大于借款利率，企业所有者将会因财务杠杆的作用而获得更多的收益。

但长期借款也有筹资风险较高、限制条款较多和筹资数额有限等缺陷。

二、发行债券

债券是债务人为筹集债务资本而发行的、约定在一定期限内向债权人还本付息的有价证券。它是一种借款人同意在未来一定时期内将本金和利息付给债券持有人的长期契约。本节涉及的债券系指公司债券。公司债券有三个基本要素：债券面值、期限和利率。

债券按发行的保证条件不同，分为信用债券、抵押债券；按债券是否记名，分为记名债券和无记名债券；按利率不同，分为固定利率债券和浮动利率债券；按能否转换为公司普通股票，分为可转换债券和不可转换债券；按债券是否上市交易，分为上市债券和非上市债券；按债券是否可赎回，分为可赎回债券与不可赎回债券。投资机构将评级低于标准普尔BB级或低于穆迪Ba级的债券标注为垃圾债券，垃圾债券的特点是高风险和高收益并存。

（一）发行债券的条件

按照国际惯例，发行债券需要符合规定的条件，一般包括发行债券最高限额、发行公司净资产最低限额、公司获利能力、债券利率水平等。我国《证券法》规定，公开发行公司债券，应当符合下列条件：

（1）股份有限公司的净资产额不低于人民币3 000万元，有限责任公司的净资产额不低于人民币6 000万元；

（2）累计债券余额不超过公司净资产的40%；

（3）最近3年平均可分配利润足以支付公司债券1年的利息；

（4）筹集的资金投向符合国家产业政策的项目；

（5）债券的利率不超过国务院限定的利率水平；

（6）国务院规定的其他条件。

公开发行公司债券筹集的资金，必须用于核准的用途，不得用于弥补亏损和非生产性支出。有下列情形之一的，不得再次发行公司债券：

（1）前一次发行的公司债券尚未募足的；

（2）对已发行的公司债券或者其债务有违约或延迟支付本息的事实，且处于持续状态的；

（3）违反证券法，改变公开发行公司债券所募资金的用途。

（二）发行债券的程序

我国企业发行公司债券必须遵循《公司法》规定的条件和程序。公司发行债券的一般程序为：

1.作出发行债券的决议或决定

公司发行债券由董事会制订方案，股东大会决议。决议的具体内容包括公司债券发行总额、票面金额、发行价格、募集办法、债券利率、偿还日期及方式等。

2.提出发行债券申请

公司发行债券由国务院证券管理部门批准。公司申请时应提交公司登记证明、公司章程、公司债券募集办法、资产评估报告和验资报告等文件。

3.公告债券募集办法

发行公司债券的申请经批准后，公开向社会发行债券，应当公告债券募集办法。其主要内容包括发行债券总额和债券面额、债券利率、还本付息的期限与方式、债券发行的起止日期、公司净资产额、债券的承销机构等。若是可转换债券，还应规定具体的转换办法。

4.募集债券资金

公司债券的发行方式有直接向社会发行（私募发行）和由证券经营机构承销发行（公募发行）两种。我国公司债券一般采用公募发行，即通过证券承销机构，向社会发售债券，投资者直接向承销机构付款购买，承销机构收缴债券并结算预付的债券款。

（三）债券的发行价格

债券的发行价格是债券发行时所使用的价格，即投资者购买债券时所实际支付的价格。

1.影响债券发行价格的因素

影响债券发行价格的因素主要有：债券面额、票面利率、市场利率、债券期限、利息支付方式等。其中主要的影响因素是票面利率与市场利率的一致程度。债券的票面利率在债券发行时已参照市场利率确定下来，并载明于债券票面，无法改变，但市场利率经常发生变动。在发售债券时，如果票面利率与市场利率不一致，为了协调债券购销双方在债券利率上的利益，就需要调整发行价格。当票面利率高于市场利率时，债券的发行价格高于其面额，以溢价发行债券；当票面利率低于市场利率时，债券的发行价格低于其面额，以折价发行债券；当票面利率与市场利率一致时，债券的发行价格等于其面额，则以平价发行债券。

2.债券发行价格的确定方法

债券的投资价值由债券到期还本面额按市场利率折现的现值与债券各期债息的现值两部分组成。因此，债券发行价格的计算公式为：

$$P=\sum_{t=1}^{n}\frac{i\times F}{(1+k)^{t}}+\frac{F}{(1+k)^{n}}$$

式中：P——债券发行价格；

i——债券票面利率；

F——债券面值；

n——债券期限；

t——付息期数；

k——贴现率，一般取市场利率。

（四）债券评级

公司公开发行债券通常需要由债券评信机构评定信用等级。债券的信用等级对于投资者和发行公司都很重要。对投资者而言，购买债券需承担一定的风险，需要通过有权威的中介评级机构对发债公司的信用作出判断。对发行公司而言，债券等级越低就意味着越高的利息成本，提高债券等级可降低筹资成本，在公司自身信用较好、盈利能力较强的时候评定信用等级，可提升筹资能力和市场财务形象。

标准普尔（Standard & Poor's）和穆迪投资者服务公司（Moody's Investor Service）是两家权威性债券评级公司。国际上流行的债券等级是三等九级。AAA为最高级，AA为高级，A为上中级，BBB为中级，BB为中下级，B为投机级，CCC为完全投机级，CC为最大投机级，C为最低级。信用评级公司划分债券等级的主要依据有：公司的财务比率，如流动比率、负债比率、利息保障倍数等，评价公司的偿债能力或付现能力；债券有无担保或抵押；债券求偿权的次序；有无偿债基金；公司经营的稳定性；债券期限等。

（五）债券筹资的评价

债券筹资具有下列优点：

（1）筹资成本较低。与股票筹资相比，债券的利息在所得税前支付，发行公司可取得节税利益，因而其筹资成本相应较低。

（2）可利用财务杠杆作用。由于债券的利息一般固定，不会因企业利润增加而增加持券人的收益，能为企业带来杠杆收益，增加股东财富。

（3）保障股东控制权。债券持有人一般无权参与发行公司的管理决策，公司发行债券不会像增发新股那样可能分散股东对公司的控制权。

（4）便于调整资本结构。在公司发行可赎回和可转换债券的情况下，便于调整资本结构。

但债券筹资也有下列缺点：

（1）财务风险较高。债券需到期还本付息，在公司经营不景气时，会给公司带来较大的财务压力，有时甚至导致破产。

（2）限制条件较多。发行债券的限制条件一般要比借款筹资和租赁筹资的限制条件多，从而限制了这种筹资方式的使用范围。

（3）筹资数量有限。公司利用债券筹资一般要受发行金额的限制。

（六）可转换债券

可转换债券是指按事先约定在一定时间内可转换成普通股票的公司债券。这种债券的转换并不增加公司资本总量，但改变公司的资本结构，增强公司实力。它是一种在发行当时签订的契约中明文规定附有可以转换为普通股票选择权的公司债券。该选择权的行使条件是：当该公司的股票市场价格上升到契约中事先规定的转换价格以上时，公司债券持有人可能行使其转换权，从而成为该公司的股东。

1.可转换债券的要素

可转换债券又称为可转换公司债券，是指发行人依照法定程序发行，在一定期间内依据约定的条件可以转换成股份的公司债券。

可转换债券的要素是指构成可转换债券基本特征的必要因素，它们表明可转换债券与不可转换债券（或普通债券）的区别。

（1）标的股票。可转换债券对股票的可转换性，实际上是一种股票期权或股票选择权，它的标的物就是可以转换成的股票。可转换债券的标的股票一般是其发行公司自己的股票，但也有其他公司的股票，如可转换债券发行公司的上市子公司的股票（以下的介绍中，标的股票仅指发行公司的股票，略去其他公司的股票）。

（2）转换价格。可转换债券发行之时，明确了以怎样的价格转换为普通股，这一规定的价格，就是可转换债券的转换价格（也称为转股价格），即将可转换债券转换为每股股份所支付的价格。

（3）转换比率。转换比率是每张可转换债券能够转换的普通股股数。如上例中的第2年至第3年期每张债券可转换为20股普通股，第3年至第4年期每张债券可转换为16.67股普通股，第4年至第5年期每张债券可转换为14.29股普通股，就是转换债券的转换比率。显然，可转换债券的面值、转换价格、转换比率之间存在下列关系：

转换比率=债券面值÷转换价格

（4）转换期。转换期是指可转换债券转换为股份的起始日至结束日的期间。可转换债券的转换期可以与债券的期限相同，也可以短于债券的期限。例如，某种可转换债券规定只能从其发行一定时间之后（如发行若干年之后）才能够行使转换权，这种转换期称为递延转换期，短于其债券期限。还有的可转换债券规定只能在一定时间内（如发行日后的若干年之内）行使转换权，超过这一段时间转换权失效，因此，转换期也会短于债券的期限，这种转换期称为有限转换期。超过转换期后的可转换债券，不再具有转换权，自动成为不可转换债券（或普通债券）。

（5）赎回条款。赎回条款是可转换债券的发行企业可以在债券到期日之前提前赎回债券的规定，包括不可赎回期、赎回期、赎回价格、赎回条件等方面的规定。

（6）回售条款。回售条款是在可转换债券发行公司的股票价格达到某种恶劣程度时，债券持有人有权按照约定的价格将可转换债券卖给发行公司的有关规定。回售条款具体包括回售时间、回售价格等内容。设置回售条款，是为了保护债券投资人的利益，使他们能够避免遭受过大的投资损失，降低投资风险。

（7）强制性转换条款。强制性转换条款是在某些条件具备之后，债券持有人必须将可转换债券转换为股票，无权要求偿还债券本金的规定。设置强制性转换条款，在于保证可转换债券顺利地转换成股票，实现发行公司扩大权益筹资的目的。

2.可转换债券的发行条件

根据《上市公司证券发行管理办法》的规定，上市公司发行可转换债券，除了满足发行债券的一般条件外，还应符合下列条件：

（1）最近3个会计年度加权平均净资产收益率平均不低于6%。扣除非经常性损益后的净利润与扣除前的净利润相比，以低者作为加权平均净资产收益率的计算依据。

（2）本次发行后累计公司债券余额不超过最近一期期末净资产额的40%。

（3）最近3个会计年度实现的年均可分配利润不少于公司债券1年的利息。

此外，还明确规定可转换公司债券每张面值100元，其期限最短为1年，最长为6年；公开发行可转换公司债券，应当提供担保，但最近一期未经审计的净资产不低于人民币15亿元的公司除外。

3.可转换债券筹资的评价

从发行公司来看，发行可转换债券除了达到预期筹资目的外，还具有下列优点：

（1）债券转股权后减轻和消除了公司到期还本付息的压力和债务风险，减少了现金流出量。

（2）有利于提高债券发行价格，降低债券利率。由于可转换债券的选择权对投资者具有较高的吸引力，发行公司一般可按高于同类普通债券的价格发行，从而可以取得较高的筹资额；同时，可转换债券能够给公司提供出售利率较低、条件较宽松的公司债券，并给投资者分享经营成果的机会。

（3）增强公司股价上升的信心。可转换债券本身就是一种市场信号，它预示着公司发展潜力大，可增强股东投资信心，并最终带动股价上扬。

（4）由于可转换债券通常从属于抵押债券、银行借款以及其他高级债务形式，所以使用可转换债券筹资不会影响“常规”筹资渠道。可转换债券一般都不得是次级债券，而且是无担保的。

但是，风险与收益同在，可转换债券能否实现转换是对公司经营的一种考验，一旦转换不成或部分转换，公司将要付出较高代价收兑，从而造成损失，而且公司股价长期达不到转换条件，将会对公司的资本结构造成较大的影响；如果实现转换，则债息的所得税抵免效应也将失去，同时冲淡每股净资产和每股收益额。

三、商业信用

商业信用是商品交易中延期付款或延期交货所形成的借贷关系，是企业之间的一种直接信用关系。

（一）商业信用筹资的形式

1.应付账款

应付账款是企业因购买货物而发生的应付未付的款项。卖方利用这种方式促销，对买方而言延期付款相当于向卖方借用资金购进商品，可以满足短期资金的需要。应付账款由赊购商品形成的，产生于商品交换之中，是一种“自发性筹资”，它是最典型、最常见的商业信用形式。

应付账款按其是否有代价可分为三种信用形式：免费信用，指买方企业在规定的折扣期限内享受折扣而获得的信用；有代价信用，指买方企业放弃折扣需要付出代价而取得的信用；展期信用，指买方企业在规定的信用期限届满以后推迟付款而强制取得的信用。

应付账款筹资量的大小取决于信用额度、信用期限、现金折扣期、现金折扣率等因素。信用额度越大、信用期限越长，筹资的数量越多；同时由于现金折扣期及现金折扣率的影响，使得企业在享有信用免费资本的同时，增加了因未享有现金折扣而产生的机会成本。因此，如何就扩大筹资数量、免费使用他人资本与享有现金折扣、减少机会成本进行比较，是应付账款管理的重点。

2.应付票据

应付票据是买方根据购销合同，向卖方开出或承兑的商业票据，从而延期付款的一种信用。这种票据可由购货方或销货方开出，并由购货方承兑或请求其开户银行承兑，是一种正式的凭据。其付款期限由交易双方商定。在我国，一般为1~6个月，最长不超过9个月。

3.预收账款

预收账款是指销货企业按照合同或协议规定，在交付货物之前向购货企业预先收取部分或全部货物价款的信用形式。一般在销售生产周期长、成本售价高的轮船、电梯、房产等产品中采用。

（二）在有现金折扣条件下利用商业信用的成本

在购买方企业利用商业信用筹资时，一般不会发生成本。但在销售方允许购买方在交易发生后一段时间内付款，若购买方提前付款时，销售方可以给予一定现金折扣的信用条件下，如果购买方放弃现金折扣的机会，利用商业信用将成为一种成本较高的短期筹资方式。其成本的计算公式为：

$$现金折扣成本=\frac{折扣率}{1-折扣率}\times\frac{360}{信用期-折扣期}$$

计算公式表明，放弃现金折扣的成本与折扣率的大小、折扣期的长短呈同方向变动，与信用期的长短呈反方向变化。

【例4-4】ABC公司赊购材料一批，销售方提供的信用条件是“2/10，n/30”（即信用期限为30天，30天内必须付款，如果10天之内付款，将给ABC公司2%的现金折扣，即只需要支付货款的98%就行了）。假如ABC公司决定放弃这项现金折扣，准备在30天到期时再付款。那么放弃该项现金折扣的成本为：

$$\frac{2\%}{1-2\%} \times \frac{360}{30-10} = 36.73\%$$

（三）利用现金折扣的决策

在附有信用条件的情况下，由于获得不同信用要付出不同的代价，买方企业便要在利用哪种信用之间作出决策，一般来说，存在以下四种情况：

（1）如果能以低于放弃现金折扣成本的利率借入资金，企业应在现金折扣期内用借入的资金支付货款，享受现金折扣。【例4-4】中，如果同期银行短期借款年利率为12%，则买方企业应利用银行借款在折扣期内偿还应付账款；否则，企业应放弃现金折扣。

（2）如果折扣期内，将应付账款用于短期投资的报酬率高于放弃现金折扣的成本，则企业应放弃折扣而去追求更高的投资收益。当然，为了降低放弃折扣的成本，企业应将付款日推迟至信用期内的最后一天，如【例4-4】中的第30天。

（3）如果企业因缺乏资金而逾期付款，随着逾期时间的增加，其放弃折扣的成本会相应降低，但这种成本的降低是以失去企业信誉为代价的，会导致将来失去更多的收益。因此，企业需在降低的成本与逾期付款带来的损失之间作出选择。

（4）如果有多家提供不同信用条件的卖方，在其他情况相同的条件下，买方企业应通过计算放弃折扣成本的大小，选择信用成本最小的一家。

（四）商业信用筹资的评价

商业信用筹资的具有下列优点：

（1）筹资便利。利用商业信用筹资非常方便，因为商业信用与商品买卖同时进行，是一种自然性筹资。

（2）筹资成本低。如果没有现金折扣，或企业不放弃现金折扣，则利用商业信用筹资没有实际资本成本。

（3）限制条件少。如果企业利用银行借款筹资，银行往往对贷款的使用规定一些限制条件，而利用商业信用则限制较少。

但商业信用筹资的时间一般较短，如果企业取得现金折扣，则时间会更短，如果放弃现金折扣，则存在较高的机会成本。

四、租赁

（一）租赁的种类

租赁是承租人和出租人之间的一项契约性协议。协议中规定承租人拥有使用租赁资产的权利，同时必须定期向资产所有者——出租人支付租金。出租人可以是制造商，也可以是独立的租赁公司。如果出租人是独立的租赁公司，它必须先向制造商购买有关设备，再把资产交付给承租人，租赁才能生效。租赁有两种类型：

1.经营租赁

经营租赁又称为服务性租赁，是由出租人向承租人提供设备，并提供设备维修保养和人员培训等的服务性业务。承租人采用经营租赁的目的，主要不在于融通资金，而是为了获得设备的短期使用以及出租人提供的专门技术服务。经营租赁有以下几个重要特征：

（1）出租人通常无法通过租金收入得到完全的补偿。这意味着租赁条款下的租金收入不足以弥补出租人资产的全部成本。之所以会出现这种情况，是因为经营性租赁的期限通常要短于资产的经济寿命。因此，出租人必须对资产进行重新租赁或出售以期望补偿其剩余成本。

（2）通常要求出租人维护设备和对设备投保。

（3）通常具有“撤销”选择权。这项权利给予承租人可在到期日之前撤销租赁的权利。如果撤销选择权被执行，承租人必须把设备还给出租人。“撤销”条款的价值取决于未来技术水平或经济条件是否使资产对于承租人的价值低于租赁合同所规定的未来租金价值。

2.融资租赁

融资租赁又称资本租赁，是由出租人按照承租人的要求购买设备，并在契约或合同规定的较长期限内提供给承租人使用的信用业务。它是通过融物来达到融资的目的，是现代租赁的主要形式。融资租赁的特征恰好与经营租赁相反：

（1）出租人能够得到完全补偿。租赁期较长，租赁开始日租赁付款额的现值不小于租赁资产公允价值的大部分。因此，租赁资产的大部分风险可看做已转移给了承租人。

（2）出租人不提供设备维护和维修服务。

（3）承租人通常拥有在到期日续租的权利。

（4）融资租赁通常是不能被撤销的，即承租人必须支付全部租金或面临破产风险。

（二）融资租赁的形式

从出租人角度，按其所出租资产的投资来源不同，融资租赁有以下三种具体形式：

（1）直接租赁。它是承租人直接向出租人承租所需的资产，并向出租人交付租金的形式。直接租赁的出租人可以是制造商、租赁公司或金融机构等。除制造商外，其他出租人都向制造商或供应商购买租赁资产后再出租给承租人。这是融资租赁最典型的形式。

（2）售后回租。它是承租人根据协议将其资产卖给出租人然后又将其租回使用并按期向出租人支付租金的一种租赁形式。在这种形式下，承租人可获得出售资产的现金，同时又获得资产的使用权。

（3）杠杆租赁。这是国际上比较流行的一种融资租赁形式。它一般要涉及承租人、出租人和贷款人三方当事人。从承租人的角度看，它与其他融资租赁形式并无区别，同样是按合同的规定，在租期内获得资产的使用权，按期支付租金。但对出租人却不同，出租人只垫支购买资产所需现金的一部分（一般为20%~40%），其余部分（为60%~80%）则以该资产为担保向贷款人借资支付。因此，在这种情况下，租赁公司既是出租人又是借资人，据此既要收取租金又要支付债务，并要求其租赁收益大于借款成本支出。由于出租人借款购物出租可获得财务杠杆利益，故被称为杠杆租赁。

（三）融资租赁的程序

融资租赁业务，具有融资与融物的双重性质，其业务程序要比一般信贷业务复杂得多。融资租赁的一般程序是：

（1）选择租赁公司。企业决定采取融资租赁方式筹取某项设备时，要在多家租赁公司之间进行比较，了解各公司经营的范围、业务能力、资信情况、融资条件、租赁费率等情况，择优选定。

(2) 办理租赁委托。企业选定租赁公司后，便可向其提出申请，办理委托。筹资企业需填写“租赁申请书”，说明所需固定资产的具体要求，并提供企业财务状况文件，如财务报表等。

(3) 签订购货协议。由承租企业与租赁公司的一方或双方合作组织选定设备制造厂商，并与其进行技术和商务谈判，签订购货协议。

(4) 签订租赁合同。租赁合同由承租企业与租赁公司签订，它是租赁业务的重要法律文件。融资租赁合同的内容可分为一般条款和特殊条款两部分。

(5) 办理验货和投保。

(6) 依约支付租金。

(7) 处理租赁期满的固定资产。

租赁期满，承租人付清租金及有关手续费后，对租赁固定资产可以按合同规定续租、退租或留购。租赁期满的固定资产通常都以低价卖给承租企业或无偿赠送给承租企业。

(四) 融资租赁的租金

租金的数额和支付方式对承租企业的未来财务状况具有直接的影响，也是租赁筹资决策的重要依据。

1.融资租赁租金的构成

(1) 设备价款。这是租金的主要内容。它由设备的买价、运杂费和途中保险费构成。

(2) 租息，又可分为租赁公司的融资成本和租赁手续费两部分。融资成本是指租赁公司为购买租赁设备所筹资金的成本，即设备租赁期间的利息；租赁手续费包括租赁公司承办租赁设备的营业费用和一定的盈利。租赁手续费的数额一般由租赁公司和承租企业协商而定。

2.租金的支付方式

租金的支付方式也影响到租金的计算。支付租金的方式一般有以下种类：

(1) 按支付时期长短，可以分为年付、半年付、季付和月付等方式。

(2) 按支付时间先后，可分为先付租金（期初支付）和后付租金（期末支付）两种。

(3) 按每期支付的金额，可分为等额支付和不等额支付两种。

3.租金的计算方法

在我国融资租赁业务中，计算租金大多采用平均分摊法和等额年金法。

(1) 平均分摊法。平均分摊法就是先以商定的利息率和手续费率计算租赁期间的利息和手续费，然后连同设备成本按支付次数进行平均。这种方法没有充分考虑资金的时间价值因素。平均分摊法下每次应付租金的计算公式为：

$$A=[(C-S)+I+F]/N$$

式中：A——每次支付的租金；

C——租赁设备的购置成本；

S——租赁设备的预计残值；

I——租赁期间的利息；

F——租赁期间的手续费；

N——租期。

【例4-5】ABC公司于2016年1月1日采用融资租赁方式从某租赁公司租入一设备，设备价款400 000元，租期8年，年利率8%，租赁设备的预计残值为10 000元，归租赁公司。租赁手续费率为设备价值的1%，租金每年末支付一次，该设备在租赁期间每年末支付租金的计算如下：

A=［(400 000-10 000)+400 000×$(1+8\%)^8$-400 000+400 000×1%］÷8=91 800（元）

（2）等额年金法。等额年金法是利用年金现值的计算公式经变换后计算每期支付租金的方法。

假如承租企业与租赁公司商定的租金支付方式为后付等额租金，即普通年金，则从P=A·(P/A，i，n)，可推导出后付租金方式下每年年末支付租金数额的计算公式：

A=P/(P/A，i，n)

假如承租企业与租赁公司商定的租金支付方式为先付等额租金，即即付年金，则从P=A·［(P/A，i，n-1)+1］，可推导出先付租金方式下每年年初支付租金数额的计算公式：

A=P/［(P/A，i，n-1)+1］

【例4-6】ABC公司采用融资租赁方式于2016年1月1日从某租赁公司租入一设备，设备价款40 000元，租期为8年，到期后设备归承租企业所有。为了保证租赁公司完全弥补融资成本、相关手续费并有一定的盈利，双方商定采用18%的贴现率。试计算该企业每年年末应支付的等额租金。

A=40 000÷(P/A，18%，8)

=40 000÷4.0776≈9 809.69（元）

如果本例采用先付等额租金方式，则每年年初支付的等额租金计算如下：

A=40 000÷［(P/A，18%，7)+1］

=40 000÷(3.8115+1)≈8 313.42（元）

（五）租还是买：租赁决策

任何可能发生的租赁都必须经过出租人和承租人的估价。承租人必须确定租赁一项资产是否比直接购买成本更低，而出租人必须确定出租该项资产是否能够获得比较合理的收益。这里只从承租人的角度分析，而出租人的资产是否该出租则属于投资决策问题。

租赁决策是对借款购买还是租赁进行决策。计算步骤如下：

（1）计算借款购买方案的税后现金流出量。对于借款人购入设备而言，借款要求还本付息构成现金流出，借款利息和设备折旧可抵减税收，减少了现金流出。设备维护成本增加现金流出，但也可抵税。如果设备有残值，其收回也构成现金流入。

（2）计算租赁方案的税后现金流出量。对于租赁设备而言，每期租金引起现金流出，租金在税前列支，抵税效应又减少了现金流出。

（3）以税后债务利率为贴现率，计算与比较借款购买和租赁成本现值，作出决策。

【例4-7】L公司需用一项设备，与其购买-租赁决策有关的资料如下：L公司计划获得一项使用期为5年，成本为2 000万元（包括装运和安装费用）的设备，无残值。L公司有两种方式可选择：一种是使用一笔5年期、年利率为10%的贷款来购买该设备，并要求在5年内均衡还清；另一种是租赁该设备5年，每年应付租金450万元，年初支付，设租赁设备不留购。假设设备用直线法折旧，L公司的所得税税率为25%。

(1) 计算借款购入设备的净现金流出量的现值。

如果借款购买设备，每年需还款额为：

2 000÷ (P/A, 10%, 5) =527.56 (万元)

列表求出借款购入设备的净现金流出量，见表4-3。

表4-3　**购买设备的净现金流出量分析**　金额单位：万元

项目＼年份	1	2	3	4	5
(1) 利息	200	167.24	131.21	91.58	47.77
(2) 本金	327.56	360.32	396.35	435.98	479.79
(3) 支出总额	527.56	527.56	527.56	527.56	527.56
(4) 贷款余额	1 672.44	1 312.12	915.77	479.79	0
(5) 年折旧额	400	400	400	400	400
(6) 可抵税支出总额 [(1) + (5)]	600	567.24	531.21	491.58	447.77
(7) 税收抵减额 [(6) ×40%]	240	226.90	212.48	196.63	179.11
(8) 净现金流出量 [(3) - (7)]	287.56	300.66	315.08	330.93	348.45

假设L公司采用税后债息率，即10%× (1-40%) =6%对现金流量进行贴现，则用借款购入设备成本的现值为：

PV=287.56× (P/A, 6%, 1) +300.66× (P/A, 6%, 2) +315.08× (P/A, 6%, 3) +330.93× (P/A, 6%, 4) +348.45× (P/A, 6%, 5)

=1 325.82 (万元)

(2) 计算融资租入设备的净现金流出量及其现值，见表4-4。

表4-4　**融资租入设备的净现金流出量分析**　金额单位：万元

项目＼年份	0	1	2	3	4
(1) 租金支出	450	450	450	450	450
(2) 税收抵减减额	180	180	180	180	180
(3) 净现金流出量	270	270	270	270	270

融资租入设备的净现金流出量的现值为：

PV=270+270× (P/A, 6%, 4) =1 205.58 (万元)

(3) 比较上述两种方案的净现金流出量的现值，由于借款购买设备需支付的现金的总现值为1 325.82万元，通过融资租入设备需支付的现金的总现值为1 205.58万元，故应选择成本现值较低的融资租入设备方案作为决策方案。

(六) 租赁筹资评价

租赁尤其是融资租赁，作为一种特殊的筹资方式，近年来已得到迅速的发展，这主要是由于租赁筹资具有下列优点：

（1）租赁能迅速获得所需的资产。租赁比借款筹资购买设备更迅速、更灵活。因为它以融物代替了融资，使筹资与设备购买同时进行，缩短了设备的购进、安装时间，使企业尽快形成生产经营能力。

（2）租赁筹资限制条件较少。企业采用发行股票、债券和银行借款等筹资方式，往往都有相当多的条件限制和条款限制。相比之下，租赁可避免债务上的限制性契约条款。

（3）租金的分期支付，可适当降低企业不能偿付的风险，并且全部租金的支付可根据租赁资产带来收益的时间周期来安排，使企业现金流入与现金流出同步，有利于现金调度与协调，增加资金调度的灵活性。

（4）租金的支付可为承租企业带来节税利益。经营租赁租金费用的支付直接减少税前利润，融资租赁租金费用通过计提折旧的方式抵减税前利润，它们在不同程度上减少企业应纳所得税额，为企业带来节税利益。

（5）租赁能减少设备陈旧过时的风险。这主要是针对经营租赁而言的。由于经营租赁期限较短，可将设备陈旧过时的风险转嫁给出租人。

但与债券、借款等筹资方式相比较，租金费用通常要高于利息费用，即筹资成本高，这在承租企业发生财务困难时会成为其沉重的财务负担。另外，在租赁国外设备时，汇率风险较高。

五、其他筹资方式

（一）非公开定向债务融资工具与短期融资券

非公开定向发行债务融资工具是指具有法人资格的非金融企业向特定数量的投资人发行的债务融资工具，并限定在特定投资人范围内流通转让。我国于2011年5月推出非公开定向债务融资工具，在银行间债券市场发行，是一种私募债券。与公募债券比较，非公开定向债务工具发行方式具有灵活性强、发行相对便利、信息披露要求相对简化、适合投资者个性化需求、有限度流通等特点；债务融资工具发行利率、发行价格和所涉费率均以市场化方式确定。

短期融资券是由企业发行的无担保短期本票，是在银行间债券市场发行和交易并约定在一定期限内还本付息的有价证券。我国从2005年5月起允许企业发行短期融资券。企业发行短期融资券，均应经过在中国境内工商注册且具备债券评级能力的评级机构的信用评级，并将评级结果向银行间债券市场公示。近3年内进行过信用评级并有跟踪评级安排的上市公司可以豁免信用评级。对企业发行短期融资券实行余额管理，待偿还融资券余额不超过企业净资产的40%。短期融资券的期限最长不超过365天。短期融资券发行利率或发行价格由企业和承销机构协商确定。

（二）中期票据

中期票据是指具有法人资格的非金融企业在银行间债券市场按照计划分期发行的，约定在一定期限还本付息的债务融资工具。中期票据是指期限通常在5~10年之间的票据。公司发行中期票据，通常会透过承办经理安排一种灵活的发行机制，透过单一发行计划，多次发行期限可以不同的票据。中期票据的最大特点在于发行人和投资者可以自由协商确定有关发行条款（如利率、期限等）。

中期票据区别于公司债券的本质特征是灵活性：（1）发行规模极其灵活。中期票据通常采取的是多次、小额的发行，具体发行时间和每次发行的规模依据当时市场的情况而定。（2）发行条款（如期限、定价及是否包含衍生品合约等）极其灵活，同一次注册下的中期票据可以有不同的期限和定价。（3）发行方式极其灵活。中期票据的发行可以由投资银行先去征求潜在的投资人对发行价格、期限等条款的意见，然后再依据这些潜在投资人的意见发行相应的中期票据。这种以投资人需求而非筹资人需求作为起点的发行方式代表了一种新的金融服务理念。

（三）信托

信托是指委托人基于对信托投资公司的信任，将自己合法拥有的资金委托给信托投资公司，由信托投资公司按委托人的意愿以自己的名义，为受益人的利益或者特定目的管理、运用和处分的行为。在我国，信托筹资已在房地产企业得到运用，具体形式有：

（1）抵押贷款型。开发商将已经拥有的土地或房产抵押给信托公司获得信托贷款，承诺信托到期时归还贷款以解冻被抵押的土地或房产。

（2）房产回购型。开发商将已经达到预售状态的房产以低价格出让给信托公司，但约定一定期限后开发商溢价回购该房产。信托公司发行信托计划募集的资金购买该房产，如果到期后开发商不履行回购义务，则信托公司有权向第三方转让该房产。

（3）财产受益权型。利用信托的财产所有权与受益权相分离的特点，开发商将其持有的房产信托给信托公司，形成优先受益权和劣后受益权，并委托信托投资公司代为转让其持有的优先受益权。

（4）股权型房地产信托。信托公司以发行信托计划所募集的资金认购房地产建设项目公司的股权，使项目公司得到足够的注册资本金，以顺利缴纳土地出让金获得土地或银行贷款。实际建设开发该项目的股东承诺在信托计划到期时溢价回购部分股权。

（四）国内应收账款保理

国内应收账款保理业务是由商业银行从销售商购进以单据表示的对购货商的应收账款，从而为销售商融通资金，并同时提供信用控制、销售分账户管理、债权回收和坏账担保等专业服务。按照银行是否承担买方的商业信用风险，可以将国内保理分为回购型保理或者买断型保理。回购型保理银行不承担买方的商业信用风险，买断型保理银行承担全部或部分的买方商业信用风险。

（五）资产证券化

资产证券化是指将缺乏流动性的资产，转换为在金融市场上可以自由买卖的证券的行为，使其具有流动性。广义的资产证券化是指某一资产或资产组合采取证券资产这一价值形态的资产运营方式，它包括以下四类：（1）实体资产证券化，即实体资产向证券资产的转换，是以实物资产和无形资产为基础发行证券并上市的过程。（2）信贷资产证券化，是指把欠流动性但有未来现金流的信贷资产（如银行的贷款、企业的应收账款等）经过重组形成资产池，并以此为基础发行证券。（3）证券资产证券化。（4）现金资产证券化。

（六）典当

典当是指当户将其动产、财产权利作为当物质押或者将其房地产作为当物抵押给典当行，交付一定比例费用，取得当金并在约定期限内支付当金利息、偿还当金、赎回典当物的行为。典当筹资是指中小企业在短期资金需求中利用典当行救急的特点，以质押或抵押的方式，从典当行获得资金的一种快速、便捷的筹资方式。中小企业筹资贷款额度比较小、周期短、频率高、需求急。而典当筹资具有小额性、短期性、安全性、便捷性等特点，与中小企业的筹资需求相吻合。

【进一步学习指南】

1.解决中小企业权益资本的重要途径：引入VC与PE

融资难已成为制约中小企业发展的瓶颈。中小企业除了自身投入与积累外，还可以通过引入风险投资（VC）和私募股权投资（PE）增加权益资本，从而扩大其资本来源渠道。

风险投资对象主要是那些处于启动期或发展初期却快速成长的小型企业，并主要着眼于那些具有发展潜力的高科技产业。中小企业在引入风险投资时，首先需要了解风险投资公司的背景，弄清目标中的风险投资公司对企业所从事的行业是否了解，其是否曾经对这一领域的公司进行过投资，除了资金还有没有其他资源，如技术、市场、服务等。其次对企业目前拥有的各项资产应当进行合理估价，应当避免贱卖自家资产的行为。

私募股权投资是指通过私募形式对非上市企业进行的权益性投资，在交易实施过程中附带考虑了将来的退出机制，即通过上市、并购或管理层回购等方式，出售持股获利。

中小企业如何引入VC与PE，具体内容参见：竺素娥，袭益政.创业企业财务管理［M］.大连：东北财经大学出版社，2013.

2.创业板IPO条件

根据《首次公开发行股票并在创业板上市管理办法》（2014年5月14日证监会令第99号）第十一条，发行人申请首次公开发行股票应当符合下列条件：（1）发行人是依法设立且持续经营3年以上的股份有限公司。有限责任公司按原账面净资产值折股整体变更为股份有限公司的，持续经营时间可以从有限责任公司成立之日起计算；（2）最近2年连续盈利，最近2年净利润累计不少于1 000万元；或者最近1年盈利，最近1年营业收入不少于5 000万元。净利润以扣除非经常性损益前后孰低者为计算依据；（3）最近一期期末净资产不少于2 000万元，且不存在未弥补亏损；（4）发行后股本总额不少于3 000万元。此外，还规定：发行人应当主要经营一种业务，其生产经营活动符合法律、行政法规和公司章程的规定，符合国家产业政策及环境保护政策；发行人最近2年内主营业务和董事、高级管理人员均没有发生重大变化，实际控制人没有发生变更等。

3.相关法律规范

（1）《中华人民共和国证券法》，2014年8月修订版。

（2）《上市公司证券发行管理办法》，中国证监会第30号，2006年。

（3）《首次公开发行股票并在创业板上市管理暂行办法》，中国证监会第99号，2014年。

（4）《公司债券发行与交易管理办法》，中国证监会第113号，2015年。

（5）《银行间债券市场非金融企业债务融资工具管理办法》，（中国人民银行令〔2008〕第1号）。

（6）《非金融企业债务融资工具注册发行规则》，2016年修订，《银行间债券市场非金融企业中期票据业务指引》，2008年。

复习思考题

1.什么叫权益资本？什么叫债务资本？试比较它们的特点。

2.企业筹资目标是什么？筹资的基本要求有哪些？

3.企业为什么要负债？负债为什么要适度？

4.运用销售百分比法进行筹资需要量预测基于哪些假设？资产负债表内哪些项目一般与销售额的比率固定不变？

5.股票的发行方式有哪些？投资银行在公司股票发行中起何作用？

6.股票发行定价方法有哪两种？如何运用市场询价方式进行股票定价？

7.股票增发有哪两种方式？分别有哪些具体方法？

8.你如何看待普通股筹资？试比较普通股和优先股筹资的特点。

9.留存收益筹资的具体形式有哪些？你如何评价这种筹资方式？

10.银行短期借款一般会附加哪些信用条件？

11.应付账款的成本如何计算？如何进行现金折扣决策？

12.债券发行价格如何确定？你如何看待债券筹资？

13.什么叫可转换债券？可转换债券有哪些要素？

计算与分析题

1.目的：练习筹资需要量的预测。

资料：A公司上年简要资产负债表及有关资料见表4-5。

表4-5 **资产负债表（简表）**

上年12月31日 单位：万元

资 产	年初金额	负债和股东权益	年初金额
货币资金	5	应付费用	5
应收账款	15	应付账款	10
存货	30	短期借款	25
固定资产净值	30	应付债券	10
		股本	20
		留存收益	10
资产总计	80	负债和股东权益总计	80

该公司上年销售额为100万元，尚有25%的剩余生产能力，上年销售净利润率为10%，预计本年销售增长20%，获利能力保持前一年水平，预计本年股利分配率为60%。

要求：

（1）运用销售百分比法确定本年外部筹资需求额。

（2）若本年的销售净利润率为12%，股利分配率为40%，确定公司仅靠内部筹资可使销售增长的速度。

2.目的：练习应付账款成本的计算与决策方法。

资料：某公司计划购入100万元A种材料，销货方提供的信用条件是（2/20，n/60）。

要求：针对以下几种情况，为该公司是否享受现金折扣提供决策依据：

（1）公司现金不足，需从银行借入资金支付购货款，银行借款年利率为12%。

（2）公司有支付能力，但现有一短期投资机会，预计投资报酬率为20%。

（3）公司资金短缺，暂不能取得银行借款，但预计信用期后30天能收到一笔款项，故延期付款至90天。该公司一贯重合同、守信用。

3.目的：练习购买与租赁设备的决策方法。

资料：A公司经营过程中需要设备C。该设备的购买价格为42万元，可使用年限为3年，且引入该设备能为公司带来每年20万元的现金收入（税前）。现有两种方案可供选择。

（1）向银行贷款购买，贷款年利率为10%，期限3年，每年年末等额偿还。该设备按直线法折旧，无残值。公司每年对设备维修保养支出为1.4万元。

（2）向租赁公司租赁该设备，每年年末支付租金18万元，租期为3年，设备的维修保养费用由租赁公司承担。

假设公司所得税税率为40%。

要求：为A公司进行选择购买还是租赁设备的决策。

案例分析题

（一）苏宁云商的筹资方式

1.资料

在深圳证券交易所网站（www.szse.cn）搜索并阅读苏宁云商集团股份有限公司（股票代码002024，简称“苏宁云商”）上市以来历年财务报告与相关公告。

2.要求

（1）分析说明苏宁云商历年来权益资本筹资方式。

（2）分析说明苏宁云商最近时点债务资本筹资方式。

（3）总结苏宁云商的筹资特点，并分析原因。

（二）圆通速递借壳大杨创世（股票代码：600233）实现股票上市

1.资料

2016年3月23日，大连大杨创世股份有限公司（简称“大杨创世”）发布重大资产重组公告：本次重大资产重组整体方案包括重大资产出售、发行股份购买资产及募集配套资金三部分：（1）重大资产出售，上市公司作价175亿元将全部资产与负债出售给蛟龙集团、云锋新创；（2）发行股份购买资产，上市公司以每股15.52元的价格以非公开发行的方式向交易对方发行人民币普通股（A股）购买拟购买资产；（3）募集配套资金，大杨创世向沣恒投资、阿里创投、圆鼎投资、光锐投资、喻会蛟、张小娟、祺骁投资非公开发行人民币普通股（A股）募集配套资金，拟募集配套资金总额不超过230 000万元。

2016年9月13日，中国证监会关于核准大杨创世重大资产重组及向上海圆通蛟龙投资发展（集团）有限公司等发行股份购买资产并募集配套资金。

2016年9月20日，大杨创世发布关于重大资产出售及发行股份购买资产并募集配套资金暨关联交易涉及拟购买资产过户完成的公告。圆通速递已就其100%股权权属变更事宜完成了工商变更登记。本次变更登记完成后，圆通速递成为大杨创世的全资子公司。

2.要求

（1）分析说明圆通速递为什么选择借壳上市？

（2）公司可以采用哪些方式、哪些板块、哪些地区上市，分析各自的利弊。

（三）广汽集团公开发行A股可转换公司债券

1.资料

2016年1月20日，广州汽车集团股份有限公司（以下简称“广汽集团”）公开发行A股可转换公司债券（简称“广汽转债”或“可转债”）。本次发行人民币410 558万元可转债，每张面值为人民币100

元，共计410.558万手，合4 105.58万张。本次发行的广汽转债全额向在股权登记日收市后登记在册的原A股股东实行优先配售，优先配售后余额部分（含原A股股东放弃优先配售的部分）采用网上向社会公众投资者通过上海证券交易所交易系统发售与网下对机构投资者配售发行相结合的方式进行。认购不足41.0558亿元的部分则由主承销商包销。

可转债基本情况：（1）债券期限，本次发行的A股可转债期限为自发行之日起6年，即自2016年1月22日至2022年1月21日。（2）票面利率，第1年为0.2%、第2年为0.5%、第3年为1.0%、第4年为1.5%、第5年为1.5%、第6年为1.6%。（3）债券到期偿还，在本次发行的可转债期满后5个交易日内，发行人将以本次发行的可转债的票面面值的106%（含最后一期年度利息）的价格向投资者兑付全部未转股的可转债。（4）付息方式，本次可转债采用每年付息一次的付息方式，计息起始日为可转债发行首日，即2016年1月22日。每年的付息日为本次可转债发行首日起每满1年的当日。（5）初始转股价格为21.99元/股。（6）转股起止日期，自可转债发行结束之日起满6个月后的第1个交易日起至可转债到期日止（即2016年7月22日至2022年1月21日止）。（7）信用评级，AAA。（8）信用评级机构，联合信用评级有限公司。（9）担保事项，本次A股可转债不提供担保。

2.要求

（1）分析广汽集团发行的A股可转换债券与普通公司债券相比的特点。

（2）查阅广汽集团公开发行A股可转换公司债券发行公告，找出可转换债券应当具备的几个基本要素，并计算转换比率。

（3）分析说明广汽转债初始转股价格的确定依据与调整方法。

（4）分析说明广汽集团选择发行可转换债券方式筹资的原因。

第五章 资本成本与资本结构

【学习目标】

通过本章学习，要求理解和掌握：

- 资本成本的概念与影响因素
- 资本成本的计算方法
- 经营杠杆与经营杠杆系数
- 财务杠杆与财务杠杆系数
- 资本结构与资本结构决策方法

【引例】

2013年4月24日，杭州滨江房产集团股份有限公司[①]（以下简称滨江集团）公布2013年的一季报。公告显示，其1—3月实现营业收入4.92亿元，同比下降35.99%；实现净利润1.02亿元，同比降幅达47.88%。这意味着，滨江集团业绩已连续四个季度下滑。而在浙江地区，这并非个案。包括绿城中国、新湖中宝在内的浙江地产商们，都面临着业绩大幅下滑以及资金危机加重的情形。与此同时，由于资本市场和银行借贷尚未对开发商放开，浙江房企采取互保、同业拆借等形式抱团取暖。然而风险也将集中凸显。与此同时，滨江集团打破了较为单一的筹资结构和方式（主要依靠自有资金、商品房预售款和银行贷款），首次试水与大股东旗下的地产基金以股权合作的方式拿地，以期减轻资金压力。2014年，滨江集团实现营业收入117.59亿元，比2013年同期上涨13.26%；实现利润总额11.61亿元，比上年同期下降41.07%。随着经济的复苏，滨江集团于2015年实现营收126.18亿元，同比增长7.31%；实现归属于母公司股东净利润10.03亿元，同比增长20.97%，与此同时，2015年末滨江集团的资产负债率达到74.11%，总资产达到422.30亿元，其中流动资产388.91亿元；负债总额是312.95亿元，其中流动负债250.93亿元，预收账款175.99亿元。

面对复杂多变的宏观经济环境和金融市场，滨江集团如何决定其资本总额中的资本构成？如何计算其资本成本并保证其综合资本成本最低？其财务风险如何衡量？什么是企业的资本结构？企业的资本结构有几种类型？滨江集团的资本结构受哪些因素影响？滨江集团应当如何选择最佳资本结构以保证安全走过资本钢丝？带着这些问题，我们进入本章学习。

第一节 资本成本

一、资本成本概述

（一）资本成本的概念

资本成本也称资金成本，它是企业为筹集和使用资本而付出的代价。企业从各自渠道筹集到的资金，无论是权益资金，还是负债资金，都不能无偿使用，必须付出代价，向投资者支付一定的报酬，即资本的使用成本。资本成本从内容上包括筹资费用和用资费用两个部分。

1.筹资费用

筹资费用是指企业在资本筹措过程中所花费的各项开支，包括发行股票、债券支

---

① 资料来源：杭州滨江房产集团股份有限公司（股票代码002244）的相关公告。

付的印刷费、发行手续费、律师费、广告费等与证券发行有关的费用。筹资费用一般都属于一次性费用，它与筹资的次数有关，因而，通常是将其作为所筹资本额的减项扣除。

2.用资费用

用资费用是指企业因占用资本支付的费用，如股票的股利、银行借款和债券的利息等。用资费用一般与所筹资本金额和使用时间长短有关，并具有经常性、定期性支付的特点，它构成了资本成本的主要内容。

资本成本可以用绝对数表示，也可以用相对数表示。资本成本用绝对数表示，是指企业为筹集和使用一定量的资本而付出的筹资费用与用资费用的总和；资本成本用相对数表示是指企业为筹集和使用一定量的资本而付出的年用资费用与实际筹得资本额的比率，即资本成本率。通常所说的资本成本是指资本成本率。其近似计算公式为：

$$资本成本=\frac{年用资费用}{筹资净额}\times 100\%$$

$$=\frac{年用资费用}{筹资总额\times(1-筹资费用率)}\times 100\%$$

（二）资本成本的意义

正确计算资本成本，对企业进行筹资决策、投资决策和业绩评价工作都有重要意义。

1.资本成本是企业筹资决策的重要依据

在筹资决策中，资本成本是选择资本来源、比较筹资方案、确定筹资规模的重要依据。例如，在比较各种筹资方式时，可使用个别资本成本，包括长期借款成本、债券成本、普通股成本、优先股成本和留存收益成本。在进行资本结构决策时，可使用综合资本成本。在进行追加筹资决策时，可使用边际资本成本。

2.资本成本是评价投资项目是否可行的一个重要尺度

从本质上讲，资本成本表示使用资本的机会成本，它通常被作为计算净现值的贴现率、计算内部收益率的基准收益率。在评价投资项目是否可行的标准上，一般是以项目的内部收益率与其资本成本率比较。如果投资项目的内部收益率大于资本成本，则是可行的；反之，则认为是不可行的。因此，通常把资本成本作为评价投资项目是否可行的“取舍率”。

3.资本成本是衡量企业经营业绩的一项重要标准

从资本投资者的角度看，资本成本是投资者要求的投资报酬率，这种报酬是对使用资本获利的一种分割。如果资本使用者不能使企业经营产生收益，无法满足投资者的收益需要，那么投资者将不会把资本再投资于企业。而只有当企业的资本利润率大于资本成本率时，才能满足投资者的收益期望。因此，资本成本在一定程度上成为判断企业经营业绩的重要依据。

（三）影响资本成本高低的因素

企业付出的资本成本是投资者要求的投资报酬率。因此，影响资本成本高低的主要因素有：

1.宏观经济环境

宏观经济环境决定了资本供给和需求，以及预期通货膨胀水平。宏观经济环境变化影响投资者要求的无风险报酬率。如果货币需求增加，而供给没有相应增加，投资者会提高其投资收益率，企业的资本成本就会上升；反之，资本成本就会下降。如果预期通货膨胀水平上升，货币购买力下降，投资者要求的报酬率就会提高，企业资本成本也会相应提高。

2.证券市场条件

证券市场条件包括证券的市场流动难易程度和价格波动程度，都会影响证券投资的风险。如果某种证券的市场流动性不好，投资者想买进或卖出证券相对困难，其风险加大，要求的报酬率就会提高，或者虽然存在对证券的需求，但其价格波动较大，投资的风险较大，要求的报酬率也会提高。

3.企业内部经营风险和筹资风险

经营风险是企业投资决策的结果，表现在资产报酬率的变动上；财务风险是企业筹资决策的结果，表现在普通股收益率的变动上。如果企业的经营风险和财务风险大，投资者便会有较高的报酬率要求，资本成本就会提高。

4.筹资规模

企业的筹资规模越大，资本成本就越高。例如，企业发行的证券金额较大，其筹资费用和用资费用都会上升，导致资本成本上升。

二、个别资本成本

个别资本成本是指各种长期资金的成本，包括长期债务成本和权益资本成本。

（一）长期债务成本

长期债务包括长期借款和长期债券。按国际惯例和各国所得税法的规定，债务的利息一般允许在企业所得税前支付，企业实际负担的债务利息应为税后成本，因此，在计算债务成本时应扣除所得税。

1.长期借款成本

长期借款具有筹资费用低的特点。其筹资费用为银行或其他金融机构在发放贷款时收取的手续费。长期借款成本有两种计算方法。

（1）不考虑货币时间价值。其计算公式为：

$$K_L=\frac{I_L(1-T)}{L(1-F_L)}$$

式中：K_L——长期借款成本；

I_L——长期借款年利息；

T——企业所得税税率；

L——借款筹资总额；

F_L——长期借款筹资费用率。

【例5-1】某公司取得5年期长期借款100万元，年利率为12%，每年付息一次，到期一次还本。筹资费用率为1%，设企业所得税税率为30%，则该项长期借款的资本成本为：

$$K_L=\frac{100\times12\%\times(1-30\%)}{100\times(1-1\%)}=8.48\%$$

长期借款的筹资费用一般数额很小，有时可忽略不计。这时，长期借款的成本实际上就是其借款年利率的税后成本。

（2）考虑货币时间价值。其计算公式为：

$$L(1-F_L)=\sum_{t=1}^{n}\frac{I_t}{(1+K)^t}+\frac{P}{(1+K)^n}$$

$$K_L=K(1-T)$$

式中：P——第n年末应偿还的本金；

K——所得税前的长期借款资本成本；

I_t——第t年长期借款利息；

F_L——借款筹资费用率；

K_L——所得税后的长期借款资本成本。

上面第一个公式中的等号左边是借款的实际现金流入，等号右边为借款引起的未来现金流出的现值总额，由各年利息支出的年金现值之和加上到期本金的复利现值而得。

这种方法实际上是将长期借款的资本成本看做是使这一借款的现金流入等于其现金流出值的贴现率。计算时，先通过第一个公式，采用内插法求得借款的税前资本成本，再通过第二个公式将借款的税前资本成本调整为税后资本成本。

【例5-2】沿用【例5-1】的资料，考虑货币时间价值。该项借款的资本成本计算分两步进行。

第一步，计算借款的税前资本成本：

$$100\times(1-1\%)=\sum_{t=1}^{n}\frac{12}{(1+K)^t}+\frac{100}{(1+K)^n}$$

当K=12%时，等式右边与左边之差等于0.96万元。

当K=13%时，等式右边与左边之差等于-2.496万元。

用内插法，求得：

K=12.28%

第二步，计算借款税后资本成本：

$$K_L=K(1-T)=12.28\%\times(1-30\%)=8.60\%$$

2.债券成本

与长期借款筹资相比，债券筹资具有筹资费用较高的特点。债券的筹资费用即发行费用，包括申请发行债券的手续费、债券注册费、印刷费、推销费及上市费等。因而其筹资费用在计算成本时不能忽略。按照一次还本、分期付息的方式，债券资本成本也可采用两种计算方法：

（1）不考虑货币时间价值。其计算公式为：

$$K_b=\frac{I_b(1-T)}{L(1-F_b)}$$

式中：K_b——债券的资本成本；

I_b——债券年利息，按债券票面额（本金）和票面利率确定；

B——债券筹资额，按债券的发行价格确定；

F_b——债券筹资费用率。

【例 5-3】某公司发行总面值为1 000万元的10年期公司债券，发行总价格为1 020万元，票面年利率为12%，发行费用率为5%，每年付息一次，到期还本。公司所得税税率为30%，则该项债券的资本成本为：

$$K_b=\frac{1\,000\times12\%\times(1-30\%)}{1\,020\times(1-5\%)}=8.67\%$$

在实际工作中，由于债券的利率水平高于长期借款利率，同时债券发行费用较高。因此，债券的资本成本一般高于长期借款的资本成本。

（2）考虑货币时间价值。其计算公式为：

$$B(1-F_b)=\sum_{t=1}^{n}\frac{I_b}{(1+K)^t}+\frac{P}{(1+K)^n}$$

$$K_L=K(1-T)$$

式中：K——所得税前的债券资本成本；

P——第n年末应偿还的债券面值；

K_b——所得税后的债券资本成本。

其他符号含义同上。

考虑货币时间价值因素时，债券资本成本与借款资本成本的计算步骤完全相同，所不同的只是债券筹资额可能大于或小于面值，因为债券可以按溢价、折价或面值发行，所以债券筹资额B的值可能大于、小于或等于面值，而借款筹资额L一般按借款本金计算。

（二）权益资本成本

权益资本包括优先股、普通股、留存收益。由于权益资本的成本在税后利润中支付，不会减少企业应缴的所得税，因而在计算其成本时不需要扣除所得税。

1.优先股成本

与债券筹资相同，发行优先股筹资需较高的筹资费用，且其股利是固定的，但与债券不同的是其股利以税后利润支付。因此，其计算公式为：

$$K_P=\frac{D}{P(1-F_P)}\times100\%$$

式中：K_P——优先股资本成本；

D——优先股年股利额，按面值和固定的股利率确定；

P——优先股筹资额，按发行价格确定；

F_P——优先股筹资费用率。

【例 5-4】某公司发行优先股总面额为1 000万元，总发行价为1 100万元，筹资费用率为5%，规定的年股利率为12%，则该优先股的成本为：

$$K_P=\frac{1\,000\times12\%}{1\,100\times(1-5\%)}\times100\%=11.48\%$$

由于优先股股利在税后支付，而债券利息在税前支付，故其筹资成本一般高于债券成本。

2.普通股成本

普通股成本的常用计算方法有两种：

（1）股利贴现模型法。

股利贴现模型法也叫“贴现现金流量法”。股东购买股票是期望获取股利，股东期望获得的股利也就是股票发行人需要付出的成本。根据股票内在投资价值等于预期未来可收到的股利现值之和的原理，有：

$$P_0=\sum_{t=1}^{\infty}\frac{D_t}{(1+K_s)^t}$$

式中：P_0——股票内在投资价值，表示股票筹资获得的现金流入量；

D_t——第t年底预期得到的每股股利；

K_s——投资者要求的必要报酬率，即资本成本率。

上式中，当股票发行人采取固定股利额的股利分配政策，即D_t的值为一个固定金额时，普通股成本的计算方法与优先股成本的计算方法相同。

当股利以一个固定比率G递增时，假设股票发行价为P元/股，筹资费率F，预计第1年年末每股股利为D_1，以后每年股利增长G（增长率），则有：

$$P_0=P\times(1-F)$$

上式经数学推算，得：

$$K_s=\frac{D_1}{P(1-F)}+G$$

【例5-5】某公司发行面值总额为50 000万元的普通股票，每股面值为1元，发行价为每股4元，第1年的股利率为12%，以后每年增长6%，筹资费用率为6%，则该普通股成本为：

$$K_S=\frac{50\ 000\times12\%}{50\ 000\times4\times(1-6\%)}+6\%=9.19\%$$

（2）资本资产定价模型法。

按照资本资产定价模型法，普通股成本的计算公式为：

$$K_s=R_f+\beta\times(R_m-R_f)$$

式中：R_f——无风险报酬率；

β——股票的β系数；

R_m——平均风险股票必要报酬率。

【例5-6】某期间市场无风险报酬率为10%，平均风险股票的必要报酬率为14%，某公司普通股的β值为1.2，则该普通股的成本为：

$$K_S=10\%+1.2\times(14\%-10\%)=14.8\%$$

此外，还可以用风险溢价法确定普通股资本成本。根据风险越大，要求的报酬率越高的原理，普通股股东承担的风险一般大于债券投资者，因而可根据债券收益率加上一定的风险溢价来计算普通股资本成本。用公式表示为：

$$K_s=K_b+R$$

式中：K_b——同一公司的债券投资收益率；

R——股东要求的风险溢价。

风险溢价R的大小可以凭经验估计。一般认为，风险溢价多处在3%~5%。当市场利率达到历史性高点时，风险溢价通常较低，在3%左右；但市场利率处于历史性低点时，风险溢价通常较高，在5%左右；而在通常情况下，常常采用4%的平均风险溢价。

3.留存收益成本

留存收益实质上是股东对企业的再投资。企业使用留存收益是以失去投资于外部的报酬为代价的。它要求与普通股获得等价的报酬。其成本确定方法与普通股相似，所不同的只是留存收益无需发生筹资费用。

在股利贴现模型法下，留存收益成本的计算公式可表示为：

$$K_C=\frac{D_1}{P_C}+G$$

式中：K_C——留存收益成本；

P_C——留存收益额。

对于非股份有限公司，其权益资本主要由吸收直接投资和留存收益构成。它们的成本确定方法与股份有限公司比较，具有明显的不同。它们不在证券市场上交易，无法形成公平的交易价格，且吸收直接投资要求的报酬难以预计。在这种情况下，这两项成本可参照普通股的股利贴现模型法、资本资产定价模型法来确定。

三、加权平均资本成本

加权平均资本成本是指企业全部长期资本的总成本。它通常以各种资本占全部资本的比重为权数，对个别资本的成本进行加权平均而确定的，亦称综合资本成本。

加权平均资本成本是由个别资本成本和加权平均权数两个因素决定的。其计算公式为：

$$K_W=\sum K_j \cdot W_j \qquad (\sum W_j=1)$$

式中：K_W——加权平均资本成本；

K_j——第j种个别资本成本；

W_j——第j种个别资本占全部资本的比重。

由上式可知，在个别资本成本一定的条件下，加权平均资本成本的高低是由资本结构（即权数）决定的。这个权数的计算依据通常有三种：

1.账面价值权数

它是指以各项筹资来源的账面价值确定的权数。这种方法易于从资产负债表上取得资料，但若债券与股票的市场价值已脱离账面价值许多，就会误估综合资本成本，不利于筹资决策。该权数的主要优点有：（1）计算简便，计算结果相对稳定；（2）当市价受公司外部环境影响而发生较大波动时，这是唯一用来估计资本成本的方法。

2.市场价值权数

它是指债券、股票等以现行市场价格确定的权数。市场价值相对数可以反映公司目前实际资本成本水平，有利于筹资决策。但证券的市场价格处于经常变动之中，因而不宜使用。

3.目标价值权数

它是指债券、股票等以未来预计的目标市场价值确定的权数。这种权数适合于公司筹措新资。它能体现期望资本结构，但难以客观确定。

【例5-7】某公司账面资金共5 000万元，其中长期借款1 000万元，长期债券500

万元，普通股2 500万元，留存收益1 000万元；其个别资本成本分别为8.6%、8.8%、14%、12%。该公司的加权平均资本成本为：

$$8.6\%\times\frac{1\,000}{5\,000}+8.8\%\times\frac{500}{5\,000}+14\%\times\frac{2\,500}{5\,000}+12\%\times\frac{1\,000}{5\,000}=12\%$$

第二节　财务杠杆

财务杠杆是企业资本结构决策中的一个重要因素。资本结构决策需要在杠杆利益与相关的风险之间进行合理的权衡。分析财务杠杆需要从分析经营杠杆入手，并考虑经营杠杆与财务杠杆的综合作用，即总杠杆作用。

一、经营杠杆

经营杠杆（Operating Leverage），又称营业杠杆或营运杠杆，是指企业在经营决策时对经营成本中固定成本的利用。

这里的经营成本，包括销售成本、价内销售税金、销售费用和管理费用等，不包括财务费用。按成本习性的不同，经营成本分为固定成本和变动成本两部分。固定成本是不随销售额变动而变动的成本，变动成本是随着销售额变动而变动的成本。

销售收入-经营成本=经营利润（息税前利润）

运用经营杠杆，企业可以获得一定的经营杠杆利益，同时也承受相应的经营风险。

（一）经营杠杆利益

经营杠杆利益是指在扩大销售额条件下经营成本中固定成本这个杠杆所带来的增长程度更大的经营利润（指息税前利润）。因为在一定的产销规模内，由于固定成本并不随产品销量（或销售额）的增加而增加，随着销量的增长，单位产品所负担的固定成本会相对减少，从而给企业带来额外的收益。

A公司的经营杠杆作用情况见表5-1。

表5-1　　**A公司经营杠杆利益分析表**　　金额单位：万元

项　目	（1）原来	（2）增长后	（3）变化率=［（2）-（1）］/（1）
销售收入	500	550	+10%
减：变动成本	300	330	+10%
减：固定成本	100	100	0
总成本	400	430	8%
息税前利润（EBIT）	100	120	20%

可见，当A公司的销售收入从500万元增加到550万元，增长10%时，EBIT增长20%。由于固定成本总额的不变，随着销售收入的增长，息税前利润以更快的速度增长。

（二）经营风险

经营风险也称营业风险，是指利用经营杠杆而导致息税前利润变动的风险。它是由于企业经营上的原因所导致的未来经营收益的不确定性。

由于经营杠杆的作用，当销售额下降时，息税前利润会下降得更快，从而给企业带来经营风险。影响经营风险的因素主要有：

1.产品需求

市场对企业产品需求越稳定，在其他条件不变的情况下，销售额的变动幅度会越小，经营风险就越小；反之，经营风险则越大。

2.产品售价

产品售价变动不大，在其他条件不变的情况下，销售额的变动幅度会越小，经营风险就较小；反之，经营风险就大。

3.产品成本

产品成本变动越大，在其他条件不变的情况下，产品的边际贡献变动幅度会越大，经营风险就越大；反之，经营风险就越小。

4.调整价格的能力

当产品成本变动时，若企业具有较强的调整价格能力，在其他条件不变的情况下，产品的边际贡献变动幅度会越小，经营风险就小；反之，经营风险就大。

5.固定成本比重

在全部成本中，固定成本的比重越大，当产品销售量发生变动时，单位产品分摊的固定成本变动越大，企业未来经营收益变动就可能越大，经营风险就越大；反之，固定成本的比重越小，经营风险就越小。

（三）经营杠杆系数

经营杠杆作用的大小一般用经营杠杆系数表示。经营杠杆系数也称经营杠杆程度（Degree of Operating Leverage，DOL），是息税前利润的变动率，相当于销售额（或量）变动率的倍数。经营杠杆系数（DOL）是营业利润对产销量变动敏感性的量度，或者说当销售变动1%时，引起营业利润的变动程度。其表达公式为：

$$DOL_S=\frac{\Delta EBIT/EBIT}{\Delta S/S}$$

$$DOL_Q=\frac{\Delta EBIT/EBIT}{\Delta Q/Q}$$

式中：DOL_S、DOL_Q——分别表示用销售额与销售量计算的经营杠杆系数；

$\Delta EBIT$——息税前利润变动额；

ΔS——销售额的变动额；

ΔQ——销售量的变动额；

EBIT——变动前的息税前利润；

S——变动前的销售额；

Q——变动前的销售量。

设VC为变动成本总额，F为固定成本总额，P为单位产品售价，V为单位产品变动成本，则有：

$$EBIT=S-VC-F=Q\times(P-V)-F$$

所以，经营杠杆系数可按下列两式计算：

$$DOL_S=\frac{S-VC}{S-VC-F}$$

$$DOL_Q=\frac{Q（P-V）}{Q（P-V）-F}$$

或者:

$$DOL=1+\frac{F}{EBIT}$$

经营杠杆系数反映经营杠杆的作用程度，表示不同程度的经营杠杆利益和经营风险。经营杠杆系数的值越大，经营风险就越大；反之，经营杠杆系数的值越小，经营风险就越小。

在实际工作中，公式DOL_Q可用于计算单一产品的经营杠杆系数；公式DOL_S除了可以用于单一产品外，还可用于计算多种产品的经营杠杆系数。另外，从上面公式中我们可以看出：如果固定成本等于0，则经营杠杆系数为1，此时不存在经营杠杆效应；当固定成本不为0，经营杠杆系数大于1，此时能够显现出经营杠杆效应。

【例5-8】根据表5-1的资料，计算销售额分别为500万元、300万元、250万元时，A公司的经营杠杆系数。

（1）当销售额为500万元时，其经营杠杆系数为：

DOL_1=（500-500×60%）÷（500-500×60%-100）=2（倍）

（2）当销售额为300万元时，其经营杠杆系数为：

DOL_2=（300-300×60%）÷（300-300×60%-100）=6（倍）

（3）当销售额为250万元时，其经营杠杆系数为：

DOL_3=（250-250×60%）÷（250-250×60%-100）→∞

以上计算结果表明：

（1）在固定成本不变的情况下，经营杠杆系数说明销售变动引起息税前利润变动的幅度。如DOL_1表明销售额为500万元时，销售额的变动会引起息税前利润2倍的变动，DOL_2表明销售额为300万元时，销售额的变动会引起息税前利润3倍的变动。

（2）当息税前利润等于零时，即销售收入等于250万元时，DOL值趋向于无穷大；当息税前利润小于0时，DOL值为负数。负的经营杠杆系数意味着，随着销售增长1%，经营亏损将数倍于1%的速度降低。

（3）在固定成本不变的情况下，销售额越大，经营杠杆系数越小，经营风险也就越小；反之，销售额越小，经营杠杆系数越大，经营风险也就越大。

（4）在销售额相同的条件下，固定成本所占比重越大，经营杠杆系数越大，经营风险越大，固定成本所占比重越小，经营风险就越小。某一公司的经营杠杆实质上表现为生产过程的函数，当公司采用资本密集型组织生产时，由于固定成本较高而变动成本较低，其经营杠杆系数较高；反之，劳动密集型的生产组织，其经营杠杆系数相对较低。

因此，企业一般可通过增加销售额、降低单位变动成本、降低固定成本比重等措施降低经营杠杆系数，从而降低经营风险。

二、财务杠杆

财务杠杆（Financial Leverage），又称融资杠杆，是指企业在制定资本结构决策时对债务筹资的利用。

运用财务杠杆，企业可以获得一定的财务杠杆利益，同时也承受相应的财务风险。

(一)财务杠杆利益

财务杠杆利益是指利用债务筹资这个杠杆而给企业带来的额外收益。在企业资本结构一定的条件下,企业从息税前利润中支付的债务利息是相对固定的。当息税前利润增加时,每1元息税前利润所负担的债务利息就会相应地降低,扣除所得税后可分配给企业所有者的利润就会增加,从而给企业所有者带来额外的收益。

续表5-1,A公司财务杠杆作用情况见表5-2。

表5-2 A公司财务杠杆利益分析表 金额单位:万元

项 目	(1)原来	(2)增长后	(3)变化率=[(2)-(1)]/(1)
销售收入	500	550	+10%
-变动成本	300	330	+10%
-固定成本	100	100	0
总成本	400	430	8%
息税前利润EBIT	100	120	20%
-利息	25	25	0
税前利润	75	95	27%
-所得税(25%)	18.75	23.75	26.67%
税后利润	56.25	71.25	26.67%
优先股股利	20.25	20.25	0
普通股收益	36	51	41.67%
每股收益EPS(10万股)	3.6	5.1	41.67%

可见,当A公司的EBIT从100万元增加到120万元,增长20%时,税后利润从56.25万元增加到71.25万元,EPS从3.6元上升到5.1元,增长41.67%。由于债务利息总额的不变,随着EBIT的增长,EPS以更快的速度增长。

(二)财务风险

广义的财务风险,是指企业在组织财务活动过程中,由于客观环境的不确定性以及主观认识上的偏差,导致企业预期收益产生多种结果的可能性,它存在于企业财务活动的全过程,包括筹资风险、投资风险和收益分配风险。狭义的财务风险是指与企业筹资相关的风险,也称融资风险或筹资风险,它是指财务杠杆作用导致企业所有者收益变动,甚至可能导致企业破产的风险,即由于债务筹资引起每股收益(EPS)或净资产收益率(ROE)的变动以及由于债务筹资而到期不能还本付息的可能性。

由于财务杠杆的作用,当息税前利润下降时,税后利润下降得更快,从而给企业带来财务风险。影响财务风险的因素主要有:资本供求的变化,利率水平的变动,获利能力的变动,资本结构的变化(即财务杠杆的利用程度)。其中,资本结构的变化对筹资风险的影响最为直接。企业负债比例越高，筹资风险就越高；反之，负债比例越低，筹资风险就越小。

公司资本结构管理的目标之一在于找到这样一种筹资组合，使得风险一定条件下的股东收益最大化。风险与收益间的对等关系可以从表5-3中看出。

表5-3　**B公司财务杠杆作用情况分析表**　金额单位：万元

负债/总资产	0%	40%	80%
总资产	100	100	100
其中：负债	0	40	80
权益资本	100	60	20
（1）当EBIT=20万元时	20	20	20
利息（10%）	0	4	8
所得税（25%）	5	4	3
税后利润	15	12	9
ROE	15%	20%	45%
（2）当EBIT=15万元时	15	15	15
利息（10%）	0	4	8
所得税（25%）	3.75	2.75	1.75
税后利润	11.25	8.25	5.25
ROE	11.25%	13.75%	26.25%
（3）当EBIT=8万元时	8	8	8
利息（10%）	0	4	8
所得税（25%）	2	1	0
税后利润	6	3	0
ROE	6%	5%	0%

从表5-3可以看到：

（1）在EBIT不变的情况下（如第1种情形），总资产报酬率保持不变（ROA=20%），随着负债比重由0%上升到40%和80%，净资产收益率（ROE）由15%提高到20%和45%。总资产报酬率与净资产收益率间存在某种函数关系，共变量为负债/权益资本。

（2）随着EBIT由原来的20万元下降到15万元和8万元（下降25%和60%），ROE也将由原来的20%下降到13.75%和5%，它反映出债务筹资的另一作用，即由于债务利息的固定不变，股东收益也会随着资产收益能力的波动而波动，从而导致收益变动的风险。

（三）财务杠杆系数

财务杠杆系数又称财务杠杆程度（Degree of Financial Leverage，DFL），是普通股每股收益（EPS）变动率相当于息税前利润（EBIT）变动率的倍数。

这里的EPS在非股份公司用净资产收益率（ROE）代替。

$$DFL=\frac{\Delta EPS/EPS}{\Delta EBIT/EBIT}=\frac{\Delta ROE/ROE}{\Delta EBIT/EBIT}$$

式中：DFL——财务杠杆系数；

ΔEPS——普通股每股收益变动额；

EPS——变动前普通股每股收益。

设I为债务利息，T为企业所得税税率，N为流通在外的普通股股数，d为优先股股利，则有：

$$EPS=[(EBIT-I)\times(1-T)-d]\div N$$

$$\Delta EPS=\Delta EBIT\times(1-T)\div N$$

所以，财务杠杆系数可用下列公式计算：

$$DFL=\frac{EBIT}{EBIT-I-d/(1-T)}$$

如果没有优先股，则有：

$$DFL=\frac{EBIT}{EBIT-I}$$

又因为：

$$EBIT=Q(P-V)-F$$

所以，财务杠杆系数还可以用下列公式计算：

$$DFL=\frac{Q(P-V)-F}{Q(P-V)-F-I-d/(1-T)}$$

财务杠杆系数用来反映财务杠杆的作用程度，财务杠杆系数越大，财务风险就越高；反之，财务杠杆系数的值越小，财务风险就越小。

【例5-9】根据表5-3的资料，可以计算出B公司EBIT为20万元时的财务杠杆。

当负债/总资产=0%时：

$DFL_1=20\div(20-100\times0\%\times10\%)=1$

当负债/总资产=40%时：

$DFL_2=20\div(20-100\times40\%\times10\%)=1.25$

当负债/总资产=80%时：

$DFL_3=20\div(20-100\times80\%\times10\%)=1.67$

以上计算结果表明：

(1) 财务杠杆系数说明息税前利润变动所引起的普通股每股收益变动的幅度。如当B公司的负债比重为80%时，息税前利润变动1倍，其普通股每股收益将变动1.67倍。

(2) 在资本总额、息税前利润相同的条件下，负债比例越高，财务杠杆系数越大，财务风险就越大。

负债比例是可以控制的，企业可以通过合理安排资本结构，适度负债，使财务杠杆利益抵销风险增大所带来的不利影响。

三、总杠杆

从前述分析可知，经营杠杆通过扩大销售影响息税前利润，财务杠杆通过扩大息税前利润影响每股收益，两者最终都影响到每股收益。如果同时利用经营杠杆和财务杠杆，这种影响就会更大，总的风险会更高。

对于经营杠杆和财务杠杆的综合作用程度，可以用总杠杆系数（Degree of Total Leverage，DTL）或联合杠杆系数（Degree of Combined Leverage，DCL）表示，它是经营杠杆系数与财务杠杆系数的乘积，用公式表示为：

$$DTL=DOL\times DFL$$

$$=\frac{\Delta EBIT/EBIT}{\Delta S/S}\times\frac{\Delta EPS/EPS}{\Delta EBIT/EBIT}$$

$$=\frac{\Delta EPS/EPS}{\Delta S/S}$$

由上式可知，总杠杆系数是每股收益变动率相当于销售额（量）变动率的倍数。

【例 5-10】根据表 5-1 的资料，当销售额为 500 万元时，A 公司：

DOL=（500-300）÷100=2

DFL=100÷（100-25-20.25÷75%）=2.08

DTL=2×2.08=4.16

计算结果表明，当销售额变动 1 倍时，每股收益将会变动 4.16 倍。

在实际工作中，企业对经营杠杆和财务杠杆的运用，可以有不同的组合。即使有时两者组合不同，但都能产生相同的总杠杆系数，这就需要企业综合考虑有关因素，作出具体的选择。

总杠杆系数的重要意义在于：

（1）能够估计出销售量（额）变动对每股收益的影响幅度。

（2）它表明经营杠杆系数与财务杠杆系数的相互关系。经营风险高的企业，可选用较低的财务风险；经营风险低的企业，可选用较高的财务风险。

第三节　资本结构决策

资本结构决策是企业筹资决策的核心问题。企业资本结构应考虑有关因素，运用适当的方法确定最佳的资本结构。

一、资本结构的含义

资本结构是指企业各种资本的构成及比例关系。广义的资本结构是指全部资本的构成，不仅包括长期资本，且包括短期资本，既包括纵向资本结构（指各项资本来源之间的比例），也包括横向资本结构（指资本来源与资产构成之间的对应关系）。狭义的资本结构是指长期资本结构，短期债务资本列入营运资本管理。由于我国企业的流动负债在资本来源中的比重较大，研究资本结构通常将流动负债考虑在内，因而，通俗意义上的资本结构是指债务资本占全部资本的比重，即负债所占的比例。

根据现代资本结构理论，最优资本结构是客观存在的。在最优资本结构这个点上，企业的加权平均资本成本最低，同时企业价值达到最大。即最优资本结构是指加权平均资本成本最低且企业价值最大时的资本结构。由于最优资本结构是一个理性的企业理财所追求的具体目标之一，所以又称为目标资本结构。

二、资本结构决策应考虑的因素

由于历史、文化因素的影响，导致了资本结构在不同国家间的差异；由于不同行业资本密集程度的不同，导致了资本结构具有显著的行业差异。因此，影响资本结构的因素，除前述的资本成本、财务风险外，还包括行业因素、税收因素、贷款银行的态度，以及企业所有者和管理人员的偏好、企业自身的获利能力、现金流量状况及企业发展速度等因素。

资本结构决策应重点考虑以下两方面的因素：

（一）影响长期筹资决策的因素

长期筹资决策是资本结构决策的重要组成部分。影响长期筹资决策的主要因素有：

1.公司投资战略

公司应根据自身的发展战略确定投资战略，从而判断是否需要进行长期筹资，采取何种方式进行筹资。这是公司进行长期筹资决策的根本出发点。例如，当公司采取扩张型投资战略时，可能需要大量的长期资金，因而需要进行长期筹资；而当公司采取防御收缩型投资战略时，则可能不需要进行长期筹资。

2.到期时间的契合

在进行长期筹资时，应考虑的一个重要因素是使筹资工具与所投资产的到期时间相契合，负债的现金流量应与资产的现金流量相匹配。只有当资产与负债的现金流量相匹配时，才能保证按时偿还债务，避免违约风险。例如，某公司拟发行一批不可转换债券，它首先要确定该笔债券的期限。在进行期限选择的时候，要考虑收益因素、管理层对未来收益率的预期因素以及所投资产的到期时间等因素。假设该公司未来2年内的资本项目主要包括一些新的自动化设备，这些设备的经济寿命在10年左右，那么，该公司为这部分资产筹资所使用的筹资工具应该是10年期的。

3.利率水平

利率水平包括历史利率水平和预期利率水平。从历史发展看，如果长期利率处于比较高的水平，发行长期债务工具筹资对企业就相对不利。虽然利用可赎回条款也可以解决这一问题，这样公司就可以在利率下降时赎回债券，但债券赎回也存在成本，因为赎回债券时，公司必须支付额外价格。当然，在长期利率水平较高时，公司也可以发行短期债券，然后当利率下降时，再发行长期债券替代短期债券。但这种策略也存在风险。如果短期利率继续攀升，那么公司就不得不以更高的利率继续发行短期债券，或者以更高的利率发行长期债券以替代短期债券。正确预期利率变化趋势，有利于降低资本成本。

4.公司当前和预期的财务状况

如果公司当前财务状况比较糟糕，那么其管理层必然不愿意新发长期债券。因为新发债券有可能导致评级机构对公司债券进行重新评级；公司财务状况不佳时新发长期债券的成本更高，而且限制性条款也相对较多。因此，如果某公司当前财务状况较差，但预期未来会有所改善，那么公司通常会延迟永久性的或长期筹资行为，直到情况有所改善。相反，如果公司目前的财务状况比较好，但有迹象表明，其未来财务状况有转坏的可能，那么最好尽快发行债券。此外，公司股票价格市值所反映的公司盈利前景同样会影响证券类型的选择。如果刚刚成功完成了一个研发项目，而且公司的管理层相信其收益水平会比大部分投资者的预期高，那么此时公司就不愿意用普通股筹资，而会利用债务，在收益上升推动股票价格上涨时，公司再发售股票以重建其目标资本结构。

5.担保资产的可得性

通常，对一特定公司而言，有担保的长期债券的成本要低于无担保债券。因此，一般固定资产（相对于特殊固定资产而言）数量较大的公司，相对而言其所使用的债务比率更高，特别是抵押债券。同样，每年的筹资决策都要受到可用于担保资产的增加额的影响。

此外，还应考虑现有债务合同的限制。流动比率、负债比率等限制都有可能在某一时期影响公司对特定筹资工具的选择决策。

（二）营运资本政策

营运资本也称净营运资本，它是公司的流动资产减去流动负债后的余额。公司在某一时点上的营运资本可用来衡量公司短期筹资决策。当营运资本减少时，公司资产的收益性上升，但流动性下降；反之，当营运资本增加时，公司资产的收益性下降，但流动性上升。因此，制定营运资本政策，需要在增加流动性和收益性之间进行权衡。

三、资本结构决策方法

（一）横向资本结构决策方法

横向资本结构主要指资本来源与资产构成之间的对应关系。按照期限来分，筹资的资本可以分为流动负债和长期资本，资产可以分为流动资产和长期资产。研究资本和资产结构的匹配问题，重点应考虑流动资产与流动负债之间的匹配关系。就如何安排临时性流动资产和永久性流动资产的资金来源而言，一般可以分为适度型筹资政策、激进型筹资政策和稳健型筹资政策三种。

1.适度型筹资政策

适度型筹资政策的特点是：对于临时性流动资产，运用临时性负债筹集资金满足其资金需要；对于永久性流动资产和固定资产（统称为永久性资产，下同），运用长期负债、自发性负债和权益资本筹集资金满足其资金需要。适度型筹资政策如图5-1所示。

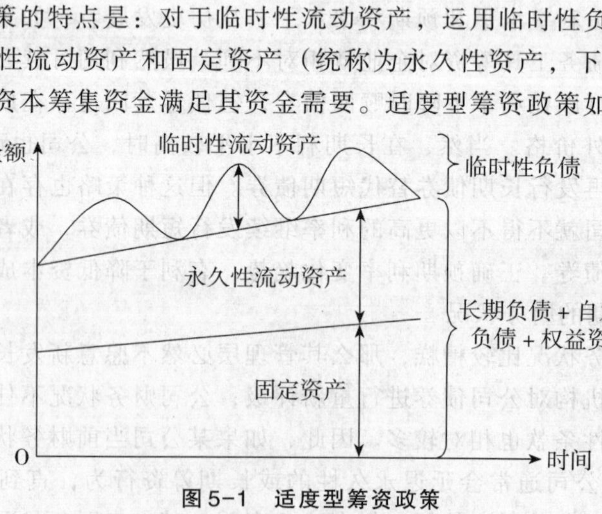

图5-1 适度型筹资政策

适度型筹资政策要求企业临时负债筹资计划严密，实现现金流动与预期安排相一致。

在季节性低谷时，企业应当除了自发性负债外没有其他流动负债；只有在临时性流动资产的需求高峰期，企业才举借各种临时性债务。

例如，某企业在生产经营的淡季，需占用300万元的流动资产和500万元的固定资产；在生产经营的高峰期，会额外增加200万元的季节性存货需求。适度型筹资政策的做法是：企业只在生产经营的高峰期才借入200万元的短期借款；不论何时，800万元永久性资产（即300万元永久性流动资产和500万元固定资产之和）均由长期负债、自发性负债和权益资本解决其资金需要。

这种筹资政策的基本思想是将资产与负债的期间相配合，以降低企业不能偿还到期债务的风险和尽可能降低债务的资本成本。但是，事实上由于资产使用寿命的不确定性，往往达不到资产与负债的完全配合。如本例，一旦企业生产经营高峰期内的销售不理想，未能取得销售现金收入，便会发生偿还临时性负债的困难。因此，适度型筹资政策是一种理想的、对企业有着较高资金使用要求的营运资本政策。

2.激进型筹资政策

激进型筹资政策的特点是：临时性负债不但融通临时性流动资产的资金需要，还解决部分永久性流动资产的资金需要。该筹资政策如图5-2所示。

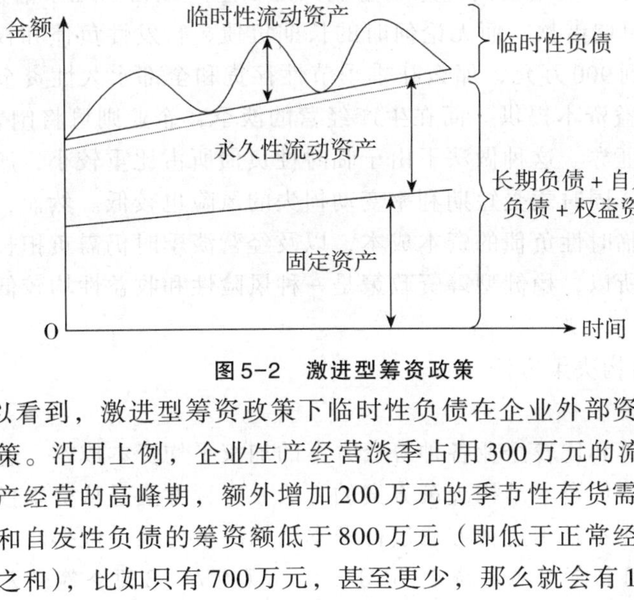

图5-2　激进型筹资政策

从图5-2可以看到，激进型筹资政策下临时性负债在企业外部资金来源中所占比重大于适度型筹资政策。沿用上例，企业生产经营淡季占用300万元的流动资产和500万元的固定资产，在生产经营的高峰期，额外增加200万元的季节性存货需求。如果企业的权益资本、长期负债和自发性负债的筹资额低于800万元（即低于正常经营期的流动资产占用与固定资产占用之和），比如只有700万元，甚至更少，那么就会有100万元或者更多的永久性资产和200万元的临时性流动资产（在经营高峰期内）由临时性负债筹资解决。这种情况，表明企业实行的是激进型筹资政策。由于临时性负债（如短期银行借款）的资本成本一般低于长期负债和权益资本的资本成本，而激进型筹资政策下临时性负债所占比重较大，所以该政策下企业的资本成本较低。但是另一方面，为了满足永久性资产的长期资金需要，企业必须在临时性负债到期后重新举债或申请债务展期，这样企业便会更为经常地举债和还债，从而加大筹资困难和风险，还可能面临由于短期负债利率的变动而增加企业资本成本的风险。所以，激进型筹资政策是一种收益性和风险性均较高的营运资金筹资政策。

3.稳健型筹资政策

稳健型筹资政策的特点是：临时性负债是融通部分临时性流动资产的资金需要。另一部分临时性流动资产和永久性资产，则由长期负债、自发性负债和权益资本作为资金来源，如图5-3所示。

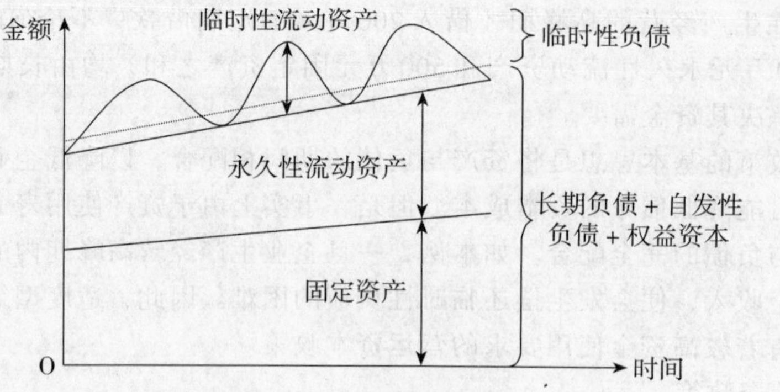

图5-3　稳健型筹资政策

从图5-3可以看出，与适度型筹资政策相比，稳健型筹资政策下临时性负债占企业全部资金来源的比例较小。沿用上例，如果企业只是在生产经营的旺季借入资金低于200万元，比如100万元的短期借款，而无论何时的长期负债、自发性负债和权益资本之和总高于800万元，比如达到900万元，那么旺季季节性存货和全部永久性资金需要则由长期负债、自发性负债和权益资本提供。而在生产经营的淡季，企业则可将闲置的资金（100万元）投资于短期有价证券。这种做法下由于临时性负债所占比重较小，所以企业无法偿还到期债务的风险较低，同时蒙受短期利率变动损失的风险也较低。然而，这种政策会因长期负债资本成本高于临时性负债的资本成本，以及经营淡季时仍需负担长期负债利息，从而降低企业的收益。所以，稳健型筹资政策是一种风险性和收益性均较低的营运资金筹集政策。

（二）纵向资本结构决策方法

1.比较资本成本法

这是一种通过计算和比较企业各种筹资方案的加权平均资本成本，选择加权平均资本成本最低的方案作为最优资本结构决策方案的方法。这种方法是从资本投入的角度对资本结构进行分析，资本成本是用这种方法进行资本结构决策的唯一依据。

【例5-11】X公司初创时拟筹资1 000万元，现有A、B两个筹资方案可供选择。有关资料经测算列入表5-4。

表5-4　**X公司资本结构数据**　金额单位：万元

筹资方式	筹资方案A		筹资方案B	
	筹资额	资本成本（%）	筹资额	资本成本（%）
长期借款	160	7.0	220	7.5
公司债券	240	8.5	80	8.0
普通股票	600	14.0	700	14.0
合计	1 000	—	1 000	—

$$K_{WA}=\frac{160}{1\ 000}\times7.0\%+\frac{240}{1\ 000}\times8.5\%+\frac{600}{1\ 000}\times14\%=11.56\%$$

$$K_{WB}=\frac{220}{1\ 000}\times7.5\%+\frac{80}{1\ 000}\times8.0\%+\frac{700}{1\ 000}\times14\%=12.09\%$$

由于 $K_{WA}<K_{WB}$，在其他因素相同的条件下，方案A优于方案B，方案A形成的资本结构为最优资本结构。

2.每股收益分析法

每股收益分析法也称筹资无差别点分析法，它是利用每股收益无差别点来进行资本结构决策的方法。所谓每股收益无差别点，是指两种资本结构下每股收益相等时的息税前利润点（或销售额点），也称息税前利润平衡点或筹资无差别点。

即通过求解当 $EPS_1=EPS_2$ 时的息税前利润（EBIT）点或销售额（S）点，来进行资本结构决策。

这种方法从资本的产出角度对资本结构进行分析，因而选择筹资方案的主要依据是筹资方案每股收益值的大小。一般而言，当筹资方案预计的息税前利润（或销售额）大于无差别点时，债务筹资有利，应选择资本结构中债务比重较高的方案作为决策方案；反之，当筹资方案预计的息税前利润小于无差别点时，债务筹资就不利，应选择资本结构中债务比重较低的方案作为决策方案。

【例5-12】某公司目前的资本总额为6 000万元，其中债务资本2 000万元，普通股股本4 000万元（4 000万股，每股面值1元），目前每股市价8元。债务年利息率10%，设所得税税率为25%。现公司决定扩大经营规模，需追加筹资2 000万元，追加筹资后息税前利润预计达到3 000万元。现有两个筹资方案可供选择。

方案A：全部筹措年利率12%的长期债务。

方案B：全部发行每股面值1元的普通股，向现有股东配股，10配1，每股配股价5元。

根据已知资料有：

$I_A=2\ 000\times10\%+2\ 000\times12\%=440$（万元）

$I_B=2\ 000\times10\%=200$（万元）

$N_A=4\ 000$万股

$N_B=4\ 000+400=4\ 400$（万股）

设当 $EPS_A=EPS_B$ 时的无差别点为EBIT，则有：

$$\frac{(EBIT-440)\times(1-25\%)}{4\ 000}=\frac{(EBIT-200)\times(1-25\%)}{4\ 400}$$

解得：

EBIT=2 840万元

此时，每股收益为：

$EPS_A=EPS_B=0.45$元

由于预期的息税前利润为3 000万元，当EBIT=3 000万元时：

$$EPS_A=\frac{(3\ 000-440)\times(1-25\%)}{4\ 000}=0.48\text{（元）}$$

$$EPS_B=\frac{(3\ 000-200)\times(1-25\%)}{4\ 400}=0.4773\text{（元）}$$

可见，采用A方案可获得较高的每股收益，故应采用资本结构中负债比重较高的A方案。本例的EBIT-EPS分析如图5-4所示。

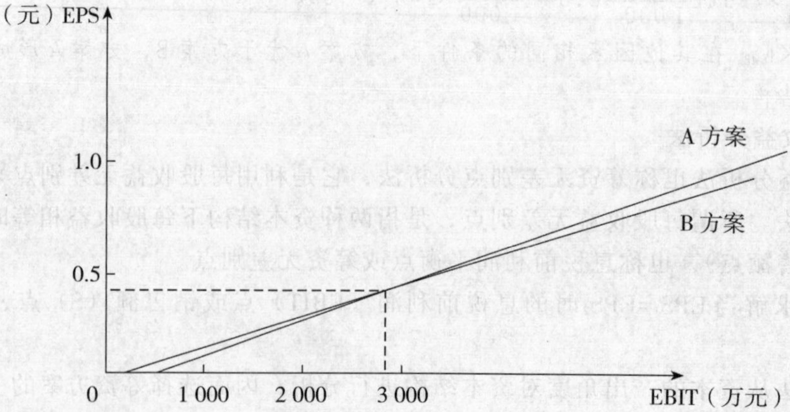

图5-4 EBIT-EPS分析

第四节 资本结构理论及其政策启示

资本结构理论是关于资本结构、资本成本及公司价值三者之间关系的理论描述，它是公司财务理论的重要组成部分，也是使公司财务学融入现代微观经济学的重要基石。资本结构理论包括早期资本结构理论、现代资本结构理论及其发展。

1952年，大卫·杜兰特（David Durand）提出了早期资本结构理论。他的研究报告提出了三种资本结构的见解："净收入理论"、"净经营收入理论"和"传统理论"。

现代资本结构理论以MM理论和权衡理论为代表。

一、MM理论

在早期资本结构理论的基础上，财务学家莫迪格莱尼（Franco Modigliani）和米勒（Merton Miller）提出了现代资本结构理论（简称MM理论），这是至今仍被称为最有影响的财务理论。

MM理论包括无公司税的MM理论和有公司税的MM理论。它们都建立在以下假设的基础上：（1）资本市场是完善的，没有筹资时的交易成本和佣金；（2）负债的利率为无风险利率；（3）投资者可按个人意愿进行各种套利活动，不受法律制约，并无须缴纳个人所得税；（4）投资者都能免费得到相关信息；（5）所有投资者均能按同一利率借入或贷出，或者说个人能以与公司相同的利率借入或贷出，且借贷利率相等；（6）所有投资者是理性的，且对公司盈利水平具有相同的预期。

无公司税的MM理论的结论是：资本结构不影响公司价值和资本成本。当公司提高其负债比时，权益资本成本将随着风险的加大而相应提高，提高了的资本成本正好抵销了负债筹资低成本的好处，使得加权平均资本成本不随资本结构变化而变化。同理，由于公司市场价值表现为未来经营收益的折现值（贴现率为加权平均资本成本率），使得公司价值也不会随着资本结构改变而改变。

设V_U代表无负债的公司价值，V_L代表有负债的公司价值。在无公司所得税的条件下，有：

$V_L=V_U$

有公司税的MM理论的结论是：负债利息的减税作用会增加公司价值。负债越多，公司价值越大，权益资本所有者获得的收益也越大。

设公司T代表公司所得税税率，B代表负债利息，则TB代表负债的节税利益。在考虑公司所得税的条件下，有：

$V_L=V_U+TB$

二、权衡理论

MM理论只考虑了负债带来的节税利益，却忽略了负债带来的风险和额外成本。权衡理论在MM理论的基础上，充分考虑财务拮据成本和代理成本两个因素来研究资本结构。

财务拮据是指企业没有足够的偿债能力，不能及时偿还到期债务。许多企业都在经历着财务拮据的困扰，其中一些企业可能会破产。由于企业破产而造成直接和间接成本问题，是继MM理论之后在企业资本结构理论中研究最多的一个问题，其代表人物主要有博克斯特（Baxter，1967），克劳斯和利兹伯格（Kraus，Litzenberger，1973），斯科特（Scott，1976）以及戈登和马尔基尔（Gordon，Malkiel，1981）。

当一个企业出现财务拮据时，可能会出现以下情况：（1）大量债务到期，为了偿还债务，企业不得不以高利率借款以便清偿到期债务，从而陷入更严重的恶性循环。（2）当企业出现财务拮据时，为解燃眉之急，往往会采取一些短期行为，如推迟机器大修、降价变卖资产、降低产品和服务的质量等。（3）当陷入财务困境时，企业的客户和供应商不来购买产品或不再提供信用。（4）当破产案件发生时，会发生大量的律师费、诉讼费和其他行政开支。当财务拮据发生时，即使最终企业不破产，也会产生大量的直接成本和间接成本，这些便是财务拮据成本。财务拮据成本是因负债而产生的，且负债越多，固定利息越大，收益下降的概率越大。财务拮据成本越高，企业价值就越低。

代理成本是指为处理股东和经理之间、股东与债权人之间的关系而发生的成本。它实际上是一种监督成本。代理成本的发生会提高负债成本，从而降低负债利益。

权衡理论认为，有负债的公司价值等于无负债公司价值加上税负节约，减去预期财务拮据成本的现值和代理成本的现值。最优资本结构存在于税负节约与财务拮据成本和代理成本相互平稳的点上。

设FPV代表预期财务拮据成本的现值，TPV代表代理成本的现值，TB代表负债的节税利益，则有：

$V_L=V_U+TB-FPV-TPV$

其基本关系可表示为如图5-5所示。

图5-5说明：

（1）负债可以为企业带来节税利益。负债量达到A点前，负债的节税利益起完全支配作用。

（2）负债成本随着负债比率的增大而上升。当负债超过A点，财务拮据成本和代理成本的作用显著增强，抵销了部分节税利益。在B点上，节税的边际收益完全被负债的成本所抵销。超过B点，财务拮据成本和代理成本将起主导作用，公司价值呈下降趋势。

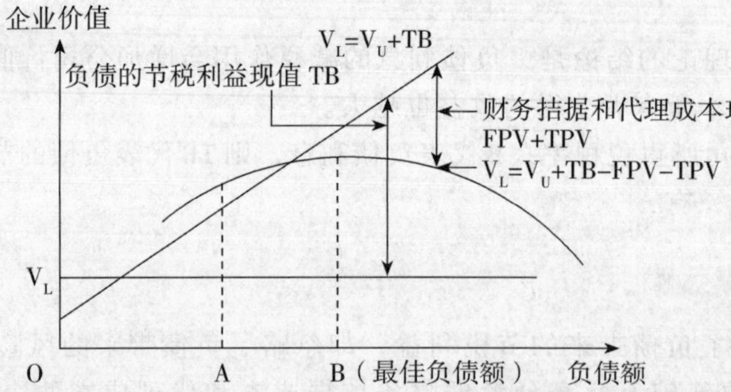

图5-5　财务拮据成本、代理成本现值、负债的节税利益现值的关系

因此，权衡理论认为，存在着最优资本结构点，就是图中的B点，当负债量达到此点时，边际节税利益等于边际财务拮据成本和代理成本，企业价值达到最大。

三、现代资本结构理论的政策启示

资本结构理论的目的是为了解释公司的实际行为。作为一个完整的理论，它同时也给我们提供了一些政策启示：

1.资本结构国际间的差异

在工业化国家中，美国、英国、德国、澳大利亚和加拿大的公司平均账面资产负债率要比日本、法国、意大利和其他欧洲国家低；而英国和德国的市场价值杠杆比率是最低的。在发展中国家，新加坡、马来西亚、智利和墨西哥的负债比率明显要比巴西、印度和巴基斯坦低。这些差异的确切原因还不清楚。但是一个国家依赖资本市场还是依赖银行进行筹资，历史、制度甚至文化的因素都可能起作用。

2.资本结构具有显著的行业模式

这在全世界都是一样的。在所有发达国家，某些行业以高的负债比率为特征（如公用事业、运输公司及成熟的资本密集型制造企业），而其他的一些公司却很少甚至没有长期负债（如服务行业、矿业公司和大多数的成长迅速或以技术为基础的制造企业）。这些模式说明了行业的最佳资本组合特征以及运营环境的多样化，共同对世界各地该行业的公司实际选用的资本结构造成了显著的影响。

3.行业内杠杆作用率与盈利水平负相关

不管什么样的行业，最赚钱的公司负债最少。如果企业可利用功能健全的资本市场，应当能够（至少在一段时间内）把它们的财务比率定在任何一个期望水平上，或者该行业最佳水平上。以税收为基础的资本结构理论认为，盈利的公司应该借更多的钱，因为它们更有必要规避公司所得税。但是盈利水平与杠杆作用率之间的经验关系表明，资本结构至少部分地是自然存在的——也就是说资本结构在公司历史上开始盈利之前就已经确定了，它并不是资本结构政策选择中深思熟虑的结果。这种区别很重要，关系到一个公司的资本结构是其他财务政策选择的原因还是结果这一核心问题。

4.税收明显地影响资本结构，但并不是决定性的

这一点可以通过直觉来判断。因为公司或个人所得税的变化能够戏剧性地改变公司的盈利能力及所发行债券与股票的相对吸引力。研究表明，公司所得税税率的增加与公司利用负

债经营的增加相关（至少在利息可以作为税收抵减项目的国家里）。比较对股票收入（股利或资本利得）征收的个人所得税与对利息收入征收的个人所得税，如果前者比后者少的话，那一定会导致负债经营的减少。但税收既不能引起也不能阻止资本结构杠杆作用的发生。

5.杠杆比率与财务失败预期成本负相关

不论对一个行业还是对一个国家而言，破产与财务失败的预期成本越大，就越少运用负债经营。在一些国家，如日本，银行在公司理财中担任了重要的角色，破产法对债权人的关注要胜过债务人，一家正常运营的公司对杠杆作用率的考虑要比美国公司多很多。另外，一些行业看起来可以比其他行业能够容忍更高的杠杆作用率，因为这些行业可以相对小的经济损失渡过阶段性的财务紧张时期（这种时候甚至可能破产）。例如，一家公司的抵押品比较充足，如拥有可交易的不动产和交通运输工具等，这家公司对财务失败的敏感度就要比主要资产是人力资源、商标或其他无形资产的公司低。

6.现有股东总是认为杠杆比率的增加是“利好”消息，杠杆比率减少是“利空”消息

几乎所有重要的实证研究都表明，当一家公司的杠杆作用率提高时，该公司的股价就会上涨，如股权换债券协议、负债筹资的股票回购项目、负债筹资下用现金招标控制另一家公司等。另外，杠杆作用率的减少，如债权转股权、发行新股、用股票收购另一家公司的计划，都会导致股票价格的下跌。这些行为与股东权益最大化背道而驰。但尽管如此，这些行为仍旧没有改变。股票价格下降的真实原因还需进一步研究。

7.股票发行时交易成本的变化对资本结构没有明显的影响

从世界范围来看，几十年来发行股票及债券的交易成本发生了戏剧性的下降，特别是在美国。但是不管是对个别公司的杠杆作用率来说，还是对所发行的证券的种类来说，都没有太大的影响。交易成本可能会影响证券发行的多少和频率，但是不会影响资本结构的选择。

8.所有权影响资本结构，但两者之间的关系并不明确

一般来说，一家公司的所有权结构越集中（股份持有者之间的关系越紧密），越有可能更多地举债并有能力承担更多的债务。因此，家庭企业要比股权分散的上市公司更多地使用财务杠杆；而且如果对个别经理来说，在控制一家公司时会获得很高的个人利益，那么他们就更喜欢用新的负债来筹资而不是吸纳新的股份，因为这样可以使其控制权被稀释的可能性最小。另外，一些国家允许银行或其他金融机构拥有客户的股票或债券，那么这些国家的公司负债比率就比较高。

9.如果公司被迫离开了最佳资本结构水平，一段时间之后会逐渐回归到这个水平上

这种被迫离开最佳负债比率的情况会经常发生，主要是因为一些公司举借大量的新债去收购（反收购）其他公司或者从事新的投机业务。这些公司收购之后的第一件事就是还债，从而使债务水平回到最佳状态。一般来说，公司在运作时，如果负债比率过高，就会发行新的股票，如果过低就会举借新债，然而对于发行新股最好的预测手段就是最近的股票价格趋势，若股票价格已经下跌，就不会发行新股。

【进一步学习指南】

（一）代理成本理论

1976年，詹森和麦克林提出了著名的代理成本理论。他们观察到，当一个管理者拥有企业100%股份时，企业的所有权和控制权并没有分离。这就意味着管理者将为其行为承担所有的成本，从而获得全部

收益。一旦企业股票的一部分α比例出售给外部的投资者，那么该管理者将为其行为承担（1−α）的结果。这是对管理者的激励，但在有效率的市场上不会发生，因为出售股票给外部投资者将产生出售股票的代理成本。他们认为，运用负债可以弥补外部产权的代理成本。但负债同样存在代理成本，且随着杠杆作用率的提高而日益重要，企业不能通过“最大负债”进行筹资。

因此，在现代公司制企业中，存在着股东和经理之间、债权人和股东之间等的利益冲突。当经理只持有公司较小比例的股权时，由于道德风险和逆向选择的存在，会产生代理成本。如果增加企业负债的比例，会使经理的持股比例相应增加，从而降低代理成本。而债权人和股东之间的利益冲突表现为：随着负债比例的上升股东可能会倾向于选择风险更大的投资项目，以转嫁投资风险于债权人，但理性的债权人会合理预期这一风险，当负债比例上升时将会通过负债成本来约束股东的举债行为。

这种代理成本最终要由股东承担。企业资本结构中负债比率过高会导致股东价值降低。根据代理成本理论，负债比率适度的资本结构会增加股东的价值。因此，资本结构可以作为一种激励工具的延伸，利用资本结构的信号传递功能，通过调整企业的负债比例来影响股东或代理人的行为，协调企业的各种利益关系。

（二）信号理论

MM理论假定了信息是对称的。事实上，信息不对称是一种客观存在，内部控制人拥有外界投资者不具备的相关信息。因此，公司筹资、投资和股利分配决策的改变在实质上都意味着一种信号，一种对投资者有用的且关于管理者评价公司预期收益、市场价值的市场信号。

罗斯（Ross，1977）最早系统地把不对称信息理论引入资本结构的研究。他的研究保留了MM理论的全部假设，仅仅放松了信息是对称的假设。罗斯假设企业管理者对企业未来收益和投资风险有内部信息，而投资者没有这些内部信息，因此，投资者只能通过管理者输出的信息来评价企业市场价值。而负债比率就是一种把内部信息传递给市场的信号工具。他认为负债比率提高是一个积极的信号，它表明管理者对企业未来发展有充足的信心，因此，企业市场价值也随之提高。公司新证券发行意味着向市场传递了关于公司盈利前景或管理者拟将采用何种管理行动的信号。资本结构的改变及新股发行对股市产生消极影响，提高负债比率的行动将对股市产生积极作用，反之则相反。

信号理论认为，公司可以通过调整资本结构来传递有关获利能力和风险方面的信息，以及公司如何看待股票市价的信息。因此，当公司提高负债时，外界会认为经理对公司未来负债经营的前景有良好的预期；如果没有良好的未来投资收益预期，公司提高负债使财务拮据成本上升，经理的个人利益同样受到损失。在一般情况下，公司价值被低估时会增加债务资本；反之，公司价值被高估时会增加权益资本。

（三）融资优序理论

融资优序理论也称为资本结构排序假设或啄食顺序理论（Pecking Order Theory）。

在罗斯分析的基础上，梅耶斯和马基鲁夫（Myers & Majluf，1984）进一步考察了非对称信息对企业筹资成本的影响。他们认为，在信息不对称的条件下，企业的资本结构是内部管理者传递项目质量信息的手段。在企业需要为新投资项目进行新筹资方式选择时，如果使用股权筹资方式，对投资者来说，则是一个坏消息，因为管理者比投资者更了解投资项目的真实价值。如果项目的净现值为正，说明项目具有较好的盈利能力。这时代表原股东利益的管理者不愿意作出发行新股、把投资收益转让给新股东的决策，而更愿意发行债券筹资。因此，由于逆向选择，企业只可能在股价高估时才愿意发行股票。这样外部投资者自然不愿意购买股票，从而引起股价下跌，直到新投资者获取的收益大于新投资项目的净现值。股票价格下跌显然会增加企业的资本成本，影响投资决策。在这种情况下，即使新投资项目的净现值为正，该项目也可能被拒绝。但此时如果企业能够发行一种不被市场严重低估的证券，如无风险债券等，这种投资不足就可以避免。因此，在企业面对良好的投资机会时，一般会按照先内部筹资、再发行债券、最后发行股票的顺序进行筹资，这就是融资优序理论。

基于以上分析，梅耶斯和马基鲁夫提出了融资优序理论，其主要观点为：

（1）公司偏好内部筹资。

（2）如果需要外部筹资，公司首先选择最安全的证券，即先考虑债务筹资，然后考虑混合证券筹资（如可转换债券），最后才是股权筹资。

根据融资优序理论，企业不存在最优资本结构和目标负债比率，负债比率是筹资结果的积累。融资优序理论的重要贡献是考虑到了信息不对称对企业投资决策和筹资行为的影响。融资优序理论可以解释现实中类似的企业为什么有很不同的资本结构，但是却不能解释许多公司可以用债务筹资，却偏偏采用外部股权筹资。

复习思考题

1.什么叫资本成本？有何作用？影响资本成本高低的因素有哪些？

2.什么叫个别资本成本？债务成本与权益成本各有何特点？

3.什么叫加权平均资本成本？其权数如何确定？

4.什么叫经营杠杆系数？有何意义？简述影响经营风险的因素。

5.什么叫财务杠杆系数？有何意义？简述影响财务风险的因素。

6.什么叫资本结构？什么叫最优资本结构？

7.影响资本结构的因素有哪些？

8.资本结构决策的方法有哪些？

9.长期筹资决策应考虑哪些因素？

10.营运资本政策有哪些类型，各有何特点？

11.MM理论和权衡理论的主要观点是什么？

12.根据融资优序理论，企业应当按照何种顺序筹资？

13.试用资本结构理论解释某一企业资本结构的实践行为。

计算与分析题

1.目的：练习个别资本成本的计算。

资料：某公司发行面额1 000元、5年期、每年付息债券20 000张，票面利率为8%，发行费用预计40万元，公司所得税税率为40%。

要求：

（1）计算不考虑货币时间价值的债券成本；

（2）计算考虑货币时间价值的债券成本。

2.目的：练习个别资本成本和加权平均资本成本的计算。

资料：B公司需要筹集资金1 200万元，其中：

（1）按面值发行长期债券1 000万元，票面年利率为12%，发行费用为3%。

（2）按面值发行优先股100万元，筹资费率4%，每年支付股利12%。

（3）按面值发行普通股100万股，筹资费率5%，第1年末每股发放股利0.12元，预计以后每年增长4%。

设公司所得税税率为33%。

要求：（1）计算各种个别资本成本。

（2）计算该筹资方案的综合资本成本。

3.目的：练习加权平均资本成本的计算与运用。

资料：ABC公司拟采用普通股、银行贷款和债券三种方式筹资新建一条生产线，预计筹资总额2 000万元，其中：发行股票100万股，每股发行价10元。已知第1年股利为1元，以后每年按5%的比例递增；银行贷款500万元，年利率为10%，期限5年，每年付息一次，借款手续费率为0.1%；债券面值480万元，发行价500万元，票面年利率为13%，5年期，每年付息一次，发行费用率为2%。设所得税税率为40%。预计该生产线投产后每年可增加净收益250万元。

要求：按照加权平均资本成本分析该筹资项目是否可行。

4.目的：练习每股收益无差别点分析法的运用。

资料：D公司目前资本结构如下（单位：万元）：

筹资方式	金额
长期债券（年利率8%）	10
普通股（面值10元）	20
资本公积	25
留存收益	20
合计	75

因生产发展需要，该公司需追加筹资25万元。现有两个方案可供选择：

（1）发行新股1万股，每股面值10元，每股发行价25元。

（2）发行利率为10%的公司债券25万元。

设该公司所得税税率为33%。

要求：

（1）计算两种筹资方式下的每股收益无差别点的息税前利润。

（2）若企业预计再筹资后息税前利润达到10万元，该企业应选择哪一方案？

（3）计算每股收益无差别点下方案（2）的财务杠杆系数。若企业预计息税前利润增长10%，计算每股收益的增长率。

5.目的：练习经营杠杆系数、财务杠杆系数和总杠杆系数的计算与应用。

资料：某公司年销售额为100万元，变动成本率为70%，全部固定成本和财务费用合计20万元，总资产50万元，负债比率为40%，负债平均利息率为8%。设所得税税率为40%。

该公司拟改变经营计划，追加投资40万元，每年固定成本增加5万元，可使销售额增加20%，并使变动成本率下降至60%。该公司以提高净资产收益率同时降低总杠杆系数作为改变经营计划的标准。

如所需资金以追加股权资本取得。

要求：

（1）计算经营计划改变前后的净资产收益率、经营杠杆系数、财务杠杆系数和总杠杆系数。

（2）判断应否改变经营计划。

6.目的：练习经营杠杆系数与财务杠杆系数的计算与应用。

资料：某公司为专门生产某种收音机的公司，其产品每台售价100元，年产量10 000台，每年税前利润额为200 000元，企业的固定成本为200 000元（含利息），其资产总额为800 000元，长期负债200 000元，年利率10%，无其他负债。公司有普通股40 000股，每股面值10元。假设公司所得税税率为40%，投资报酬率为12%。

该公司现准备引进一套新设备，需投资200 000元，每年的固定费用将增加30 000元，采用新设备后可使每台收音机的变动成本降低10元，并可增产2 000台。但为了确保完成销售，决定产品降价至90元。

要求：

（1）以企业投资报酬率为依据，对其应否投资新设备作出决策。

（2）如该企业进行此项投资，试计算投资后的经营杠杆系数。

（3）如该公司准备用发行债券200 000元的方式筹资，年利率为12%，每年付息一次。试计算筹资前后公司的财务杠杆系数，并从每股收益的角度判断该项投资是否可行。

案例分析题

1.资料[①]

百大集团的战略转型与资本结构。战略转型是许多公司发展壮大历程中曾迈过的“坎”，也是当下很多公司应对内外部环境变迁的重要策略之一。本案例将以百大集团转型过程中资本结构的选择为例，进行分析研究，供后来者借鉴。

A.战略转型：稳定型百货零售公司变身成长型商业地产公司

（1）总体战略由稳健型转向成长型，再转为收缩战略

回顾百大集团前20年的创业发展史，随着经济环境、公司资源等诸多因素的变化以及浙江百货业生命周期的演进，其公司战略沿着密集成长、多元化成长、收缩、稳定型的轨迹演进。20世纪80年代，百大管理层和员工运用原杭州市工商局几千万元投资建立起杭州百货大楼。1994年首次公开发行股票并在上海证券交易所上市。运用随后两次配股募集资金完成了百大武林门酒店大楼的建设，并进行了一些旅游及地产领域的投资。此时的百大通过密集型战略和多元化战略驱动公司的成长。但由于多元化投资项目的效益不是很理想，2002年公司剥离了杭州市灵隐旅游发展有限公司等多元化业务单元，回归百货零售核心业务。由表5-5可以看到，在2007年前，百大集团在战略方向上没有重大改变，在业务领域、市场地位和销售规模等方面均以维持已有经营能力为目标。长期实施稳定型战略会导致企业缺乏应对挑战和风险的能力。2006年百大集团控制权的转移与争夺，与其战略选择不无关联。2006年，西子联合通过协议转让方式从杭投控股手中拿到了百大集团26%的股份，成为控股大股东。伴随着控股大股东的变更和控制权的转移，公司的发展战略和经营管理理念也随之发生了渐变。2009年百大集团资产规模达14.95亿元，较上年增长了49%，2010年进一步跃升到36.39亿元，2011年更是升到44.21亿元，较上年增长了21%。公司的总体战略走向了快速成长型。2012年到达顶峰为48.47亿元；2013—2015年，由于受到互联网的影响，百大的战略转为收缩型，资产总额减少到2015年的17.85亿元。

表5-5　**百大集团主要财务数据**　单位：亿元

主要财务数据	2007	2008	2009	2010	2011	2012	2013	2014	2015
营业收入	15.32	13.12	11.11	11.79	12.98	12.25	12.34	10.52	11.03
营业利润	1.27	0.99	1.37	1.06	1.02	0.9	1.46	1.92	1.51
利润总额	1.23	1.01	1.39	1.03	1.04	1.02	1.49	1.95	1.83
净利润	0.75	0.76	1.04	0.78	0.79	0.79	1.14	1.56	1.41
资产总额	11.02	10.04	14.95	36.39	44.21	48.47	28.12	18.6	17.85
负债总额	3.37	2.18	6.06	25.43	27.45	33.91	15.92	5.22	3.06
权益总额	7.65	7.86	8.59	9.38	11.72	10.98	12.2	13.38	14.79

注：表中数据均来自百大集团2007—2015年年报及公开的资料。

（2）经营战略由百货零售业转向商业性地产

公司发展与成长的路径不外乎纵向或横向一体化、密集型成长和多元化成长。百货资产租赁给银泰投资后，经营策略的转型已成必然。2009年公司明确了“以商业地产为核心业务，以商贸运营和酒店连锁为配套业务，以金融投资为支持业务”的发展战略，并随之注册了浙江百大置业有限公司（全资子公

① 戴娟萍.百大集团的战略转型与融资策略研究［J］.财会通讯，2012（17）.

司)，进军商业性地产领域。2009年10月，浙江百大置业有限公司与绿城房地产集团以26.5亿元联合竞拍获得庆春广场西侧27 908平方米的商业地块，并共同设立项目公司（杭州百大置业有限公司）进行后续投资开发。2010年6月，杭州百大置业有限公司的注册资本增加至53 000万元，其中百大集团增资（以子公司浙江百大置业公司名义增资）30 100万元。增资后浙江百大置业有限公司占70%的股份，绿城房地产集团有限公司占30%的股份。向商业地产转型使公司面临着巨大的资金压力。虽然选择了与浙江著名的房地产开发与建造商绿城集团合作，但绿城擅长的是建造商品房及配套商业物业，同样缺乏开发城市商业综合体的经验积累。因此，筹集开发项目所需的巨额资金及引入（培养）开发城市商业综合体人才与经验，成为摆在百大集团及其控股大股东西子联合面前的艰巨任务。

B.筹资策略转型：由极度稳健走向激进

（1）资本结构

以权益资本为主转向以短期债务资金为主（见表5-6），百大集团2008年前各年的长期借款为零，流动负债全部为经营负债，其资金来源于权益资金和经营负债，资产负债率长期保持在30%左右。转型启动后，有息债务急剧上升，2010年年末已达22.8亿元，成为公司资金的主要来源。公司的流动负债更是高达15.77亿元，其中短期借款为13.2亿元，由以往主要使用长期资金走向过度依赖短期资金的状况。2010年的资产负债率更高达69.88%。债务比例的上升，尤其是短期债务的攀升，使公司的财务风险陡然加大，资本结构渐趋激进。2013年开始，百大集团采取收缩型战略后，由于投资的减少，百大集团的债务总额和长短期债务都明显减少。2015年的资产负债率又只有17.14%。

表5-6　**百大集团负债和股东权益数据表**　单位：亿元

项　目	2007	2008	2009	2010	2011	2012	2013	2014	2015
流动负债	3.33	2.16	5.21	15.78	13.51	21.05	11.12	2.85	2.48
其中：短期借款	0	0	3	13.2	7.34	9.6	1	0	0
非流动负债	0.05	0.02	0.8	9.63	13.93	12.86	4.79	2.37	0.58
其中：借款	0	0	0.8	9.6	13.9	12.19	4.13	1.75	0
资产总额	11.02	10.04	14.95	36.39	44.21	48.47	28.12	18.6	17.85
负债总额	3.37	2.18	6.06	25.43	27.45	33.91	15.92	5.22	3.06
权益总额	7.65	7.86	8.59	9.38	11.72	10.98	12.2	13.38	14.79
资产负债率（%）	30.60	21.71	40.53	69.88	62.09	69.96	56.61	28.06	17.14

注：表中数据均来自百大集团2007—2015年年报。

（2）股利分配：由高现金股利支付率到利润全部留存公司

2007年以来收益分配情况见表5-7，可以看出西子联合获得控制权后，为预留后继发展所需的资金，逐步降低了股利支付率。确定向商业地产转型的发展战略后，开始实行零股利政策。然而这两年的1.82亿元左右的利润全部被留存下来，但较之庆春广场项目几十亿元的资金需求来说，仍是杯水车薪。因此，百大集团在2011年本着回报和善待股东的理念，当公司商业地产业务有了起色后，向股东发放每股0.08元现金股利，以稳定股东的投资信心。2013年以后，随着收缩战略的实施，企业外部资金的减少，内部资金的需求增大，因此，股利政策趋向零股利政策。

表 5-7　　百大集团股利分配数据表

项　目	2007	2008	2009	2010	2011	2012	2013	2014	2015
股票股利（股）	0	0	0	0	0	0	0	0	0
现金股利（元/股）	0.13	0.08	0	0	0.08	0.08	0	0.1	0
每股收益（元/股）	0.28	0.23	0.28	0.21	0.21	0.23	0.32	0.41	0.37
股利支付率（%）	46.43	34.78	0	0	38.1	34.78	0	24.39	0

注：表中数据均来自百大集团2007—2015年年报。

（3）营运资金：宽松的持有政策和激进的筹集政策相对应

由表5-8可知，截至2011年12月31日，公司的营运资本为25.00亿元，配置比例为64.91%，营运资金持有政策保持着极度宽松的状态。然而，公司流动资产的主体是存货（土地）。土地作为房地产行业存货，变现能力差，资金被长期占用，实际上已丧失流动资产的特征。另外，在2008年以前较长的一段时间里，百大集团没有短期借款，流动资产占用的资金来源于经营负债和股东权益，营运资金的筹集策略极度稳健。2009年以后，短期借款迅速蹿升。这些短期借款主要是为满足永久性流动资产（开发成本）资金之需而举借的，营运资金的筹集策略走向激进型。这样的财务策略，虽然有助于降低资本成本，却使公司的财务风险急剧放大。2013年后，随着收缩战略的实施，总投资资金的减少带来债务的减少，这时营运资金的筹资策略又重新回到保守型。财务策略又趋向低风险低收益的模式。

表 5-8　　百大集团营运资金数据表　　单位：亿元

项　目	2007	2008	2009	2010	2011	2012	2013	2014	2015
流动资产	7.04	6.4	10.13	30.85	38.51	42.98	20.95	11.47	6.44
其中：货币资金	5.9	2.3	1.49	2.67	5.1	3.76	3.27	2.75	2.25
存货	0	0	0.12	27.85	32.44	38.31	0.09	0.02	0.01
流动负债	3.33	2.16	5.21	15.78	13.51	21.05	11.12	2.85	2.48
其中：借款	0	0	3	13.2	7.34	9.6	1	0	0

注：表中数据均来自百大集团2007—2015年年报。

2.要求

（1）根据上述数据，试计算百大集团纵向资本结构和横向资本结构，并判断其是否合理。

（2）从上述资料中分析，百大集团的经营风险和财务风险是如何搭配的。

（3）根据已知的资料，分析百大集团的融资规模的大小是如何确定的。

（4）根据已知的数据和分析，试分析百大集团的投资时间与融资时间如何匹配。

（5）根据上述资料和数据，试分析百大集团的资本结构和融资战略如何匹配。

第六章 项目投资

【学习目标】

通过本章学习，要求理解和掌握：

- 企业投资战略与项目投资的种类
- 目投资决策参数的估计
- 项目投资决策方法

【引例】

浙江盾安人工环境股份有限公司（股票代码：002011，简称“盾安环境”）是一家专业生产空调器制冷配件及电制冷式中央空调主机和末端设备等产品的上市公司，总股本为32 236.38万股。为了进一步提升创新能力、满足掌握核心自主知识产权的需求，盾安环境拟实施浙江盾安环境技术有限公司产业新技术研发基地项目。项目总投资15 000万元，其中固定资产投资14 000万元，流动资金1 000万元。项目投资全部以现金方式出资，注册资本5 000万元由公司自筹解决，其余申请银行贷款或采用其他融资方式。项目建成以后，将形成先进的、现代化的以公司制运营的产业新技术研发基地，从而使得公司具备更为完善的条件推动具有国际先进水平的低碳、节能、环保的人工环境系统技术和产品的研发，实现大型人工环境系统设备的进一步国产化，并促进自动控制和智能控制技术水平的进一步提高，使公司逐步实现从技术追随者到技术引领者的转变。

科学合理的项目投资对一个公司的发展有何重要意义？项目投资如何进行财务评估？项目投资如何进行财务决策？我们带着这些问题进入本章的学习。

第一节 投资战略与项目投资概述

投资是公司把筹措的资本投入到生产经营中去，以期望在未来获取收益的经济行为。对于创造价值而言，投资决策是三项财务决策中最重要的决策。

按投资回收期限的不同，企业投资分为长期投资和短期投资。长期投资是企业以盈利为目的所进行的资本性投资行为。按投资对象的不同，长期投资又分为项目投资和金融投资。本章在阐述公司投资战略基本概念的基础上，重点讨论项目投资的决策方法，即资本预算方法。

一、投资战略概述

投资战略就是为使企业在长时期内生存和发展，在充分估计影响企业长期发展的内外因素的基础上，对企业长期投资所作出的总体筹划和部署。

企业制定投资战略的主要目的在于有效地利用人力、物力、财力，合理、科学地组织配置企业各种资源，解决企业将来如何在急剧变化的环境中保持旺盛的生机与活力的问题，实现价值最大化。

（一）企业投资战略的特点

1.从属性

企业投资战略是对企业可以支配的资源进行长远的、系统的、全局的谋划，必须服从和反映企业总体发展目标。企业投资战略目标必须根据企业的总体战略制定。

2.导向性

企业投资战略一经制定，就成为企业进行投资活动的指导原则，是企业发展的纲领，在一定时期内相对稳定，具有多重功能、多重影响。

3.长期性

投资战略为谋求企业的长远发展，在科学预测的基础上，开拓未来的前景，它确定企业发展的方向和趋势，也规定各项短期投资计划的基调。

4.风险性

投资战略不能消除风险，也难于把风险降为最低。换言之，投资战略一旦实现，就会给整个企业带来生机和活力，使企业得以迅速发展；投资一旦落空，将会给企业带来较大损失，甚至使企业陷入破产、倒闭的局面。

（二）企业投资战略的种类

1.根据投资战略的性质，可分为稳定型投资战略、扩张型投资战略、紧缩型投资战略和混合型投资战略

稳定型投资战略是一种维持现状的投资战略，即外部环境在近期无重大变化，将现有战略继续进行下去，最有效率地利用现有的资金和条件，继续保持现有市场，降低成本和改善企业现金流量，尽可能多地获取现有产品的利润，积聚资金为将来发展做准备。

扩张型投资战略是指企业扩大生产规模，增加新的产品生产和经营项目，其核心是发展和壮大，包括市场开发战略、产品开发战略和多样化成长战略。

紧缩型投资战略是从进取竞争中退下来，从现有经营领域抽出投资，缩小经营范围，休养生息。

混合型投资战略是指企业在一个战略时期内同时采取稳定型、扩张型、紧缩型等几种战略，多管齐下，全面出击，其战略核心是在不同阶段或不同经营领域，采用不同的投资战略。

2.根据投资经营对象的差异，可分为密集型投资战略、一体化投资战略、多样化投资战略

密集型投资战略是指企业在以单一产品为投资对象条件下，采取积极措施，开辟新的业务领域，增加新的花色品种，扩大市场。

一体化投资战略是指企业在供、产、销三方面投资与经营实现一体化，使得原料供应、加工制造、市场销售实行联合，扩大生产和销售的能力。

多样化投资战略是指企业的新产品与新市场相结合，从事多样化投资和经营的战略。

二、项目投资的特点与种类

项目投资是企业通过购买固定资产、无形资产，直接投资于企业本身生产经营活动或企业外部投资项目的一种投资行为。它是一种直接性投资，是企业投资战略的重要内容。

（一）项目投资的特点

1.投资金额较大

项目投资一般在企业全部资产中所占比重较高，尤其是工业企业。固定资产作为生产的技术装备及物质技术基础，往往需要投入大量的资金。

2.影响期限较长

项目投资一旦实施，很难改变用途，对企业的生产经营活动会产生持续、长久的影响。

3.投资风险较大

由于投资一经完成，将长期影响企业的生产和经营，而在这较长的时期内，市场和企业的供、产、销、人、财、物等因素经常变化，不确定因素较多，因此投资风险较大。

（二）项目投资的种类

1.按项目对企业前途的影响分为战略性投资和战术性投资

战略性投资，是指涉及企业的发展方向和整体规模的投资，即对企业的全局会产生重大影响的投资，如新建投资、转产投资、新产品开发投资等。

战术性投资，是指只涉及企业某一局部经营业务的投资，如为扩大产品品种、提高产品质量、降低产品成本、改善工作环境等而进行的投资。

2.按投资项目间是否相关，分为独立投资和互斥投资

独立投资，是指在彼此相互独立的若干个项目间进行选择的投资。在这种情况下，项目间不能相互取代，且某一项目投资的收益和成本不会因其他项目的采纳与否而受到影响。独立投资若无资金总量限制，只需评价其经济上是否可行，即项目的内部收益率是否大于要求的收益率，便可决定取舍。

互斥投资，是指相互排斥、不能同时并存的投资，一般由资源的有限性所致。这类投资除了对所有项目逐个进行分析评价外，还要加以比较，即使每个项目本身从经济上都可行，也不能同时入选，而只能取其中较优者。

3.按项目与企业未来经营活动的关系，分为维持性投资和扩大生产能力投资

维持性投资是为维持企业正常经营，保持现有生产能力而投入的财力。

扩大生产能力投资是企业为扩大生产规模，增加生产能力或改变企业经营方向，对企业今后的经营与发展有重大影响的各种投资。

4.按投资的风险程度分为确定性投资和风险性投资

确定性投资是指未来情况可以较为准确地加以预测的投资。未来情况主要指的是项目寿命期内的现金流量等情况。这类投资的期限一般较短，投资环境变化不大，未来现金流量较易预测，因而在进行此类投资决策时，不考虑风险因素。

风险性投资是指未来情况不确定，难以准确预测的投资。这类投资决策涉及的时间一般较长，投资的初始支出、每年现金流量、寿命期限、贴现率等都是估算的，都带有某种程度的不确定性和一定的风险性。

近几年在英美国家发展迅猛的风险投资是一种典型的风险性投资行业。它是一种长期股权投资，其投资主体包括企业养老基金、公共养老基金、基金和捐赠组织、金融机构、企业、个人和家庭等在内的各种投资者和风险投资公司，其投资对象是致力于应用新技术

和开拓新市场的风险企业，包括种子企业、开创型企业、发展企业和杠杆收购等不同发展阶段的风险企业。在我国，这种风险投资与一般项目投资的区别在于：(1) 风险投资的对象主要是非上市的高新技术中小企业。这是因为这类企业具有高成长性和高获利能力的特点，符合风险投资高风险、高成长和高收益的投资要求。(2) 它是一种长期的、流动性较差的投资。一般要经过3~7年，甚至更长的时间，才能取得投资收益。(3) 它是一种权益性投资，投资的标的物是股权。其目的是营造出能在市场上出售的企业并尽可能地售出高价，追求的是风险资本与产业资本置换后获得的高资本收益，而不是利息或红利。(4) 它是一种风险性很高的投资。其成功率一般仅为20%左右，但一个项目一旦成功则可能带来几十倍甚至上百倍的回报。(5) 它是一种组合投资。为了分散风险，风险投资通常投资于一系列项目群。(6) 它是一种专业投资。风险投资不仅向风险企业输出资本，而且还提供相关的知识、经验、社会关系资源等咨询服务，积极参与被投资企业战略决策、技术评估、资产重组等重要活动，协助企业建立一个强有力的管理核心，帮助企业取得成功。

三、项目投资风险及其防范与控制

项目投资风险是指企业在进行项目投资过程中，由于对未来情况不了解或不完全了解，致使投入的资金不能产生预期的投资效益，导致企业盈利、偿债能力下降，甚至出现亏损的可能后果。随着市场竞争的日趋激烈，项目投资风险对企业生存与发展的影响也越来越大。目前，很多企业出现了这样或那样的问题，其中很大一部分原因是企业对项目投资过程中的各种风险和如何有效控制投资风险的认识不足，最终导致投资失败，甚至破产的严重后果。项目投资风险防范与控制的措施如下：

1.认真分析投资环境，提高对投资环境的适应能力

企业在进行项目投资过程中应对不断变化的投资环境进行认真的分析，把握其变化的趋势及其规律，及时调整投资决策，从而提高企业对投资环境变化的适应能力及应变能力，以降低环境变化给企业带来的投资风险。

2.提高企业经营管理水平，增加管理者的风险意识和风险预测

企业的管理者，特别是财务人员，必须充分认识各种潜在的风险因素以及发生损失的可能性。对企业在项目投资中所面临的风险有明确的了解，提高对风险客观性和预见性的认识，密切注意并采用科学的方法去预测、控制投资过程中的投资风险。

3.建立完善的项目投资财务风险预警机制，加强财务风险管理

项目投资财务预警系统是以企业信息化为基础，对企业在项目投资过程中潜在的投资风险进行实时监控的系统。它贯穿于企业投资活动的全过程，以企业的财务报表、投资计划及其他相关的财务资料为依据，利用财会、金融、企业管理、市场营销理论，采用科学的方法，发现企业项目投资存在的风险，并及时向领导者反映。领导者根据这些财务信息，经过深思熟虑，作出正确的投资决策，以避免和减少可能的投资损失。

4.注重投资组合，分散或降低风险

企业在进行项目投资的过程中，各种投资对象的风险是不同的。一般企业为降低投资风险都会将资金分布在不同的项目上，进行投资组合。实践证明，投资组合是一种行之有效的方法，不把资金全部投资在一个项目或一个阶段上，而是均衡地投在企业发展的不同

阶段，分散在多个项目上。这样就可以把投资风险分散在各个阶段和各个不同的投资项目上，只要有些成功就可以补偿某个失败所造成的损失，对投入项目只投入所需资本的一部分，则不用承担一个项目全部的投资风险，避免孤注一掷。

5.将企业投资风险转移，以达到共赢结果

企业在项目投资过程中，可以通过某些手段，将部分或全部投资风险转移给他人承担。这种风险转移包括保险转移和非保险转移。企业可以通过购买保险来转移风险。保险转移通常直接称为保险。企业通过购买保险，将投资项目的业主或承包商作为投保人，将本应自己承担的归咎责任和赔偿责任转移给保险公司，从而使自己免受风险损失。而非保险转移风险是企业在投资时有意识地采取某些非保险措施，将风险转嫁给其他经济单位，从而达到降低其自身项目风险发生的概率和损失程度的目的。

四、项目投资管理的原则

项目投资管理的目标是实现企业价值最大化。根据企业价值估价的基本模型——现金流量贴现模型，一个企业内含的价值有赖于：（1）未来长期的自由现金流量规模与节奏；（2）未来投资的市场必要收益率或机会成本；（3）公司现在的和未来的投资风险；（4）收益持续的时期长短。

为实现企业价值最大化目标，项目投资管理必须遵循下列原则：

1.净现值最大化原则

净现值是对投资的未来现金流入量进行贴现，求得其现值，然后与投资额的现值相比较。未来现金流入量的现值大于投资额的现值，净现值为正值，表示该项投资有利可图，应该进行；未来现金流入量的现值小于投资额的现值，净现值为负值，表示该项投资将造成亏损，应该放弃。在投资决策方法中，除净现值法外，还有其他多种方法，但是净现值法是投资分析最为科学的方法。不仅因为它可以准确地告诉人们某项投资是否应该采纳，避免引起误解和混乱，更重要的是，净现值虽是一个绝对数，但在分析时已考虑到投资的机会成本，只要净现值为正数，该项目就可以为企业多创造价值。因此，净现值最大化原则与企业价值最大化这一目标相一致。

2.投资与筹资协调原则

投资应当与企业筹集和调配资源的能力相协调。筹资无疑决定投资，是投资的前提。企业确定的投资方案或项目所需的资金数额需要通过筹资解决。只有如数、及时筹集到投资所需要的资金，投资方案才能实施。如果筹资不顺利、筹集不到或筹不足所需要的资金，再好的投资方案也不能得以实施。另外，企业投资中需要原材料、优秀的人才、能源等一系列资源，因此，企业本身是否有独特的优势是企业成功的关键。企业与金融界、政府部门及其他企业的关系，企业的声誉及还款能力，企业在产业中的组织和协调能力等等，与企业筹集资源的能力有很大的关系。

3.投资弹性原则

投资弹性包括两个方面：一是规模弹性，投资企业必须根据自身资金的可供能力和投资效益或者市场供求状况，调整投资规模，或者收缩，或者扩张；二是结构弹性，投资企业必须有能力根据市场风险或市场价格的变动，调整现存投资结构。在市场经济中，由于市场处于变动之中，企业经营规模和投资规模、企业经营结构和投资结构都必须相机调整。调整的前提就是投资弹性。

五、项目投资决策程序

项目投资的特点决定了项目投资决策对企业生存与发展具有重大的影响。因此，项目投资决策必须在调查研究的基础上，制定正确的投资战略，运用特定的程序、采用专门的方法，以保证决策的科学性。

项目投资决策一般包括下列步骤：

（一）投资项目的提出

公司总体战略是项目投资战略规划的依据。根据公司投资战略对各投资机会加以初步分析，从所投行业的成长性、竞争情况等进行分析。投资方向初步确定以后，在投资方案设计前应进行广泛的信息分析与收集工作，从财务决策支持网络中调出并补充收集有关总市场规模、年度增长率、主要或潜在对手的产品质量、价格、市场规模等信息，分析自己的优势、劣势，选择合适的投资时间、投资规模、资金投放方式，制订可行的投资方案。

企业的股东、董事、经营者都可提出新的投资项目。一般而言，企业的最高当局提出的投资多数是大规模的战略性投资，其方案一般由生产、市场、财务等各方面专家组成的专门小组写出；基层或中层提出的，主要是战术性投资项目，其方案由主管部门组织人员拟订。

（二）投资项目的论证

投资项目的论证主要涉及以下几项工作：（1）把提出的投资项目进行分类，为分析评价做好准备；（2）计算有关项目的预计收入和成本，预测投资项目的现金流量；（3）运用各种投资评价指标，把各项投资按可行性的顺序进行排队；（4）编制项目可行性报告。

项目正式立项后，由项目小组负责对项目进行可行性分析。通过对以下方面的评估确定项目的可行性：相关政策法规是否对该业务已有限制或有潜在的限制；行业前景与行业投资回报率；公司能否获取与行业成功要素相应的关键能力；公司是否能筹集项目投资所需资源。如项目不可行，应通报相关人员，并解释原因；如可行，则向董事会或项目管理委员会递交可行性分析报告。

如董事会通过了投资项目的可行性分析报告，则投资管理部门应聘请顾问公司对投资项目的实施进行论证，并开始投资项目的洽商，以确定其实际可行性。项目小组确认项目的可行性后，编制项目计划书，提交总经理保留参考并指导项目实施。项目计划书的主要内容有：（1）项目的行业（市场规模、增长速度等）背景介绍；（2）项目可行性分析；（3）项目业务目标；（4）项目实施计划；（5）项目财务分析；（6）项目资源配置计划；（7）项目执行主体。

（三）项目的评估与决策

这一阶段主要是综合论证投资项目在技术上的先进性、可行性和经济上的合理性、盈利性。一般由企业的经营者来组织项目所涉及的各方面专家来完成，其论证所形成的可行性报告是整个投资项目的基础，应确定建设方案，包括建设规模、建设依据、建设布局和建设进度等内容。项目评估一般委托建设单位或投资单位以外的中介机构，对可行性报告再进行评价，作为项目决策的最后依据。项目评估以后，需要将项目投资建议书报有关权力部门审议批准。

从决策主体来看，投资额较小的项目，总经理层或中层经理就有决策权；投资额较大的项目一般由董事会决策；投资额特别大的项目，应由股东大会投票表决。

（四）项目的实施

决定对某项目进行投资后，要积极筹措资金，实施项目投资。项目投资应当与企业筹集和调配资源的能力相协调。筹资无疑决定着投资，是投资的前提。企业确定的投资方案或项目所需的资金数额需要通过筹资解决。只有如数、及时筹集到投资所需要的资金，投资方案才能实施。如果筹资不顺利、筹集不到所需要的资金，再好的投资方案也不能得以实施。另外，项目投资中需要原材料、优秀的人才、能源等一系列资源，对项目实施具有重大影响。

项目实施控制的关键点有：（1）项目质量的控制。这是项目成功的关键。企业应规定工作质量标准，并以此为尺度来衡量项目的目标，同时监督这些目标的进度。（2）项目成本的控制。企业应把预算的项目进度和实际的项目进度、成本和工作状况结合起来，组成成本控制系统；采用关键路线法控制施工进度；并设定一个项目成本办公机构来监督，检查工程进度和成本支出。（3）对项目施工时间的控制。利用时间安排进度表，安排好各项工作的先后并安排完成时间。

（五）项目的再评价与退出

在投资项目的实施过程中，应对项目的效果进行再评价，以检查项目是否按照原先的计划进行，是否取得了预期的经济效益，是否符合公司总体战略和公司的投资战略规划。一旦出现新的情况，应随时根据变化的情况作出新的评价，甚至退出项目，以避免更大的损失。

投资项目的退出可分为被动退出和主动退出两类。被动退出一般是在投资项目实现预期目标无望、避免发生更大损失的情况下进行的；主动退出是基于项目盈利能力和战略调整等考虑而退出所投项目。主动退出投资项目的原则是实现企业价值最大化，即期望以较高溢价退出项目。退出的目的是为了更有力地出击，控制投资总量，实现投资良性循环，促进公司优化资源配置，借助投资项目退出实现战略调整，集中资源专注发展核心业务和主导产业，提高核心竞争力。

公司一般遇下列情形可能主动退出项目：（1）投资项目与公司发展目标、产业导向或核心业务不相符；（2）公司难以取得投资项目的管理控制权；（3）公司内部因资产整合和重组需要退出；（4）公司目前财务状况需要进行投资总量控制；（5）投资项目公司因重组事项发生重大不利变化；（6）投资项目因违法或违规而造成短期内无法消除的重大影响。

投资项目退出的基本途径有：公开上市，整体出售，改制重组后退出，物色对投资项目感兴趣的对象，股份回购，公司内部合并、转让投资，关闭、破产、清算。此外，公司也可通过引入专业或战略投资者共同经营投资项目，降低在投资项目中的股权比例，实现投资项目的部分退出。

第二节　项目投资决策参数的估计

在项目投资决策中，与投资项目决策相关的基本参数有两个——现金流量和贴现率。

一、现金流量

（一）现金流量的重要性

在投资决策中，现金流量（Cash Flows）是对投资项目引起的现金流入量和现金流出量的总称。投资项目在一定时间（通常是年）的现金流入量和现金流出量的差额，称为净现金流量。

衡量项目优劣的标准是现金流量而不是净利润，因为公司真正能用来再投资的是现金而非会计利润。现金流量具有最大的综合性，贴现现金流量以一种全面而简明的方式囊括了所有影响公司价值的因素。具体来说：

1.采用现金流量有利于合理考虑货币时间价值因素

根据货币时间价值的原理，不同时点上的现金具有不同的价值。在项目评价中，只有弄清楚每笔现金的收支时间，才能运用货币时间价值原理并借助于一定的评价指标进行合理的评价。会计利润的计算基础是权责发生制，不能反映某个时期实际的现金流量状况。

2.现金流量比利润更具可靠性

会计利润的计算具有一定的主观性。各期利润的多少，在一定程度上受到折旧方法、存货计价方法、费用分配方法、成本计算方法等人为因素的影响。各国会计政策一般规定可以在几种不同方法中选用其中一种。究竟采用哪种方法，往往因人而异。这就使会计利润作为公司投资决策的依据显得有些主观、随意，不太可靠。现金流量是投资项目各期现金的实际收支，因而具有客观性。

3.用现金流量取代利润有可靠的基础

在投资项目的寿命期内，净利润总计与净现金流量总计是相等的，所以用现金流量取代利润有可靠的基础。

（二）现金流量的构成

为了便于方案的评价，通常把投资项目整个时期的现金流量划分为三个部分，即初始现金流量、营业现金流量和终结现金流量。

1.初始现金流量

初始现金流量即在项目投资期发生的现金流量，一般包括以下几项内容：

（1）固定资产上的投资，包括购建费、运输费、安装费等。因该项投资引起的原有固定资产的变价收入，可作为现金流入处理。

（2）营运资金的垫支额。营运资金的垫支额是为了维持正常的生产经营活动而追加的周转性资金，一般在营业终了时才能收回这些资金。

（3）无形资产上的投资，包括在专利权、商标权、非专利技术、商誉等方面的投资。

（4）其他投资，包括筹建费用、试车费用、职工培训费用等。

2.营业现金流量

营业现金流量是指在整个生产寿命期内正常生产经营活动产生的现金流量，包括：

（1）营业收入。按权责发生制所确认的收入，虽不能在当期全部收到现金，但为了简便起见，在实际估算现金流量时，可以把某个时期的营业收入直接看作现金流入。

（2）付现成本。付现成本是指需要支付现金的成本。营业成本中不需要支付现金的部分称为非付现成本，主要是折旧与无形资产摊销成本。

付现成本 = 营业成本-折旧-无形资产摊销额

（3）税金。税金是指投资项目引起的销售税金及附加和所得税。

以上三项中，第一项减去后两项，即为营业现金净流量。通常，企业要确定的是每年营业现金净流量，这就要求分年度测算、估计相关数据。每年营业现金净流量的计算公式为：

年营业现金净流量 = 年营业收入-年付现成本-年税金

=年营业收入-（年营业成本-年折旧-年摊销）-年税金

=年净利润+年折旧+年摊销

3.终结现金流量

终结现金流量是指投资项目生产寿命期结束时发生的现金流量，主要包括：

（1）固定资产残值的变价净收入。

（2）收回垫支的营运资金。

（三）计算现金流量应注意的问题

在确定投资项目现金流量时应遵循的最基本的原则是：只有增量现金流量才是与项目相关的现金流量。所谓增量现金流量，是指接受或拒绝某个投资方案后，企业总现金流量因此发生的变动。只有那些由于采纳某个项目引起的现金支出增加额才是该项目的现金流出；只有那些由于采纳某个项目引起的现金流入增加额才是该项目的现金流入。

为了正确计算投资方案的增量现金流量，需要正确判断哪些支出或收入会引起企业总现金流量的变动，哪些支出或收入不会引起企业总现金流量的变动。在进行这种判断时，要注意以下7个问题：

1.注意从现有产品中转移的现金流量

假设公司正在考虑生产一种新产品，这种产品也许会与公司现有产品构成竞争，并可能减少现有产品的销售，在确定与该产品投资相关联的现金流时，应考虑新产品推出后给公司带来的整体销售增量的影响。

在进行投资分析时，我们只对接受和拒绝新项目后的预期销售增量感兴趣。如果销售只是从本公司的一种产品转移到另一种产品，则实质上没有给公司带来新的现金流；如果销售是从其他竞争对手处抢来或保持了本来会被竞争对手抢走的市场份额，则会给公司带来相关的增量现金流。在任何情况下，应将公司作为一个整体来比较有和没有新项目的现金流状况。这才是新项目的增量现金流。

2.注意新项目的附属或连带的现金流入效果

尽管在许多情况下，新项目会挤占公司现有产品的市场和销售，但有些情况下，新项目会促进公司现有产品的销售。例如，1991年9月，美国航空公司（USAIR）开通了到艾奥瓦州的航线。新航线联入了美国航空公司已有的航线系统后，一方面直接创造了收入，另一方面还将旅客送至与之相连的美国航空公司其他航线，增加了相关航线的收入。因此，决策时必须考虑新项目实施后可能给公司带来的每一笔关联现金流量。

3.考虑营运资金的需求

在一般情况下，当公司开办一个新业务并使销售额扩大后，对于存货和应收账款等流动资产的需求也会增加，公司必须筹措新的资金，以满足这种额外需求；另外，公司扩张导致应付账款与一些应付费用等流动负债也会同时增加，从而降低公司流动资金的实际需要。所谓营运资金的需要，是指增加的流动资产与增加的流动负债之间的差额。当投资方案的寿命周期快要结束时，公司将与项目有关的存货出售，应收账款变为现金，应付账款和应付费用也随之偿付，营运资金恢复到原有水平。通常，在进行投资分析时，假定开始投资时筹措的营运资金在项目结束时收回。

4.不要忽视机会成本

在投资方案的选择中，如果选择了一个投资方案，则必须放弃投资于其他途径的机会。其他投资机会可能取得的收益是实行本方案的一种代价，被称为这项投资方案的机会成本。机会成本不是我们通常意义上的“成本”，它不是一种支出或费用，而是失去的收益。这种收益不是实际发生的，而是潜在的。机会成本总是针对具体方案的，离开被放弃的方案就无从计量、确定。机会成本在决策中的意义在于，它有助于全面考虑可能采取的各种方案，以便为既定资源寻求最为有利的使用途径。

5.牢记沉没成本不是增量现金流

在资本预算中，只有受新项目决策影响的现金流才是与该项目相关的现金流。项目决策分析时要考虑两个问题：（1）如果接受这个项目，此项现金流会发生吗？（2）如果拒绝这个项目，此项现金流会发生吗？假设某新产品在投产前正考虑进行市场测试，如果只是在考虑这项决策但还没有付诸实施，则与市场测试相关联的成本是相关现金流。相反，如果已经做了市场测试，则市场测试过程中涉及的现金流对新产品项目决策已不再相关。因为不管对这项新产品生产作出什么决策，市场测试环节中的现金流已经发生，与这项新产品决策没有关系。在决策时已经发生的现金流称为沉没成本，因为它已经被投入到这个项目中，而且不能收回。任何不受接受-拒绝决策影响的现金流都不应包括在资本预算分析中。

6.考虑相关的间接费用

大多数情况下，不管项目接受与否，供热费、电费和租金等间接费用都会发生。通常这些间接费用不能落在单一项目上，而应按与项目的相关性进行分摊。分摊的依据并不是看项目的收益是否来自间接费用，而是看间接费用是否与项目的实施有关。

7.忽略利息支付和筹资现金流量

在评价新项目和确定现金流时，往往将投资决策和筹资决策分开，即从全部资本角度来考虑。利息费用和项目的其他筹资现金流不应看作该项目的增量现金流。也就是说，即使接受项目时不得不通过发行债券来筹集资本，与筹集的债务资本相关联的利息支出及本金偿还也不是相关现金流量，因为当用公司要求的收益率作为贴现率来折现项目的增量现金流时，该贴现率已经隐含了此项目的资本成本。公司通常应事先确定对项目的期望报酬率或收益率要求，然后再寻求最佳筹资方式。

(四)现金流量计算举例

【例6-1】A公司准备购进一条生产线，估算初始总投资为3 600万元，一次投入。新增营运资本约为400万元。假设该生产线购入后的第一年即投产。公司对该生产线生产的产品进行了评估：新产品每年销售量为100万件，单价40元/件，变动成本率为75%，年固定成本总额为80万元。生产设备预期使用寿命为30年，残值为零。资本成本为15%，公司所得税税率为25%。

1.该项目的初始现金流量

初始现金流量=3 600+400=4 000(万元)

2.该项目在营业期间的年营业现金流量

年营业现金流量=[100×40×(1-75%)-80-3 600÷30]×(1-25%)+3 600÷30

=720(万元)

3.该项目的终结现金流量

终结现金流量=400万元

二、贴现率

贴现率是项目投资者要求的最低收益率。在风险投资条件下，通常用以下三种方法来确定贴现率：

(一)资本资产定价模型法

资本资产定价模型是分析风险与收益的一种工具，其基本模型为：

$$K_i = R_f + \beta_i(\bar{K}_m - R_f)$$

上式中，β系数的大小取决于该投资项目的风险程度。如某一项目处于企业或行业的平均风险水平，β系数可看作1；如某一项目无任何风险，则β系数为零。风险越大，β系数取值越大；风险越小，β系数取值越小。尽管β系数的取值大小有一定的主观性，但通过分析影响投资的有关因素(包括政治、经济、环境等方面)，可以从总体上反映投资风险的全貌，从而判断确定其风险值。风险系数β值的确定，一般可借助于专业机构对投资风险的评估。

按资本资产定价模型所确定的投资项目的预期收益率，既考虑了无风险的投资收益率或资本成本水平，又相对比较恰当地反映了不同投资项目的风险程度，因此，以此作为项目评价的贴现率标准就比较合理。

(二)加权平均资本成本法

使用企业当前的加权平均资本成本作为项目的贴现率，应具备两个条件：一是项目的风险与企业当前资产的平均风险相同；二是公司继续采用相同的资本结构为新项目筹资。

如果新项目的风险与现有资产的平均风险显著不同，就不能使用公司当前的加权平均资本成本，而应当重新估计项目的风险，并计算项目的加权平均资本成本。

计算项目加权平均资本成本的计算公式如下：

$$K = \frac{S}{S+B} \times K_s + \frac{B}{S+B} \times K_b \times (1-T)$$

式中：K——项目的加权平均资本成本；

S——公司股权的市值；

B——公司的债务总额；

K_s——公司权益资本成本；

K_b——公司债务资本成本；

T——公司所得税税率。

（三）数理统计法

数理统计法的步骤是：（1）计算确定投资项目未来各年现金净流量的期望值；（2）计算标准离差、标准离差率和综合标准离差、综合标准离差率；（3）计算风险收益率；（4）计算确定风险贴现率。

风险贴现率（K）=无风险收益率（R_f）+风险收益率（R_r）

即：$K=R_f+bV$

第三节　投资决策方法

根据对未来情况的掌握程度，投资决策一般可分为以下三类：

第一类是确定性投资决策。这是指在未来情况确定不变或已知的前提下所做的投资决策，例如，购买政府发行的国库券。由于国家实力雄厚，到期肯定可以按照事先规定的利息率兑现，因此购买政府发行的国库券属于确定性投资决策。

第二类是风险性投资决策。这是指在未来情况不能完全确定，但各种情况发生的可能性——概率为已知的情况下所做的投资决策。例如，已知某制造企业在经济繁荣、一般、萧条时的投资收益率分别为30%、20%、1%；另根据有关资料分析，认为近期该企业所属行业繁荣、一般、萧条的概率分别为30%、50%、20%，则投资于该企业就属于风险性投资。

第三类是不确定性投资决策。这是指未来情况不能完全确定，各种情况发生的可能性也不十分清楚时所进行的投资。例如，投资于海上石油勘探项目，若项目开发顺利，可以获得100%的收益率；若找不到理想的油田，则将发生亏损。能否找到理想的油田，获利与亏损的可能性各有多少，事先都很难预测。这种投资就属于不确定性投资。

在项目投资决策中，完全的确定性投资是比较少见的，大多数投资（特别是长期投资）通常带有一些不能确定的因素。从理论上讲，不确定性是无法加以计量的，但在财务管理中，通常可以为不确定性投资规定一些主观概率，以便进行定量分析。不确定性投资有了主观概率后，与风险投资就没有多大差异了。因此，在财务管理中对风险与不确定性不作严格的区分，往往将两者统称为风险。

一、确定性投资决策方法

用来系统评价确定性项目投资的决策方法主要有回收期法、平均会计收益率法、净现值法、现值指数法和内部收益率法，其中的回收期法和平均会计收益率法是一种非贴现的评价方法，即不考虑货币时间价值的决策方法；净现值法、现值指数法和内部收益率法是一种贴现的评价方法，即考虑货币时间价值的决策方法。

（一）回收期法

回收期法是根据项目投资回收期的长短来判断项目可行与否的决策分析方法。投资回收期是指收回初始投资所需要的时间。它是项目预期现金流入量总额等于项目初始现金流出量所需要的时间，通常以年为单位。

一般来说，项目投资回收期越短越好。当项目预计投资回收期大于所要求的投资回收期时，该项目不可行；当项目预计投资回收期小于所要求的投资回收期时，该项目可行。

项目投资回收期的计算有两种情况：

第一种情况，在原始投资一次支出、每年营业现金净流量相等时：

$$回收期=\frac{原始投资额}{每年营业现金净流量}$$

第二种情况，如果营业现金净流量每年不相等或原始投资是分几年投入的，则可使下式成立的n为回收期：

$$\sum_{k=0}^{n} I_k=\sum_{k=0}^{n} O_k$$

式中：n——回收期；

I_k——第k年的营业现金净流量；

O_k——第k年的投资额。

【例6-2】现有A、B两个投资方案。有关数据见表6-1。

表6-1　**A、B投资方案比较**　单位：万元

时间	A方案		B方案	
	净收益	净现金流量	净收益	净现金流量
0		-20 000		-12 000
1	1 800	11 800	600	4 600
2	3 240	13 240	600	4 600
3	0	0	600	4 600
合计	5 040	-5 040	1 800	-1 800

B方案属于第一种情况：

$$回收期（B）=\frac{12\,000}{4\,600}=2.61（年）$$

A方案属于第二种情况，回收期为1.62年，计算过程见表6-2。

表6-2　**A方案回收期**　金额单位：万元

A方案	现金流量	回收额	未回收额
原始投资	-20 000		
现金流入			
第1年	11 800	11 800	8 200
第2年	13 240	8 200	0
回收期=1+（8 200÷13 240）=1.62（年）			

回收期法的优点在于：（1）决策过程简便。涉及参数少、简单、易使用，是回收期法最大的优点。使用回收期法进行项目决策时，仅需要估计初始投资额及未来的现金流量。在估计未来现金流量时，仅需估计未来几年的现金流量，而不需估计整个项目期内的现金流量，并且无须贴现率这个参数，计算简便。因此，回收期法适用于小公司的投资决策或

大公司的一些小额项目的决策。(2) 便于管理控制。回收期法仅考虑回收期内的现金流量,可以在较短时间内作出决策正确与否的判断,不需要等项目结束再作出判断。(3) 特别适用于有"回收迅速"偏好的项目决策。对于主要依靠内生资金进行经营活动的小公司来说,由于不能从资本市场获得资金,项目"回收迅速"是值得考虑的一个非常重要的因素。资金的快速回笼有利于此类公司的扩大再投资。因而,回收期短是此类公司项目投资决策最重要的标准。另外,"回收迅速"偏好也存在于一些未来不确定性很高的项目决策,如一些政治风险较高的项目。例如,公司有一个国外投资项目,该国每四年举行一次选举,新政府的上台对项目的影响很难预期。对于这种风险较大的项目,也必须考虑"回收迅速"的因素。(4) 作为其他方法的辅助方法。回收期法经常作为其他决策方法的辅助方法。例如,当两个项目的净现值相等时,应选择回收期较短的项目。

回收期法的缺点在于:(1) 未考虑回收期内的现金流量时间序列,即未考虑货币的时间价值。(2) 没有考虑回收期以后的现金流量。事实上,有战略意义的长期投资往往早期营业现金净流量较低,而中后期收益较高。回收期法优先考虑急功近利的项目,可能导致放弃长期的方案。(3) 回收期法的决策依据具有主观臆断性。

对于没有考虑货币时间价值的回收期法缺点,一些投资决策人采用一种变通的方法——贴现回收期法加以修正。贴现回收期是指从贴现的净现金流量中收回初始投资额所需要的年限。

【例6-3】承【例6-2】,设贴现率为10%,各年现金流量的贴现值见表6-3。

表6-3 **A、B方案各年现金流量的贴现值** 单位:万元

时间	A方案		B方案	
	净现金流量	现金流量贴现值	净现金流量	现金流量贴现值
0	-20 000	-20 000	-12 000	-12 000
1	11 800	10 727	4 600	4 182
2	13 240	10 942	4 600	3 802
3	0	0	4 600	3 456
合计	-5 040	-1 669	1 800	-560

用同样的方法可以计算得到A方案的贴现回收期为1.85年,而B方案3年贴现现金流量的总和为11 440万元,小于初始投资12 000万元,说明其贴现回收期大于3年。

由于贴现会使现金流量变小,因此,贴现回收期一定会大于相应的回收期。

与回收期法相比,贴现回收期法的优点考虑了货币时间价值,但回收期法的其他缺陷依然存在。贴现回收期法由于进行了贴现,使得决策过程变得有些复杂,回收期法最重要的优点在贴现回收期法中不再存在。

(二) 平均会计收益率法

平均会计收益率是项目的平均净收益与原始投资额的比值。这种方法计算简便,应用范围很广。

一般来说,平均会计收益率越高越好。当投资者要求的收益率小于平均会计收益率

时，该项目可行；当投资者要求的收益率大于平均会计收益率时，该项目不可行。

$$平均会计收益率=\frac{平均净收益}{原始投资额}\times 100\%$$

仍以【例6-2】的资料计算：

$$平均会计收益率（A）=\frac{(1\,800+3\,240)\div 2}{20\,000}\times 100\%=12.60\%$$

$$平均会计收益率（B）=\frac{(600+600+600)\div 3}{12\,000}\times 100\%=5\%$$

平均会计收益率法的缺陷在于：（1）使用会计账面上的净收益和投资额来决定是否进行投资，缺乏客观性。（2）没有考虑货币时间价值。某个净收益发生在第1年与发生在最后1年计算出来的平均会计收益率无差异。（3）平均会计收益率法未能提出如何确定一个合理的目标收益率作为参照标准。

平均会计收益率法与回收期法一样常被用来作为净现值法的辅助方法，其原因是计算过程简便，并且数据也容易从会计账面上获得。

（三）净现值法

这种方法使用净现值作为项目决策的指标。所谓净现值，是指特定方案未来现金流入的现值与未来现金流出的现值之间的差额。

按照这种方法，所有未来现金流入和流出都要按预定贴现率折算为它们的现值，然后再计算它们的差额。如果净现值为正数，即贴现后现金流入大于贴现后现金流出，该投资项目的收益率大于预定的贴现率；如果净现值为零，即贴现后现金流入等于贴现后现金流出，该投资项目的收益率相当于预定的贴现率；如果净现值为负数，即贴现后现金流入小于贴现后现金流出，该投资项目的收益率小于预定的贴现率。投资项目的净现值越大，其投资收益率就越高。

计算净现值的公式：

$$净现值=\sum_{k=0}^{n}\frac{I_k}{(1+i)^k}-\sum_{k=0}^{n}\frac{O_k}{(1+i)^k}$$

式中：n——投资涉及的年限；

I_k——第k年的现金流入量；

O_k——第k年的现金流出量；

i——预定的贴现率。

根据表6-3的资料，A、B两个方案的净现值如下：

净现值（A）=（11 800×0.9091+13 240×0.8264）-20 000

=21 669-20 000

=1 669（万元）

净现值（B）=4 600×2.487-12 000

=11 440-12 000

=-560（万元）

A方案的净现值为正数，说明该方案的收益率超过10%。如果企业的资本成本率或要求的投资收益率是10%，这个方案是有利的，因而是可以接受的；B方案的净现值为负数，说明该方案的收益率达不到10%，因而应予以放弃。

净现值法考虑了项目整个寿命期内的现金流量，具有广泛的适用性，在理论上也比其他方法更完善。净现值法应用的主要问题是如何确定贴现率。一种办法是根据资本成本来确定，另一种办法是根据企业要求的最低投资收益率来确定。前一种办法，由于计算资本成本比较困难，所以限制了其应用范围；后一种办法根据资本的机会成本，即一般情况下可以获得的报酬来确定，比较容易解决。

（四）现值指数法

这种方法使用现值指数作为评价方案的指标。所谓现值指数，是指投资项目未来现金流入现值与现金流出现值的比率，亦称现值比率、获利指数、贴现后收益-成本比率等。

计算现值指数的公式为：

$$现值指数 = \sum_{k=0}^{n}\frac{I_k}{(1+i)^k} \div \sum_{k=0}^{n}\frac{O_k}{(1+i)^k}$$

根据表6-3的资料，A、B两个方案的现值指数如下：

现值指数（A）=21 669÷20 000=1.08

现值指数（B）=11 440÷12 000=0.95

A方案的现值指数大于1，说明其收益超过成本，即投资收益率超过预定的贴现率；B方案的现值指数小于1，说明其收益率没有达到预定的贴现率。如果现值指数为1，说明贴现后现金流入等于现金流出，投资的收益率与预定的贴现率相同。

现值指数可以看成是1元原始投资可望获得的现值净收益，因此，可以作为评价方案的一个指标。它是一个相对数指标，反映效率。净现值指标是绝对数指标，反映投资的效益。现值指数的主要优点是可以进行独立投资机会获利能力的比较。

（五）内部收益率法

内部收益率法也叫内含报酬率法，它是根据方案本身内部收益率来评价方案优劣的一种方法。所谓内部收益率，是指能够使未来现金流入量现值等于未来现金流出量现值的贴现率，或者说是使投资方案净现值为零的贴现率。

净现值法和现值指数法虽然考虑了货币时间价值，可以说明投资方案高于或低于某一特定的投资收益率，但没有揭示方案本身可以达到的具体的收益率是多少。内部收益率是根据方案的现金流量计算的，是方案本身的投资收益率。在投资项目的选择中，如果内部收益率超过了该项目的资本成本，该项目投资可行；如果内部收益率低于该项目的资本成本，则该项目投资不可行。

内部收益率的计算通常要采用“逐步测试法”。首先，估计一个贴现率，用它来计算方案的净现值。如果净现值为正数，说明方案本身的收益率超过估计的贴现率，应提高贴现率后进一步测试；如果净现值为负数，说明方案本身的收益率低于估计的贴现率，应降低贴现率后进一步测试。经过多次测试，寻找出净现值接近于零的贴现率，即为方案本身的内部收益率。

根据【例6-2】的资料，已知A方案的净现值为正数，说明它的投资收益率大于10%，因此，应提高贴现率进一步测试。假设以18%为贴现率进行测试，得出净现值为-499万元。下一步降低到16%重新测试，结果净现值为9万元，已接近于零，可以认为A

方案的内部收益率接近16%。测试过程见表6-4。

表6-4　　A方案内部收益率的测试　　金额单位：万元

年份	净现金流量	贴现率=18%		贴现率=16%	
		贴现系数	现　值	贴现系数	现　值
0	-20 000	1	-20 000	1	-20 000
1	11 800	0.847	9 995	0.862	10 172
2	13 240	0.718	9 506	0.743	9 837
净现值			-499		9

$$内部收益率（A）=16\%+2\%\times\frac{9}{9+466}=16.04\%$$

B方案各期现金流入量相等，符合年金形式，内部收益率可直接利用年金现值表来确定，不需要进行逐步测试。

设现金流入的现值与原始投资相等：

原始投资=每年现金流入量×年金现值系数

12 000=4 600×（P/A，i，3）

（P/A，i，3）=2.609

查阅“年金现值系数表”，寻找n=3时系数2.609所指的利率。查表结果，与2.609接近的现值系数2.624和2.577分别指向7%和8%。用内插法确定B方案的内部收益率为7.32%。

$$内部收益率（B）=7\%+1\%\times\frac{2.624-2.609}{2.624-2.577}=7.32\%$$

计算出各方案的内部收益率以后，可以根据企业的资本成本或要求的最低投资收益率对方案进行取舍。假设资本成本是10%，那么A方案可以接受，而B方案则应放弃。

内部收益率是方案本身的收益能力，反映其内在的获利水平。如果以内部收益率作为贷款利率，通过借款来投资本项目，那么，还本付息后将一无所获。

内部收益率法和现值指数法有相似之处，都是根据相对比率来评价方案，而不像净现值法那样使用绝对数来评价方案。在评价方案时要注意，比率高的方案绝对数不一定大，反之也一样。内部收益率法与现值指数法也有区别。在计算内部收益率时不必事先选择贴现率，根据内部收益率就可排定独立投资的优先次序，只是最后需要一个切合实际的资本成本或最低收益率来判断方案是否可行。现值指数法需要一个适合的贴现率，以便将现金流量折为现值，而贴现率的高低将会影响方案的优先次序。

【例6-4】设贴现率为10%。C方案的初始投资额为9 000万元，其第1、2、3年年末产生的现金净流量分别为1 200万元、6 000万元、6 000万元，则有：

净现值（C）=（1 200×0.9091+6 000×0.8264+6 000×0.7513）-9 000

≈10 557-9 000

=1 557（万元）

现值指数（C）=10 557÷9 000=1.17

C方案内部收益率测试过程见表6-5。

表 6-5　　**C方案内部收益率的测试**　　金额单位：万元

年份	现金净流量	贴现率=18%		贴现率=16%	
		贴现系数	现值	贴现系数	现值
0	-9 000	1	-9 000	1	-9 000
1	1 200	0.847	1 016	0.862	1 034
2	6 000	0.718	4 308	0.743	4 458
3	6 000	0.609	3 654	0.641	3 846
净现值			-22		338

$$内部收益率（C）=16\%+\left(2\%\times\frac{338}{22+338}\right)=17.88\%$$

总结【例 6-2】、【例 6-3】、【例 6-4】的计算结果见表 6-6。

表 6-6　　**净现值、现值指数、内部收益率计算结果汇总**

方案	净现值（万元）	现值指数	内部收益率
A	1 669	1.08	16.04%
B	-560	0.95	7.32%
C	1 557	1.17	17.88%

计算结果表明，B方案不可行。比较A方案与C方案，A方案的净现值大于C方案的净现值，但A方案的内部收益率又小于C方案的内部收益率。如果这两个方案是互相排斥的，也就是说只能选择其中一个，那么选择A方案有利，因为A方案的净现值较大。如果这两个方案是相互独立的，也就是说采纳A方案时不排斥同时采纳C方案，那就很难根据净现值来排定优先次序，而现值指数和内部收益率可以解决这个问题，应优先安排现值指数和内部收益率较高的C方案，如果有足够的资金时再安排A方案。

初始投资额相同的各个方案，只需计算出各个方案的净现值、现值指数和内部收益率。根据它们的计算结果来选择投资决策的优先次序是一致的。当初始投资额不同时，应当运用净现值、现值指数和内部收益率三个指标的计算结果进行决策。一般而言，如果方案之间是独立的，应根据现值指数法，选择现值指数大于1的方案，并按现值指数大小顺序来安排各投资项目；如果方案之间是互斥的，应根据净现值法，尽量安排净现值最大的方案。

二、风险性投资决策方法

风险性投资的常用决策方法是净现值法。在计算投资项目的净现值时，首先要考虑投资项目的风险因素。项目的风险有两种处置方法：一种是调整现金流量法；另一种是风险调整贴现率法。前者是缩小净现值模型的分子，使净现值减少；后者是扩大净现值模型的分母，也可以使净现值减少。

（一）调整现金流量法

调整现金流量法，也叫肯定当量法，是把不确定的现金流量调整为确定的现金流量，然后用无风险的收益率作为贴现率计算净现值。

$$风险调整后净现值=\sum_{t=0}^{n}\frac{\alpha_t \times 现金流量期望值}{(1+无风险报酬率)^t}$$

式中：α_t——t年现金流量的肯定当量系数，它在0～1之间。

肯定当量系数是指不肯定的1元现金流量期望值相当于使投资者满意的肯定的金额的系数。它可以把各年不肯定的现金流量换算为肯定的现金流量。

要确定肯定当量系数，首先应计算出变异系数（标准离差率），然后根据变异系数与肯定当量系数间的经验数值确定肯定当量系数。

变异系数与肯定当量系数关系的经验数值如下：

变异系数	肯定当量系数
0～0.07	1
0.08～0.15	0.9
0.16～0.23	0.8
0.24～0.32	0.7
0.33～0.42	0.6
0.43～0.54	0.5
0.55～0.7	0.4

一般而言，肯定的1元比不肯定的1元更受欢迎。不肯定的1元只相当于不足1元的金额。两者的差额与现金流的不确定性程度有关。肯定当量系数是预计现金流入量中使投资者满意的无风险的份额。利用肯定当量系数，可以把不肯定的现金流量折算成肯定的现金流量，或者说去掉了现金流中有风险的部分，使之成为“安全”的现金流。去掉的部分包含的各种风险既有特殊风险也有系统风险，既有经营风险也有财务风险，剩下的是无风险的现金流量。由于现金流中已经消除了全部风险，相应的贴现率应当是无风险的收益率。无风险的收益率可以根据国库券的利率确定。

【例6-5】设当前的无风险报酬率为4%。公司有两个投资机会，有关资料见表6-7。

表6-7　**投资机会比较**　金额单位：万元

A项目						
年	现金流入量	肯定当量系数	肯定现金流入量	现值系数（4%）	未调整现值	调整后现值
0	-40 000	1	-40 000	1.0000	-40 000	-40 000
1	13 000	0.9	11 700	0.9615	12 500	11 250
2	13 000	0.8	10 400	0.9246	12 020	9 616
3	13 000	0.7	9 100	0.8890	11 557	8 090
4	13 000	0.6	7 800	0.8548	11 112	6 667
5	13 000	0.5	6 500	0.8219	10 685	5 342
净现值					17 874	965

续表

B项目						
年	现金流入量	肯定当量系数	肯定现金流入量	现值系数（4%）	未调整现值	调整后现值
0	-47 000	1	-47 000	1.0000	-47 000	-47 000
1	14 000	0.9	12 600	0.9615	13 461	12 115
2	14 000	0.8	11 200	0.9246	12 944	10 355
3	14 000	0.8	11 200	0.8890	12 446	9 957
4	14 000	0.7	9 800	0.8548	11 967	8 377
5	14 000	0.7	9 800	0.8219	11 507	8 055
净现值					15 325	1 859

调整前A项目的净现值较大，调整后B项目的净现值较大。因此，不进行调整，就可能导致错误的判断。

（二）风险调整贴现率法

风险调整贴现率法是更为实际、更为常用的风险处置方法。这种方法的基本思路是对高风险的项目，应当采用较高的贴现率计算净现值。

$$风险调整后净现值=\sum_{t=0}^{n}\frac{预期现金流量}{(1+风险调整贴现率)^t}$$

风险调整贴现率是风险项目应当满足投资人要求的报酬。项目的风险越大，要求的收益率越高。这种方法的理论根据是资本资产定价模型。

投资者要求的收益率=无风险报酬率+β×（市场平均报酬率-无风险报酬率）

资本资产定价模型是在有效的证券市场中建立的，实物资本市场不可能像证券市场那样有效，但是基本逻辑关系是一样的。因此，上面的公式可以改为：

项目要求的收益率=无风险报酬率+项目的β×（市场平均报酬率-无风险报酬率）

【例6-6】当前的无风险报酬率为4%，市场平均报酬率为12%，A项目的β值为1.5，B项目的β值为0.75。

A项目的风险调整贴现率=4%+1.5×（12%-4%）=16%

B项目的风险调整贴现率=4%+0.75×（12%-4%）=10%

其他有关数据见表6-8。

表6-8　**投资机会比较**　金额单位：万元

A项目					
年	现金流量	现值系数（4%）	未调整现值	现值系数（16%）	调整后现值
0	-40 000	1.0000	-40 000	1.0000	-40 000
1	13 000	0.9615	12 500	0.8621	11 207

续表

年	现金流量	现值系数（4%）	未调整现值	现值系数（16%）	调整后现值
2	13 000	0.9246	12 020	0.7432	9 662
3	13 000	0.8890	11 557	0.6407	8 329
4	13 000	0.8548	11 112	0.5523	7 180
5	13 000	0.8219	10 685	0.4762	6 191
净现值			17 874		2 569

B项目

年	现金流入量	现值系数（4%）	未调整现值	现值系数（10%）	调整后现值
0	-47 000	1.0000	-47 000	1.0000	-47 000
1	14 000	0.9615	13 461	0.9091	12 727
2	14 000	0.9246	12 944	0.8264	11 570
3	14 000	0.8890	12 446	0.7513	10 518
4	14 000	0.8548	11 967	0.6830	9 562
5	14 000	0.8219	11 507	0.6209	8 693
净现值			15 325		6 070

如果不进行贴现率调整，两个项目差不多，A项目比较好；调整后，两个项目有明显差别，B项目要好得多。

调整现金流量法在理论上受到好评。该方法对时间价值和风险价值分别进行调整，先调整风险，然后把肯定现金流量用无风险报酬率进行折现。对不同年份的现金流量，可以根据风险的差别，使用不同的肯定当量系数进行调整。

风险调整贴现率法在理论上受到批评，因其用单一的贴现率同时完成风险调整和时间调整。这种做法意味着风险随时间推移而加大，可能与事实不符，夸大远期现金流量的风险。

从实务上看，经常应用的是风险调整贴现率法，主要原因是风险调整贴现率比肯定当量系数容易估计。此外，大部分财务决策都使用收益率来决策，调整贴现率更符合人们的习惯。

【进一步学习指南】

一、项目系统风险与项目贴现率估计的其他方法

除运用资本资产定价模型与风险报酬率模型确定贴现率外，当投资项目的风险与企业当前资产的平均风险相同，公司继续采用相同的资本结构为新项目筹资时，可以用当前的资本成本作为贴现率；但在风险假设和资本结构不变假设明显不能成立时，则应当重新估计项目的风险，并计算项目要求的必要报酬率。

作为项目资本预算风险度量的是项目的系统风险，常用类比法进行估计。类比法是寻找一个经营业务与待评估项目类似的上市公司，以该公司的β值作为待评估项目的β值。在运用类比法时，应注意替代公司的资本结构已反映在β值中。如果可比公司的资本结构与本公司显著不同，那么在估计项目的β值时应进行调整。调整的基本步骤如下：

（一）卸载可比公司的财务杠杆

根据可比公司净资产收益率波动性估计的β值，是含有财务杠杆的β权益。如果可比公司的资本结构与本公司有差异，要将含有资本结构因素的β权益转换为不含负债的β资产。这一过程通常称为“卸载财务杠杆”。卸载使用的公式是：

β资产=β权益÷［1+（1−可比公司所得税税率）×可比公司产权比率］

β资产是假设全部用权益资本筹资的β值，此时没有财务风险。

（二）加载本公司的财务杠杆

根据本公司的资本结构调整β值，该过程称为“加载财务杠杆”。加载使用的公式是：

β权益=可比公司的β资产×［1+（1−本公司所得税税率）×本公司产权比率］

（三）根据β权益计算权益资本成本（股东要求的报酬率）

权益资本成本=无风险报酬率+β权益×（市场平均收益率−无风险报酬率）

（四）计算加权平均资本成本（投资者要求的报酬率）

加权平均资本成本=负债资本成本×负债比重+权益资本成本×权益比重

如果投资项目的筹资不是按公司的目标资本结构安排的，则应选用该投资项目的负债与权益比进行调整。

二、风险投资（VC）

对于工商企业而言，从事风险投资是项目投资领域的延伸。风险投资泛指一切具有高风险、高潜在收益的投资。在我国，随着产业资本与金融资本的融合，一些工商企业已开始涉足风险投资领域。这种风险投资与一般项目投资的区别在于：（1）风险投资的对象主要是非上市的高新技术中小企业。这是因为这类企业具有高成长性和高获利能力的特点，符合风险投资高风险、高成长和高收益的投资要求。（2）它是一种长期的、流动性较差的投资。一般要经过3~7年甚至更长的时间，才能取得投资收益。（3）它是一种权益性投资，投资的标的物是股权。其目的是营造出能在市场上出售的企业并尽可能地售出高价，追求的是风险资本与产业资本置换后获得的高资本收益，而不是利息或红利。（4）它是一种风险性很高的投资。其成功率一般仅为20%左右，但一个项目一旦成功则可能带来几十倍甚至上百倍的回报。（5）它是一种组合投资。为了分散风险，风险投资通常投资于一系列项目群。（6）它是一种专业投资。风险投资不仅向风险企业输出资本，而且还提供相关的知识、经验、社会关系资源等咨询服务，积极参与投资企业战略决策、技术评估、资产重组等重要活动，协助企业建立一个强有力的管理核心，帮助企业取得成功。

三、私募股权投资

私募股权投资（PE）是指通过私募基金对非上市公司进行的权益性投资。在交易实施过程中，PE会附带考虑将来的退出机制，即通过公司首次公开发行股票、兼并与收购或管理层回购等方式退出获利。简单地讲，PE就是PE投资者寻找优秀的、高成长性的未上市公司，注资其中，获得其一定比例的股份，推动公司发展、上市，此后通过转让股权获利。广义的PE为涵盖企业首次公开发行前各阶段的权益投资，即对处于种子期、初创期、发展期、扩展期、成熟期以及Pre-IPO资本各个时期企业所进行的投资，相关资本按照投资阶段可划分为创业投资、发展资本、并购基金、夹层资本、重振资本、Pre-IPO资本（如bridge finance），以及其他如上市后私募投资、不良债权不动产投资等等。在中国语境下，私募分为直接投资到中国境内目标企业的私募和通过在海外设立离岸公司方式进行的红筹私募。狭义的PE主要指对已经形成一定规模的，并产生稳定现金流的成熟企业的私募股权投资部分，主要是指创业投资后期的私募股权投资部分，而这其中，并购基金和夹层资本在资金规模上占最大的一部分。在中国，PE主要是指这一类投资。

复习思考题

1.项目投资有何特点？投资战略有哪些种类？

2.投资项目在什么情况下应退出？用哪些方式退出较有利？

3.投资项目的现金流量如何构成，如何估算？

4.估算投资项目的现金流量应注意哪些问题？

5.对投资方案的评价为何要确定贴现率？如何确定贴现率？

6.确定性投资决策方法有哪些？试比较净现值、内部收益率和现值指数指标。

7.风险性投资决策的方法有哪些？

计算与分析题

1.目的：练习现金流量的估算方法。

资料：某工业投资项目的A方案情况如下：项目原始投资额650万元，其中固定资产投资500万元，垫付流动资金100万元，其余为无形资产投资。该项目建设期为2年，经营期为10年。除流动资金投资在项目建设完工时（第2年年末）外，其余投资均于建设起点一次投入。固定资产的寿命期为10年，按直线法计提折旧，期满有40万元的净残值；无形资产从投产年份起分10年摊销，流动资金于终结点一次收回。预计项目投产后，每年发生的相关营业收入和付现成本分别是380万元和129万元，设所得税税率为30%。

要求：

（1）计算A方案的下列指标：项目计算期、固定资产折旧、无形资产投资额、经营期每年的总成本、经营期每年的税后净利润。

（2）计算A方案的下列净现金流量指标：建设期各年的净现金流量、投产后每年的营业净现金流量、项目终结点的净现金流量。

2.目的：练习确定性投资决策方法。

资料：某公司准备购入一套设备，以扩充生产能力，现有甲、乙两个方案可供选择。甲方案需投资30 000元，使用寿命为5年，采用直线法折旧，5年后设备无残值，5年中每年销售收入为15 000元，每年付现成本为5 000元。乙方案需投资36 000元，采用直线法折旧，使用寿命也是5年，5年后有残值收入6 000元，5年中每年销售收入为17 000元，付现成本第1年为6 000元，以后每年增加300元，另需垫支营运资本3 000元。假设所得税税率为40%，贴现率为10%。

要求：计算两个方案的回收期、平均会计收益率、净现值、现值指数和内部收益率，并进行投资方案的选择。

3.目的：练习风险性投资决策方法——风险调整贴现率法。

资料：某企业投资15 600元购入一台设备。该设备预计净残值为600元，可使用3年，按直线法计提折旧。该设备投产后每年销售收入增加额分别为10 000元、20 000元、15 000元，除折旧外的费用增加额分别为4 000元、12 000元、5 000元。假设所得税税率为40%，无风险收益率为10%，风险系数为0.5，市场平均投资收益率为14%，目前年税后净利为20 000元。

要求：

（1）假定经营无变化，预测未来3年每年的税后利润。

（2）计算该投资方案不含有风险的净现值。

（3）进行该投资方案的风险分析，计算风险调整后的净现值。

案例分析题

1.资料①

红光照相机厂生产的照相机质量优良、价格合理，长期以来供不应求。为了扩大生产能力，该厂准备新建一条生产线。经项目开发部经理测算：该生产线的初始投资是12.5万元，分两年投入。第1年年初投入10万元，第2年年初投入2.5万元，第2年年初完成建设并正式投产。投产后，每年可生产照相机1 000架，每架销售价格是300元，每年可获销售收入30万元。投资项目可使用5年，5年后残值2.5万元。投资项目在投产时要垫支流动资金2.5万元，这笔资金在项目结束时可如数收回。该项目生产的产品年付现成本25万元，其中原材料费用20万元，工资费用3万元，管理费用2万元；每年计提折旧费用2万元；加权平均资金成本为10%；所得税税率为25%。项目开发部经理根据以上资料，计算出该投资项目的营业现金流量、现金流量、净现值，并把这些数据资料提供给全厂各方面领导参加的投资决策会议。

厂领导会议对项目开发部经理提供的资料进行了分析研究，认为项目开发部经理在搜集资料方面作了很大努力，但却忽略了物价变动问题。

总会计师认为，在项目投资和使用期间内，通货膨胀率大约为10%左右，他要求各有关负责人认真研究通货膨胀对投资项目各有关方面的影响。

基建部经理认为，由于受物价变动的影响，初始投资将增长10%，投资项目终结后，设备残值将增加到3.75万元。

生产部经理认为，由于物价变动的影响，原材料费用每年将增加14%，工资费用也将增加10%。

财务部经理认为，扣除折旧以后的管理费用每年将增加4%，折旧费用每年仍为2万元。

销售部经理认为，产品销售价格预计每年可增加10%。

厂长指出，除了考虑通货膨胀对现金流量的影响以外，还要考虑通货膨胀对货币购买力的影响。他要求项目开发部经理根据以上同志的意见，重新计算投资项目的现金流量和净现值，提交下次会议讨论。

2.要求

（1）如果你是项目开发部经理，请给出你最初的关于该投资项目的营业现金流量、现金流量、净现值以及评价结论。

（2）请你对项目开发部经理最初的计算和评价结论作出评论。

（3）厂领导会议后，项目开发部经理又该如何修改当初的计算和结论？

（4）此案例对我们有何启示？

① 靳新，王化成，刘俊彦.财务管理学［M］. 北京：中国人民大学出版社，2012（6）：273-274.

第七章 金融投资

【学习目标】

通过本章学习，要求理解和掌握：

- 金融投资的概念、目的和程序
- 金融投资的风险及其防范与控制方法
- 股票、债券估价模型的应用
- 股票、债券投资收益的分析
- 证券投资组合的管理
- 基金的概念、类型与特点
- 基金价值与收益的分析方法
- 期权概念、类型与特征
- 期权的价值构成及其影响因素
- 期权的定价模型和投资策略

【引例】

雅戈尔集团股份有限公司[①]（简称“雅戈尔”），2005年至今的主要经营范围是：服装制造、技术咨询、房地产开发、项目投资、仓储运输、针纺织品、进出口业务、电力电量及热量的销售。其年报显示，2007年以来，公司主要经营收益由品牌服装生产销售、房地产开发和金融投资三类业务产生。表7-1显示了雅戈尔公司2011年至2015年的金融投资规模及其收益的情况。

表 7-1　　**雅戈尔公司2011年至2015年的金融投资规模及其收益**　　金额单位：万元

年 份	2011年	2012年	2013年	2014年	2015年
交易性金融资产	100.00	0	0	0	0
可供出售金融资产	936 166.57	843 184.79	651 669.28	1 009 078.47	2 607 011.78
长期股权投资	250 342.86	447 447.86	647 637.72	606 352.40	722 756.97
金融投资合计	1 186 609.43	1 290 632.65	1 299 307.00	1 615 430.87	3 329 768.75
总资产	4 893 257.33	4 985 973.66	4 834 612.66	4 762 372.21	6 627 728.31
金融投资/总资产	24.25%	25.89%	26.88%	33.92%	50.24%
投资收益	144 250.62	54 345.02	65 364.42	314 845.42	353 190.16
利润总额	262 112.49	221 684.91	212 922.76	389 930.64	536 393.40
投资收益/利润总额	55.03%	24.51%	30.70%	80.74%	65.85%

① 相关资料和数据来源于雅戈尔集团股份有限公司（股票代码：600177）的年报。表7-1的数据是根据2011—2015年年报的合并资产负债表和合并利润表整理得到的。

雅戈尔公司自2008年以来注重金融投资。从表7-1可以看出，2015年金融投资规模达到总资产的50%左右，投资收益占利润总额的50%以上。受股票市场低迷的影响，2012年公司开始调整金融投资方向，从短期投资向长期股权投资（产业投资）转移，金融资产结构发生变动。2015年报告期内，公司与中信股份签署《战略合作协议》《认购协议》，认购中信股份新股并从二级市场购入中信股份股权；同时减持中国平安、浦发银行、金正大等股权，产生投资收益230 586.25万元，比上年同期增加82 527.38万元，增幅为55.74%。截至报告期末，公司持有中信股份、宁波银行等多家上市公司股份，金融资产规模和投资收益均占总体的1/2左右，可见金融投资在雅戈尔经营业务中的重要性。

作为服装业巨头的雅戈尔集团为什么要进行金融投资？它主要进行哪些种类的金融投资？它是如何进行金融投资的？对企业的经营产生怎样的影响？为什么2012年公司会选择从短期投资向长期产业投资转型？带着这些问题，我们来学习企业进行金融投资的相关知识。

第一节　金融投资概述

一、金融投资概述

经济活动中存在两种投资形式：一种是投资主体为获得经济效益或社会效益而进行的实物资产购建活动，例如国家、企业、个人出资建造公路、机场、工业厂房和购买生产用的机械设备等。这种投资行为被称为直接投资或项目投资。另一种是企业或个人用货币资金购买股票、债券等有价证券或其他金融资产，期望获得投资收益的行为。这种行为被称为间接投资或金融投资。

金融投资与项目投资除了投资对象和收益获得方式不同之外，还具有以下差异：

1.投资的独立程度不同

金融投资的独立性较强，而项目投资受到诸多客观因素的制约。

2.投资的工作内容不同

金融投资的工作内容主要是搜集各方面可能影响市场行情的信息，对证券发行主体的生产经营状况进行分析，判断市场供求、宏观政策以及整体经济发展趋势，而项目投资的工作内容则不同。

3.投资的回收方式和时间长度不同

项目投资所投入的资金通常采用逐年提取折旧的方式回收，回收较慢，而金融投资的投入，只要卖出相关金融资产就可以收回，时间可长可短。

4.投资的风险程度不同

金融投资的风险更多来自于企业外部，比项目投资的风险大。

二、金融投资的对象

金融投资的对象是金融资产，是指能够代表一定价值的、对财产或所得具有索取权的无形资产，主要以凭证或契约的形式来体现。能够在金融市场进行买卖交易的标准化契约凭证，称为“金融工具”。它们具有比其他金融资产更高的流动性，是金融投资的主要对象。

常见的金融工具主要有以下几类：

1.债券

债券是指依照有关法律发行，附有一定票面利息率和本息偿付日期，反映债权与债务关系的凭证。债券发行人是债务人，债券投资者是债权人，其本金和利息的支付是事先约定的。

2.股票

股票是股份公司发给股东投资入股的证明，也是股东据以取得股息和红利的凭证。与债券不同，股票投资不能偿还本金，所获得的股息和红利也不确定，完全取决于公司经营利润的高低，但股东是所有者，可以参与企业的经营决策。股份公司创造的利润和结束经营时清算所剩余的资产都归股东所有。因此，股票是一种权益性证券，收益高，风险也大。

股票和债券这两种有价证券一般被认为是最基本的金融工具。

3.基金

基金是一种建立在信托契约关系或权益关系上，实现集中资金专业投资，持有人共担风险、共享收益的有价证券。基金由机构发起人发起设立，吸收社会上个人和其他主体的资金，集中托管，委托专业的基金管理公司管理，进行金融工具和实业项目的投资来获取收益。基金持有人可按持有基金份额享有所有权、资产收益权和剩余资产分配权。

4.期货合约

期货合约简称期货，是一种由期货交易所统一制定的，规定在将来某一特定时间和地点交割一定量商品的标准化合约。期货合约规定的交割标的物可以是实物商品（如大豆、石油等），也可以是金融资产（如股票、外汇等）。

5.期权合约

期权合约简称期权，是一种建立在期货合约基础上并附有一定选择权的金融衍生工具。期权合约与期货合约最大的不同之处在于，期权合约的持有人到期可以放弃期权执行的权利，而期货合约则未包含一方选择放弃交易的权利。由于期货和期权合约的交易都必须以其他某种商品的交易作为依托，所以它们被称为衍生金融工具。

6.外汇

外汇是指在国际结算时能被各国接受的、在国际金融市场上可以自由买卖的货币凭证，主要包括美元、日元、欧元、英镑、港币、外汇有价证券、外币支付凭证和其他外汇资金等。

7.其他

其他金融投资对象有票据、存单、保险单、贷款合约、互换合约、黄金等。

三、金融投资的目的

金融投资可以帮助投资者灵活运用资金，获得更多的投资收益。对经营实业的非金融投资企业而言，进行金融投资有助于企业获得以下好处：

1.存放暂时闲置的资金

企业在生产经营中需要维持一定的现金余额，但现金余额太多是一种浪费。财务管理人员可将闲置的资金进行金融投资。选择流动性好、有稳定收益的证券来存放资金，既能获得投资收益，又能在企业需要现金的时候快速地将证券卖出以换回现金。

2.投机获取高额收益

投机就是投资者预期某种（些）金融工具的价格在短期内会大幅度上升，通过在价格较低时大量购买，在价格较高时卖出，赚取很高的价差收益。投机行为主要出现在信息不对称的非强式市场，投资风险很大，可能会获得巨额的投资收益，也可能产生巨大的投资损失。

3.获得长期稳定的收益

企业拥有大量闲置资金，在较长时间内没有大量的现金支出计划，也没有收益能力强的投资项目，就可以利用这笔资金进行长期金融投资。与短期投资不同，长期金融投资的收益主要来自于投资期内现金形式的利息、股利和证券的价值增长，因此长期证券投资更注重对证券本身投资价值的分析，需要慎重考虑投资的风险。

4.与企业长期资金计划相配合

企业进入成长期后，需要多次发行证券来进行大规模的筹资。这些资金不可能在短期内使用完毕，而需要配合项目投资计划分次投入。因此，企业可将暂时不用的资金投资于金融资产，按照项目投资的需要合理选择不同的兑现期限，以获得较高的投资收益。

5.获得对被投资企业的控制权

持有公司一定量的股票就可以影响甚至控制该公司的经营决策，因此，通过长期投资股票可以达到控制被投资企业的目的。

6.利用金融衍生工具规避经营风险

基本的金融衍生工具有期货、期权和互换合约等等。这些衍生工具以股票、汇率、商品等为标的，组合成多种新的投资工具。除了获取超额收益之外，企业也可以配合基础标的物的投资，利用这些衍生金融工具来降低投资总风险。

四、金融投资的一般程序

金融投资是一系列经济活动的综合。这一过程包括以下几个基本步骤：

1.投资前的资金、知识和心理准备

资金是金融投资的前提条件。资金来源不同，投资的时间和承担的风险不同，投资的目的也不同。企业经营中闲置的资金周转时间较短，只能用于短期、低风险的金融投资，而专门为金融投资准备的自有资金可进行时间较长、风险较高的投资。进行金融投资还需要具备一定的投资知识和操作技巧，减少盲目投资带来的额外损失。此外，金融投资风险较高。企业在投资前要认真分析自身承受风险的能力，作好承受投资损失的心理准备，理性对待金融投资的决策和结果。

2.明确金融投资的目的

这是金融投资决策的基本依据。金融投资的目的体现为三个基本方面：资本保全、资本增值、抵补通货膨胀。此外，投资决策也要考虑投资对象的流动性、避税功能、现金支付要求和特殊目的（如为收购、控股进行的投资等）。

3.掌握详尽而准确的投资信息

投资的得失成败在很大程度上取决于相关信息掌握得是否及时、充分而准确。投资者可以通过大众媒体公开的资料和有关机构的统计资料进行整理、分析，也可以通过向各金融投资专家或长期从事金融投资活动、富有实践经验的人咨询获得。

4.具体判断投资于何种金融工具

作出金融投资的决策并不困难，而选择具体的投资品种就困难得多。投资者必须对各种金融工具进行调查，全面了解它们的特点，然后根据投资的目的对投资何种金融工具进行甄选。不仅要对影响金融工具自身收益的基本因素进行分析，还要对影响价格变动的市场和宏观信息进行分析，通过科学分析来估计投资对象未来的收益、风险和价格的变化趋势。

5.掌握金融市场运作的基本方式和市场行情

投资者应了解金融市场的运作方式，掌握金融工具发行及交易的基本知识，了解相关的法律法规，在投资前要对金融市场进行观察分析，熟悉投资对象，了解市场行情。

6.进行投资操作和管理

在选定所要投资的金融工具后，投资者就要选择合适的投资时机和方式来投资购买金融工具。投资后，投资者还要根据市场和金融工具价格的变动情况，及时调整投资规模和投资品种。这就是投资管理。

五、金融投资的风险及其防范与控制

（一）金融投资的风险

1.根据风险因素的来源不同分类

（1）违约风险

违约风险是指债券的发行人不能履行合约规定的义务，无法按期支付利息和偿还本金的风险。不同种类的债券，其违约风险不同。一般而言，政府债券以财政作为偿债担保，发生违约的可能性极小，可看做无违约风险的债券。除了政府债券外，金融企业发行的债券违约风险也要小于一般工商企业债券，而不同工商企业的债券其违约风险差异仍然很大。

（2）利息率风险

利息率风险是指由于市场利率的变动而引起的证券价格波动而使投资者遭受损失的可能性。当市场利率变动时，基于内在价值的证券市场价格也会随之变动。这就带来了投资风险。银行利率下降时，证券价格就上升；银行利率上升时，证券价格就下降。此外，由于预测市场利率时，近期利率比远期利率准确，因此短期证券的利率风险小于长期证券的利率风险。

（3）购买力风险

购买力风险是指由于通货膨胀的存在，而使证券到期或者出售时所获得的货币资金购买力降低的风险。通货膨胀时，采用固定利率的债券比采用浮动利率的债券要承受更大的购买力风险。普通股比公司债券和其他固定收益的证券能更好地规避购买力风险。然而，如果发生过度的通货膨胀，任何证券市场都无法避免购买力风险，投资者会将资金转向房地产、黄金等保值性较强的实物资产，证券市场资金供应不足造成证券价格下降，进而加大投资的风险。

（4）流动性风险

流动性风险是指债券持有人无法在短期内将证券以合理的价格出售的风险。证券的流动性同时取决于出售的时间快慢和价格损失。如果投资者在短时间内无法以合理的价格出售证券，或者以低于理想价格出售不能得到足够的现金，都会产生损失。这就是流动性风险。一种能在较短时期内按市价大量出售的证券是流动性较高的证券。这种证券的流动性风险较小；反之，风险就大。

（5）期限性风险

期限性风险是指由于债券期限长短而给投资人带来的风险。投资长期债券时，由于本金和利息要在较长的时间内收回，因而遭遇市场利率、经济形势、企业经营等影响债券收益的不确定因素变化的可能性更大，由此使投资者承担的投资风险也就更大。例如，同一家企业发行的10年期债券的风险要比1年期债券的风险要大。

2.根据风险的性质不同分类

（1）市场风险

市场风险源于企业之外的诸多原因，比如通货膨胀、利率波动、国家政策调整、经济发展趋势等等方面。这些因素对所有证券都产生影响，表现为整个证券市场平均报酬率的变动，因此又称为系统风险。由于所有的证券都受其影响，因此这种风险不能通过投资组合进行分散，又被称为不可分散风险。

（2）单个证券风险

这些风险和单个证券的发行主体直接相关，是影响经营业绩变化的因素，比如公司本身的经营活动和财务活动、管理水平、产品竞争力、行业发展状况等等。它们仅影响本公司证券的收益，使得单个证券的投资报酬率偏离证券市场平均投资报酬率波动。由于这种风险不影响或仅影响部分相关联的证券，因此又称为非系统风险。通过投资组合，单个证券风险可以被分散，因此这些风险也称为可分散风险。

（二）金融投资的风险防范与控制

目前，金融投资活动主要通过以下3种途径进行投资风险的防范与控制：

1.运用科学的分析决策方法进行金融投资

金融投资分析是对大量与金融投资对象相关的公开信息（文字和数据）进行收集、整理、分析、综合，从而为投资者进行理性决策提供依据的过程。它包含两种基本的投资分析方法——基本分析和技术分析。基本分析是指通过对决定证券投资价值及价格的基本要素（如宏观经济、政策调整、行业发展状况、公司经营状况）进行分析，评估证券投资价值，判断投资的合理价位，提出相应的投资建议。技术分析是通过图标或技术指标的记录，观察分析金融工具过去和现在的具体表现，应用有关逻辑、统计等方法，归纳总结过去的历史行情中出现的典型市场行为特点，得到一些固定模式，以此来预测未来的变化趋势。这两种分析方法各有所长，相辅相成，为科学管理金融投资提供了分析决策方法。

2.利用投资组合分散投资风险

投资组合理论表明，将资金分散投资在不同的项目上，可以在一定的收益下降低投资组合的总风险。因此，金融投资可以分散进行，将资金合理地分散投资到高风险、中等风险和低风险的证券上，既能保证一定的投资收益，又能降低总的投资风险。在众多不同的投资组合方案中，存在风险一定而收益最高或者收益一定而风险最小的投资组合，这种组合称为最优组合。金融投资管理的任务就是要不断调整组合中单个资产及其投资比例，将其不断地调整到接近最优组合。

3.利用金融衍生工具规避投资风险

投资金融衍生工具有两种目的：一是通过直接买卖这种高风险的金融工具来获得高收益；二是通过投资与基础商品相配套的金融衍生工具，达到反向操作分散风险的目的。利用金融衍生工具控制投资风险指的是第二种情况。比如，我国已经推出的股票指数期货，就可降低投资的风险。

第二节　证券投资

证券是有价证券的简称，是根据国家有关法律规定由发行人发行，票面上载有一定金额，代表财产所有权或者债权，可以依法有偿转让的一种信用凭证。从广义上讲，符合这一定义的信用凭证都可以叫证券。比较常见的有财务证券（如提货单、货运单等）、货币证券（如支票、汇票、本票等）和资本证券（如股票、债券和证券投资基金等）。一般狭义的证券仅指资本证券。它们也是证券投资的主要对象。我国《证券法》规定的证券为股票、公司债券和国务院依法认定的其他证券。其他证券主要指的是投资基金凭证（简称“投资基金”）、非公司企业债券和国家政府债券。投资者就是通过认购、持有、转让或者兑现这些证券而获得投资收益的。

一、债券投资

（一）债券的特征

债券是政府、金融机构、公司企业等社会经济主体为筹集资金而向投资者发行的、承诺按约定条件支付利息、偿还本金的一种债权债务凭证。债券包括期限、面值、票面利息率、抵押与担保、求偿等级、限制性条款等构成要素。期限指的是债券从发行到本息偿付为止的时间期限。面值是指债券票面的价值，表明债券的币种和每份金额，但不一定等于发行价格。票面利息率是按面值计算支付利息的利率，其高低主要受银行利率、发行者的资信级别、偿还期限、利息计算方法和资本市场供求关系等因素影响。抵押与担保是对债券持有人收回本息的额外经济保证。求偿等级是同一发行人发行的不同债券的清偿顺序。限制性条款是发行人对减少债券投资风险的额外保证，比如限制发行人的债务规模等条款。债券的这些因素无不影响债券投资的收益和风险，是债券投资决策关注的基本信息。

从债券构成要素的内容来看，债券作为投资工具具有下列特征：

（1）偿还性。偿还性是指债券发行人在约定的期限向债券持有人偿还本金的特性。

（2）收益性。收益性是指债券具有给投资者带来一定收益的特性。债券收益主要来源于利息收入和投资者买卖债券的价差收益。由于债券的利息收益是构成其投资价值的基础，而债券利息的现金流又比较固定，所以债券也被称为固定收益证券。

（3）安全性。安全性与投资风险相对应，是指债券持有人所获得的收益相对固定，能够按期收回本金，发行人破产清算的清偿顺序居前的特性。债券与股票相比有较高的投资安全性，投资风险低。

(4) 流动性。流动性是指债券持有人可根据自己的需要在证券市场上卖出债券、收回投资的特性。证券的流动性强弱取决于债券交易的时间长短和价格损失，能在短时间内以市场价格交易的证券流动性较强。决定和影响债券流动性的主要因素有发行人的信誉、债券的利率和期限、债券市场的发达程度等。

(二) 债券的种类

债券的种类很多。按发债主体不同，可将债券分为政府债券、金融债券和公司债券；按债券期限不同，可将债券分为短期债券、中期债券和长期债券；按是否有抵押担保，可将债券分为担保债券、抵押债券和信用债券；按支付利息方式不同，可将债券分为一般付息债券、分期付息债券、附息票债券、零息债券；按票面利率是否固定，可将债券分为固定利率债券和浮动利率债券；按照债权人享受的权益不同，可将债券分为可转换债券、可赎回债券、卖权债券、附新股认购权债券、参加公司债券和收入公司债券；按债券资信等级不同，可将债券分为投资级债券、投机级债券；按债券的实物形态不同，可将债券分为实物债券、凭证式债券和记账式债券。

各种类型的债券在风险、收益、期限上有较大区别。投资者可以通过阅读债券发行时的募集说明书，详细了解债券本身的信息，比较分析，从而作出投资决策。

(三) 债券的估价

债券的价值有债券面值、债券市场价格和债券内在价值等三种表现方式，其中债券内在价值代表其未来相关现金流量的现值，是构成债券市场价格的基础。决定债券内在价值的因素主要是债券投资期间的现金流量与贴现率。

债券的现金流量取决于债券本金和利息的支付方式。常见的债券本息支付有：(1) 每年付息一次，到期一次性归还本金。比如，某公司发行的10年期债券，票面金额为100元，票面利息率5%。按这种方式支付本金和利息，则一张债券连续10年每年获得现金利息5元（100×5%），10年后还可获得100元本金。(2) 平时不支付利息，到期一次性归还本金和全部利息。同样10年期面值100元、利息率5%的债券，在到期之前没有现金流入量，只有在第5年到期后一次性获得150元（100+100×5%×10）的现金流入量。(3) 平时不支付利息，到期一次性归还本金。这种债券就是所谓的“零息债券”或“贴现债券”。

评估债券价值时采用的贴现率，理论上应该是投资者的必要投资报酬率。在市场处于均衡状态时，债券市场利率是投资者必要投资报酬率的无偏估计，因此一般采用评估时的市场利率作为贴现率。

对债券的内在价值进行估算，简称“债券估价”。债券估价的具体模型有：

1.每年年末付息、到期一次还本的债券估价模型

这是债券估价的基本模型，是指按复利方式，通过贴现计算债券投资的现金流入量的现值的估价模型。其计算公式为：

$$P=\sum_{t=1}^{n}\frac{F\cdot i}{(1+K)^{t}}+\frac{F}{(1+K)^{n}}$$

式中：P——债券内在价值；

i——债券票面利率；

F——债券面值（本金）；

K——贴现率，或投资者要求的必要报酬率；

n——投资起至债券到期的剩余期数。

【例7-1】某企业发行面值为100元的长期债券，票面利率为10%，期限为10年。规定每年计算并支付利息一次，到期一次还本。目前市场利率为8%，要求计算该债券的价值。

解：债券的价值为：

$$P=\sum_{t=1}^{10}\frac{100\times10\%}{(1+8\%)^t}+\frac{100}{(1+8\%)^{10}}$$

$=100\times10\%\times(P/A,8\%,10)+100\times(P/F,8\%,10)$

$=10\times6.710+100\times0.463$

$=113.40$（元）

2.一次性归还本息且单利计息的债券估价模型

一次性归还本息的债券是我国常见的债券类型，也称为利随本清债券。其估价公式为：

$$P=\frac{F+F\times i\times N}{(1+K)^n}$$

式中：P——债券内在价值；

i——债券票面利率；

F——债券面值（本金）；

K——贴现率，或投资者要求的必要报酬率；

N——债券总计息期数；

n——投资起至债券到期的剩余期数。

【例7-2】某企业计划购买其他企业发行的利随本清债券。该债券面值为100元，期限3年，票面利率10%，单利计息，发行时预计市场利率为12%。如果债券发行价为每张95元，企业是否应进行投资？

解：债券的价值为：

$$P=\frac{100+100\times10\%\times3}{(1+12\%)^3}=130\times0.712=92.56\text{（元）}$$

由于债券价格高于其内在价值，所以企业不能进行投资。

3.零息债券的估价模型

零息债券到期日只获得本金，之前不支付任何利息，所以又称为纯贴现债券。其价值估算的计算公式为：

$$P=\frac{F}{(1+K)^n}$$

公式中符号的含义同前。

【例7-3】某金融企业发行10年期零息债券，面值为100元。投资者A的必要投资报酬率为8%，那么对他来说，该债券的价值为多少？

解：债券的价值为：

$$P=\frac{100}{(1+8\%)^{10}}=100\times0.463=46.30（元）$$

这也告诉我们，投资者A购买此债券的最高价格是每张46.30元。

4.永续债券的估价模型

英国发行的永久性统一公债就是永续债券（又称“永久债券”）的典型例子，它表明英国政府有义务无限期地支付固定的利息。按照永续年金的贴现公式，这种债券价值的计算公式为：

$$P=\frac{F\cdot i}{K}$$

公式中符号的含义同前。

比如，对于年利息是10元的永续债券来说，市场利率为8%时其内在价值就是125元。

（四）债券投资的收益

债券的投资收益直接来源于债券的利息收入和买卖价差。反映债券投资收益的指标有两种：一种是投资的净收益，以具体金额表示；另一种是投资收益率，以百分比表示。后者在投资决策和评价投资效果时使用得更多，因此我们主要讨论投资收益率的计算与分析方法。

1.债券投资的名义收益率

债券投资的名义收益率是指不考虑时间价值与通货膨胀因素影响的年平均投资收益率，是将每年平均取得的利息和价差收益与购买价格进行比较后的值。其基本计算公式如下：

$$R=\frac{F\cdot i\cdot m+(P_2-P_1)}{P_1\cdot n}$$

式中：R——债券的名义收益率；

F——债券面值；

i——债券票面年利率；

P_2——债券卖出价或到期收回的本金；

P_1——债券投资的购买价；

m——投资期间利息支付年数；

n——债券投资年数。

【例7-4】小王投资购买某企业3年期一次还本付息债券30张。债券面值为100元/张，票面利率10%，购买价113元/张。在持有450天后该债券到期，小王获得全部利息和本金。小王的名义投资收益率是多少？

解：投资债券的名义投资收益率为：

$$R=\frac{100\times10\%\times3+(100-113)}{113\times(450\div365)}\times100\%=12.20\%$$

2.债券投资的实际收益率

债券投资的实际收益率是考虑通货膨胀和货币时间因素后，使投资收益的现值与投资成本现值相等时的贴现率，就是使债券的内在价值与购买价格相等的贴现率。它反映债券投资的真实收益率。

根据实际投资收益率的定义，我们可利用前述债券估价模型反求债券的实际收益率，将估价模型中的P定义为债券的购买价格，F为债券到期收回的本金或中途出售收回的资金，K为债券投资的实际收益率，i为票面利率，n为投资年数。在已知P、F、i、n时，求K。具体计算可用试算法或插值法。

【例7-5】小张于当年7月初按110元/张的价格购买面值为100元/张的企业债券，其票面利率为10%，每年6月末计算并支付利息一次，债券期限为5年。小张投资该债券3年后的7月中旬以102元/张的价格全部卖出。问该债券投资的实际收益率是多少？

解：根据实际投资收益率的定义，可建立以下等式，其中K就是实际投资收益率：

$$110=100\times10\%\times(P/A,K,3)+102\times(P/F,K,3)$$

采用试算法：

当K=6%时，等式右边=10×2.673+102×0.840=112.41。

当K=7%时，等式右边=10×2.624+102×0.816=109.47。

用插值法，得：

$$\frac{K-6\%}{7\%-6\%}=\frac{110-112.41}{109.47-112.41}$$

解方程得：

K=6.82%

这表明该债券的实际投资收益率是6.82%。

（五）债券投资的评价

债券投资具有下列优点：

（1）债券投资的本金安全性高。

与股票相比，债券投资风险比较小，特别是政府发行的债券，有国家财政做后盾，本金安全性非常高。法律赋予企业债券持有人拥有对资产的优先求偿权。当企业破产时，企业债券持有人可以优先于股东参与企业剩余资产的分配。因此，其本金损失的可能性很小。

（2）债券投资收入稳定性强。

债券是一种必须按时还本付息的债权性证券，可以定时获得现金收益。绝大多数债券具有固定的利率，收到的利息金额固定，因此投资于这种债券能获得稳定的收入。采用浮动利率计息的债券，利息数量虽然变动，但是能减少市场利率变动和通货膨胀因素带来的损失，是保证实际收益不变的理想方式。因此，债券收入比不定时定量分红的股票稳定性强。

（3）债券的流动性较好。

许多债券都可以通过交易所或者金融机构出售，因此具有较强的变现能力。上市交易的国债和大企业债券常常能满足大额资金短期投资的需要，就是因为它们的流动性强。

与股票投资相比，债券投资也有下列不足之处：

（1）债券购买力风险大。

由于债券的本金和利息在债券发行时常常已经确定，如果投资期间通货膨胀加剧，则债券未来收入的本金和利息的实际购买力会大大下降，甚至使投资者受到损失。因此，采用浮动利率的债券比固定利率的债券承受的购买力风险要小。

（2）债券持有人不能参与企业经营管理。

投资债券只能获得一定的收益，债权人不能像股东一样参与经营管理决策。这样，债权人就丧失了对资金使用的直接监管，只能委托股东和经营者进行，从而带来代理成本和风险，股东有可能为了自身的利益而损害债权人的利益。

二、股票投资

（一）股票的特征

股票是股份有限公司发行的、作为股东投资入股的证明，也是股东据以取得股息和红利的凭证。股票有三个基本要素，即发行主体、股份份额以及持有人。股票可标注面值，也可不标注面值。目前，我国公开发行的股票面值为每股1元。作为投资工具，股票的面值意义不大。股票价值主要取决于发行公司的盈利能力和股利支付能力，并通过股票市场价格表现出来。

与债券不同，股票作为投资工具具有以下特征：

（1）无偿还性。这是指投资者一旦认购股份公司发行的股票，除非公司破产清算，股东不得要求股份公司退还其投资入股的资本。

（2）参与性。根据《公司法》和《证券法》的规定，股东有权出席股东大会，进行投票表决，选举公司董事，参与公司的经营决策。股东参与经营决策权利的大小取决于其持有股票份额占总份额的比率。

（3）拆合性。股票的拆合性是指在遵循法律规定，并通过董事会和股东大会的决议，股份公司的股票数量可以拆细和合并。拆细股票就是将原来的1股股票拆分为若干股，再按股东的持股比例进行分配。股票拆细后，股票总数会增加。合并股票与拆细股票相反。公司可以通过拆合股票来调整股票的交易数量，进而影响价格。

另外，股票与债券一样具有流通性，可在证券市场上进行交易。在交易所上市交易的股票的流动性比不能上市交易的股票流动性强。

（二）股票的估价

通常，表示股票价值的形式有股票面值、账面价值（每股净资产）、股票市场价格和股票内在价值等。股票内在价值是每股现金股利的现值，是股票市场价格的基础。因此，估算股票内在价值就能预测股票价格，对投资决策具有重要意义。

1.股票估价的基本模型

估算股票内在价值的基本方法是贴现现金流量法。运用现金流量贴现模型计算股票内在价值，主要参数有两个：一个参数是投资期内的各期现金流入量。假设企业持续经营，则该现金流入量为各年的现金股利，用D_t表示投资期内第t年获得的现金股利；另一个参数是贴现率，一般用特定股票的必要投资报酬率作为贴现率K。这样，股票内在价值P的计算公式就是：

$$P=\sum_{t=1}^{\infty}\frac{D_t}{(1+K)^t}$$

2.基本模型的简化形式

（1）零增长股票估价模型

如果公司每年都发放固定的股利给股东，即假定预期股利的增长率为零，这种股票就称为零增长股票。每年的现金股利为固定常数D，其股票价值为：

$$P=\frac{D}{K}$$

常见的零增长股票主要是固定股利的优先股，因此该模型适用于估算固定股利优先股的内在价值。

（2）固定增长股票估价模型

固定增长股票估价模型，又称为戈登模型，它是由戈登（M. J. Gordon）于1962年提出的。该模型假定企业处于生命周期的上升阶段，盈利能力逐年增长，并假定每年的股息以一个固定的增长率g增长，则其估价模型为：

$$P=\frac{D_0(1+g)}{K-g}$$

或：

$$P=\frac{D_1}{K-g}$$

式中：D_0——企业现在发放的股利；

D_1——企业第1年发放的股利；

g——现金股利的年增长率。

其中：

g=留存收益比率×净资产收益率

【例7-6】某公司实施增长的股利政策，预计下一年的现金股利为每股5元，留存收益比率为50%，净资产收益率为20%。公司股票的必要投资报酬率是20%，该公司的股票价值是多少？

解：股利增长率 g=50%×20%=10%

$$股票价值P=\frac{5}{20\%-10\%}=50（元）$$

（3）非固定增长的股票估价模型

公司发放的现金股利一般不是固定增长的，有时可能连续几年维持不变，有时又连续几年保持固定增长，甚至有时没有规律。对这样的股票进行价值评估，主要通过非固定增长的股票估价模型。该模型仍然建立在股票估价的贴现现金流模型上，只是假设股利的变化是分段进行的。在企业高速发展期，股利按较高的增长率g_1增长；等企业发展速度减缓时再按照正常的增长率g_2发放股利。这样，股票的内在价值也分两段。具体的计算公式如下：

$$P=\sum_{t=1}^{n}\frac{D_0(1+g_1)^t}{(1+K)^t}+\frac{D_{n+1}}{K-g_2}\times\frac{1}{(1+K)^n}$$

（三）股票投资的收益

股票的投资收益主要是投资期间的股利收入和买卖价差。反映股票投资收益的指标有两种：净收益和投资收益率。根据是否考虑货币时间价值，投资收益率又分名义收益率和实际收益率。

1.股票投资的名义收益率

进行短期股票投资，一般计算其名义收益率，即投资的收益净额与投资成本（股票购买价格）的比值，其表达式为：

$$股票名义收益率（R）=\frac{投资期的现金股利总额+（卖出价格-购买价格）}{购买价格}$$

【例7-7】某上市公司股票目前的价格是100元/股，预计投资1年内可分得现金股利20元/股，1年后退出投资时可以98元/股的价格卖出。不考虑货币时间价值因素的影响，A公司股票的投资收益率是多少？

解：根据公式得：

$$R=\frac{20+(98-100)}{100}\times100\%=18\%$$

一般而言，股利发放的非固定性和非连续性使得股票投资收益与时间没有线性关系，投资取得的价差收益总额与投资的时间同样也不存在线性关系。因此，对短期股票投资的收益率进行年化计算并没有实际意义。长期股票投资的收益率则必须考虑收益取得的时间，用实际投资收益率衡量更合理。

2.股票投资的实际收益率

在考虑货币时间价值的前提下，股票投资的实际收益率就是指在股票投资期内，使所有相关现金流量的现值相等的贴现率。股票投资的现金流出量是投资股票时的购买价格（投资成本），现金流入量是投资期内得到的不同时期的现金股利和股票卖出的卖价收入。根据贴现模型，以下等式成立：

$$P_0=\sum_{t=1}^{n}\frac{D_t}{(1+K)^t}+\frac{P_n}{(1+K)^n}$$

式中：P_0——股票投资的购买价格；

P_n——第n期股票卖出的价格；

D_t——第t期的现金股利；

n——投资年数；

K——股票投资的实际收益率。

【例7-8】某企业计划将长期不用的资金50万元投资股票，预计投资第1年可获得现金股利7万元，第2年无现金股利。为配合企业投资计划，第2年年末需将部分股票卖出，收回30万元的资金。预计第3年有现金股利收入5万元，期末将剩余的股票全部卖出，可再收回40万元的资金。这一股票投资方案的实际报酬率是多少？

解：根据公式，得：

$$P_0=\sum_{t=1}^{n}\frac{D_t}{(1+K)^t}+\frac{P_n}{(1+K)^n}$$

$$50=\frac{7}{1+K}+\frac{30}{(1+K)^2}+\frac{5+40}{(1+K)^3}$$

先试算：

当K=22%，等式右边=50.68；

当K=23%，等式右边=49.70。

然后用插值法，得：

$$\frac{K-22\%}{23\%-22\%}=\frac{50-50.68}{49.70-50.68}$$

最后解得，K=22.69%。

因此，该股票投资计划的实际投资收益率是22.69%。

（四）股票投资的评价

股票投资被认为是一种高风险高收益的投资方式，常常激发投资者的投资热情。它的优点主要表现在：

1.投资优质股票有较高的收益

股票的价格波动频繁，可以给投资者提供很多短期内获取超额收益的投机机会。长期来看，实力强大、呈上升趋势的公司发行的股票总能在股价上获得较大的涨幅，使长期投资者的财富获得大量增值。

2.股票的购买力风险较低

股票的价值来源于公司股利，由企业的利润决定。当通货膨胀严重时，由于物价普遍上涨，股份公司的盈利也会随之增加，支付的股利增加的同时，股票价格也会随之水涨船高。因此，股票投资所取得的收益能够及时根据通货膨胀的程度自发地进行调整，这样，投资股票的购买力风险显然要比固定收益的证券小得多。

3.股东拥有表决权，可影响甚至控制企业的经营决策

普通股股东是股份公司的所有者，可通过股东大会和董事会等形式，监督和控制企业的生产经营活动。股东直接参与经营决策，能直接保证企业的经营活动不偏离增加股东投资价值的目标。此外，可通过收购公司股票来控制这家企业。

相对于债券投资而言，股票投资最大的缺点就是投资风险大，主要就是由于股票的收益不稳定，具体表现在：

1.股利收入不稳定

普通股股利的多少视企业经营状况和财务状况而定，法律对此没有保证。

2.股票价格波动大

影响股票价格变动的因素有很多。政治、经济、市场效率，投资者心理、企业自身、利率变动等因素都会影响股票价格，而这些风险因素大部分是股票投资者无法控制的，因此股票投资风险很大。

3.股东求偿权居后，无法保证投资本金的最终收回

法律规定一旦认购公司发行的股票，除非公司破产或股东集体同意缩股，否则不能自由地从公司退出投资本金。即使在企业破产清算时，股东获得剩余资产也必须满足企业清偿全部债务的条件，因此股东原先的投资不能获得全部补偿，甚至有时一无所获。

此外，不能上市交易的股票的流动性较差，股票出售的价格也无法保证，并且有很高的交易成本，流动性风险很大。

三、证券投资组合的管理

证券投资组合的管理是投资者根据不同的投资需求，应用投资理论与实践经验，精心选择各种金融工具构成组合，并管理这些投资组合，以实现投资目标的过程。简而言之，投资组合管理就是管理资金的过程。在这个过程中，主要参与者有4类：投资者、专业投资管理人员、投资顾问和评估者。投资者分为机构投资者和散户投资者。机构投资者主要

包括投资基金、养老基金、捐赠基金、保险公司、投资公司和其他存款机构（如商业银行）等。散户投资者主要是个人。投资顾问、投资经理和评估者提供金融投资的中介服务，为投资者提供各项专业服务。

(一) 投资组合管理的一般程序

在较为成熟的金融市场上，投资者机构化是一个普遍现象。机构投资者实行的是专业化的投资组合管理，其过程主要包含以下几个步骤：

1.确定投资目标

无论是哪种投资者，它的投资目标都可表述为：在一定风险下的投资报酬率。不同类型的机构投资者对投资报酬的要求不同。养老基金所要求的回报是使投资产生的未来现金流入量足以支付未来的养老金负债，其风险程度视养老金支付时间的远近而定。捐赠基金所要求的回报是足以支付受益者（如个人、学校、慈善机构等）的开支，并维持基金实际价值的增长，其风险承担较为保守。保险公司所要求的回报是须弥补经营费用并满足保险赔偿的支付，其能承担的风险也很保守。商业银行所要求的回报是贷款利率与借款利率的利差，承担的风险主要由贷款或投资的策略决定。

2.制定投资政策

投资政策是在约束条件下对资产配置方面的相关安排。可用来配置投资组合的资产包括各种金融工具、不动产和风险资本。不同类型资产的市场规模和投资便利程度不同。投资者必须决定该机构的资金如何在各资产类型之间进行分布。例如，作为某混合型基金，其投资范围中明确规定“股票投资比例范围为0~95%，权证投资比例范围为0~3%；债券投资比例范围为0~95%，资产支持证券投资比例范围为0~20%；现金以及到期日在1年以内的国债、政策性金融债等短期金融工具的资产比例不低于5%”。约束条件主要是指投资期限和投资流动性的要求。捐赠基金一般是永久性的，现金支付也有周期性，其投资的流动性可以降低；而开放式基金、养老基金等就要求投资流动性较高。此外，税负和监管约束对投资政策也有重大影响。

除此之外，对一些大型机构投资者而言，具体投资目标的设定和投资管理人员的选择也是投资政策所必须考虑的。

3.选择投资组合策略

这个步骤的主要任务就是选择与投资目标和投资政策相一致的投资组合策略。所谓投资组合策略就是在既定投资目标下，根据风险-收益理论，投资者依据对风险的承受能力而设计的管理投资组合的基本思路，主要分为保守型投资策略、冒险型投资策略和适中型投资策略。

4.选择具体投资对象

在一定的范围内，根据投资策略来选择具体的投资对象，需要对各金融工具进行评估，并着手构造有效组合。这期间，投资顾问起着重要作用。投资顾问掌握了某类证券的交易信息和公司信息，对政治、经济和市场等投资环境非常熟悉，能通过分析给出专家意见，帮助投资者构建最优投资组合。

5.评估投资绩效

所谓业绩评价是指，对投资组合管理人在建立投资组合时承担的风险大小、投资期内的实际收益率是否与风险匹配、是否超过预期收益作出评估，并对投资过程中投资经理有关资产配置、类别转换和证券选择等抉择对投资业绩的贡献度进行评估。机构投资者一般都聘请专业的投资经理来管理投资组合，并对他们的管理绩效作出合理评估。由于金融工具本身带来的投资风险和收益各不相同，因此对投资绩效的评价也采用定性和定量的方法结合进行。

（二）证券投资组合的策略

投资者主观上对投资风险好恶有别，需要针对各种投资需求制定不同的投资策略。

1.保守型投资策略

这种策略认为，最优的投资组合方案就是要将尽可能多的证券包括进来，模拟市场现状，以便分散掉全部非系统风险，得到与市场所有证券平均收益相同的收益。比如，1976年美国先锋基金公司设立的指数信托基金建立了与标准普尔股票价格指数相同股票品种的投资组合，共500只股票，其投资比例也严格按这500家股票市场总值的比重操作执行。这就是保守型策略的典型例子。这种投资策略的好处在于能分散掉全部可分散的风险，不需要高深的证券投资专业知识，证券投资的管理费比较低，但这种组合只能获得与股票市场平均的投资报酬率。此种投资策略收益不高，风险不大，故称之为保守型投资策略。

2.冒险型投资策略

这种策略认为，与市场完全一样的组合不是最佳组合，只要投资组合做得好就能超越市场，取得远远高于平均水平的收益。这种投资组合偏好高风险成长型股票，而排斥低风险低收益的证券。为了追求更高利益，投资组合要经常调整，变动频繁。采用这种投资策略的人注重证券的基本面分析和证券市场的技术分析，依靠挖掘短期内有明显业绩增长的股票或证券价格大幅波动的机会，来获得投资的超额收益。这种策略收益性高，风险大，因此被称为冒险型投资策略。

3.适中型投资策略

这种策略认为，证券的价格，特别是股票的价格，由特定企业的经营业绩来决定。股票价格的一时波动并不重要，只要企业经营得好，股票价格一定会回到其本身的价值水平上。因此，采用这种投资策略的人一般都善于通过对证券和市场基本面的分析，找到价值被低估的股票进行组合投资。这样的投资组合往往可以带来较为丰厚的收益，但同时风险不大。采用这种投资策略对投资者要求很高，需要具备专业的投资知识和投资技能，还要具有一定的投资经验。相比较而言，这种投资策略风险不太大，收益却比较高，是一种较为理想的投资策略。各种金融机构、投资公司和投资基金在进行证券投资时大都采用这种投资策略。

（三）证券投资组合的方法

在数以千万计的证券品种中，找到合适的证券、建立投资组合也有一定的难度。为了实现投资组合尽可能降低风险的目的，同时保证投资组合本身的管理成本不高，宜选择采用以下投资方法：

1.选择足够多数量的证券进行组合

这是一种最简单的证券投资组合方法。采用这种方法时，证券是随机选择的。随着证券数量的增加，非系统风险会逐步减少。当数量足够多时，大部分的非系统风险被分散掉。根据专家研究，在美国纽约股票市场，随机地购买40种以上的股票，大部分非系统风险都将被分散掉。为了有效分散风险，每个投资者最好投资于不少于14种股票。在规模较小的证券市场中，同时随机选择10种股票进行投资，也能有效地分散风险。

2.把风险大、风险中等和风险低的证券放在一起进行组合

这种方法又称为1/3法，是指在安排投资比例时，将资金平均地分配给风险大、风险中等和风险低的三类证券。一般来说，风险大的证券对各种风险因素的变化非常敏感，即使在经济繁荣时期也可能出现巨额亏损，而此时风险低的证券能保证获得稳定的收益。因此，这种1/3投资法是一种兼进可攻、退可守的组合方法，虽然总收益不会很高，但也不会发生很大的损失，是一种常见的组合方法。

3.把投资收益呈负相关变化的证券放在一起进行组合投资

根据投资组合理论，只有收益负相关的证券组合才能抵消风险，因此可以选择负相关证券进行组合投资。当一种证券收益下降的时候，还有与之负相关的证券收益增加，这样总投资的收益就不会有超过第一种证券的收益下降幅度。例如，同时投资一家汽车制造公司的股票和一家石油公司的股票。当石油价格上涨时，石油公司收益增加，股票价格上升，而此时，油价上涨抑制汽车消费，汽车公司收入减少，收益降低，股价下跌。两种股票价格的波动方向相反，使得投资组合的价值变化幅度不大，有效降低了投资的风险。只要选择得当，这样的组合方法对降低风险最有效。

第三节　基金投资

基金包括证券投资基金、产业投资基金和创业投资基金。由于这些基金的投资对象和投资环境完全不同，因此投资管理的方法也不同。本书主要介绍与金融投资关系密切的证券投资基金的相关知识。

一、证券投资基金的概念和特点

（一）证券投资基金的概念

对证券投资基金的概念有两种理解：一种认为证券投资基金是一种投资工具，另一种认为它是一种投资组织。从投资者的角度来说，证券投资基金就像股票、债券一样，是一种投资工具。本质上，证券投资基金是一种投资组织，它是按照共同投资、共担风险、共享收益的基本原则，运用现代信托关系的机制，通过发行证券投资基金单位，将投资者分散的资金集中起来投资于有价证券，以实现预期投资目的的一种投资组织。

（二）证券投资基金的特点

与个人投资者直接参与证券买卖相比，投资基金具有以下特点：

1.集合性

投资基金将众多投资者大小不等的资金集中起来，根据投资组合原理进行专业化投资，可起到分散风险、降低成本、提高收益的效果。投资基金比众多投资者分散投资更具有规模效应。投资者不必花费大量时间和精力去研究各种证券和市场行情，只要付少量的费用，就可以分享专业化的投资成果。

2.专业性

投资基金由专业的基金管理人负责经营。投资者购买基金证券后即可享受管理人的专业化服务。基金管理人是专业投资机构，它由经验丰富的投资专家组成，与金融市场联系密切，拥有先进的设备和完备的信息资料，分析手段科学、合理，投资经营管理水平远高于一般投资者。

3.组合性

为分散投资风险，投资基金多采取组合投资的策略。按照国际惯例，单个基金在一种股票上的投资额不得超过基金资产的10%，同时拥有某家公司的股份不得超过公司总股本的10%。因此，大多数投资基金会同时投资30~50家不同的股票、债券等证券，最大限度地分散风险。投资者通过投资基金证券，可以间接地达到组合投资的目的。

4.利益共享、风险共担

证券投资基金进行投资取得的收益在扣除各种费用后，按基金投资者的出资比例进行分配，因此，投资基金的投资风险是由投资者按出资比例共同承担的。基金管理人定期收取固定比例的佣金，不参与投资收益的分配，也不承担投资风险。

二、证券投资基金的类型

（一）根据投资基金组织运作的模式不同，分为契约型基金和公司型基金

1.契约型基金

契约型基金又称信托型基金。它是按照信托契约原则，在签订信托契约的基础上发行收益凭证、募集资金并进行投资运作的投资基金。契约型基金主要分布在英国、日本以及中国香港和中国台湾等国家和地区。目前，我国内地的证券投资基金均是契约型基金。

2.公司型基金

公司型基金是按照《公司法》组成的以盈利为目的的具有独立法人资格的股份有限公司，通过发行股票来筹集资金。公司型基金主要分布在美国。契约型基金和开放式基金的主要区别见表7-2。

表7-2　　契约型基金和公司型基金的主要区别

项 目	契约型基金	公司型基金
法律依据和地位	依据信托法组织，不具有法人资格	依据公司法组织，具有法人资格
投资者地位	契约受益人，一般无管理权	公司股东，有管理权
经营管理依据	依据基金信托契约来进行募集、经营与管理	依据公司章程、委托管理契约和委托保管契约等
基金凭证	基金单位凭证	公司股票
融资渠道	发行基金单位筹资	发行股票、债券筹资以及银行借款等

（二）根据基金单位是否可以赎回，可分为封闭式基金和开放式基金

1.封闭式基金

我国《证券投资基金法》规定："采用封闭式运作方式的基金（封闭式基金），是指经核准的基金份额总额在基金合同期限内固定不变，基金份额可以在依法设立的证券交易所

交易，但基金份额持有人不得申请赎回的基金。”简而言之，封闭式基金是有一定期限的、规模不变的投资基金，其交易必须在基金上市的二级市场进行，其价格随行就市，由基金的供求关系、业绩和市场行情等因素决定。封闭式基金具有股份权益和债券权益的特点。其具有期限的这一特点和债券类似，但其基金红利并不固定，投资风险大于固定收益的债券。

2.开放式基金

我国《证券投资基金法》中规定：“采用开放式运作方式的基金（开放式基金），是指基金份额总额不固定，基金份额可以在基金合同约定的时间和场所申购或者赎回的基金。”简而言之，开放式基金是没有固定期限和规模，投资者可以随时申购和赎回的投资基金，投资者买卖开放式基金一般在规定的地点进行柜台交易，其价格是根据基金净值加上一定的手续费来确定的。开放式基金具有股份权益和活期存款权益的特点，但是活期存款的收益比较稳定，开放式基金投资风险较大。我国封闭式基金和开放式基金的主要区别见表7-3。

表7-3　**我国封闭式基金和开放式基金的主要区别**

项　目	封闭式基金	开放式基金
交易方式	沪、深证券交易所上市交易	在基金管理公司或代销机构（主要是商业银行、证券公司）柜台交易
基金存续期限	有固定的期限	没有固定期限
基金规模	固定额度，一般不能再增加发行	有最低的规模限制但无上限
赎回限制	在期限内不能直接赎回基金，需通过上市交易套现	开放日可以随时提出购买或赎回申请
分红方式	现金分红	现金分红、再投资分红
投资费用	交易手续费	申购费和赎回费
投资策略	封闭式基金不可赎回，无须提取准备金，能够充分运用资金，进行长期投资，取得长期经营绩效	必须保留一部分现金或流动性强的资产，以便应付投资者随时赎回，进行长期投资会受到一定限制。随时面临赎回压力，须更注重流动性等风险管理，要求基金管理人具有更高的投资管理水平
信息披露	基金单位资产净值每周至少公告一次	单位资产净值每个开放日进行公告

（三）其他分类

基金的分类标准很多，其他常见的还有：

（1）根据对投资组合收入的要求不同，基金可分为收入型基金、成长型基金和平衡型基金。收入型基金追求稳定而较高的当期收入，较少强调资本的长期利得和成长。成长型基金则相反，主要投资于成长型股票，追求基金资产长期稳定增长。平衡型基金介于两者之间。

（2）根据投资组合投资的对象不同，基金可分为股票基金、债券基金、货币市场基金、期货基金、期权基金和认股权证基金等类型。

(3) 根据是否公开发行基金单位、向社会公众募集资金，基金可分为公募基金和私募基金。

(4) 根据基金之间的相互联系，基金可分为伞形基金和基金中的基金。伞形基金是指在一个母基金之下设立若干个子基金，各子基金独立进行投资决策。投资者投资伞形基金，可以在同一个母基金下进行不同子基金的投资调换，而不需要支付转换费。基金中的基金是指以其他证券投资基金为投资对象的基金。

(5) 同样是以市场指数的成分股票为投资对象，但管理方式不同，基金又可分为指数基金和交易所交易基金。指数基金是以追求股票市场（或债券市场）平均收益水平为基本目标，以属于编制股票指数的成分证券为主要投资对象的证券投资基金。交易所交易基金(ETFs) 是在证券交易所交易的，跟踪某个市场指数的开放式基金。它的投资组合具有指数基金的特征，但其本身的交易既在交易所进行，又有开放式基金的申购、赎回机制，比较特殊。

三、证券投资基金的收益

证券投资基金的投资收益主要包括两个方面：一是基金持有期间获得的分红，二是基金买卖的价差收益。基金的红利收益取决于基金的投资业绩，包括现金红利和再投资红利。再投资红利是将对应数额的现金红利折合成基金单位发放给基金持有人，直接增加投资者拥有的基金单位份额，其价值由基金单位的价值决定。基金买卖的价差收益则与基金的卖价收入、买价成本和投资费用有关。基金的买卖价格主要取决于基金的价值。因此，要了解证券投资基金的投资收益，首先要了解基金的价值。

(一) 基金的价值

基金是一种有价证券。与其他证券类似，基金的内在价值是由基金投资所带来的现金净流量。但是，基金价值的确定依据与股票、债券有很大的不同，取决于当前能给基金持有人带来的现金流量，用基金的净资产价值或基金单位净值来表示。

$$基金的净资产价值=基金总资产的市场价值-基金负债总额$$

基金总资产包括其所有的现金以及所投资的各种债券、股票等有价证券。按照有关规定，将基金投资的所有证券的当前市场价值或公允价值计算出来加上现金资产的价值就得到基金总资产的市场价值。基金的负债主要包括以基金名义对外的融资借款、应付投资者的分红、应付基金管理公司的管理费、应付基金托管人的托管费等。总体来说，基金的负债比较有限而且数额固定。

$$基金单位净值=\frac{基金净资产价值总额}{基金单位总份额}$$

基金的净资产价值是在一定基金规模下计算的总价值，表示基金价值的一般方式是基金单位净值（NAV）。它也称为单位净资产值或单位资产净值，是指某一时点每一份基金单位所具有的市场价值。

(二) 基金的价格

从理论上说，基金的交易价格是以基金单位净值为基础的。基金单位价值越高，基金的价格也越高。封闭式基金在二级市场上竞价交易，其交易价格由供求关系和基金业绩决定，理论上应围绕基金单位净值上下波动，但由于流动性等因素的影响，交易价格一般低于基金单位净值，这种现象称为基金的“折价”。开放式基金实行柜台交易，其价格包括申购价格和赎回价格。开放式基金的申购价格是投资者购买开放式基金的价格，它等于基金单位净值加上申购手续费；赎回价格是投资者卖出开放式基金的价格，等于基金单位净值减去赎回手续费。因此，同一交易日的申购价格是高于赎回价格的。

（三）基金的投资收益

基金投资的总收益由买卖价差收益和投资期间获得的现金红利组成。价差收益又称资本利得，不仅取决于投资时价格的差异，还取决于期间发生的投资费用。基金投资的费用包括直接费用和间接费用。直接费用是基金交易时由投资者直接承担的费用，直接减少价差收益，如封闭式基金的交易佣金和开放式基金的申购、赎回费用。间接费用则是基金运作中支付给基金管理人、基金托管人和销售商等的按一定比例计算的管理费用以及其他法律规定应支付的费用。它们直接减少基金净资产的价值，从而减少基金的投资收益。

基金投资收益的衡量可用持有期间的基金回报率和买卖完成后的基金投资收益率来表示。

$$基金回报率=\frac{年末NAV\times年末持份数-年初NAV\times年初持份数+本年现金红利}{年初NAV\times年初持份数}$$

式中的“持份数”是指基金单位的持有份数。基金回报率主要用于衡量基金持有期间投资收益的高低。由于没有价差收益的发生，可以不考虑交易中的直接费用。

投资者将购买的基金份额卖出后，可以用基金投资收益率来衡量投资收益的高低。

$$基金投资收益率=\frac{基金投资价差净额+累计现金红利}{基金投资总额}$$

这一公式适用于单期投资的收益率计算。如果投资期很长，也可分析投资期间各期发生的相关现金流入量和流出量，利用现金流量贴现模型计算投资的内在报酬率。

四、对基金投资的评价

（一）基金投资的优点

从非专业的投资者角度看，投资基金比其他证券更安全可靠，是比较理想的投资选择。

1.专家管理，分散风险

证券投资基金是由具有专业化知识和丰富投资经验的投资专家进行管理的。他们善于利用各种金融工具、收集各种信息，运用先进的技术手段对各种投资机会进行分析，在此基础上将资金分散投资于不同种类和不同行业的证券上，通过组成有效的投资组合，较大限度地降低非系统风险，从而获得较高且稳定的投资收益。

2.变现灵活，流动性好

投资基金一般可通过柜台交易，或者直接在证券交易所挂牌交易。投资者可买进后取得基金分红收益，或者随时进行买卖套取价差收益。基金流通方便，流动性较高。

3.投资选择多样化，易于变化

随着金融工具的创新，基金也在不断发展。国内外的基金品种很多，收益和风险各不相同。投资者可以根据自己的分析，决定购买或变换手中的基金品种。比如，股票市场下调时，如果期货市场和黄金市场处于上升通道，投资者就可将手中的股票基金转换成投资期货、黄金的基金；又如，在不具备项目投资国外金融市场的条件下，投资者也可购买国外金融市场的基金来达到间接投资国外资本市场的目的。通过投资基金，投资者可以间接介入更多的投资领域。

4.节省时间和精力

投资基金可免除投资者花费大量时间和精力去研究各种证券的价值和市场行情，从而可以腾出精力干好本职工作，有利于降低机会成本。

（二）基金投资的局限性

1.风险规避的局限性

通过精心规划投资组合可以有效降低投资风险，但基金可以消除的只是非系统风险，对系统风险则无能为力。当系统风险释放时，投资基金也会遭到不可避免的损失。另外，即使是证券的非系统风险，也会由于基金管理人投资策略、投资才能以及职业道德的不足而不能完全消除。因此，投资基金只能在一定程度上降低风险。

2.投资领域的局限性

投资基金在设立时要在招募说明书中明确其投资目标、投资范围等问题，以利于投资者选择适合自己的证券投资基金。这些内容是基金日后运作中应当追求的目标和遵循的原则。从另一角度来看，这也限制了证券投资基金的投资领域。无论是哪个投资领域，都有自身的发展周期，因此这种投资领域的局限性也在一定程度上限制了证券投资基金追逐收益的灵活性，从而影响其收益率。

3.基金治理的局限性

证券投资基金是基于现代信托关系运作的，其三方当事人的利益并不完全一致。投资者作为基金受益人，追求基金投资收益最大化和流动性，而基金管理人按照基金资产净值的一定比例收取管理费，投资者的当期收益与管理人的管理费收入相关度不高。有时，基金经理为了追求基金资产净值，可能会损害受益人的当期收益。托管人原则上应担负监管基金管理人的责任，但是由于基金管理公司往往是基金的发起人，会影响基金托管人的选择，二者可能存在利益勾结。此外，基金管理人的发起人是金融市场的其他主体，如证券公司、信托投资公司等，这也就难免基金管理人的大股东为了自身利益，要求基金管理公司在二级市场上暗送利益，从而损害基金持有人的利益。

第四节　期权投资

期权在现代企业财务理论中占有十分重要的地位。这不仅仅因为人们可以通过期权交易来锁定风险损失，更重要的是，许多非期权的投资项目包含着期权的性质，利用期权理论能对这些投资项目进行恰当的价值定位。

一、期权的概念、分类与特征

期权也称为选择权，是一种选择权合同。它赋予持有人在某给定日期或该日期之前的任何时间以约定价格购进或售出一种资产的权利。投资者最为熟悉的期权是股票期权，它是购进或售出股票股份的期权。

期权是一种独特类型的金融合约，因为它赋予购买者做某事的权利而不是义务。购买者仅在执行期权有利时才会利用它，否则期权将被弃之不顾。

（一）与期权相关的基本概念

1.期权购买者与期权出售者

期权购买者，也称期权持有者。只要支付一定期权费，就可获得在一定时日或一定时期内以事先确定的协定价格向期权出售者买进或卖出一定数量的某种资产合约的权利。期权购买者既可以行使这个权利，也可以放弃这个权利。也就是说，他有行使权利的权利，而无必须履行权利的义务。

期权出售者，也称期权签发者，是指期权权利的卖方。在期权交易中，期权出售者在收取了期权购买者的期权费后，就承担在规定的时间内履行该期权合约的义务。也就是说，在规定的时间内，只要期权购买者要求行使其权利，则期权出售者就必须无条件地履行规定的义务。这说明，对期权出售者而言，除了在成交时向期权购买者收取一定的期权费之外，期权合约只规定了他必须履行的义务，而未赋予他其他任何权利。因此，有人把期权合约称为单向合约。

2.执行价格

执行价格又称敲定价格、履约价格或协定价格，是指期权合约规定的、期权购买者在行使权利时所实际执行的价格。这一价格一经确定，则在期权有效期内无论期权标的物的市场价格上涨或下跌到什么水平，只要期权购买者要求执行该期权，期权出售者都必须以此价格履行其必须履行的义务。

3.期权价格

期权价格又称期权费、权利金或保险费，是指期权购买者为获得期权合约所赋予的权利而向期权出售者支付的费用。这一费用一经支付，则不管期权购买者执行该期权还是放弃该期权，均不予退还。

4.到期日

期权合同规定的期权的最后有效日期为期权的到期日。在到期日之后，期权失效。

5.标的资产

期权合同规定的双方买入或卖出的资产为期权的标的资产。

（二）期权的分类

1.根据期权购买者的权利，分为看涨期权与看跌期权

（1）看涨期权，也称买入期权或称买权，是指期权购买者可在期权有效期内以事先确定的协定价格向期权出售者买进一定数量某种期权合约的权利。一般来说，期权购买者之所以买进这种期权，是因为他们预计该期权合约标的物的市场价格将上涨，买进后，行使权利，就可以较低的协定价格买入该期权合约标的物，从而获利，故称为看涨期权。例如，某份股票期权合约，其期权费为每股0.6元，数量为1 000股，协定价格为每股10元。在期权有效期限内，股票市价涨至20元时，期权购买者行使购买权，即可按10元的协定价格从期权出售者手中购得该股票1 000股，相对节约10 000元，扣除期权费600元（0.6×1 000），净获利9 400元。如果股票市价下跌至7元，期权购买者放弃购买权，所遭受的损失不过600元。只要股票市价高于10.6元，期权购买者就可获利。

（2）看跌期权，也称卖出期权或称卖权，是指期权购买者可在期权有效期内以协定价格向期权出售者卖出一定数量期权合约的权利。一般地说，期权购买者之所以买进这种期权，是因为他们担心自己持有的某种期权合约标的物的市场价格下跌。买进这种期权后，他们可在市场价格果真下跌后以较高的协定价格卖出他们所持有的期权标的物。相对来说，他们仍在市场价格的下跌中获取盈利，故称为看跌期权。如前例，即使在股票市价跌至6元时，期权购买者如果当初签订的合约是卖出权，这时仍可按10元的协定价格卖出1 000股该股票给期权出售者。相对来说，多收回4 000元，扣除600元期权费，共获净利3 400元。当股票市场价格上涨，价格超过10元时，期权购买者又可放弃卖出权，而改在现货市场上销售，最多损失600元。

2.根据期权履约的时间，分为欧式期权与美式期权

（1）欧式期权，是指期权购买者只能在期权到期日执行的期权。

（2）美式期权，是指期权购买者在期权有效期内任何一天都可以行使其权利，即既可在期权到期日这一天行使其权利，也可在期权到期日之前的任何一个交易日行使其权利。

3.根据期权合约的标的资产，分为现货期权与期货期权

（1）现货期权，是指以各种现货商品、各种金融工具本身作期权合约标的物的期权，如商品期权、股票期权、债券期权等。

（2）期货期权，是指以各种期货合约作期权合约标的物的期权，如外汇期货期权、股价指数期货期权、利率期货期权等。

（三）期权的特征

期权是单向合同，风险收益机制是非对称性的。这是期权运作的最大特征。期权的非对称风险收益机制主要表现在：

1.权利义务不对称

在支付了期权权利金以后，期权的买方有权履行合同，也有权放弃合同，而期权的卖方只有履约的义务，并无放弃的权利。

2.风险与收益的不对称

期权买方的风险是已知的，仅限于支付的期权费，不存在追加义务，而潜在的收益在理论上是无限的；期权卖方的收益是已知的，仅限于收到的期权费，而风险损失在理论上也是无限的。

3.获利概率的不对称

由于期权卖方承受的风险很大，为取得平衡，设计期权时通常会使期权卖方获利的可能性远大于期权买方。无论期权买方是否履约，期权卖方都能获得权利金利益。

二、期权价值的构成及影响因素

（一）期权价值的构成

期权价值（PV）由内在价值（IV）和时间价值（TV）两部分构成，其数学表达式为：

PV=IV+TV

1.期权的内在价值

期权的内在价值是指期权持有者在执行期权合约时可获得的收益。当收益小于或等于零时，其内在价值为零。具体而言：

买入期权的内在价值为：

$IV_c=max（S-X，0）$

卖出期权的内在价值为：

$IV_p=max（X-S，0）$

式中：S——标的资产的市价；

X——执行价格。

2.期权的时间价值

期权的时间价值是指期权买方在期权时间的延续和相关商品价格的变动有可能使期权增值时，愿意为购买这一期权所付出的权利金额。随着有效期的缩小，标的资产市场价格向有利于期权持有者方向变动的可能性变小，期权持有者获利的可能性变小，因此时间价值减小。

假设用C和P分别表示买入期权价格和卖出期权价格，则有：

买入期权的时间价值为：

$TV_c=C-IV_c$

卖出期权的时间价值为：

$TV_p=P-IV_p$

显然，由时间价值和内在价值的定义，可以把期权价值表示为：

$C= IV_c+ TV_c= max（S-X，0）+ TV_c$

$P= IV_p+ TV_p= max（X-S，0）+ TV_p$

（二）影响期权价值的因素

由于期权价值是由内在价值和时间价值共同构成的，因此凡是影响内在价值和时间价值的因素，都是影响期权价值的因素。表7-4列举了影响美式看涨期权和看跌期权的因素及其对期权机制的影响情况。

表7-4　**影响美式看涨期权和看跌期权价值的因素**

因　素	因素变动的影响	
	看涨期权	看跌期权
期权的执行价格（越高）	–	+
标的资产的市场价格（上升）	+	–
期权的有效期（越长）	+	+
标的资产价格的变动率	+	+
无风险利率	+	–
标的资产收益	+	–

美式期权的四种关系：

1.看涨期权的价格决不能高于股价（上限）

2.看涨期权的价格既不能小于零，又不能小于股价与执行价格之差（下限）

3.如果股价等于零，那么看涨期权价值为零

4.当股价远远高于执行价格时，看涨期权价格趋向等于股价与行权价现值之差

表中符号（+，-）表示变量对期权价值的影响。例如，对股票变异性所标示的两个

“+”，表示变异性的增大将同时使看涨期权和看跌期权的价值增加。

三、期权定价模型——Black-Scholes模型

1973年，美国芝加哥大学教授费希尔·布莱克（Fischer Black）与迈伦·斯科尔斯（Myron Scholes）发表“期权定价与公司负债”一文，提出了有史以来第一个期权定价模型，在学术界和实务界引起了强烈反响。其后，其他各种期权定价模型也纷纷提出，而其中最著名的是1979年由考克斯（J.Cox）、罗斯（S.Ross）和鲁宾斯坦（M.Rubinstein）所提出的二项式模型。限于篇幅，我们只简单介绍Black-Scholes模型。

Black-Scholes模型：

$C=SN(d_1)-Ee^{-rt}N(d_2)$

其中：

$d_1=[\ln(S/E)+(r+1/2\sigma^2)t]\div\sqrt{\sigma^2 t}$

$d_2=d_1-\sqrt{\sigma^2 t}$

式中：C——看涨期权的价格；

S——现行股价；

E——看涨期权的执行价格；

r——年连续无风险报酬率，连续复利；

σ^2——股票连续收益的方差（每年）；

t——至到期日的时间（单位：年）；

N（d）——标准正态分布随机变量将小于或等于d的概率。

【例7-9】2016年10月4日，PE公司的2017年4月份到期、执行价为49元的看涨期权的收盘价值是4元。股票本身按50元出售。2016年10月4日，该期权还有199天才到期（到期日是2017年4月21日）。按连续复利计算的无风险年利率是7%。PE公司的方差估计每年为0.09。

由题可知：

（1）股票价格S=50元。

（2）执行价格E=49元。

（3）无风险利率r=0.07。

（4）将199天的时间段以年为单位，表示成t=199÷365。

（5）方差σ^2=0.09。

利用上述5个参数，分3个步骤计算PE公司期权的Black-Scholes值：

第一步：计算d_1和d_2。

$d_1=[\ln(S/E)+(r+1/2\sigma^2)t]\div\sqrt{\sigma^2 t}$

$=[\ln(50\div49)+(0.07+1/2\times0.09)\times199\div365]\div\sqrt{0.09\times199\div365}$

$=[0.0202+0.0627]\div0.2215$

$=0.3742$

$d_2=d_1-\sqrt{\sigma^2 t}$

$=0.3742-0.2215$

$=0.1527$

第二步：计算 $N(d_1)$ 和 $N(d_2)$。

$N(d_1)=N(0.3742)=0.6459$

$N(d_2)=N(0.1527)=0.5607$

第一个值表明，来自标准正态分布的抽取值有64.59%的概率将小于0.3742。

第二个值表明，来自标准正态分布的抽取值有56.07%的概率将小于0.1527。

第三步：计算C。

$$C=S\times N(d_1)-Ee^{-rt}\times N(d_2)$$
$$=50\times N(d_1)-49\times e^{-0.07\times(199\div365)}\times N(d_2)$$
$$=50\times0.6459-49\times0.9626\times0.5607$$
$$=32.295-26.447$$
$$\approx5.85\text{（元）}$$

Black-Scholes模型对财务学具有极其重要的贡献。它使任何人在给定若干参数下都能计算期权的价值。该公式的吸引力在于，4个参数是可测定的：股票现行价格S、执行价格E、利率r和距到期日的时间t，而只有1个参数——收益的方差 σ^2 必须估计。

四、期权交易的基本策略

期权有看涨期权与看跌期权两种基本类型，而在期权交易中，投资者又可分为期权购买者和期权出售者这两类基本交易者。把期权的两种基本类型与期权交易的两种基本交易者结合起来形成组合，就产生了期权交易的四种基本策略：购买看涨期权、出售看涨期权、购买看跌期权、出售看跌期权。

这四种基本策略的盈亏情况如图7-1所示。

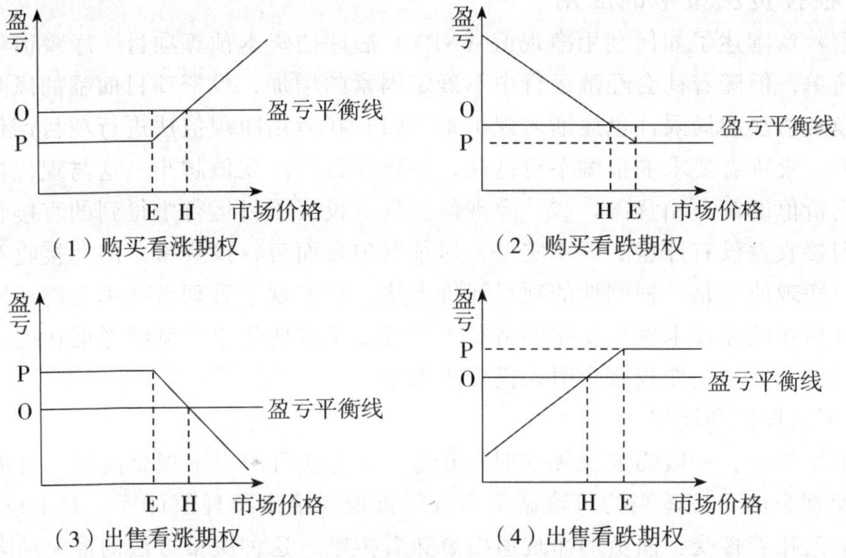

图7-1　期权交易的基本策略

在图7-1中，各图的E点表示协定价格，P点表示期权价格（期权费），H点表示盈亏平衡点。

（1）在购买看涨期权的策略中：当期权标的物市场价格一直低于协定价格E时，期权购买者会放弃期权，其最大损失为P；当市场价格涨到高于协定价格E时，期权购买者有可能盈利，盈亏平衡点H为E+P；当市场价格继续上涨，超过H点时，期权购买者盈利越来越大。在理论上，市场价格可无限上涨，期权购买者盈利无穷大，如图7-1中的（1）所示。

（2）在出售看涨期权的策略中：当期权标的物市场价格一直低于协定价格E时，期权出售者可获收益P；当市场价格涨到高于协定价格E时，期权出售者还可盈利，盈亏平衡点H为E+P；当市场价格继续上涨超过H点时，期权出售者出现亏损。在理论上，市场价格可无限上涨，因而，这时期权出售者的损失会无穷大，如图7-1中的（3）所示。

（3）在购买看跌期权的策略中：当期权标的物的市场价格一直高于协定价格E时，期权购买者会放弃期权，最大损失为P；当市场价格下跌低于E点，期权购买者有可能盈利，盈亏平衡点为H=E-P；当市场价格继续下跌越过H点时，购买者盈利越来越大。在理论上，期权标的物市场价格下跌是有限的，至多为零。因此，购买看跌期权的最大盈利是有限的，即只限于协定价格与期权价格之差，如图7-1中的（2）所示。

（4）在出售看跌期权的策略中：当期权标的物的市场价格一直高于协定价格E时，最大收益为P；当市场价格下跌至低于E点，有可能产生亏损。盈亏平衡点H为E-P；当市场价格继续下跌至低于H点时，期权出售者的损失会越来越大。在理论上，期权标的物的市场价格下跌是有极限的，市场价格最小为零。因此，出售看跌期权的最大损失也是有限的，即只限于协定价格与期权价格之差，如图7-1中的（4）所示。

五、期权在投资决策中的应用

本书第六章阐述了如何利用净现值（NPV）法评估资本预算项目。净现值法虽然应用起来比较简单，但随着社会经济运行中不确定因素的增加，投资项目面临的风险也与日俱增。传统净现值法的局限性也逐渐表现出来：（1）在运用净现值法进行项目评估时，项目的风险越大，投资者要求的报酬率也越高，导致项目的净现值越小。这与现代投资理论中的高风险高价值的观点相背离。（2）净现值法只对投资项目运行中得到的直接收益进行定价，而对间接收益没有计量。但事实上，对某些项目而言，投资带来的间接收益是非常重要的。（3）净现值法是一种刚性的项目评价方法，它忽视了管理者的主观能动性，没有把管理者在外界环境和技术发生变化的情况下对投资项目所作出的调整考虑在内，忽视了管理柔性。因此，需要把期权概念引入投资决策中。

（一）项目投资和期权

在资本预算中，一般需要预测在时期0这一点上项目的未来现金流量。对每一个未来时期的预期现金流量按适当的风险贴现率进行折现，给出净现值计算。对于独立的项目，正的净现值意味着接受，而负的净现值则意味着拒绝。这种决策方法的最大局限是：一旦决定采用方案，未来行为就不作任何改变，从而缺乏灵活性。然而，当未来实际的情况与预计的情况不一致，出现了不利的状况时，根据期权理论，采取延迟、放弃项目投资等措施，就可使投资决策更加科学。项目投资期权的管理思想就是使投资项目的价值由净现值与期权价值共同构成，即：

投资项目价值=净现值+期权价值

1.扩大投资的期权

扩大投资的期权，就是指已经进行了前期投资，而是否要再扩大投资（再追加投资）。用期权理论就可理解为企业拥有一个买进看涨期权。

例如，某企业研究开发某种新产品，已经支付试制费10万元，试制期1年。预计试制成功的概率为50%。如果试制成功，企业在1年后需再追加投资200万元，建一座厂房。投产后，新产品年净现金流量（假设为永续年金）为48万元。如果年贴现率为15%，则投资项目的净现值为120万元（-200+48÷0.15）；如果试制失败，则净现值为零；项目期望净现值为60万元（0.5×120+0.5×0）。在本例中，企业是否追加投资，取决于先期的试验是否成功。也可以说，企业是否追加投资相当于一个买进看涨期权，其支付的新产品试制费是期权价格（期权费），追加的投资是执行价格，销售新产品的未定价值是该期权的市场价格。企业是否执行该期权（追加投资）取决于试验的结果，而不承担必须履约（追加投资）的义务。如果试验失败或该产品没有商业价值，企业会放弃期权（追加投资），其最大损失是支付的试制费（期权费）；反之，企业会行使期权（追加投资）。

2.放弃投资的期权

某项目实施了一定时期后又有可能放弃该项目，就可理解为购进看跌期权。放弃项目能收回的金额（转让费、保险赔偿等）可看作期权的执行价格，新项目的未定价值是它的市场价格。企业是否执行该期权（放弃项目，取得转让费等）也取决于两者的高低，而不承担必须履约的义务。如果新项目的未定价值小于放弃项目能收回的金额，则执行期权，否则就放弃项目。

总之，扩大投资的期权和放弃投资的期权的最大特点就是给投资决策者一种决策弹性，使其可以灵活利用市场各种变化的可能性，在最大限度控制风险的同时，又不丧失可能出现的获利机会。

3.延迟投资的期权

延迟期权是指不必立即实行某项目，通过等待，公司能够获取关于市场、价格、成本和其他方面的新信息，因此存在等待接受新信息的期权。比如，在对一个新产品进行决策时，管理人员拥有现在推出这种产品或推迟到将来再推出该产品的期权。如果现在推出这种新产品，那么相对于等待来说，公司将较早获得现金流量。但如果等待的话，公司可能以更有利的方式推出该种产品。假设某投资项目投资成本为100万元，其预期收入在未来价格上升时为150万元，未来价格下降时为90万元，且已知未来价格上升或下降的概率均为50%。为简化分析，假定投资项目的期限为2年且项目预期报酬率为10%，按传统NPV法计算：

NPV=-100+（50%×150+50%×90）÷（1+10%）=9.09（万元）

因为NPV>0，所以应接受该项目，且现在就投资。

假定推迟到下一年待市场明朗化后再进行投资，那么在市场价格下降的情况下：

NPV=［90÷（1+10%）-100］÷（1+10%）=-16.53（万元）

而在市场价格上升的情况下：

NPV=［150÷（1+10%）-100］÷（1+10%）=33.06（万元）

由此可见，若价格下降，公司可放弃投资，以避免遭受损失；若价格上升，则可在第二年投资，并且可获得比现在投资更高的利润。

在该案例中，项目的价值（33.06万元）=传统方法计算的净现值（9.09万元）+延迟期权的价值（23.97万元）。在本例中，等待是值得的，因为延迟期权的价值为23.97万元。

（二）评估创始企业

期权还可用于评估创始企业。如果企业经营得不好，那么几年内就可能倒闭，但是如果经营业绩不错，就可以扩张。因此，存在两个期权，在不利条件下的放弃期权和在有利条件下的扩张期权。我们可通过对这两种情况进行估价，来判断创始企业的价值。

一般来说，每一个创始企业都可能有两种结果：一是失败，管理者可能以成本最少的方式关闭；反之，则企业经营欣欣向荣，管理者会努力扩张。因此，几乎每一项经营都包含放弃和扩张的期权。忽视期权很可能导致严重的价值低估。

【进一步学习指南】

一、投资组合基本理论

美国经济学家马科维茨（Markowitz）1952年首次提出投资组合理论（Portfolio Theory），并因此获得了诺贝尔经济学奖。马科维茨指出，人们进行投资本质上是在不确定性的收益和风险中进行选择。投资组合理论用均值-方差来刻画这两个关键因素。所谓均值，是指投资组合的期望收益率。它是单只证券的期望收益率的加权平均，权重为相应的投资比例。当然，股票的收益包括分红派息和资本增值两部分。所谓方差，是指投资组合的收益率的方差。我们把收益率的标准差称为波动率，它刻画了投资组合的风险。

从投资组合方差的数学展开式中可以看到投资组合的方差与各成分证券的方差、权重以及成分证券间的协方差有关，而协方差与任意两证券的相关系数成正比。相关系数越小，其协方差就越小，投资组合的总体风险也就越小。因此，选择不相关的证券应是构建投资组合的目标。另外，由投资组合方差的数学展开式可以得出：增加证券可以降低投资组合的风险。

基于回避风险的假设，马科维茨建立了一个投资组合的分析模型，其要点为：

（1）投资组合的两个相关特征是期望回报率及其方差。

（2）投资将选择在给定风险水平下期望回报率最大的投资组合，或在给定期望回报率水平下风险最低的投资组合。

（3）对每种证券的期望回报率、方差和与其他证券的协方差进行估计和挑选，并进行数学规划（Mathematical Programming），以确定各证券在投资者资金中的比重。

二、实物期权的种类

实物期权（Real Options）把金融市场的规则引入企业内部的战略投资决策，用于规划与管理战略投资。在公司面临不确定性的市场环境下，实物期权的价值来源于公司战略决策的实物期权。每一个公司都是通过不同的投资组合，确定自己的实物期权，并对其进行管理、运作，从而为股东创造价值。实物期权法应用金融期权理论，给出动态管理的定量价值，从而将不确定性转变成企业的优势。

下面以房地产开发为例说明实物期权的类型。

1.延迟投资的期权

延迟投资的期权，也称为等待期权。开发商拥有推迟投资的权利，可以根据市场的情况决定何时动工。这种选择权可以降低项目失败的风险，被称为延期投资期权。

2.扩大投资的期权

对于一个房地产价格波动比较大、产品供应结构不明朗的不成熟市场，开发商通常会先投入少量资金试探市场情况。这种为了进一步获得市场信息的投资行为而获得的选择机会被称为扩张期权。

3.放弃投资的期权

如果项目的收益不足以弥补投入的成本或市场条件变坏，则投资者有权放弃对项目的继续投资，并可能收回成本。

4.收缩投资的期权

收缩投资的期权是指开发商在面临市场实际环境与预期相差较远的状况下，拥有缩减原有投资的权利，以减少损失。这种期权相当于美式看跌期权。

5.转换投资的期权

在项目的实施过程中，有能力的开发商可以根据外部环境的变化进行投入要素或产品的转换，如根据市场需求，产品可以在工业、商业、写字楼、住宅用途之间进行转换。显然，这为企业的项目营运提供了机动性，为企业适应市场或竞争环境变化提供了有利工具。

6.企业增长期权

开发商接受某一个项目时，可能不仅仅从项目本身的财务效益考虑，更多的可能考虑项目对企业未来发展的影响，更重要的是员工经验的积累、企业品牌支持、销售渠道开辟都具有重要的战略价值。

三、相关法律规范

1.《公司债券发行与交易管理办法》，2015年1月15日起施行。

2.《中华人民共和国证券投资基金法》，2015年4月24日修订。

3.《证券投资基金评价业务管理暂行办法》，2010年1月1日实施。

4.《股票期权交易试点管理办法》，2015年1月9日起施行。

复习思考题

1.什么是金融投资？它与项目投资有何区别？

2.常见的金融工具有哪些？金融投资有哪些目的？

3.金融投资有哪些风险？如何防范和控制金融投资的风险？

4.什么是债券（或股票）？它有哪些特征？

5.如何对债券（或股票）进行估价？如何分析债券（或股票）的投资收益？

6.债券（或股票）投资有何优缺点？

7.证券投资组合管理的一般过程是什么？

8.投资组合管理有哪些策略和方法？

9.什么是证券投资基金？它有哪些特点？

10.常见的证券投资基金有哪些类型？它们的主要区别是什么？

11.如何衡量基金的投资收益？

12.基金投资的优点和局限性是什么？

13.什么是看涨期权？什么是看跌期权？期权有何特征？

14.影响期权价值的因素有哪些？它们如何影响期权的价值？

15.期权投资的基本策略有哪些？

16.隐匿在项目中的期权为何具有价值？

计算与分析题

1. 目的：练习债券的估价方法。

某公司发行面值为1 000元的长期债券，票面利率为10%，期限为5年。规定每年年末计算并支付利息一次，到期一次还本。发行时市场利率为7%。

要求：计算该债券发行时的价值。

2. 目的：练习债券的估价方法。

甲公司打算投资购买A公司发行的债券。该债券面值为1 000元，票面利率为6%，期限为3年。甲公司要求的投资报酬率为8%。

要求：计算以下两种情况下甲公司可接受的债券发行价格。

（1）债券到期一次性还本付息（利息总额按单利计算）。

（2）债券不支付利息，到期一次性还本。

3. 目的：练习债券收益率的计算方法。

S企业2014年2月1日以每张1 020元的价格购买某公司债券100张。该债券面值为1 000元，票面利率10%，每年12月31日付息一次，到期还本。S企业投资2年6个月后以每张1 070元的价格卖出全部债券。

要求：计算S企业投资债券的名义投资收益率。

4. 目的：练习债券收益率的计算方法。

投资者甲以每张730元的价格投资购买零息债券，投资期5年，到期收回1 000元的本金。

要求：计算该零息债券的实际投资报酬率。

5. 目的：练习股票的估价方法。

投资者H计划投资B公司的股票。该公司优先股实行固定股利政策，每年发放现金股利5元/股；普通股实现长期增长的股利政策，预计投资后第1年发放现金股利3元/股，之后维持5%的年增长率。假定H公司的必要投资报酬率是10%。

要求：计算投资者H可接受的B公司这两种股票的最高市场价格是多少？

6. 目的：练习股票的估价与收益的计算方法。

W企业拟投资购买D公司股票，该股票去年支付了现金股利3元/股。有关信息显示，D公司近5年内股利可维持每年10%的高速增长，之后转为每年3%的一般增长。D公司股票的β系数为2，证券市场股票平均投资收益率为15%，现行短期国债的年利率为6%。

要求：

（1）计算D公司股票的预期投资收益率。

（2）计算D公司股票的内在价值。

7. 目的：练习基金投资收益的计算方法。

某投资者于2016年6月3日购买某封闭式基金2万份基金单位，购买价格为1元/基金单位。2017年9月15日以1.25元/基金单位的价格全部卖出。投资期间获得两次基金现金分红，分别为0.1元/基金单位和0.15元/基金单位。基金买卖各需支付0.5‰的手续费。基金分红不需要缴纳个人所得税。

要求：计算这笔基金投资的投资收益率。

8. 目的：练习看涨期权价值的计算方法。

假设某公司股票在今天算起的1年后到期时只存在两种状态：股票价格将是每股80元或每股50元。今天股票以每股70元在交易。看涨期权的执行价格是60元。期权为欧式期权。你可以9%的年利率借款。

要求：计算你愿意为此看涨期权支付的价值。

9. 目的：练习期权定价模型的运用。

假设股票价格为40元，执行价格为30元，距到期日的时间为6个月，股价方差为0.3，无风险利率为10%。（N（0.342）=0.633，N（0.130）=0.552）

要求：利用Black-Scholes模型给看涨期权定价。

案例分析题

1. 资料

交银施罗德稳健配置混合型证券投资基金[①]（代码：519690，以下简称“本基金”）是经中国证监会核准，由交银施罗德基金管理有限公司负责公开募集设立的。本基金的基金管理人为交银施罗德基金管理有限公司，基金托管人为中国建设银行股份有限公司。本基金为契约型开放式，存续期限不定。本基金情况说明见表7-5。

表7-5 **本基金情况说明**

投资目标	本基金将坚持并不断深化价值投资的基本理念，充分发挥专业研究与管理能力，根据宏观经济周期和市场环境的变化，自上而下灵活配置资产，自下而上精选证券，有效分散风险，谋求基金财产的长期稳定增长
投资策略	把握宏观经济和投资市场的变化趋势，根据经济周期理论动态调整投资组合比例，自上而下配置资产，自下而上精选证券，有效分散风险
投资范围	具有良好流动性的金融工具，包括国内依法发行上市的股票、债券、现金、短期金融工具、权证及法律法规或中国证监会允许基金投资的其他金融工具。基金的投资组合比例为：股票资产占基金资产净值的35%~95%；债券资产占基金资产净值的0~60%；现金、短期金融工具以及中国证监会允许基金投资的其他证券品种占基金资产净值的5%~65%，其中基金保留的现金以及投资于1年期以内的政府债券的比例合计不低于基金资产净值的5%
风险收益特征	本基金是一只混合型基金，属于证券投资基金产品中的中等风险品种。本基金的风险与预期收益处于股票型基金和债券型基金之间

截至2015年12月31日，本基金投资组合中共持有153只股票，公允价值合计3 007 194 076.94元；持有企业债券1只公允价值合计8 900.00元。期末资产投资组合的情况见表7-6、表7-7和表7-8。

表7-6 **期末基金资产投资组合** 金额单位：元

序号	项 目	金 额	占基金总资产的比例
1	权益投资	3 007 194 076.94	84.67%
	其中：股票	3 007 194 076.94	84.67%
2	固定收益投资	8 900.00	0
	其中：债券	8 900.00	0
3	买入返售金融资产	299 750 469.88	8.44%

① 本案例根据交银施罗德稳健配置混合型证券投资基金2015年年报整理。

续表

序号	项目	金额	占基金总资产的比例
4	银行存款和结算备付金合计	240 573 931.01	6.77%
5	其他各项资产	4 169 231.06	0.12%
6	合计	3 551 696 608.89	100.00%

表 7-7　**期末按行业分类的股票投资组合**　金额单位：元

代码	行业类别	公允价值	占基金资产净值的比例
C	制造业	1 180 825 565.31	33.25%
D	电力、热力、燃气及水生产和供应业	798 456.69	0.02%
E	建筑业	34 170 397.72	0.96%
F	批发和零售业	132 948 985.63	3.74%
G	交通运输、仓储和邮政业	101 328 610.32	2.85%
I	信息传输、软件和信息技术服务业	209 560 799.53	5.90%
J	金融业	145 694 488.67	4.10%
K	房地产业	546 491 250.61	15.39%
L	租赁和商务服务业	55 437 107.89	1.56%
N	水利、环境和公共设施管理业	17 903.76	0
Q	卫生和社会工作	333 576 099.96	9.39%
R	文化、体育和娱乐业	232 207 139.32	6.54%
S	综合	34 137 271.53	0.96%
	合计	3 007 194 076.94	84.67%

表 7-8　**期末按公允价值排序的前5只股票投资明细**　金额单位：元

序号	股票代码	股票名称	数量（股）	公允价值	占基金资产净值的比例
1	600763	通策医疗	6 804 898	333 576 099.96	9.39%
2	600622	嘉宝集团	12 593 113	213 956 989.87	6.02%
3	002368	太极股份	12 593 113	208 822 581.00	5.88%
4	000538	云南白药	2 561 394	186 008 432.28	5.24%
5	000671	阳光城	19 364 828	174 864 396.84	4.92%
合计				1 117 228 499.95	31.45%

2.要求

（1）本基金属于哪种类型的基金？具有怎样的特点？

（2）本基金的投资组合有何特征，体现了基金管理人怎样的投资策略？

（3）阅读本基金2015年年报，分析其遇到的金融投资风险有哪些？应当如何管理金融投资风险？

第八章　流动资产投资

【学习目标】

通过本章学习，要求理解和掌握：

- 流动资产的投资策略
- 现金管理的目标、内容和方法
- 应收账款管理的目标、内容和方法
- 存货管理的目标、内容和方法

【引例】

浙江杭萧钢构股份有限公司（股票代码：600477，简称“杭萧钢构”）①是以钢结构建筑为主业的建筑类上市公司。截至2015年年末，公司总资产为64.20亿元，流动资产为53.90亿元，流动资产占总资产的83.96%，存货为34.50亿元，存货占流动资产的64.01%，货币资金为6.50亿元，应收预付款项为9.90亿元；流动负债为43.20亿元，其中短期借款为14.20亿元，应付票据为5.10亿元，应付账款为11.80亿元，预收账款为6.50亿元。

杭萧钢构的流动资产构成有何特点？其流动资产与流动负债之间的匹配关系又有何特点？其流动资产管理的重点是什么？其存量货币资金是否合理？如何实施存货与应收账款管理？带着这些问题我们进入本章学习。

第一节　流动资产投资概述

流动资产投资是企业日常财务管理的主要内容，反映企业日常的资金管理与营运活动。本章在分析流动资产投资策略的基础上，阐述现金、应收账款和存货管理的内容与方法。

一、营运资本的有关概念

营运资本是指投入日常经营活动（营业活动）的资本，包括3个具体概念：

1.广义的营运资本

广义的营运资本，也称总营运资本，通常是指流动资产的资本来源，例如短期借款、应付账款等。“流动资产”通常是指营运资本的各种占用形态，例如现金、应收账款和存货等。有时，广义的营运资本与流动资产作为同义词使用，因为它们的数额相等。

营运资本=流动资产

2.狭义的营运资本

狭义的营运资本也称为净营运资本，是指流动资产和流动负债的差额，也称营运资本净额。

净营运资本=流动资产-流动负债

当流动资产大于流动负债时，净营运资本是正值，表示流动负债提供了部分流动资产的资本来源，另外的部分是由长期资本来源支持的。这部分金额就是净营运资本。净营运

---

① 资料来源：浙江杭萧钢构股份有限公司2015年度财务报告。

资本也可理解为长期筹资用于流动资产的部分，即长期筹资净值。

3.经营性营运资本

经营性营运资本是指用于经营性流动资产的资金，包括现金、应收账款和存货等占用的资本。这里的现金，是指经营周转所必需的现金，不包括超过经营需要的金融资产（有价证券）。经营性营运资本有时作为经营性流动资产的同义词使用。

经营性净营运资本是指经营性流动资产与经营性流动负债的差额，也称为经营性营运资本净额。

经营性净营运资本=经营性流动资产-经营性流动负债（自发性负债）

经营性流动负债是指应付职工薪酬、应交税费、应付账款等依据法规和惯例形成的负债。它们是在经营活动中自发形成的，不需要支付利息，也被称为自发性负债。经营性流动负债虽然需要偿还，但是新的经营性流动负债又不断出现，具有不断继起、滚动存在的长期性，因此被视为一项长期资本来源。经营性流动负债可以抵减公司对于流动资产的投资额。

二、流动资产投资管理

流动资产投资管理也就是营运资本投资管理，它包括流动资产投资政策和流动资产投资日常管理等内容。

（一）流动资产的种类

为了便于对流动资产进行有效的管理，需要对流动资产进行适当的分类：

1.按资产的占用形态，流动资产分为货币资金、交易性金融资产、应收及预付款项和存货

货币资金是指可以立即用来购买物品、支付各项费用或用来偿还债务的交换媒介或支付手段。交易性金融资产是指各种准备随时变现的有价证券以及不超过1年的其他投资，主要是指有价证券投资。应收及预付款项是指企业在生产经营过程中所形成的应收未收的或预先支付的款项。存货是指企业在生产经营过程中为销售或者耗用而储存的各种资产。

2.按资产的变现情况，流动资产分为速动资产和非速动资产

速动资产是指能迅速转化为现金的流动资产，主要包括货币资金、交易性金融资产、应收账款等；非速动资产是指不能迅速转化为现金的流动资产，主要是存货。

3.按投资需求的时间长短，流动资产分为永久性流动资产和临时性流动资产

永久性流动资产是指那些即使企业处于经营淡季仍然需要保留的，用于满足企业长期、稳定运行的那部分流动资产；临时性流动资产是那些受季节性、周期性影响的流动资产，如季节性存货、销售旺季的应收账款等。

（二）流动资产投资的特点

流动资产投资又称经营性投资，是指企业采用购置或资产形态转化方式进行流动资产的再生产活动。与项目投资相比较，流动资产投资具有以下特点：

1.回收时间较短

企业投资在流动资产上的资金，周转一次所需时间较短，通常会在1年或1个营业周期内收回，对企业影响的时间比较短。

2.变现能力较强

交易性金融资产、应收账款等流动资产一般具有较强的变现能力，如果遇到意外情况，企业出现资金周转不灵、现金短缺时，便可迅速变卖这些资产，以获取现金。

3.数量波动很大

流动资产的数量会随企业外部条件的变化而变化，时高时低，波动很大。

4.资金占用形态经常变动

流动资产投资的资金占用形态是经常变化的，一般在现金、材料、在产品、产成品、应收账款、现金之间顺序转化。

5.投资次数比较频繁

出于经营上的需要，企业1个月内可能需要多次追加对现金、应收账款和存货等方面的投资。

（三）流动资产的投资政策

1.流动资产投资的总规模

在决定流动资产投资的总规模时，可以根据企业管理当局的管理风格和风险承受能力，分别采用“保守型”、“稳健型”与“进取型”的流动资产投资政策。

为了说明这三种类型的流动资产投资政策，我们假定一家企业在现有固定资产投资水平不变，再假定该企业在所考察期间内的生产经营能持续进行，并在考察期间内有一个特定的产出水平。对于每一个产出水平，企业都可以有许多不同的流动资产投资总规模。假设该企业在流动资产投资总规模上有三种不同的方案。这些方案的产出和流动资产投资总规模的关系如图8-1所示。从图8-1中我们可以看到，产量越大，为支持这一产量所需进行的流动资产投资总规模也就越高，但它们之间并非线性关系，流动资产投资总规模以递减的比率随产量而增加。出现这一非线性关系的原因主要是规模经济的作用。

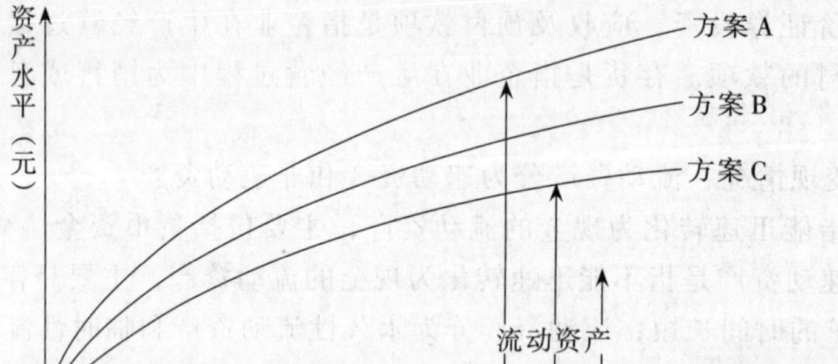

图8-1　三种流动资产投资策略

在图8-1中，方案A的流动资产投资总规模要高于其他两个方案。在净利润一定的情况下，由于方案A的流动资产总规模最高，风险最小，但其总资产回报率的分母最大，其总资产回报率最低，这是一种保守型的流动资产投资策略。相反，方案C是三种方案中最激进的，其流动资产投资总规模最低，风险最高，但其总资产回报率的分母最小，其总资产回报率最高，显然属于进取型的流动资产投资策略。相比之下，方案B是一种稳健型的流动资产投资策略，其流动性、获利能力和风险性均介于方案A和方案C之间。

2.流动资产的内部结构

企业在流动资产的内部结构安排上，必须遵循资本运动规律，即时间上的依次继起和空间上的同时并存。只有这样，才能确保企业正常的生产经营活动得以继续。

在流动资产的构成内容中，应收账款是企业一定生产经营规模下的必然结果。此外，应收账款的数额大小还取决于企业所采用的信用政策，而信用政策的调整在相当大的程度上会影响企业产品销售的市场份额。因此，现金、交易性金融资产和存货是流动资产结构调整的主体。在实际工作中，保守型的流动资产投资策略往往预留较多的现金储备或以交易性金融资产的方式储备，也可能预留较多存货安全储备；而进取型的流动资产投资政策在流动资产的各项目中往往保持最低储备量，以便将节省下来的资本投入到收益能力更高的固定资产或其他长期投资方面。

3.流动资产投资的风险与收益

流动资产投资的目的是为了获取最大的资本收益。但是，就企业流动资产的投资而言，其重点应是资本收益与财务风险之间的权衡问题。

企业流动资产的总规模及其内部结构安排，隐含了企业管理当局对于资本收益和财务风险的选择与搭配。较大规模的流动资产总额以及流动资产内部较大比例的速动资产，特别是较大比例的现金和交易性金融资产，其资产的流动性自然很强，对债务还本付息的能力自然很高，相应地，技术性无力偿债的风险也较小；但是，与固定资产等长期资产相比，流动资产的收益性较差，而且现金等流动资产越多，收益能力越小。反之，较小规模的流动资产总额以及流动资产内部较小比例的速动资产，特别是较小比例的现金和交易性金融资产，其资产的流动性自然很差，对债务还本付息的能力自然很低，相应地，技术性无力偿债的风险也较大。但是，由于可以将节约资金用于固定资产等长期资产，其资产的收益能力较强。因此，无论是从流动资产的总体规模来看，还是就流动资产的内部结构，企业都应寻求一个合理的甚至是最佳的持有额度。

（四）流动资产投资日常管理

流动资产投资日常管理是流动资产投资政策的执行过程。流动资产投资日常管理的主要内容包括现金管理、应收账款管理和存货管理，详见本章的第二节、第三节和第四节。

第二节　现金管理

狭义现金指库存现金；广义现金包括库存现金、银行存款和其他货币资金。财务管理中讲的现金一般指广义现金。现金是流动性最强而盈利性是最弱的资产。现金管理的目标在于如何在现金的流动性和收益性之间进行合理的选择，即在保证正常业务需要的同时，尽可能地降低现金的占用量，从暂时闲置的现金中获得最大的投资收益。

一、持有现金的动机与成本

（一）持有现金的动机

1.交易性动机

交易性动机也称支付性动机，是指为满足企业日常交易需要而持有现金，如用于支付职工工资、购买原材料、缴纳税款、支付股利、偿还到期债务等。企业在日常经营活动中，每天发生的现金流入量与现金流出量在数量和时间上通常都存在一定的差异，因此，企业必须持有一定数量的现金才能满足企业日常交易活动的正常进行。一般来说，满足交易活动持有现金的数量主要取决于企业的生产经营规模。生产经营规模越大的企业，交易活动所需要的现金越多。

2.预防性动机

预防性动机是指为应付意外事件发生而持有现金，如为了应付自然灾害、生产事故、意外发生的财务困难等。企业的现金流量受市场情况和企业自身的经营状况影响较大，一般很难被准确地预测，因此，企业必须在正常的现金持有量基础上，追加一定数量的现金，以备不时之需。预防性现金持有量的多少主要取决于以下4个因素：（1）企业对现金流量预测的准确程度；（2）企业承担风险的意愿；（3）企业在发生不测事件时筹措短期资本的能力与速度；（4）企业现金流量的波动程度。一般来说，企业现金流量的可预测性越高，承担风险的意愿和临时筹资能力越强，现金流量的波动性较小，所需要的预防性现金持有量就越少。

3.投机性动机

投机性动机是指企业为应对不同寻常的投资机会而保持一定数量的现金。如在证券市场价格剧烈波动时进行证券投机所需要的现金，为了能随时购买到偶然出现的廉价原材料或资产而准备的现金等。投机性现金的持有量主要取决于企业对待投机的态度以及市场上的投机机会多少。

（二）现金的持有成本

现金的持有成本是指企业为了持有一定数量的现金而发生的费用以及现金发生短缺时所付出的代价。现金的成本主要由以下4部分构成：

1.机会成本

机会成本是指企业因持有现金而丧失的再投资收益。企业持有现金就会丧失其他方面的投资收益，如不能进行有价证券投资，由此所丧失的投资收益就是现金的机会成本。它与现金的持有量成正比，持有量越大，机会成本越高，通常可以用有价证券的收益率来衡量现金的机会成本。

2.管理成本

管理成本是指企业因持有一定数量的现金而发生的管理费用，如现金保管人员的工资、保管现金发生的必要的安全措施费用等。现金的管理成本具有固定性，在一定的现金余额范围内与现金的持有量关系不大。

3.转换成本

转换成本是指企业用现金购入有价证券以及转让有价证券换取现金时付出的费用，即现金同有价证券之间相互转换的成本，如委托买卖佣金、委托手续费、证券过户费、证券交割手续费等。转换成本并不都是固定费用，有的具有变动成本的性质，如委托买卖佣金或手续费。这些费用通常是按照委托成交金额计算的。在证券总额既定的条件下，无论变现次数多少，其委托成交金额是相同的。因此，那些依据委托成交金额计算的转换成本与证券变现次数关系不大，属于决策无关成本。这样，与证券变现次数密切相关的转换成本只包括其中的固定性交易费用。转换成本与现金持有量的关系是：在现金需要量既定的前提下，现金持有量越少，证券变现的次数越多，相应的转换成本就越大；反之，就越小。

4.短缺成本

短缺成本是指企业在发生现金短缺的情况下所造成的损失，如在现金短缺时，因不能按时缴纳税款而支付的滞纳金、因不能按时偿还贷款而支付的罚息等。现金的短缺成本与现金的持有量成反比，现金持有量越大，短缺成本就会越小。如果企业不允许现金发生短缺，则不发生现金短缺成本。

二、现金管理的目标与内容

（一）现金管理的目标

现金是企业的一项重要流动资产。企业缺少现金，日常的交易活动就会发生困难，但是，现金的收益性很差。所以，企业现金管理的目标就是在保证生产经营活动所需现金的同时，尽可能节约现金，减少现金的持有量，而将闲置的现金用于投资，以获取一定的投资收益。现金管理就要在降低企业风险与增加收益之间寻求一个平衡点，确定最佳现金余额。

（二）现金管理的内容

1.编制现金预算

现金预算是现金管理的一项重要内容。企业应当在合理预计现金流量的基础上，编制现金预算，提高现金的利用效率。

2.确定最佳现金余额

在理论上，现金存在一个最佳余额。企业为了充分利用现金，降低现金的成本，应当根据自身情况，确定一个最佳现金余额。

3.现金的日常管理

现金的日常管理主要是现金的日常收支管理。在日常经营活动中，企业要尽可能快地收回款项，增加现金流入量，同时，在合理合法的情况下尽可能延迟现金流出。

三、现金预算

现金预算是企业财务预算的一个重要组成部分，是现金管理的一项重要内容。现金预算应在对企业现金流量进行合理预测的基础上编制，其主要目的是利用现金预算规划现金收支活动，充分合理地利用现金，提高现金的利用效率。现金预算可按年、月、旬或按日编制。现金预算的编制方法主要有现金收支法和调整净收益法两种。这里主要介绍现金收支法。

采用现金收支法编制现金预算的主要步骤是：

（1）预测企业的现金流入量。据销售预算和自身的生产经营情况等因素，测算预测期的现金流入量。现金流入量主要包括经营活动的现金流入量和其他现金流入量。

(2) 预测企业的现金流出量。根据生产经营的目标，预测为实现既定的经营目标所需要购入的资产、支付的费用等所要发生的现金流出量。现金流出量包括经营活动的现金流出量和其他现金流出量。

(3) 确定现金余缺。根据预测的现金流入量与现金流出量，计算出现金净流量，然后在考虑期初现金余额和本期最佳现金余额后，计算本期的现金余缺。表8-1是按月编制的某企业现金预算的基本格式。

表8-1　　现金预算　　单位：万元

现金收支项目	1月	2月
期初现金余额	2 200	2 200
加：现金流入量		
1.经营活动现金流入量	26 000	25 000
产品现销的现金收入	20 000	18 000
收回前期应收账款的现金收入	5 000	5 000
提供劳务的现金收入	1 000	2 000
2.其他现金流入量	2 000	3 200
可供使用现金	30 200	30 400
减：现金流出量		
1.经营活动现金流出量	19 800	28 800
材料采购支出	16 000	25 000
其中：支付当月的材料购货款	7 500	15 500
支付前期的材料购货款	8 500	9 500
工资支出	800	800
管理费用支出	1 000	1 100
销售费用支出	1 100	1 000
财务费用支出	900	900
2.其他现金流出量	4 600	4 600
减：最佳现金余额	2 200	2 200
现金余缺	3 600	-5 200
现金融通计划		
向银行借款		1 600
变卖有价证券		3 600
偿还银行借款		
购买有价证券	3 600	

四、最佳现金余额的确定

为了实现现金管理的目标，需要根据企业对现金的需求情况，确定最佳现金余额。确定最佳现金余额的方法很多，但常用方法有四种：

(一) 现金周转期模式

现金周转期模式是从现金周转的角度出发，根据现金的周转速度来确定最佳现金余额。利用这一模式确定最佳现金余额，包括以下几个步骤：

第一步，计算现金周转期。现金周转期是指企业从购买材料支付现金到销售商品收回现金的时间。

现金周转期＝存货周转天数+应收账款周转天数-应付账款周转天数

=营业周期-应付账款周转天数

【例8-1】某公司的原材料购买和产品销售均采取信用方式，从原材料购买到产品销售的时间（存货周转天数）为40天，应收账款的收款天数为60天，应付账款的付款天数为20天，则该公司的现金周转期为：

现金周转期＝存货周转天数＋应收账款周转天数-应付账款周转天数

＝40+60-20＝80（天）

第二步，计算现金周转率。现金周转率是指一年中现金的周转次数，其计算公式为：

现金周转率=日历天数（360）÷现金周转期

【例8－1】中，现金周转率为：

现金周转率=360÷80=4.5（次）

第三步，计算最佳现金余额。其计算公式为：

$$最佳现金余额=\frac{年现金需求额}{现金周转率}$$

假设该公司年现金需求额为3 600万元，则最佳现金余额为800万元（3 600÷4.5）。也就是说，如果年初企业持有800万元现金，它将有足够的现金用于支付，不必另筹现金。

（二）成本分析模式

成本分析模式是根据现金有关成本，分析预测其相关总成本最低时现金余额的一种方法。运用成本分析模式确定最佳现金余额，只考虑因持有一定量的现金而产生的机会成本和短缺成本。在现金有关成本中，机会成本与现金持有量呈正相关关系，短缺成本同现金持有量呈负相关关系。它们与现金持有量之间的关系可以从图8-2反映出来。

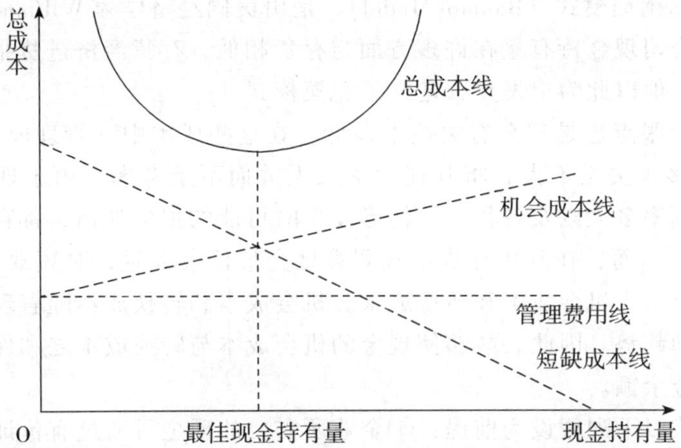

图8-2　现金相关总成本、机会成本、短缺成本与现金持有量之间的关系

从图8-2可以看出，各项成本同现金持有量的变动关系不同，使得相关总成本曲线呈抛物线型，抛物线的最低点即为相关总成本的最低点。该点所对应的现金持有量便是最佳现金余额。

在实际工作中运用该模式确定最佳现金余额的具体步骤为：①根据不同现金持有量测算并确定有关成本数值；②按照不同现金持有量及其有关成本资料编制最佳现金余额测算表；③在现金余额测算表中找出相关总成本最低时的现金持有量，即最佳现金余额。

【例8-2】某企业现有A、B、C、D四种现金持有方案，有关成本资料见表8-2。

表8-2　**现金持有量备选方案表**　金额单位：万元

项　目	A	B	C	D
现金持有量	100	200	300	400
机会成本率	12%	12%	12%	12%
短缺成本	50	30	10	0

根据表8-2编制该企业最佳现金余额测算表，见表8-3。

表8-3　**最佳现金余额测算表**　金额单位：万元

方案及现金持有量	机会成本	短缺成本	相关总成本
A (100)	12	50	62
B (200)	24	30	54
C (300)	36	10	46
D (400)	48	0	48

通过分析比较表8-3中各方案的相关总成本可知，C方案的相关总成本最低，300万元为该企业的最佳现金余额。

（三）存货模式

存货模式又称鲍莫模式（Baumol Model），是由美国经济学家William J. Baumol首先提出的。他认为，公司现金持有量在许多方面与存货相似，存货经济进货批量模型可用于确定最佳现金余额。他以此为出发点，建立了鲍莫模式。

存货模式的着眼点也是现金有关成本最低。在这些成本中，管理成本因其相对稳定，同现金持有量的多少关系不大，将其视为决策无关而不予考虑。由于现金是否会发生短缺、短缺多少、概率多大以及各种短缺情形发生时可能的损失如何，都存在很大的不确定性和无法计量性。因而，在利用存货模式测算现金最佳余额时，对短缺成本也不予考虑。在存货模式中，只考虑机会成本和转换成本。机会成本和转换成本随着现金持有量的变动而呈现相反的变动趋势。因此，能够使现金的机会成本与转换成本之和保持最低的现金持有量即为最佳现金余额。

运用存货模式以下列假设为前提：①企业所需要的现金可通过有价证券变现取得，且有价证券变现的不确定性很小；②企业预算期内的现金需要总量可以预测；③现金的支出比较稳定、波动较小，而且每当现金余额降至零时，均可通过部分证券变现得以补足；④有价证券的收益率以及每次固定性转换成本可以获悉。

设T为年现金总需求量；F为每次转换有价证券的固定成本；Q为最佳现金余额（每

次有价证券变现的数量）；K为有价证券年收益率（机会成本）；TC为现金相关总成本。则：

现金相关总成本 = 机会成本 + 转换成本

即：

$$TC=(Q\div 2)\times K+(T\div Q)\times F \quad (1)$$

现金相关总成本与机会成本、转换成本的关系如图8-3所示。

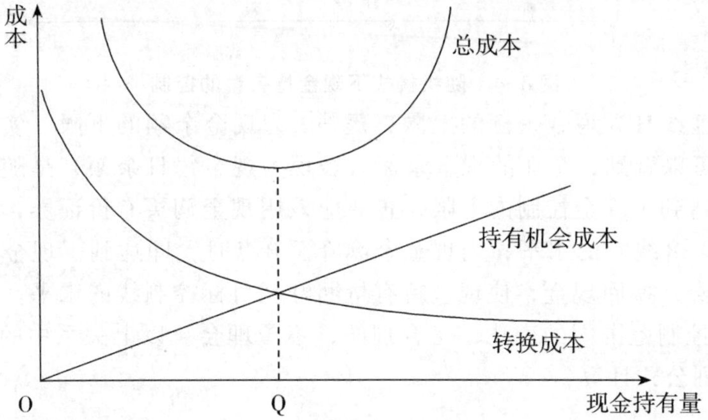

图8-3 现金相关总成本、持有机会成本、转换成本与现金持有量之间的关系

从图8-3可以看出，现金相关总成本呈凹形抛物线关系。现金的机会成本与转换成本相等时，现金的相关总成本最低，此时的现金持有量为最佳现金余额，即：

$$Q=\sqrt{2TF\div K} \quad (2)$$

将公式（2）代入公式（1），得：

最低现金相关总成本（TC）$=\sqrt{2TFK}$

【例8-3】某企业现金收支状况比较稳定，预计全年（按360天计算）需要现金150 000元，现金与有价证券的转换成本为每次200元，有价证券的年收益率为15%，则：

最佳现金余额（Q）$=\sqrt{2\times 150\,000\times 200\div 15\%}$
$=20\,000$（元）

最低现金相关总成本（TC）$=\sqrt{2\times 150\,000\times 200\times 15\%}$
$=3\ 000$（元）

其中：转换成本 =（150 000÷20 000）×200 = 1 500（元）

机会成本 =（20 000÷2）×15% = 1 500（元）

有价证券变现次数（T÷Q）= 150 000÷20 000 = 7.5（次）

有价证券交易间隔期 = 360÷7.5 = 48（天）

（四）米勒-奥尔模式

墨顿·米勒和丹尼尔·奥尔创建了一种能在现金流入量和现金流出量每日随机波动情况下确定最佳现金余额的控制方法，也称随机模式。对企业来讲，现金需求量往往波动大且难以预知，但企业可以根据历史经验和现实需要，测算出一个现金余额的控制范围，即制定出现金余额的上限和下限，将现金余额控制在上下限之内。这种对现金余额的控制如图8-4所示。

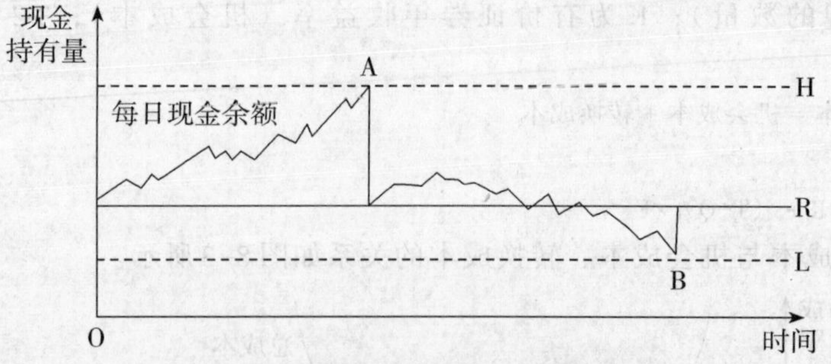

图8-4 随机模式下现金持有量的控制

图8-4中，虚线H为现金余额的上限，虚线L为现金余额的下限，实线R为目标控制线。从图8-4中可以看到，企业的现金余额（表现为现金每日余额）是随机波动的。当其达到A点时，即达到了现金控制的上限，企业应该用现金购买有价证券，使现金持有量回落到目标控制线（R线）的水平；当现金余额降至B点时，即达到了现金控制的下限，企业应转让有价证券，换回现金，使现金持有量回升至目标控制线的水平。现金余额在上下限之间的波动属控制范围内的变化，是合理的，不予理会。以上关系中的上限H、目标控制线R，可按下列公式计算：

$$R=\sqrt[3]{\frac{3b\sigma^2}{4i}}+L$$

$$H=3R-2L$$

式中：R——现金目标余额；

b——每次有价证券的固定转换成本；

i——有价证券的日收益率；

σ——预期每日现金余额变化的标准差（可根据历史资料测算）；

L——现金余额下限。

下限L的确定要受到企业每日的最低现金需要、管理人员的风险承受倾向等因素的影响。

【例8-4】假定某公司有价证券的年收益率为3.60%，每次固定转换成本为115.20元。公司认为任何时候其现金余额均不能低于60 000元，根据以往经验测算出现金余额波动的标准差为500元。最优目标控制线R、现金控制上限H的计算为：

有价证券日收益率＝3.60%÷360＝0.01%

$$R=\sqrt[3]{\frac{3b\sigma^2}{4i}}+L$$

$$=\sqrt[3]{\frac{3\times115.20\times(500)^2}{4\times0.01\%}}+60\,000=66\,000(\text{元})$$

$$H=3R-2L$$

$$=3\times66\,000-2\times60\,000$$

$$=78\,000(\text{元})$$

五、现金的日常管理

企业在确定了现金最佳余额后，还应采取措施加强日常管理，其主要目的是尽快收回现金，延迟支付现金，提高现金的周转速度。现金日常管理主要包括以下两方面内容：

（一）现金回收管理

企业在生产经营过程中，要尽可能加速现金回收，以提高现金的使用效率。一般来说，企业收取货款的时间主要包括票据邮寄时间、票据在企业停留时间以及票据结算时间。为了加速现金的回收，就必须尽可能缩短收款时间。因此，企业必须考虑如下三个问题：（1）如何减少客户付款的票据邮寄时间；（2）如何缩短票据在企业停留的时间；（3）如何加快现金存入企业银行账户速度。

（二）现金支出管理

企业在加强现金回收管理的同时，还应当严格控制现金支出。与现金回收管理的加快速度相反，现金支出管理应当尽可能延迟现金支出的时间。在财务管理中，控制现金支出的方法主要有以下几种：

1.运用现金浮游量

现金浮游量是指企业账户上的银行存款余额与银行账户上所显示的企业存款余额之间的差额。如果企业本身办理收款的效率高于接受其支票的企业的收款效率，就会产生现金浮游量，使企业账户上的银行存款余额小于其银行账户上所显示的存款余额，有时，企业账簿上的银行存款余额已经是零或者负数，而其银行账簿上企业的存款余额还有许多。这样，企业就可以充分利用这部分现金浮游量，大大地节约现金，等于使用了一笔无息贷款。

2.利用商业信用，控制付款时间

企业在交易活动中要尽可能利用商业信用，延迟支付货款的时间。这样可以最大限度地利用现金，提高现金使用效率，降低现金的成本。例如，企业在采购商品时，应当尽量争取最大的信用期限，并尽可能在折扣期限或者信用期限的最后一天支付货款。

3.力争使现金流出与现金流入同步

企业在安排现金支出时，应当考虑到现金流入的时间，尽量使现金流出与现金流入同步。这样，可以减少交易性现金余额，并能减少有价证券转换为现金的次数，提高现金的利用效率，节约转换成本。

六、集团公司资金集中管控模式

集团公司在资金管控时，需要将资金作为企业运营的要素，制定资金管理目标，同时要运用好金融资源，使其得到合理配置与有效利用。内容上从过去单纯的现金归集和流动性管理延伸到现金流整体管控，模式上主要有集中式管理和分权式管理两种模式。资金集中管理模式已经成为集团公司资金管理模式的首要选择。国际跨国企业以及我国的集团公司普遍采用了集中式资金管理模式，最典型的代表是GE公司的资金集约化管理。它利用北美和欧洲间的时差调动资金，资金管理是以小时来进行的。集团公司资金集中管理模式在实践中主要有报账中心、结算中心、内部银行、财务公司和现金池等五种模式。这些模式是内部资本市场发挥作用的组织载体。

1.报账中心

在该模式下，企业的一切资金收入都集中在集团总部的财务部门，各分支机构或子公司不单独设立账号，一切现金支出都通过集团总部财务部门付出，现金收支的批准权高度集中。统收统支模式有利于集团公司实现全面收支平衡，提高资金的周转效率，减少资金沉淀，监控现金收支，降低资金成本。但是，该模式不利于调动成员企业开源节流的积极性，影响成员企业经营的灵活性。

2.结算中心

结算中心是在集团公司或企业内部设立资金结算中心，统一办理企业内部各成员或下属分公司、子公司资金收付及往来结算。其职能包括集团成员的转账结算、筹资、投资等，监督企业资金使用方向、保证企业资金安全通畅等。它通常设立于财务部门内，是一个独立运行的职能机构。

3.内部银行

内部银行是企业在内部引入银行的体制而建立起来的一种内部资金管理机构，要求企业内部所有的单位都必须在内部银行设立账户。各单位遵照内部银行统一制定的结算制度进行日常现金结算及往来核算，内部银行实施银行化管理，对下属各单位统一发放贷款、对外统一筹措资金，实施对企业资金的统一监控。

4.财务公司

财务公司是一种经营部分银行业务的非银行金融机构。财务公司是集团公司发展到一定条件后，经银监会批准设立的企业财务管理中心，财务公司兼有管理集团公司财务的职能。财务公司在形式上是作为集团公司的子公司设立的，为企业内部单位提供资金往来结算及资金筹措功能，为企业提供担保、信息咨询、投资咨询等服务，通过银行的手段（如同业拆借或发行证券等）为企业广开财路，发挥企业资金的最大效用。由于财务公司具备了支付终结、信用终结、信用创造等功能，可为集团公司提供优质的金融服务。

5.现金池

现金池实质上是一种集团集权、资金集中管控的制度。现金池也称现金总库，是由集团公司与银行联手开发的资金管理模式，目的是统一调拨集团资金，最大限度地降低集团持有的净头寸。在现金池模式下，合作银行能够在约定时间里，按照集团指令或授权自动实现集团各所属企业账户间资金的及时划转，包括子公司向总公司转账和总公司向子公司转账；在每天约定的时间将各所属企业的账户余额全部自动“消零”或集中划转到集团公司账户；对所属企业账户实行自动限额管理。当下属企业账户余额超过限额时，超过部分在规定时间内自动划到集团公司指定账户；反之，当账户余额低于限额时，不足部分在规定时间内从总公司指定账户自动划拨。在现金池框架内，集团公司和其子公司是委托借款人和贷款人。

相对于结算中心或财务公司，现金池至少有两大好处：一是更加充分地享受银行提供的强大资金结算、账户报告、电子银行和投融资等日益丰富的专业化服务；二是通过委托贷款，尤其是“一对多”、“多对一”和“多对多”委托贷款（或协议转账）形式，较为顺利地规避“集团所属企业（子公司）是独立于集团母公司的法人，集团总部对子公司的资金不能‘收支两条线’”等法律上的障碍。当然，集团现金池可与结算中心或财务公司结合使用，或采用三者融合的资金集中运作模式（如TCL集团公司）。

必须指出的是，由于子公司是独立法人，母公司对子公司的控股比例有全资、绝对控制、相对控股等大小差异，所以推进现金池，不仅要与子公司“少数股东”进行必要协商，而且要根据现金集中的“深度”和“广度”设计不同的集中管理体制。在现有制度下，集团将上市子公司纳入集团现金池管理范围必须特别慎重。

第三节　应收账款管理

应收账款是企业指因对外销售商品、材料、提供劳务等原因，应向购货单位或接受劳务单位收取的款项。应收账款的管理主要是通过衡量可能增加的收益和可能发生的损失进行决策的，即正确衡量信用成本和信用风险，合理确定信用政策，及时收回应收账款。

一、应收账款的功能与成本

（一）应收账款的功能

在实际生产经营中，应收账款的功能主要有以下两个方面：

1.增加销售的功能

在市场经济条件下，存在着激烈的商业竞争，迫于竞争的压力，赊销已成为企业扩大销售的重要手段之一。这是因为，赊销使客户赢得一定的资金融通以及让客户有一个检验商品和复核单据的时间。赊销的促销功能在银根紧缩、市场疲软、资金匮乏的情况下是十分明显的。特别是在企业销售新产品、开拓新市场时，赊销更具有重要意义。

2.减少存货

企业持有产成品存货，要追加管理费、仓储费和保险费等支出；相反，企业持有应收账款，则无须上述支出。因此，无论是季节性生产企业还是非季节性生产企业，当产成品存货较多时，一般都可以采用较为优惠的信用条件进行赊销，把存货转化为应收账款，减少产成品存货，节约各种支出。

（二）应收账款的成本

企业在采取赊销方式促进销售的同时，会产生应收账款。企业持有一定应收账款所付出的代价即为应收账款的成本。其内容包括：

1.机会成本

机会成本是指资金投放在应收账款所丧失的再投资收益，如投资于有价证券便会有投资收益。这一成本的大小通常与应收账款资金占用量、资本成本或最低投资报酬率有关。其计算公式为：

$$\text{应收账款机会成本}=\text{应收账款占用资金}\times\text{资本成本（或最低投资报酬率）}$$

资本成本一般可按有价证券收益率计算。

应收账款占用资金可按下列公式计算：

$$\text{应收账款占用资金}=\text{应收账款平均余额}\times\text{变动成本率}$$

其中：

$$\begin{aligned}\text{应收账款平均余额}&=\text{销售额}\div\text{应收账款周转次数}\\&=\text{日销售额}\times\text{平均收现期}\end{aligned}$$

在上述分析中，假设企业有剩余生产能力，此时信用销售所需的投入只是随产销量增加而增加的变动成本，固定成本总额不变。如果企业现有生产能力已经饱和，此时信用销售所需的投入就是全部成本，应收账款占用资金就等于应收账款平均余额。

2.管理成本

管理成本是指企业对应收账款进行管理而发生的支出，主要包括对客户的资信调查费用、应收账款账簿记录费用、收账费用以及其他费用等。

3.坏账成本

坏账成本是指因应收账款无法收回而产生的坏账损失。坏账成本与应收账款数量成正比。

二、应收账款管理的目标与内容

进行信用销售，一方面可以扩大销售，另一方面又形成了应收账款，并产生了应收账款成本，从而增加了企业的经营风险。因此，应收账款管理的目标，或者说信用销售管理目标，就是要实现上述应收账款的功能与相应成本的平衡。这种平衡是通过制定并有效执行适当的信用政策来实现的。因此，应收账款管理的内容应当包括：①制定适当的信用政策；②加强应收账款的日常管理。

三、信用政策

（一）信用政策的概念及内容

信用政策又称应收账款政策，是指企业为对应收账款进行规划与控制而确立的基本原则与行为规范，是企业财务政策的一个重要组成部分。企业要管好、用好应收账款，必须事先制定科学合理的信用政策。信用政策包括信用标准、信用条件和收账政策三部分内容。

1.信用标准

信用标准是客户获得企业商业信用所应具备的最低条件，通常以预期的坏账损失率表示。信用标准的设置直接影响对客户信用申请的审批，与销售部门的工作密切相关。它能帮助企业的销售部门定义企业的信用销售对象，在很大程度上决定了企业客户群的规模。信用标准的宽严也在很大程度上决定了应收账款的规模和相关成本。

如果企业信用标准过高，将使许多客户因信用品质达不到设定的标准而被拒之门外，其结果尽管有利于降低坏账损失及收账费用，但也会影响企业市场竞争能力的提高和销售收入的扩大。相反，如果企业采取较低的信用标准，虽然有利于企业扩大销售，提高市场竞争力和占有率，但同时也会导致坏账损失风险加大和收账费用增加。

2.信用条件

信用条件是指企业要求客户支付赊销货款的付款条件，包括信用期限和现金折扣。信用条件的基本表示方式如“2/10，N/40”，即40天为信用期限，10天为折扣期限，2%为现金折扣率。

（1）信用期限是指企业允许客户从购货到支付货款的时间限定。产品销售量与信用期限之间存在着一定的依存关系。延长信用期限可以在一定程度上扩大销售量，从而增加收益，但延长信用期限也会给企业带来不良后果：一是使平均收账期延长，占用在应收账款上的资金相应增加，机会成本增加；二是坏账损失和收账费用增加。

（2）现金折扣包括现金折扣率和折扣期限。为了加速资金周转，及时收回货款，减少坏账损失，许多企业在延长信用期限的同时，给予一定的优惠措施。在规定的时间内提前偿付货款的客户可按销售收入的一定比率享受折扣。现金折扣实际上是产品售价的降低，但也会促使客户提前付款，从而降低本企业应收账款占用资金，减少相应的成本费用。

3.收账政策

收账政策亦称收账方针，是指当客户违反信用条件，拖欠甚至拒付账款时企业采取的收账策略与措施。

在企业向客户提供商业信用时，必须考虑以下三个问题：①客户是否会拖欠或拒付账款，程度如何；②怎样最大限度地防止客户拖欠账款；③当账款遭到拖欠甚至拒付，企业应采取怎样的对策。前两个问题主要靠信用调查和严格信用审批制度，第三个问题必须通过制定完善的收账方针，采取有效的收账措施予以解决。

企业对拖欠的应收账款，无论采用何种方式进行催收，都需要付出一定的代价，即收账费用，如收款所花的通信费、派专人收款的差旅费和法律诉讼费等。如果企业制定的收款政策过宽，会导致逾期未付款项的客户拖延时间更长，对企业不利；收账政策过严，催收过急，又可能伤害无意拖欠的客户，影响企业未来的销售和利润。因此，企业在制定收账政策时，要权衡利弊，掌握好宽严界限。

（二）信用政策的制定及评价

企业在制定信用政策时，必须综合考虑信用标准、信用条件和收账政策。三者的变化对企业的销售量、应收账款的机会成本、管理成本和坏账成本都会产生影响。良好的信用政策可以促进企业产品销售，减少应收账款的成本，提高企业的经济效益。信用政策的制定应当考虑以下因素：

1.调查不同的信用政策对产品销售量的影响程度

信用政策对产品销售量的影响主要是信用标准和信用条件对销售的影响。严格的信用标准和信用条件可能会减少销售量，宽松的信用标准和优惠的信用条件可能会增加销售量。企业在制定信用政策之前，应当通过市场调查和以往的销售经验，来预测不同的信用标准和信用条件对销售量的影响程度，进而测算出在不同信用政策方案下，销售收入增减的数额。

2.分析不同的信用政策所产生的应收账款成本

不同的信用政策不仅对销售量产生不同的影响，也会对应收账款的资金占用额、应收账款的平均收账期、坏账损失发生的概率以及收账费用等产生不同的影响。企业应当测算出不同的信用政策所产生的应收账款成本，以便进行对比。

3.比较不同的信用政策方案，选择最佳信用政策

通过上述的预测和分析，可以计算出不同信用政策方案对企业收益、成本的影响结果，通过比较就可以选择出最佳信用政策方案。制定及评价信用政策的基本原则就是信用政策所产生的收益应大于其成本。最佳信用政策就是能使企业净收益增加最多的信用政策。

在信用政策制定中，如遇企业生产经营环境发生变化，还需要对信用政策中的某些规定进行修改和调整，并对改变条件的各种备选方案进行认真评价。

下面以信用条件为例，具体说明信用政策的制定及评价。

【例8-5】某企业现行的信用条件是N/40，变动成本率为60%，最低投资报酬率为

10%。假设企业收账政策不变，固定成本总额不变。该企业拟订了两个备选方案：

A：将信用条件放宽到N/60；

B：将信用条件放宽到N/120。

各种备选方案估计的销售额、坏账损失率和收账费用等有关数据见表8-4。

表8-4　　**信用条件备选方案**　　单位：万元

项目 \ 备选方案	现行信用条件 (N/40)	A (N/60)	B (N/120)
年销售额	2 700	3 000	3 300
应收账款周转次数	9	6	3
应收账款平均余额	2 700÷9=300	3 000÷6=500	3 300÷3=1 100
应收账款占用资金	300×60%=180	500×60%=300	1 100×60%=660
坏账损失率	2%	3%	8%
坏账损失	2 700×2%=48	3 000×3%=90	3 300×8%=264
收账费用	24	30	40

根据以上资料，可对信用条件进行分析评价，见表8-5。

表8-5　　**信用条件分析评价表**　　单位：万元

项目 \ 备选方案	现行信用条件 (N/40)	A (N/60)	B (N/120)
年销售额	2 700	3 000	3 300
变动成本	1 620	1 800	1 980
边际贡献	1 080	1 200	1 320
边际贡献增加	—	1 200-1 080=120	1 320-1 080=240
应收账款成本：			
机会成本	180×10%=18	300×10%=30	660×10%=66
坏账成本	54	90	264
管理成本	24	30	40
应收账款成本小计	96	150	370
应收账款成本增加	—	150-96=54	370-96=274

根据表8-5中的资料可知，在这两种方案中，A方案（N/60）收益的增加（120万元）大于成本的增加（54万元），而B方案（N/120）收益的增加（240万元）小于成本的增加（274万元）。因此，在其他条件不变的情况下，A方案最佳。

【例8-6】仍按上例，如果企业选择了A方案，但为了加速应收账款的回收，决定将信用条件改为“2/20，1/40，N/120”（C方案），估计约60%的客户（按销售额3 000万元计算）会利用2%的现金折扣；15%的客户将利用1%的现金折扣。坏账损失率降为2%，收账费用为24万元。根据上述资料，有关指标计算为：

现金折扣＝3 000×（2%×60%＋1%×15%）

＝40.50（万元）

应收账款平均收账期＝60％×20＋15％×40＋25％×120

＝48（天）

应收账款周转率＝360÷48＝7.5（次）

应收账款平均余额＝3 000÷7.5＝400（万元）

应收账款占用资金＝400×60％＝240（万元）

应收账款机会成本＝240×10％＝24（万元）

坏账损失＝3 000×2％＝60（万元）

根据以上资料可编制信用条件分析评价表，见表8-6。

表8-6　**信用条件分析评价表**　单位：万元

项目 \ 备选方案	A (N/60)	C (2/20, 1/40, N/120)
年销售额	3 000	3 000
减：现金折扣	—	40.50
变动成本	1 800	1 800
边际贡献	1 200	1 159.50
边际贡献增加	—	1 159.50-1 200＝-40.50
应收账款成本：		
机会成本	30	24
坏账成本	90	60
管理成本	30	24
应收账款成本小计	150	108
应收账款成本增加	—	108-150＝-42

根据表8-6的计算结果，实行现金折扣以后，虽然收益降低了40.50万元，但是相应的成本却降低了42万元，成本的降低幅度大于收益的降低幅度，因此，企业最终应选择C方案。

四、应收账款控制

（一）应收账款的事前控制

事前控制是应收账款控制的首要环节，其目的是将未来可能发生的信用风险控制在事前，以防患于未然。事前控制主要通过对客户的信用调查、资信分析、信用评估几个方面进行。

1.信用调查

对客户的信用进行评价是应收账款日常管理的重要内容，只有正确地评价客户的信用状况，才能合理地执行企业的信用政策。要合理地评价客户的信用，就必须对客户进行信用调查。信用调查可分为直接调查法和间接调查法两种。

（1）直接调查法。直接调查法是指调查人员直接与被调查单位接触，通过当面采访、询问、观看、记录等方式获取信用资料的一种方法。直接调查能保证搜集资料的准确性和及时性，但若得不到被调查单位的合作，则会使调查资料不完整。

（2）间接调查法。间接调查法是以被调查单位以及其他单位保存的有关原始记录和核算资料为基础，通过加工整理获得被调查单位信用资料的一种方法。其资料来源主要有：

①客户的基本情况。在向客户提供信用销售之前，可要求客户按标准格式提供其基本资料和备查询的其他资料，以了解客户的成立时间、股东情况、开户银行、产品市场、竞争对手、经营状况等信用资料。

②客户的财务报表。通过财务报表了解客户的财务状况，分析其支付能力和盈利能力。

③信用评估机构对客户的信用评价。这种评价一般具有较强的专业性和权威性，因此结论比较可靠。

④客户开户银行对其客户的信用评价。这种评价一般依据客户过去在银行中的信用表现进行，非常符合实际，基本能反映客户的信用状况。

⑤客户供应商对其客户的信用评价。这种评价一般依据客户以往在购货付款的情况进行，因此，也能够反映客户的实际情况。

⑥其他资料，如税务部门、消费者协会、工商管理部门、企业的上级管理部门、证券交易部门等方面提供的信息。另外，书籍、报纸、杂志等也可提供有关顾客的信用状况信息。

2.资信分析

对客户的资信分析是在信用调查的基础上，通过“五C”分析法进行。所谓“五C”，是指评估客户信用品质的5个主要方面，包括：

(1) 品质（character)。品质是指顾客愿意履行其付款义务的态度。顾客是否愿意尽最大努力来支付货款，直接影响货款的回收速度和数量。品质是资信分析中最重要的因素。

(2) 能力（capacity)。能力是指顾客偿还货款的能力。应根据顾客流动资产的数量和质量、流动资产与流动负债的比例关系以及顾客的经营规模和经营情况来分析判断。

(3) 资本（capital)。资本是指顾客的权益资本或自有资本状况，代表顾客的财务实力，反映顾客对其债务的最终保证能力。

(4) 抵押品（collateral)。抵押品是指顾客为取得信用而提供的担保资产。如果能提供足够的担保资产，就可向顾客提供相应的信用。

(5) 条件（condition)。条件是指顾客所处的社会经济条件，即社会经济环境发生变化时，顾客经营状况和偿债能力可能受到的影响。

3.信用评估

在信用调查和资信分析的基础上，运用信用评分法对顾客进行信用评估。所谓信用评分法，是先对一系列财务比率和信用情况指标进行评分，然后进行加权平均，得出顾客综合信用分数，并以此进行信用评估的一种方法。进行信用评分的基本公式为：

$$Y=\sum a_i x_i$$

式中：Y——客户企业的信用评分；

a_i——事先拟订的对第i种财务比率和信用品质重要性权数（$\sum a_i=1$）；

x_i——第i种财务比率或信用品质的评分。

信用评分法的第一步是选择恰当的财务比率和信用品质指标，然后按它们各自的重要性程度确定一个权数；第二步是根据客户企业各财务比率和信用品质的实际情况确定相应的分数；第三步是以选定指标的重要性程度为权数对各指标的分数进行加权平均，计算各加权平均数的合计数。

应当注意的是，在选择财务比率指标时应选择能够准确评价客户企业短期支付能力的财务指标，尤其应选择能够直观评价其资产流动性的财务比率指标，因为提供信用销售企业关注的是客户企业的短期支付能力；同时，结合客户企业的产品销售情况，适当选择能够反映其销售盈利能力的财务指标，因为只有客户企业销售渠道畅通且能够盈利，才能及时支付供应商的货款。

下面以A公司为例，说明信用评分法的运用，见表8-7。

表8-7 **A公司信用评估表**

财务比率和信用品质指标	指标的重要性权数（a_i）（1）	指标实际值（2）	分数（x_i）（3）	加权平均数（$y=\sum a_i x_i$）（4）=（1）×（3）
流动比率	15%	1.90	95	14.25
现金比率	15%	0.10	95	14.25
负债比率	15%	40%	90	13.50
销售利润率	15%	20%	90	13.50
信用等级	15%	AA	90	13.50
付款历史	10%	优秀	90	9.00
企业未来预计	10%	良好	85	8.50
其他	5%	良好	80	4.00
合计	100%	—	—	90.50

在采用信用评分法进行信用评估时，信用得分在90分以上，说明客户信用状况优秀；得分在81～89分，说明客户信用状况良好；得分在60～80分，说明客户信用状况一般；得分在60分以下，则说明客户信用状况较差。根据评估结果，A公司信用状况为优秀。

（二）应收账款的事中控制

1.应收账款追踪分析法

为了如期、足额地收回销售货款，赊销企业有必要在收账之前，对该项应收账款的运行过程进行追踪分析。分析的重点应放在赊销商品的销售与变现环节。客户以欠账方式购入商品后，迫于获利与付款信誉的动力与压力，必然期望迅速地实现销售并收回账款。如果客户的期望能顺利实现，而且客户又具有良好的信用品质，则企业一般能如期、足额地收回客户欠款。

对应收账款的追踪分析，有利于赊销企业准确预期应收账款发生呆坏账的可能性，研究和制定有效收账对策，在与客户交涉中做到心中有数，有理有据，从而提高收账效率，降低坏账损失。当然，赊销企业不可能，也没有必要对全部的应收账款实施跟踪分析。在通常情况下，主要应以那些金额大或信用品质较差的客户的欠款为考察的重点。同时，也可对客户的信用品质与偿还债能力进行延伸性调查与分析。

2.账龄分析法

账龄是应收账款从发生到分析时的间隔期。运用账龄分析法进行信用的事中控制应当先按客户计算应收账款的账龄，然后编制账龄分析表，以全面掌握应收账款的账龄情况。账龄分析表的基本格式见表8–8。

表8–8 账龄分析表

年 月 日 金额单位：万元

客户名称	应收账款余额	账龄				
		信用期内	超过信用期			合计
			30天内	31～60天	61～90天	
A						
B						
C						
D						
⋮						
合计						

账龄分析表的主要作用有两个：一是了解企业全部应收账款的分布情况——有多少应收账款在信用期内，有多少应收账款已超过信用期；二是了解单个客户应收账款资金占用情况，及时掌握单个客户的付款情况，便于及时调整信用政策。

3.编制“客户企业应收账款状况表”法

客户企业应收账款状况表的内容包括：客户对企业销售额重要程度；客户的付款记录；客户未付款的余额。其基本格式见表8–9。

表8–9 客户企业应收账款状况表

年 月 日 金额单位：万元

客户名称	销售额	比重	已付款项	未付款项		
				信用期内	超过信用期	合计
A						
B						
C						
⋮						
合计						

表8–9全面反映了客户付款情况，便于及时掌握客户信用等级变化情况。如果客户的付款记录是令人满意的，企业将维持原有的信用政策。如果有的客户信用等级有所提高，

企业可增加信用额度，适当延长信用期限；反之，如果客户的付款记录不能令人满意，便应立即收账，并限制信用条件。

（三）应收账款的事后控制

1.制定合理的收账策略

收账策略是指当企业提供的信用条件被对方违反时所采取的策略。收账策略的积极与否，直接影响到收账数量、收账期与坏账损失率。企业采取积极的收账策略，收账费用增加，坏账成本相对减少；反之，企业采取消极的收账策略，收账费用减少，但坏账成本可能增加。收账费用与坏账成本之间存在着反比例变动的非线性关系。企业应当权衡不同收账策略下的成本和收益后确定合理的收账策略。

2.确定合理的收账程序与讨债方法

催收账款的一般程序是：信函通知、电话催收、派员面谈、法律行动。当顾客拖欠账款时，应当分析原因，确定合理的讨债方法。

一般而言，顾客拖欠账款的原因有两类：一是无力偿付，即顾客因经营管理不善出现财务困难，没有资金支付到期债务。面对这种情况，要进行具体分析。如果顾客所出现的无力支付是暂时的，企业应帮助其渡过难关，以便收回更多的账款；如果顾客所出现的无力支付是由于顾客企业遭受严重的财务危机，已达破产界限，则应及时向法院起诉，以期在破产清算时得到债权的部分清偿。二是故意拖欠，即顾客具有正常的支付能力，但为了自身利益，想方设法不付款。针对这种情况，企业需要确定合理的讨债方法。常见的讨债方法有以下几种：①讲理法。讨债人要婉转地说明理由，坚持说理，以理服人。②恻隐术法。讨债人应讲清自己的困难，说明本身的困难处境，以打动债务人的恻隐之心。③疲劳战法。拖住债务人的一两个领导，长期软磨硬泡，坚持打持久战，不达目的决不罢休。④激将法。用语言刺激债务人，使其意识到若不及时付款会损害其形象和尊严。⑤软硬术法。软硬兼施，由两个人讨债，一人态度强硬，寸步不让，另一人则晓之以理，以理服人。

第四节　存货管理

存货是指企业在日常活动中持有以备出售的产成品或商品、处在生产过程中的在成品、在生产过程或提供劳务过程中耗用的材料和物料等。它是企业流动资产的重要组成部分，在流动资产中所占的比重较大。

一、存货的功能与成本

（一）存货的功能

如果企业能在生产投料时随时购入所需材料，在销售时购入所需商品，就不需储备存货。但实际上，企业总有储备存货的需要，并因此占用或多或少的资金。这种存货储备的功能主要在于：

1.存储必要的原材料和在产品，可以保证生产正常进行

生产过程中所需要的原材料是生产中必需的物质资料。为了保证生产顺利进行，必须适当地储备一些材料。尽管有些企业的自动化程度很高，并借助信息系统加强管理，提出了零存货管理的目标，但要完全达到这一目标并非易事。在生产不均衡和商品供求波动

时，存货可起到缓和矛盾的作用。即使生产能按事先规定好的程序来进行，但是要每天都采购材料也不现实，经济上也不一定合算。所以，为了保证生产正常进行，储存适当的原材料是必要的，在产品也因同样原因需要保持一定的储备。

2.储备必要的产成品，有利于销售

企业的产品，一般不是生产一件出售一件，而是组织成批生产、成批销售才经济合算。这是因为：一方面，顾客为节约采购成本和其他费用，一般要成批采购；另一方面，为了达到运输上所需要的最低批量也应组织成批发运。此外，为了应付市场上突然到来的需求，也应适当储存一些产成品。

3.适当储存原材料和产成品，便于组织均衡生产，降低产品成本

有的企业生产的产品属于季节性的产品，有的企业产品需求很不稳定。如果根据需求状况时高时低地进行生产，有时生产能力可能得不到充分的利用，有时又会出现超负荷生产。这些情况都会使生产成本提高。为了降低生产成本，实现均衡生产，就要储备一定的产成品存货，也要相应储备一定的原材料。

4.留有各种存货的保险储备，可以防止意外事件造成的损失

采购、运输、生产和销售过程中都可能发生意外事故，因此，保持必要的存货保险储备，可避免或减少缺货损失。

（二）存货成本

存货成本是指与存货有关的各项支出，包括以下几个方面：

1.取得成本

取得成本是指为取得某种存货而支出的成本，包括订货成本和购置成本两类。

（1）订货成本。订货成本是指取得订单的成本，即为组织进货而开支的费用，如办公费、差旅费、邮资、电话电报费、运输费、检验费、入库搬运费等支出。订货成本中有一部分与订货次数有关，如差旅费、邮资、电话电报费等，称为订货的变动成本。每次订货的变动成本用K表示；订货次数等于存货年需要量D与每次进货量Q之商。另一部分与订货次数无关，如专设采购机构的基本开支等，称为订货的固定成本，用F_1表示。订货成本的计算公式为：

$$订货成本=\frac{D}{Q}\cdot K+F_1$$

（2）购置成本。购置成本是指存货本身的价值，经常用进货数量与进货单价的乘积来确定。存货年需要量用D表示，进货单价用U表示，于是购置成本为DU。

订货成本加上购置成本，就等于存货的取得成本。若取得成本用TC_a，其计算公式为：

$$TC_a=\frac{D}{Q}\cdot K+F_1+DU$$

2.储存成本

储存成本是指为持有存货而发生的成本，包括存货资金占用费（存货资金的机会成本）、仓储费用、保险费、存货毁损变质损失等。储存成本可以按照与储存数额的关系分为变动成本和固定成本两类。其中：固定成本与存货储存数额的多少没有直接联系，如仓库折旧费、仓库职工的固定月工资等，用F_2表示。变动成本则随着存货储存数额的增减成比例变动，如存货资金占用费用、存货残损和变质损失、存货的保险费用等，单位变动成

本用K_c表示。若储存成本用TC_c表示，则：

储存成本=储存变动成本+储存固定成本

$$TC_c=\frac{Q}{2}\cdot K_c+F_2$$

3.缺货成本

缺货成本是指因存货不足而给企业造成的损失，包括由于材料供应中断造成的停工损失、产成品库存缺货导致的延误发货损失及丧失销售机会的损失（还应包括需要主观估计的商誉损失）；如果生产企业以紧急采购代用材料解决库存材料中断之急，那么缺货成本表现为紧急额外购入成本（紧急额外购入成本的开支会大于正常采购的开支）。若缺货成本用TC_s表示，储备存货的总成本用TC表示，则：

$$TC=TC_a+TC_c+TC_s=\frac{D}{Q}\cdot K+F_1+DU+\frac{Q}{2}\cdot K_c+F_2+TC_s$$

二、存货管理目标

如上所述，企业持有充足的存货，不仅有利于生产过程的顺利进行，节约订货成本与生产时间，而且能够迅速地满足客户各种订货的需要，从而为企业的生产与销售提供较大的机动性，避免因存货不足带来的机会损失。然而，存货的增加必然要占用更多的资金，将使企业付出更大的成本。因此，如何在存货的功能与成本之间进行利弊权衡，在充分发挥存货功能的同时降低成本、增加收益，实现它们的最佳组合，成为存货管理的基本目标。

三、存货决策

存货决策主要涉及四项内容：决定进货项目、选择供应单位、决定进货批量和进货时间。财务部门负责决定进货批量和进货时间。实现存货管理目标的关键在于确定合理的进货批量和进货时间。合理的进货批量就是使存货的相关总成本最低的进货批量，也称为经济订货批量或经济批量（EOQ）。有了经济订货批量，就可以合理安排经济进货时间。

（一）经济批量（EOQ）基本模型

经济批量基本模型通常是建立在如下基本假设基础上的：

（1）企业能够及时补充存货，即需要订货时便可立即取得存货；

（2）能集中到货，而非陆续入库；

（3）不允许缺货，即无缺货成本；

（4）存货需求量能够确定；

（5）存货单价不变，不考虑折扣；

（6）企业现金充足，不会因现金短缺而影响进货；

（7）所需存货市场供应充足，不会因买不到需要的存货而影响其他；

（8）存货耗用均衡。

在上述假设基础上，存货相关总成本的公式为：

$$TC=\frac{D}{Q}\cdot K+\frac{Q}{2}\cdot K_c$$

利用微分极值原理可求出经济订货批量基本模型的计算公式，并导出相应的其他计算公式：

经济订货批量：$Q^*=\sqrt{\dfrac{2KD}{K_c}}$

经济订货批量下的存货相关总成本：$TC(Q^*)=\sqrt{2KDK_c}$

最佳订货次数：$N^*=\dfrac{D}{Q^*}=\sqrt{\dfrac{DK_c}{2K}}$

最佳订货周期：$T^*=\dfrac{1}{N^*}$

经济订货批量占用的资金：$I^*=\dfrac{Q^*}{2}\times U$

式中：TC——存货相关总成本；

D——存货年需要量；

Q——每次订货批量；

K——每次订货的变动成本；

K_c——存货的单位储存变动成本；

U——进货单价。

【例8-7】假定A公司每年耗用甲材料90 000件，单位买价500元，每次订货的变动成本为240元，每件材料的年平均储存成本为1.2元。则：

经济订货批量：

$Q^*=\sqrt{\dfrac{2KD}{K_c}}=\sqrt{\dfrac{2\times240\times90\,000}{1.2}}=6\ 000$（件）

经济订货批量下的存货相关总成本：

$TC(Q^*)=\sqrt{2KDK_c}=\sqrt{2\times240\times90\,000\times1.2}=7\ 200$（元）

最佳订货次数：$N^*=\dfrac{D}{Q^*}=\dfrac{90\,000}{6\,000}=15$（次）

最佳订货周期：$T^*=\dfrac{1}{N^*}=\dfrac{360}{15}=24$（天）

经济订货批量占用的资金：$I^*=\dfrac{Q^*}{2}\times U=\dfrac{6\,000}{2}\times500=1\ 500\ 000$（元）

经济订货批量也可以用图解法求得：先计算出一系列不同批量的各有关成本，见表8-10，然后在坐标图上描出由各有关成本构成的订货成本线、储存成本线和相关总成本线。相关总成本线的最低点（订货成本线和储存成本线的交接点）相应的批量，即经济订货批量。

表8-10　　不同订货批量下的相关成本　　金额单位：元

订货批量（件）	订货次数（次）	年订货成本	平均存量（件）	年储存成本	存货相关总成本
（1）	（2）$=\dfrac{90\,000}{(1)}$	（3）=（2）×240	（4）$=\dfrac{(1)}{2}$	（5）=（4）×1.2	（6）=（3）+（5）
4 500	20	4 800	2 250	2 700	7 500
5 000	18	4 320	2 500	3 000	7 320
6 000	15	3 600	3 000	3 600	7 200
7 500	12	2 880	3 750	4 500	7 380
9 000	10	2 400	4 500	5 400	7 800

不同批量的有关成本变动情况如图8-5所示。

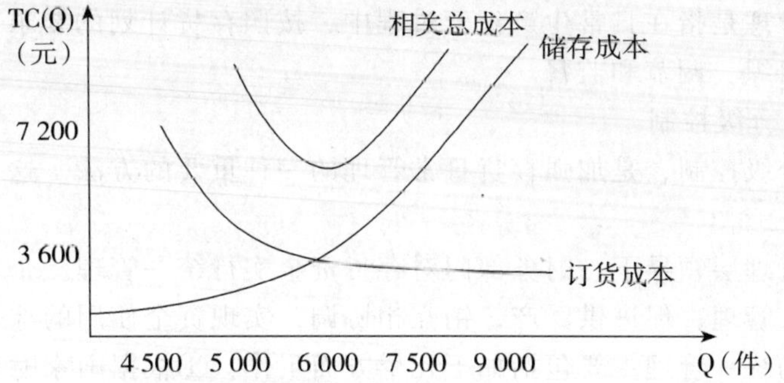

图8-5　存货批量与成本的关系

从以上有关成本的计算和图8-5可见，当订货批量为6 000件时相关总成本最低，低于或超过这一批量都是不合理的。

（二）存货ABC控制法

企业存货品种繁多，尤其是大中型企业的存货往往多达上万种甚至是数十万种。实际上，不同的存货对企业财务目标的实现具有不同的作用。有的存货尽管数量很少，但是金额巨大，如果管理不善，会给企业造成巨大的损失。有的存货虽然品种数量繁多，但是金额较小，即使管理当中出现一些问题，也不至于对企业产生较大的影响。如果对以上存货都采用严格的控制方法，既不可能也无必要。存货ABC控制法正是基于这一考虑而提出的，其目的在于使企业分清主次，突出重点，以提高存货资金管理的整体效果。

所谓存货ABC控制法是按照一定的标准，将企业的存货划分为A、B、C三类，分别实行品种重点管理、分类别一般控制和按总额灵活掌握的存货管理方法。存货A、B、C分类的标准主要有两个：一是金额标准；二是品种数量标准。其中，金额标准是最基本的，品种数量标准仅作为参考。划分时，按照企业确定的标准，通过列表、计算、排序等具体的步骤确定各种物品所属类别。

运用ABC管理方法一般有如下几个步骤：

（1）计算每一种存货在一定时间内（一般为1年）的资金占用额。

（2）计算每一种存货资金占用额占全部资金占用额的百分比，并按大小顺序排列，编成表格。

（3）根据事先预定好的标准，把最重要的存货划分为A类，把一般存货划分为B类，把最不重要的存货划分为C类，并画图表示出来。

（4）A类存货的特点是金额巨大，但是品种数量较少；B类存货金额一般，品种数量相对较多；C类存货品种数量繁多，但是金额却很少。一般来说，三类存货的金额比重大致为A：B：C=0.7：0.2：0.1，而品种数量比重大致为A：B：C=0.1：0.2：0.7。对A类存货进行重点管理规划和控制，对B类存货进行次重点管理，对C类存货只进行一般管理。

四、存货的日常管理

存货的日常管理是指在日常生产经营过程中，按照存货计划的要求，对存货的使用和周转情况进行的组织、调节和监督。

1.存货的归口分级控制

存货的归口分级控制，是加强存货日常管理的一种重要的方法。这一管理方法包括如下三项内容：

（1）在企业管理层领导下，财务部门对存货资金实行统一管理。企业必须加强对存货资金的集中、统一管理，促进供、产、销互相协调，实现资金使用的综合平衡，加速资金周转。财务部门的统一管理主要包括如下几个方面工作：①根据国家财务制度和企业具体情况，制定企业资金管理的各种制度；②认真预算各种资金占用额，汇总编制存货资金计划；③把有关计划指标进行分解，落实到有关单位和个人；④对各单位资金使用情况进行检查和分析，统一考核资金的使用情况。

（2）实行资金的归口管理。根据使用资金和管理资金相结合、物质管理和资金管理相结合的原则。每项资金由哪个部门使用，就归哪个部门管理。各项资金归口管理的分工为：①原材料、燃料、包装物等资金归供应部门管理；②在产品和自制半成品占用的资金归生产部门管理；③产成品资金归销售部门管理；④工具用具占用的资金归工具部门管理；⑤修理用备件占用的资金归设备动力部门管理。

（3）实行资金的分级管理。各归口的管理部门要根据具体情况将资金指标进行分解，分配给所属单位和个人，层层落实，实行分级管理。具体分解过程为：①原材料资金计划指标可分配给供应计划、材料采购、仓库保管、整理准备各业务组管理；②在产品资金计划可分配给各车间、半成品库管理；③成品资金计划指标可分配给销售、仓库保管、成品发运各业务组管理。

2.适时制管理

适时制（JIT）的基本原理强调：只有在使用之前才要求供应商送货，从而将存货数量减少到最少；公司的物资供应、生产和销售应形成连续的同步运动过程；消除企业内部存货的所有浪费；不间断地提高产品质量和生产效率等。

适时制原本是为了提高生产质量而逐步形成的，旨在将原材料的库存量减少到一个生产班次恰好需要的数量。在适时制下，库存是没有替代品的，其所生产的每一零部件都必须是合格品。适时制在按订单生产的制造业中使用得最为广泛。不过，它在零售业中也开始显示其优越性，对零售业者预测消费需要求和提高营运效益有一定的作用。

适时制的成功取决于以下几个因素：

（1）计划要求。适时制要求具备一份对于整个企业而言协调、完整的计划。通过仔细计划与规划，实施适时制可以使企业不必保有保险储备存货，从而节约成本。同时，适时制完备的运行环境也可以在其他方面产生极大的节约，比如缩短存货在途时间、降低仓储成本等。当然，高度的协调和计划对于某些企业是很难实现的，那么适时制也就无法发挥作用。

（2）与供应商的关系。为了使适时制有效运行，企业应与其供应商紧密合作。送货计划、数量、质量和及时联系都是制度的组成部分。该制度要求按所需要的数量和订单的要求频繁发货，而且要求仔细标记每项货物（通常采用条形码的形式）。因此，适时制的实行要求企业必须与供应商保持良好的关系。

（3）准备成本。通过降低生产周期的长度，重新设计的生产过程更加灵活。在生产中，每一批产品生产前总存在固定的准备成本，生产前的最优批量受准备成本的影响（就像存货的订货成本受固定的订货成本影响一样）。通过降低准备成本，企业可以采用更短的生产期，从而获得更大的灵活性。

（4）其他的成本因素。因为适时制要求仔细管理和控制，所以采用适时制的企业常常为了降低成本而限制供应商的数目。为了做到适时制的要求，供应商必须经常送货，花费更多成本，所以很多企业在采用适时制降低其存货储存成本的同时，必须承担更高的采购价格。不过，对于很多采用适时制的企业来说，获得的利益远远大于采购价格提高带来的负面影响。

（5）电子数据互换。没有电子数据互换，适时制就不能实施，因为从采购到生产再到销售的过程中，许多环节都是用电子系统处理的，商业信用也自动化了。当采用了电子信用条件，就基本上消除了企业的应付账款，而这是短期筹资额的主要来源。同时，电子收款也消除了供应商的应收账款。

【进一步学习指南】

一、短期金融资产投资

现金是收益性最差的资产。将一部分现金投资于短期有价证券，可以在保持较高流动性的同时获得更高的收益，因此将持有的部分现金用作短期金融资产投资是很多公司的做法。

企业最便捷的短期金融资产投资方式就是将多余的资金存入银行，获取银行利息。但是银行存款利率较低，因而企业更愿意投资于其他报酬率更高的项目，如大额定期存单、资产证券化与资产支持证券、货币基金、商业票据以及短期国库券等等。

二、存货的保本保利期控制

存货的保本保利期控制法是对存货进行ABC分类的基础上，对A类存货按品种、B类存货按大类、C类存货按综合进行进一步控制的方法。保本期是指经营利润等于零时的储存期；保利期是指实现目标利润的储存期。存货实施保本保利期控制的前提是：把企业存货投资所发生的费用支出按与储存期的关系分为固定费用与变动费用两类。固定费用是与储存期长短无直接联系的费用，如各项进货费用、管理费用等；变动费用是随着储存期的变动成比例变动的费用，如存货资金占用费、保管费、仓储损耗等。

根据量本利关系，有：

经营利润=销售毛利－固定费用－销售税金及附加－日变动费用×储存天数

保本期=（毛利－固定费用－销售税金及附加）÷日变动费用

保利期=（毛利－固定费用－销售税金及附加－目标利润）÷日变动费用

存货要实现预定的目标利润，必须在保利期内出售，超过保本期出售就要发生亏损。

复习思考题

1.现金持有动机和现金持有成本各包括哪些内容？

2.如何确定最佳现金余额？

3.如何编制现金预算？

4.应收账款的成本有哪些？

5.如何制定科学合理的信用政策？

6.如何加强应收账款控制？

7.储备存货会产生哪些成本？

8.如何确定存货经济批量？

9.简述存货ABC分类管理的步骤。

10.流动资产的投资策略有哪些？

计算与分析题

1.目的：练习运用存货模式确定现金最佳现金余额。

资料：某企业现金收支状况比较稳定，预计全年（按360天计算）需用现金250 000万元，现金与有价证券的转换成本每次为500元，有价证券的年收益率为10%。

要求：

（1）计算最佳现金余额。

（2）计算最低现金相关总成本。

（3）计算转换成本和机会成本。

（4）计算有价证券年变现次数。

（5）计算有价证券交易间隔期。

2.目的：练习信用政策的决策方法。

资料：大华公司2016年的信用条件是30天内付款无现金折扣。预计2017年的销售利润率与2016年相同，仍保持30%。现为了扩大销售，企业财务部门制订了两个方案。

方案一：信用条件为“3/10，N/20”，预计销售收入将增加4万元，所增加的销售额中，坏账损失率为3%，客户获得现金折扣的比率为60%。

方案二：信用条件为“2/20，N/30”，预计销售收入增加5万元，所增加的销售额中，坏账损失率为4%，客户获得现金折扣的比率为70%。

要求：如果应收账款的机会成本为10%，确定上述哪个方案较优（设该企业无剩余生产能力）。

3.目的：练习信用政策的决策方法。

资料：D企业目前年销售收入30万元，信用条件为（N/30），变动成本率70%，有价证券年收益率12%。该企业为扩大销售拟订了A、B两个信用条件方案：

A方案信用条件为“N/60”，预计销售收入将增加8万元，坏账损失率4%，预计收账费用为2万元。

B方案信用条件为“1/30，N/60”，预计销售收入将增加14万元，坏账损失率5%，估计约有80%的客户（按销售额计算）会利用折扣，预计收账费用为2.4万元。

要求：确定该公司应选择哪一种信用条件方案（设该企业有剩余生产能力）。

4.目的：练习存货决策的基本模型及其运用。

资料：

已知ABC公司与存货有关的信息如下：

（1）年需求数量为30 000单位（假设每年有360天）；

（2）单位购买价格为100元；

（3）存货储存成本是其买价的30%；

(4) 订货成本每次为500元。

要求：

(1) 计算经济订货批量。

(2) 计算经济订货批量占用的资金。

(3) 计算经济订货批量下的存货总成本。

(4) 计算最佳订货次数以及最佳订货周期。

5. 目的：练习存货决策基本模型及其运用。

资料：H企业年需用甲材料250 000千克，单价10元/千克，目前企业每次订货量和每次订货成本分别为50 000千克和400元。

要求：

(1) 计算该企业每年存货的订货成本。

(2) 若单位存货的年储存成本为0.1元/千克、存货相关总成本控制目标为4 000元，计算企业每次订货成本的限额。

(3) 若企业每次订货成本可达要求 (2) 的限额，其他条件不变，计算该企业的经济订货批量以及此时存货占用的资金。

案例分析题

1. 资料

阿里巴巴集团（以下简称"阿里巴巴"）是以曾担任英语教师的马云为首的18人，于1999年在杭州创立的。他们相信互联网能够创造公平的竞争环境，让小企业通过创新与科技扩展业务，在参与国内或全球市场竞争时处于更有利的位置。阿里巴巴经营多项业务，也从关联公司的业务和服务中取得经营商业生态系统上的支援。业务和关联公司的业务包括：淘宝网、天猫、聚划算、全球速卖通、阿里巴巴国际交易市场、1688、阿里妈妈、阿里云、蚂蚁金服、菜鸟网络等。2014年9月19日，阿里巴巴在纽约证券交易所正式挂牌上市，股票代码"BABA"，创始人和董事局主席为马云。2016年4月6日，阿里巴巴正式宣布已经成为全球最大的零售交易平台。表8-11是阿里巴巴近年来有关的财务资料①。

表8-11　**阿里巴巴相关的财务资料**　单位：百万元

项　目	2012年	2013年	2014年	2015年
现金及短期投资	22 337	33 315	45 285	125 999
应收账款净额	210	238	2 429	5 909
应收账款总计（净额）	1 394	4 980	16 049	11 043
库存总额	0	0	0	0
预付费用	60	158	183	935
其他流动资产合计	4 108	4 709	6 316	4 132
流动资产总额	27 899	43 162	67 833	142 109
资产总额	47 210	63 786	111 549	255 434

① 资料来源：阿里巴巴年报。

续表

项　目	2012年	2013年	2014年	2015年
应付账款	754	400	300	927
应付费用	1 047	3 098	3 412	6 377
应付票据/短期债务	0	2 098	9 264	0
长期债务中本期到期部分/资本租赁	1 283	3 350	1 100	1 990
其他流动债务总额	6 445	11 188	16 938	19 906
流动债务总额	11 751	23 995	37 384	39 672
债务总额	15 692	53 277	71 810	109 337
权益总额	31 518	10 509	39 739	146 097
总负债及股东权益	47 210	63 786	111 549	255 434
营收总额	20 025	34 517	52 504	76 204
营收成本总额	6 554	9 719	13 369	23 834
毛利	13 471	24 798	39 135	52 370
销售/常规/行政费用总额	5 269	6 502	8 763	16 313
研发费用	2 897	3 753	5 093	10 658
折旧/摊销	155	130	315	2 089
非常规支出（收入）	206	3 907	163	594
运营开支总额	15 081	24 011	27 703	53 488
运营利润	4 944	10 506	24 801	22 716
其他收益净值	327	894	-2 429	2 486
税前利润	5 532	10 112	26 802	32 326
净利润	4 228	8 532	23 315	24 261

京东集团（以下简称“京东”）于2004年正式涉足电商领域。2015年，京东市场交易额达到4 627亿元，净收入达到1 813亿元，年交易额同比增长78%，增速是行业平均增速的2倍。京东入榜2016《财富》全球500强，成为中国首家、唯一入选的互联网企业，也是中国收入规模最大的互联网企业。截至2015年12月31日，京东拥有近11万名正式员工，业务涉及电商、金融和技术三大领域。2014年5月，京东在美国纳斯达克证券交易所正式挂牌上市，是中国第一个成功赴美上市的大型综合型电商平台，并成功跻身全球前十大互联网公司排行榜。2015年7月，京东凭借高成长性入选纳斯达克100指数和纳斯达克100平均加权指数。表8-12是京东近年来相关的财务资料①。

① 资料来源：京东的年报。

表 8-12 京东相关的财务资料 单位：百万元

项 目	2012 年	2013 年	2014 年	2015 年
现金及短期投资	8 272	12 736	29 243	20 780
应收账款净额	479	502	2 849	10 372
应收账款总计（净额）	647	1 301	4 037	13 690
库存总额	4 754	6 386	12 191	20 540
预付费用	86	170	1 432	1 344
其他流动资产合计	1 920	1 887	3 038	2 115
流动资产总额	15 680	22 480	49 942	58 469
资产总额	17 886	26 010	66 493	85 166
应付账款	8 097	11 019	16 364	29 819
应付费用	1 341	2 270	5 312	7 178
应付票据/短期债务	867	933	1 891	3 620
其他流动债务总额	1 178	2 548	5 429	8 412
流动债务总额	11 484	16 770	28 995	49 029
债务总额	11 484	16 770	28 995	54 625
权益总额	6 403	9 240	37 498	30 541
总负债及股东权益	17 886	26 010	66 493	85 166
营收总额	41 381	69 340	115 002	181 287
营收成本总额	37 898	62 496	101 631	157 008
毛利	3 483	6 844	13 371	24 279
销售/常规/行政费用总额	4 797	6 459	17 337	24 534
研发费用	637	964	1 836	3 454
运营开支总额	43 332	69 919	120 804	187 746
运营利润	−1 951	−579	−5 802	−6 459
其他收益净值	47	101	246	−83
税前利润	−1 723	−50	−4 977	−9 402
净利润	−1 729	−50	−4 996	−9 378

2.要求：

（1）阿里巴巴、京东流动资产占总资产的结构与传统企业有何明显不同？有何启示？

（2）阿里巴巴与京东的流动资产结构又有何明显不同？有何启示？

（3）同样是电商企业，阿里巴巴与京东的盈利模式有何区别？

第九章　收益及其分配

【学习目标】

通过本章学习，要求理解和掌握：

- 利润的构成、预测与利润预算
- 税后利润分配方法
- 股利政策的类型及其影响因素
- 现金股利、股票股利与股票回购

【引例】

鉴于宁波理工监测科技股份有限公司[①]近年盈利状况良好，为回报股东，2016年4月19日，公司实际控制人之一周方洁先生提议2015年度利润分配预案为：以2015年度实现的母公司净利润40 314 518.20元为基数，提取10%法定盈余公积金4 031 451.82元后，公司拟以2015年12月31日总股本40 131万股为基数，向全体股东每10股派送现金红利1元（含税），共计派送现金红利4 013.15万元，剩余未分配利润结转下一年度。同时，公司进行资本公积金转增股本，以公司总股本14 126万股为基数向全体股东每10股转增10股，共计转增14 126万股（每股面值1元），转增后公司总股本增加至28 252万股。经公司第三届董事会第二十五次会议审议通过，认为该利润分配方案合法、合规，与公司的经营情况、业绩成长相匹配。该预案待2015年公司股东大会审议通过后实施。资本公积金转增股本后，所留存的公积金不少于转增前公司注册资本的25%，转增金额未超过报告期末“资本公积——股本溢价”的余额。

宁波理工监测科技股份有限公司2015年度采用的是何种股利政策？股利支付形式有哪些？为什么采取这些方式支付股利？制定股利政策需要考虑哪些因素？带着这些问题，我们进入本章学习。

第一节　利润与利润分配

利润是企业生存和发展的基础，追求利润是企业生产经营的根本动力。搞好利润管理具有十分重要的意义：（1）利润是衡量企业生产经营水平的一项综合性指标；（2）利润是企业实现财务管理目标的基础；（3）利润是企业扩大再生产的主要资金来源。

一、利润的构成

利润是企业在一定时期从事生产经营和非经营活动所取得的净收益，在量上表现为企业全部收入抵减全部有关支出后的余额，而如果企业的收入不足以抵补其支出，就表现为亏损。

（一）营业利润

营业利润是指企业在一定时期从事生产经营活动所取得的利润。它是企业利润总额的主体，是企业营业收入扣除营业成本、费用和各项相关税金等支出后的余额。其计算公式为：

$$\text{营业利润}=\text{营业收入}-\text{营业成本}-\text{税金及附加}-\text{销售费用}-\text{管理费用}-\text{财务费用}-\text{资产减值损失}\pm\text{公允价值变动收益}+\text{投资收益}$$

式中：

---

① 资料来源：宁波理工监测科技股份有限公司（股票代码：002322）相关公告。

营业收入包括主营业务收入和其他业务收入。

营业成本包括主营业务成本和其他业务成本。

税金及附加是指主营业务、其他业务所缴纳的税金及附加。

销售费用是企业为销售产品所发生的各项费用，具体包括运输费、装卸费、包装费、保险费、销售佣金、租赁费、广告费、代销手续费、展览费以及专设销售机构经费等。

管理费用是企业行政管理部门为管理和组织生产经营活动而发生的各项费用，具体包括公司经费、工会经费、职工教育经费、劳动保险费、待业保险费、董事会会费、咨询费、聘请中介机构费、诉讼费、排污费、绿化费、税金、城镇土地使用费、土地损失补偿费、技术转让费、技术开发费、无形资产摊销、开办费摊销、业务招待费、坏账损失、上缴上级管理费等。

财务费用是指企业在生产经营过程中为筹集资金而发生的各种费用，如经营期间的利息净支出、汇兑净损失、调剂外汇手续费、金融机构手续费以及筹资发生的其他财务费用。

资产减值损失是指各项资产由于减值所可能发生的损失。

公允价值变动损益是指各项资产由于公允价值变动所发生的损益。

投资收益是指企业对外投资所取得的收益或发生的损失。

(二) 营业外收入和营业外支出

营业外收入包括企业固定资产盘盈和出售的净收入、罚款收入、因债权人原因确实无法支付的应付款、教育附加费返还款等；营业外支出包括固定资产盘亏、报废、毁损和出售等情况的净损失、企业非季节性和非在修理期间的停工损失、职工子弟学校和技工学校经费、各种自然灾害等原因造成的非常损失、公益救济性捐赠支出、企业因未履行合同和协议而向其他单位支付的赔偿金、违约罚息与罚款等。

企业利润总额主要由营业利润、营业外收入和营业外支出三部分构成。

利润总额=营业利润+营业外收入-营业外支出

利润是一个应用十分广泛的概念，在不同的情况下，其含义和内容也不完全一致。在财务管理中，经常用到的利润概念除上述涉及的以外，还有如下几种：

(1) 毛利，是营业收入减去营业成本后的差额，即：

毛利=营业收入-营业成本

(2) 息税前利润，是指扣除利息费用和所得税之前的利润，即：

息税前利润=税后利润+所得税费用+利息费用

(3) 税前利润，是息税前利润扣除利息费用后的余额，即：

税前利润=息税前利润-利息费用

(4) 净利润，又叫税后利润，是税前利润减去所得税费用后的余额，即：

税后利润=税前利润-所得税费用

二、利润规划

(一) 利润预测

利润预测是对企业未来某一时期可以实现的利润的预计和测算。它是根据影响企业利润变动的各种因素，预测企业将来所能达到的利润水平，或者根据实现目标利润的要求，预测需要达到的销售量或销售额。

在利润总额中，一般情况下，营业利润占的比重最大，是利润预测的重点，其余两部分可以采用较为简便的方法进行预测。下面以营业利润为例来说明利润预测中常用的几种方法。

1.量本利分析法

量本利分析法是指将产品成本按其对产销量的依存关系分为变动成本和固定成本两部分，根据业务量、成本、利润三者之间的关系来确定目标利润的一种方法。其计算公式为：

目标利润=预计销量×（单位售价-单位变动成本）-固定成本总额

=预计销量×单位边际贡献-固定成本总额

【例9-1】N公司全年固定成本总额为3 200 000元，预计销量为200 00件，只生产P产品。P产品销售单价为6 000元，单位变动成本为5 200元，则目标利润为：

目标利润=20 000×（6 000-5 200）-3 200 000=12 800 000（元）

如果公司从事多品种生产，应当先计算加权平均边际贡献率，然后再预测目标利润。

$$加权平均边际贡献率=\frac{预计边际贡献总额}{预计销售收入总额}\times100\%$$

$$=\sum（各产品边际贡献率\times该产品占销售的比重）$$

目标利润=预计销售收入×加权平均边际贡献率-固定成本总额

【例9-2】W公司生产A、B、C三种产品，全年固定成本总额为1 600 000元，各种产品的销售单价分别为20元、18元和16元，其单位变动成本分别为16元、12元和8元，各种产品的销售比重分别为15%、35%和50%。不考虑流转税，预计销售收入总额为10 083 188元，则目标利润为：

$$加权平均边际贡献率=\frac{20-16}{20}\times15\%+\frac{18-12}{18}\times35\%+\frac{16-8}{16}\times50\%$$

$$=3\%+11.67\%+25\%$$

$$=39.67\%$$

目标利润=10 083 188×39.67%-1 600 000

=2 400 000.68（元）

2.比率预测法

比率预测法是按先进、合理的利润率来预测目标利润的方法，如根据销售利润率、资产利润率等指标的先进、合理水平预测目标利润。

根据销售利润率预测目标利润，其计算公式为：

目标利润=预计销售收入×销售利润率

根据资产利润率预测目标利润，其计算公式为：

目标利润=预计资产平均占用额×资产利润率

3.因素分析法

因素分析法是在基期销售利润水平的基础上，考虑预测期影响销售利润增减变动的各项因素，确定预测期产品销售利润额的一种方法。

这种方法在销售预测和取得基期利润表的基础上，根据销售百分比法的原理，计算基期利润表中各项目与产品销售收入的百分比，再将其与销售预测值相乘，确定预计利润表的各项目，运用编制的预计利润表来确定预测期的目标利润。

（二）利润预算

利润预算也称利润计划，是根据利润预测的结果，利用一定的表格形式，以货币为统一计量单位，反映预测期营业活动及其财务成果的综合性计划。利润预算是企业用于控制未来营业活动并使之达到预定财务成果的一种重要手段，是企业财务预算的重要组成部分。

1.利润预算的内容

利润预算主要包括两部分内容——营业利润预算和利润总额预算。其中，营业利润预算是利润预算的重点。

2.利润预算的编制

企业利润预算的编制是以企业预测期的销售预算和成本预算为主要依据，结合其他有关资料来进行的。为了便于检查和分析利润预算的完成情况，利润预算一般按会计报表中利润表的格式编制，其格式见表9-1。

表9-1　利润预算表　单位：元

项　目	基期数	本期预算数
一、营业收入	1 500 000	1 845 000
减：营业成本	585 000	737 100
税金及附加	78 398	96 430
销售费用	80 000	95 000
管理费用	60 000	77 000
财务费用	21 000	33 000
资产减值损失	15 000	20 000
加：公允价值变动收益	8 000	8 000
投资收益	20 000	75 000
二、营业利润	688 602	869 470
加：营业外收入	2 000	2 000
减：营业外支出	48 000	48 000
三、利润总额	642 602	823 470
减：所得税费用	231 405	270 500
四、净利润	411 197	552 970

三、利润分配

利润分配一般指税后利润的分配。企业利润分配必须依法进行，兼顾投资者、经营者和职工等方面的经济利益。

1.税后利润的一般分配顺序

（1）提取法定盈余公积金。公司分配当年税后利润时，应当按照税后利润的10%提取法定盈余公积金（非公司制企业也可按照超过10%的比例提取）。法定盈余公积金累计额为公司注册资本的50%以上的，可以不再提取。公司的法定盈余公积金不足以弥补以前年度亏损的，在提取法定盈余公积金之前，应当先用当年利润弥补亏损。法定盈余公积金可用于弥补以前年度的亏损、扩大企业生产经营或者转为增加公司资本，但是资本公积金不得用于弥补亏损。法定盈余公积金转为资本时，所留存的该项公积金不得少于转增前公司注册资本的25%。法定盈余公积金是从税后利润中形成的积累资金。从产权归属上看，它属于企业所有者权益的一部分，为投资者所有。

（2）向投资者分配利润。公司以前年度未分配的利润可并入本年，按照投资者实缴的出资比例分红。全体所有者约定不按照出资比例分取红利的除外。

2.股份有限公司的税后利润在向股东分配时应遵循的顺序

（1）支付优先股股利；

（2）提取任意盈余公积金；

（3）支付普通股股利。

其中，提取任意盈余公积金是股份有限公司税后利润分配的一个明显特点。其目的是满足生产经营管理的资金需要，控制向股东分配利润的水平及调整各年利润分配的波动。公司弥补亏损和提取公积金后所余税后利润，股份有限公司可按照股东持有股份的比例分配，但股份有限公司章程规定不按持股比例分配的除外。

股东会、股东大会或董事会违反有关规定，在公司弥补亏损和提取法定盈余公积金之前向股东分配利润的，股东必须将违反规定分配的利润退还公司。公司持有的本公司股份不得分配利润。

第二节　股利政策的影响因素及其类型

一、影响股利政策的因素

股利政策是关于股份公司是否发放股利、发放多少股利、何时发放股利以及以何种形式发放股利等方面的方针和策略。在股份公司的理财决策中，股利政策始终占有重要地位。这是因为股利的发放既关系到公司股东当前的经济利益，又关系到公司的未来发展。

公司制定股利政策一般应当考虑下列因素：

（一）法律因素

任何股份公司总是在一定的法律环境下从事生产经营活动，因此，法律会直接限制股份公司的股利政策。这些限制主要表现为：

1.防止资本侵蚀的规定

它要求公司股利的发放必须维护法定资本的安全完整，即公司不能因支付股利而引起资本（包括股本和资本公积）减少。这一规定的理性目的在于保证公司有完整的产权基础，由此保护债权人的利益。任何导致资本减少（侵蚀）的股利发放都是非法的。董事会应对此负责。按照这一规定，公司股利只能从该年的税后利润和过去积累的留存收益中支付。也就是说，公司股利的支付不能超过该年的税后利润与过去的留存收益之和。

2.资本积累的规定

它要求公司在分配股利前必须按一定比例提取法定盈余公积金。

3.无力偿付债务的规定

无力偿付债务是指公司由于经营管理不善，出现大量亏损，以致资不抵债，以及尽管公司没形成大量亏损，但由于资产流动性差而无力偿付到期债务这两种情况。按照法律规定，如果公司已经无力偿付到期债务或因支付股利将使其失去偿债能力，则公司不能支付现金股利，否则属于违法行为。这一规定不允许公司在现金有限的情况下，为取悦股东而支付现金股利。这就为债权人提供了可靠的利益保障。无力偿付债务的规定在我国尚未纳入法律规范的范畴，但在企业长期借款或发行企业债券的相关条款中已有所涉及。

4.超积累限制

西方某些国家的法规规定禁止公司过度保留盈余。如果一个公司盈余的保留超过目前及未来的投资很多，则可看做过度保留，要受到法律的限制。这主要是为了避免公司帮助股东避税而过度保留盈余。我国的法律对公司超累积利润未作限制性规定。

（二）股东因素

1.税负

由于股利收入的税率要高于资本利得税税率，因此，高收入阶层股东占较大比例的公司往往倾向于多留盈利、少派发股利的股利政策。这种低股利政策可以给这些高收入阶层股东带来更多的资本利得收入，从而达到少缴纳所得税的目的。相反，低收入阶层股东占较大比例的公司往往倾向于多发股利、少留盈利的股利政策。这些低收入阶层的股东所适用的个人所得税税率比较低，税负状况并不是他们关心的重点。他们更重视当期的股利收入，宁愿获取没有风险的当期股利，也不愿冒风险去获得以后的资本利得。

2.股东的投资机会

如果公司将留存收益用于再投资所得的报酬低于股东个人将股利收入投资于其他投资机会所得的报酬，则该公司就不应多留存收益，而应多支付现金股利，因为这样做对股东将更为有利。虽然难以对每位股东的投资机会及其投资报酬率加以评估，但是公司至少应对风险相同的公司外部投资机会可获得的投资报酬率加以评估。如果评估显示股东在公司外部有更好的投资机会，则公司应选择高股利支付率的股利政策；否则，应选择低股利支付率的股利政策。

3.保证控股权

高股利支付率会导致现有股东股权和盈利的稀释，从而打破原有股东对公司的控制格局。如果公司支付大量现金股利，然后再发行新的普通股，以融通资金，现有股东的控制权就可能被稀释。因此，这些公司的股东往往限制股利的支付，而愿意较多地保留盈余。另外，随着新股的发行，流通在外的普通股股数必将增加，最终导致普通股的每股收益和每股市价下降，对现有股东产生不利影响。

（三）公司内部因素

公司资金的灵活周转是公司生产经营得以正常进行的必要条件。因此，公司正常的经营活动对现金的要求便成为对股利的最重要的限制因素。这一因素对股利政策的影响程度取决于下列因素：

1.资产的变现能力

一般来说，公司现金越多，资产流动性越强，支付现金股利的能力也就越强；反之，有些公司即使在过去长时期有丰厚的盈余，而且留在利润账户中的金额很大，仍然会因资产变现能力不强、流动性不足而无法发放现金股利。

2.投资机会

公司如果有较多的有利可图的投资机会，往往采用低股利、高保留盈余的政策；反之，如果投资机会较少，就可能采用高股利政策。当然，在采用低股利政策时，财务经理必须把股东们的短期利益（支付现金股利）与长期利益（增加保留盈余）很好地结合起来，并要说明提高保留盈余、投资于盈利高的项目，从长远来看，股东会有更多的利益。

3.筹资能力

如果公司有较强的筹资能力，随时能筹到所需资金，那么也就具有较强的支付股利的能力。这种筹资能力可以用银行借款、发行债券、发行票据的能力来表示。一般而言，规模大、成熟型公司比一些正在快速发展的公司具有更多的外部筹资渠道。因此，它们都比较倾向于多支付现金股利。新设的、正在快速发展的公司，由于具有较大的经营和财务风险，因而总要经历一段困难时期，才能较顺畅地从外部来源取得长期资金。在此之前，其所举借的长期债务不仅代价高，而且附有较多的限制性条款。因此，这些规模小、新创业的高速发展公司往往把限制股利支付、多留存收益作为其切实可行的筹资办法。

4.盈利的稳定性

一般而言，如果公司的盈利一向比较平稳，而且在可预测的时期内不会有大幅度的升降，那么这类公司通常比盈利起伏大的公司的股利支付率高；相反，盈利不平稳的公司，对于日后盈利状况未敢肯定，大多愿意保留大部分的盈利，以备在盈利下降时仍然能够继续派发股利。

5.资本成本

与发行新股筹资相比，采用留存收益作为内部筹资的方式不需要支付筹资费用，资本成本较低。当公司筹措大量资本时，应当选择比较经济的筹资方式，以降低资本成本。在这种情况下，公司通常采用低股利政策。同时，以留存收益进行筹资还会增加权益资本的比重，进而提高公司的举债能力。

6.公司现有经营情况

公司的现有经营情况和经营环境会影响它的股利政策。例如，处于扩充中的公司一般采用低股利政策；盈利能力较强的公司可以采用比较高的股利政策，否则采用较低的股利政策；经营上有周期性变动的公司一般采用低正常股利加额外股利的政策，在经营周期的萧条阶段采用较低的股利，而在经营周期的高峰阶段再加额外股利等等。

（四）其他因素

其他因素有如债务契约的限制等。当公司以长期借款、债券、优先股以及租赁等形式向公司外部筹资时，常常应对方的要求，接受一些有关股利支付的限制条款。这些限制条款主要表现为：除非公司的盈利达到某一水平，否则公司不得发放现金股利；将股利发放额限制在某一盈利额或盈利百分比之上。确立这些限制公司股利支付的契约性条款，目的在于促使公司把利润的一部分按有关条款要求的某种形式（如偿债基金准备等）进行再投资，以扩大公司的经济实力，从而保障债务如期偿还，维护债权人的利益。

二、股利政策类型

常见的股利政策有以下四种类型：

（一）剩余股利政策

剩余股利政策就是指在公司具有良好的投资机会时，根据最佳资本结构（目标资本结构），测算出投资所需权益资本，先从盈余当中留用，然后将剩余的盈余作为股利分配给股东的一种股利分配政策。

按照剩余股利政策，股利决策的一般程序为：

（1）确定公司的最佳资本结构，即权益资本与债务资本的最佳比例。

（2）确定最佳资本结构下投资所需的权益资本数额。

（3）尽量利用保留盈余来满足投资所需的权益资本数额。

（4）若投资方案所需的权益资本数额已经满足后仍有剩余，再将其剩余部分作为股利分配给股东。

【例9-3】假定某公司2016年的税后利润为8 000万元。2017年年初，该公司讨论2016年度的股利分配方案。预计2017年度有一投资项目所需资本总额为9 000万元。公司的最佳资本结构为权益资本占60%，债务资本占40%。按我国有关法律规定，至少要提取10%的法定盈余公积金。若公司采用剩余股利政策，公司有多少资金能用于股利分配？

按照最佳资本结构的要求，公司满足投资项目所需的权益资本数额为：

9 000×60%=5 400（万元）

公司2016年有8 000万元的税后利润。满足投资项目所需的权益资本数额后有剩余，则剩余部分可作为股利分配。2016年分配的股利总额为：

8 000-5 400=2 600（万元）

假定该公司2016年年末普通股为1 000万股，那么每股股利为：

2 600÷1 000=2.6（元）

这里需要注意的一个问题是，虽然法律规定至少要提取10%的法定盈余公积金作为留存收益，即该公司至少要提取800万元（8 000×10%），但是，这留存的800万元同样可以成为投资项目的权益资本，应该是5 400万元的一部分。

实行剩余股利政策的根本目的在于保持最佳的资本结构，使综合资本成本最低，实现企业价值最大化。比如上例，如果该公司不执行剩余股利政策，则将税后利润的8 000万元全部用于满足投资需要（这样，2016年不分配股利），或将税后利润的8 000万元全部作为股利发放（这样，2016年每股股利高达8元），都会破坏最佳资本结构，导致综合资本成本的提高，不利于提高公司的价值（表现为股票价格）。不过，剩余股利政策也有几个明显的缺陷：一是容易与股东（特别是那些有重要影响的大众股东）对当前报酬的偏好产生矛盾，并可能难以在股东大会上获得绝对多数的赞同票；二是可能会因股利发放的波动而给投资者造成企业经营状况不稳定的感觉；三是会因股利支付率过低而影响股价上涨，导致企业市场价值被低估，为他人进行廉价收购创造可乘之机等等。

（二）固定股利支付率政策

固定股利支付率政策是指公司每年按照一个固定的股利支付率来分配股利的政策。这一政策的特点是，如果公司各年间的盈利波动不定，则其发放的每股股利也将随之变动，故此政策又称变动股利政策。

主张实行这一政策的公司认为，只有维持固定的股利支付率，才能使股利分配与公司盈利紧密配合，以体现多盈多分、少盈少分、无盈不分的原则，这样才真正公平地对待了每一位股东。但是，由于股利通常被认为是公司未来前景的信息来源，在这种政策下，各年的股利额变动较大，极易给人造成一种公司经营不稳定的印象，不利于稳定股票价格。因此，一般公司不宜采用这种政策。

（三）固定或稳定增长的股利政策

固定或稳定增长的股利政策是指公司将每年分配的股利额固定在某一特定水平上，并在较长时期内保持不变的政策。其表现形式是每股股利额是固定的。这一政策的特点是，不论经济情况如何，也不论公司经营好坏，公司每年的每股股利额固定在某一水平上保持不变，而只有当公司认为未来盈余将会显著地、不可逆转地增长时，公司才会提高每股股利额。

采用这一股利政策的主要目的是避免出现由于经营不善而削减股利的情况。大量事实表明，绝大多数公司以及股东都喜欢稳定增长的股利政策。这一股利政策的缺点在于股利分配与盈余脱节。当盈余较低时仍要分配股利，这可能导致公司资金短缺、财务负担加重；同时不能像剩余股利政策那样保持较低的资本成本。

（四）低正常股利加额外股利的政策

低正常股利加额外股利的政策是指在一般情况下，公司每年只分配固定的、数额较低的正常股利，在公司盈余非常多时，再根据实际情况向股东分配额外股利的政策。必须指出，这里的“额外股利”并不固定，不意味着公司经常提高规定的股利额。

采用这一股利政策将使公司在分配股利方面具有较大的灵活性。当公司盈利状况不佳时，可以不付额外股利，减轻公司的财务负担，而公司盈利状况较佳且资金又很充裕时，可向股东多付额外股利，因此灵活性较大。这种以审慎原则为基础的股利政策受到不少公司的欢迎，尤其适用于那些各年盈余变化较大且现金流量较难把握的公司。必须注意的是，额外股利的支付不能使股东将它视为正常股利的组成部分，否则，不仅会失去其原有的意义，还会产生负面影响。例如，一个连年支付额外股利的公司，如果其股东将它视为正常股利的组成部分，则某一年因盈利下降而取消额外股利，其股东很有可能就此错误地认为公司财务发生了问题，公司的股价就可能因此而下降，进而影响公司的筹资能力。

第三节　股利支付程序与方式

一、股利支付程序

股份公司向股东支付股利前后有一个过程，主要经历股利宣告日、股权登记日、除息（除权）日和股利发放日。

（一）股利宣告日

股利宣告日，即公司董事会按股利发放的周期举行董事会会议，决定股利分配的预分方案，交由股东大会讨论通过后，由董事会将股利支付情况正式予以公告的日期。

（二）股权登记日

股权登记日，即有权领取本期股利的股东资格登记截止日期。只有在股权登记日前登记在公司股东名册上的股东才有权分享本次股利，而在股权登记日之后登记在册的股东，即使在股利发放日之前买进股票，也无权分享本次股利。

（三）除息（除权）日

除息（除权）日，是指股利与股票市价分离的日期。在除息（除权）日前，股利内含于股票市价，持有股票者即享有股利；自除息（除权）日开始，股利与股票市价分离，新购入股票的人不能分享股利。过去，证券业一般规定在股权登记日前的第四个交易日为除息（除权）日。这是因为，过去股票买卖的交割、过户需要一定的时间，如果在除息（除权）日之后、股权登记日之前交易股票，公司将无法在股权登记日得知股东更换的信息。但是，现在先进的计算机交易系统为股票的交割过户提供了快捷的手段，股票交易结束的当天即可办完全部的交割过户手续。因此，我国沪深股票交易所规定的除息（除权）日是在股权登记日的次日（正常交易日）。

（四）股利发放日

股利发放日，即向股东支付股利的日期。

【例9-4】阳光公司于2016年4月16日发布公告："本公司股东大会在2016年4月15日决议通过公司董事会提交审议的股利分配方案，决定以2015年年末公司总股本为基数，向全体股东每10股送6股、转增4股并派息4元（含税）。公司将于2016年5月7日支付给已在2016年4月23日登记为本公司股东的人士。"

2016年4月16日：股利宣告日。

2016年4月23日：股权登记日。

2016年4月24日：除息（除权）日。

2016年5月7日：股利发放日。

二、股利支付方式

股利的支付方式主要有：

（一）现金股利

现金股利是以现金形式支付的，是股利支付常见及主要的方式。该方式能满足大多数股东希望得到一定数额的现金这种实在的投资要求，最容易为股东所接受。但是，这种股利支付方式增加了公司现金流出量，加大了公司现金支付的压力，只有在公司有较多可供股东分配利润并有充足现金的前提下才能采用。

（二）财产股利

财产股利是以现金之外的其他资产支付股利，主要包括实物股利，如实物资产或实物产品等；证券股利，如公司拥有的其他公司的债券、股票等。其中，实物股利并不增加公司的现金流出，适用于现金支付能力较低的时期。证券股利既保留了公司对其他公司的控制权，又不增加公司目前的现金流出，且由于证券的流动性较强，股东乐于接受。

（三）负债股利

负债股利是公司以负债支付的股利，通常以公司的应付票据支付给股东；在不得已的情况下，也可发行公司债券抵付股利。由于负债均需还本付息，这种股利方式给公司带来的支付压力较大，只能作为现金不足时的权宜之计。

（四）股票股利

股票股利是指公司将应付的股利以增发股票的方式支付。这种支付方式将在本节“股票股利和股票分割”中作详细的介绍。需要说明的是，财产股利和负债股利实际上是现金股利的替代，在我国公司实务中很少使用。也就是说，我国公司实务中多采用现金股利及股票股利。

三、股票股利和股票分割

（一）股票股利

股票股利是公司以增发的股票作为股利的支付方式。发放股票股利，对股东而言，并未得到现实的股利收入，并不直接增加股东的财富，只是增加了股东持有的股数，但它并未改变每位股东的股份比例。对公司而言，发放股票股利，既不增加公司的财产，也不增加公司的负债，而只是对普通股股东权益中股本、资本公积、盈余公积和未分配利润之间比例关系进行了调整，对股东权益总额没有影响。股票股利的实质是公司股利再投资。

【例9-5】某公司在发放股票股利前的股东权益情况见表9-2。

表9-2　**发放股票股利前的股东权益情况表**　单位：万元

股本（面额1元，30 000万股）	30 000
资本公积	4 000
盈余公积	4 000
未分配利润	20 000
股东权益合计	58 000

假定该公司宣布股利分配方案为10送2，即现有股东每持有本公司10股即可无偿取得2股，公司总股数将增加6 000万股。若该股票此时市价为3元，随着股票股利的发放，需从“未分配利润”项目中划转出的资金为：

3×30 000×20%=18 000（万元）

由于股票面额（1元）不变，增加6 000万股，“股本”项目只应增加6 000万元，其余的12 000万元应作为股票溢价转入“资本公积”项目，而公司股东权益总额保持不变。发放股票股利后，公司股东权益各项目见表9-3。

表9-3　**发放股票股利后股东权益情况表**　单位：万元

股本（面额1元，36 000万股）	36 000
资本公积	16 000
盈余公积	4 000
未分配利润	2 000
股东权益合计	58 000

可见，发放股票股利不会对公司股东权益总额产生影响，但会发生资金在股东权益各项目间的再分配。

需要指出的是，【例9-5】中以市价计算股票股利价格的做法是很多西方国家所通行的。我国目前按股票面值计算股票股利价格。

从理论上讲，发放股票股利后，如果盈利总额不变，会由于普通股股数增加而引起每股收益和每股市价的下降；但由于股东所持股份的比例不变，每位股东所持股票的市场价值总额仍保持不变，举例说明如下：

【例 9-6】假定上述公司本年盈余为9 000万元，某股东持有300万股普通股，那么发放股票股利对该股东的影响见表 9-4。

表 9-4　　**发放股票股利对股东财富的影响**　　单位：元

项目	发放前	发放后
每股收益（EPS）	90 000 000÷300 000 000=0.3	90 000 000÷360 000 000=0.25
每股市价	3	3÷（1+20%）=2.5
持股比例	3 000 000÷300 000 000×100%=1%	3 600 000÷360 000 000×100%=1%
所持股票总价值	3×3 000 000=9 000 000	2.5×3 600 000=9 000 000

尽管股票股利不直接增加股东的财富，也不增加公司的价值，但对股东和公司都有特殊意义。

1.股票股利对股东的意义

（1）事实上，有时公司发放股票股利后，其股价并不成比例下降；一般在发放少量股票股利（如2%~3%）后，不会引起股价的立即变化。这可使股东得到股票价值相对上升的好处。

（2）发放股票股利通常是成长中的公司所为，因此投资者往往认为发放股票股利预示着公司将会有较大的发展，利润将大幅度增长，足以抵消增发股票带来的消极影响。这种心理会稳定股价，甚至反而使股价略有上升。

（3）股东在需要现金时，还可以将分得的股票出售。有些国家税法规定，出售股票所需缴纳的资本利得所得税税率比收到现金股利所需缴纳的所得税税率低。这使得股东可以从中获得纳税上的好处。

2.股票股利对公司的意义

（1）发放股票股利既可以使股东分享公司的盈余，又使公司无须分配现金，留存大量现金，便于进行再投资，有利于公司长期发展。

（2）在盈余和现金股利不变的情况下，发放股票股利可以降低股票价格，从而吸引更多的投资者。

（3）发放股票股利往往会向社会传递公司将会继续发展的信息，从而提高投资者对公司的信心，在一定程度上稳定股票价格。在某些情况下，发放股票股利也会被认为是公司资金周转不灵的征兆，从而降低投资者对公司的信心，加剧股价的下跌。

（二）股票分割

股票分割是指将面额较大的股票折成数股面额较小的股票的行为，也称“拆股”。虽然股票分割不属于股利支付方式，但其所产生的效果与发放股票股利近似，在此一并介绍。股票分割时，发行在外的股数增加，使得每股面额降低，每股收益下降，但公司价值不变，股东权益总额、股东权益各项目的金额及其相互间的比例也不会改变。

【例 9-7】某公司已发行每股面额为6元的普通股10 000 000股。公司现以1：6的比例进行股票分割，如果盈余没有变化，分割前后的股东权益结构见表 9-5。

表 9-5　**股票分割前后的股东权益结构**　单位：元

分割前		分割后	
股本（面额6元，10 000 000股）	60 000 000	股本（面额1元，60 000 000股）	60 000 000
资本公积	1 000 000	资本公积	1 000 000
盈余公积	4 000 000	盈余公积	4 000 000
未分配利润	1 000 000	未分配利润	1 000 000
股东权益合计	66 000 000	股东权益合计	66 000 000

假定公司当年净利润为6 000 000元，股票分割后净利润总额不变，则分割前后的每股收益分别为0.6元（6 000 000÷10 000 000）和0.1元（6 000 000÷60 000 000），每股市价也会因此下降。

由上述分析可知，股票分割对公司的股东权益结构不会产生任何影响，一般只会使发行在外的股数增加，每股面额降低，每股收益下降，并由此使每股市价下跌，公司总价值不变，股东权益总额不变。这与发放股票股利基本相同，但股东权益各项目的金额及其相互间的比例不会改变，这与发放股票股利时的情况不同。

从实践效果看，由于股票分割与发放股票股利非常接近，所以一般要根据证券管理部门的规定来加以区分。例如，美国纽约证券交易所规定，一次分配25%以上的股票股利就被认为是股票分割。

虽然股票分割与股票股利一样，既不增加公司的价值，也不增加股东财富，但采用股票分割对公司和股东来讲都具有重要意义。

1.股票分割对公司的意义

（1）降低股票市价。如果公司管理当局认为其股票价格太高，不利于股票交易，此时通过股票分割降低股价，使公司股票更为广泛地分散到投资者手中，既可以将股价维持在理想的范围之内，又可以有力地防止少数股东通过委托代理权实现对公司的企图。

（2）为新股发行做准备。股票价格太高，使许多潜在投资者力不从心，而不敢轻易对公司股票进行投资。在新股发行之前，利用股票分割降低股票价格，有利于提高股票的可转让性和促进市场交易活动，由此增加投资者对股票的兴趣，促进新发行股票的销售。

（3）有助于公司兼并、合并政策的实施。当一个公司兼并或合并另一个公司时，首先将自己的股票加以分割，有助于增加被兼并方股东的吸引力。

2.股票分割对股东的意义

（1）可能会增加股东的现金股利。一般来说，股票分割后，只有极少数的公司还能维持分割之前的每股股利，不过，只要股票分割后每股现金股利的下降幅度小于股票分割幅度，股东仍能多获现金股利。例如，假定某公司股票分割前每股现金股利为2元，某股东持有2 000股，可分得现金股利4 000元（2×2 000）；公司按1：2的比例进行股票分割后，该股东股数增至4 000股。若现金股利降为每股1.1元，该股东可得现金股利4 400元（1.1×4 000），仍大于其股票分割前所得的现金股利。

（2）会给投资者信息上的满足。股票分割一般都是股价不断上涨的公司所采取的行动。公司宣布股票分割，等于向社会传播了本公司的盈余还会继续大幅度增长的有利信息。这一信息将会使投资者争相购买股票，引起股价上涨，进而增加股东财富。

需要指出的是，尽管股票分割与发放股票股利都能达到降低公司股价的目的，但一般来说，只有在公司股价急剧上涨且预期难以下降时，才采用股票分割的办法降低股价；在股价上涨幅度不大时，公司往往通过发放股票股利的方法将股价维持在理想的范围之内。

相反，有些公司认为自己的股票价格过低。为了提高股价，可以采取反分割（也称股票合并）的措施。反分割是股票分割的相反行为，即将数股面额较低的股票合并为一股面额较高的股票的行为。

四、股票回购

股票回购是指公司出资购回发行在外的本公司股票。这部分已购回的股票通常称为“库藏股”。应注意，公司持有的其他公司的股票、本公司未发行的股票以及本公司已发行后回到公司手中但已注销的股票，不能视为库藏股。

如果一个公司的现金较多，又无适当的投资机会，低股利政策显然不足取，而高股利政策也非最佳选择，因为过高的股利将使股东为此承担较多的所得税。此时，采用股票回购的方法可能是使股东既能得益又能少缴税的一个较佳的策略。因为公司以多余现金购回股东所持股份，使流通在外的股份数减少，每股收益增加，从而会使股价上升。这意味着股利将被资本利得所取代。

【例9-8】某公司有净利润300 000 000元，发行在外的普通股50 000 000股。公司准备将其中的150 000 000元盈利分配给股东，其分配形式有两种：现金股利和股票回购。目前的股票市价为每股60元（已考虑预期每股3元股利的影响）。

现假定公司决定以每股63元的价格回购2 380 952股（150 000 000÷63）发行在外的股票。如果股票回购前后市盈率保持不变、公司盈利保持不变，则股票回购的影响见表9-6。

表9-6　**股票回购对每股市价、每股收益的影响**

项　目	股票回购前	股票回购后
(1) 税后利润（元）	300 000 000	300 000 000
(2) 发行在外股份数（股）	50 000 000	47 619 048
(3) 每股收益（EPS）（元）	6	6.3
(4) 市盈率	10	10
(5) 每股市价（元）	60	63
(6) 每股股利（元）	3	0

从表9-6可知，不管出现什么情况，股东都会获取3元的收益——可能是3元的现金股利，也可能是3元的资本利得。当然，这一结果取决于以下假设：(1) 股票回购价保持一致（63元）；(2) 市盈率保持不变。

股票回购对股东和公司会产生不同的影响。

1.股票回购对股东的影响

股票回购对股东的有利之处在于：

(1) 股票回购是公司发展良好表现的预兆，因为股票回购决策大多是在管理当局认为公司股票价格过低的情况下作出的。

（2）股票回购可以使股东推迟纳税，因为股东拥有股票卖与不卖的权利。由于公司发放的股利需缴纳所得税，所以，急需现金的股东可以出售一部分股票以解燃眉之急，而不急需现金的股东则可以保留股票，从而推迟纳税。

股票回购对股东的不利之处在于：

（1）股票回购风险较大。人们一般认为现金股利可靠、实惠，而通过股票回购使股价上涨从中获益的方法不稳定，并且股价受多种因素影响。

（2）股票回购可能导致公司被股东起诉。许多出售股票的股东或许是因为未掌握公司目前及将来经营活动的准确消息。如果公司在股票回购之前不将其回购计划公布于众，可能引起部分股东的误解，以至于诉诸法律。

（3）回购价格过高，不利于留存股票的股东。如果公司的股票交易并不活跃，而现在却急于回购相当数量的股票，则其价格将有可能被哄抬以致超过均衡价格，而公司停止收购后，股票价格又会下跌。

2.股票回购对公司的影响

股票回购对公司的有利之处在于：

（1）股票回购可能增加股利分配政策的灵活性，既可保持公司股利分配的稳定性，又不必提高股利分配比例。

（2）股票回购可以调整资本结构。公司调整资本结构，可以通过举债、出售资产等方式，使其资本结构最优，但是公司依靠负债筹资可能时间较长。如果公司在发行长期债券的同时，将所得资金用于股票回购，可迅速改变资本结构。

（3）股票回购可提高公司竞争力，防止本公司被其他公司兼并或收购。

股票回购也可能对公司产生一些不利影响：

（1）股票回购会减少公司的投资机会，缩小经营规模。

（2）股票回购会带来一定风险。一方面，股票回购取代现金股利有时不易被股东接受，会被误认为公司前景不妙；另一方面，如果税务部门认为股票回购是为了逃避对股利的征税，那么公司可能会被重罚。

（3）通过股票回购，如果证券管理部门认为公司是为了操纵股票价格，可能会提出质询，甚至禁止公司该行为。

【进一步学习指南】

1.股利理论

股利分配的核心问题是如何权衡公司股利支付决策与未来长期增长之间的关系，以实现公司价值最大化的财务管理目标。围绕着公司股利政策是否影响公司价值这一问题，主要有两类不同的股利理论：股利无关论和股利相关论。

（1）股利无关论

股利无关论（也称MM理论）认为，在一定的假设条件限定下，股利政策不会对公司的价值或股票的价格产生任何影响。一个公司的股票价格完全由公司投资决策的获利能力和风险组合决定，而与公司的利润分配政策无关。该理论是建立在完全市场理论之上的，假定条件包括：市场具有强式效率；不存在任何公司或个人所得税；不存在任何筹资费用；公司的投资决策与股利决策彼此独立。

（2）股利相关论

股利相关理论认为，企业的股利政策会影响股票价格。主要观点包括以下几种：

①在手之鸟理论。该理论认为，用留存收益再投资给投资者带来的收益具有较大的不确定性，并且投资的风险随着时间的推移会进一步增大，因此，投资者更喜欢现金股利，而不愿意将收益留存在公司内部，去承担未来的投资风险。

②信号传递理论。该理论认为，在信息不对称的情况下，公司可以通过股利政策向市场传递有关公司未来盈利能力的信息，从而影响公司的股价。一般来讲，预期未来盈利能力强的公司往往愿意通过相对较高的股利支付水平，把自己同预期盈利能力差的公司区别开来，以吸引更多的投资者。

③所得税差异理论。该理论认为，由于普遍存在的税率的差异及纳税时间的差异，资本利得收入比股利收入更有助于实现收益最大化目标，企业应当采用低股利政策。

④代理理论。该理论认为，股利政策有助于减缓管理者与股东之间的代理冲突，股利政策是协调股东与管理者之间代理关系的一种约束机制。较多地派发现金股利，则管理者自身可以支配的“闲余现金流量”就相应减少了，这在一定程度上可以抑制公司管理者过度地扩大投资或进行特权消费，从而保护外部投资者的利益。同时，较多地派发现金股利，减少了内部融资，导致公司进入资本市场寻求外部融资，从而公司可以经常接受资本市场的有效监督，这样便可以通过资本市场的监督减少代理成本。

2.股票回购的动机

股票回购是指上市公司利用现金等方式，从股票市场上购回本公司发行在外的一定数额的股票的行为。股票回购的动机概括起来讲，主要有下述五个方面：

（1）价值低估信号假说

价值低估信号假说建立在内部管理者与投资者之间信息不对称的前提下，当管理层认为股票价值被低估或预计公司未来盈余好于市场预期时，公司就可能通过股票回购来向市场或投资者发送股价被低估的信号。

（2）自由现金流假说

自由现金流假说认为，当企业拥有多余现金而又缺乏好的投资机会或满足投资机会后仍存有多余现金时，可采用股票回购方式来处理闲置资金。Jensen（1986）指出，公司通过公开市场回购来分配满足正常投资需要后仍有多余的现金，会减少管理层可以自由支配的现金，从而减少管理层浪费公司资源的机会。因此，股票回购被认为是一种旨在降低代理成本的自由现金支付方式。

（3）财务杠杆假说

财务杠杆假说认为，公司通过股票回购会减少权益资本，从而提高财务杠杆比率，以获得公司债务利息支出的抵税效应，进而优化资本结构和增加公司价值。Dittmar（2000）的研究表明，与最优负债比率相比，负债比率越低，公司就越倾向于股票回购。

（4）财务灵活性假说

财务灵活性假说认为，股票回购可以使管理者充分利用财务弹性，避免向股东持续支付现金股利，保证财务上的灵活性。Jagannathan、Stephens和Weisbach（2000）认为股票回购所固有的灵活性源于其有时可替代股利的形式。当公司有较稳定的现金流增量时会选择增加股利；若现金流增加只是暂时性的，则倾向于采用股票回购，而减少由现金股利下降甚至停止带来的负面效应。

3.相关法律规范

2008年10月9日，证监会以主席令的形式，正式发布《关于修改上市公司现金分红若干规定的决定》，规定上市公司再融资时，“最近3年以现金累计分配的利润不少于最近3年实现的年均可分配利润的30%”。

《上市公司回购社会公众股份管理办法（试行）》，2005年6月16日发布。

复习思考题

1.企业利润总额是如何构成的？

2.利润对企业有何重要性？

3.利润预测有哪些方法？

4.利润预算编制的方法有哪些？

5.利润怎样分配才是合理的？

6.我国企业亏损应该怎样弥补？

7.我国企业的净利润如何进行分配？

8.股利政策的类型有哪些？

9.在制定股利政策时需要考虑哪些因素？

10.什么是股利支付程序？

11.股利支付方式有哪些？

12.股票股利、股票分割和股票回购有何不同？

计算与分析题

1.目的：练习运用量本利分析法预测利润。

资料：A公司生产甲产品的单位售价为10元，单位产品成本为8元，其中单位产品变动成本为6元，固定成本总额为2万元，假设不考虑销售税金和销售费用。

要求：测算销售量为1万件时该产品的销售利润。

2.目的：练习利润分配方法。

资料：某公司本年实现税后利润400万元，下年拟上一个新项目，需投资100万元。公司目标资本结构为权益与负债之比——5∶3，公司发行在外的普通股为100万股。公司决定采用剩余股利政策进行股利分配。公司计提法定盈余公积金的比例为10%。

要求：

（1）计算应提取的法定盈余公积金。

（2）计算本年应发现金股利。

（3）计算每股股利和每股收益。

3.目的：练习利润分配与股票股利。

资料：某公司年终股利分配前的股东权益项目资料见表9-7。

表9-7　　年终股利分配前的股东权益项目资料　　单位：万元

股本——普通股（每股面值2元，400万股）	800
资本公积	320
未分配利润	1 400
股东权益合计	2 520

公司股票的每股现行市价为30元。

要求：

（1）假如计划按每10股送1股的方案发放股票股利，并按发放股票股利后的股数派发每股现金股利0.2元，股票股利的金额按现行市价计算，计算完成这一分配方案后的股东权益各项目数额。

（2）若按1股换2股的比例进行股票分割，计算股东权益各项目的数额以及普通股股数。

（3）假设股利分配不改变市净率，公司按每10股送1股的方案发放股票股利，股票股利按现行市价计算，并按发放股票股利后的股数发放现金股利，且希望普通股市价达到每股23.8元，计算该公司的每股现金股利。

4.目的：练习利润分配与股票股利。

资料：某公司2015年股利分配前有关资料如下：

股本（面值1元）	1 000万元
盈余公积	500万元
资本公积	4 000万元
未分配利润	1 500万元
合计	7 000万元

公司决定发放10%的股票股利，并按发放股票股利后的股数支付现金股利，每股0.1元。该公司股票目前市价为10元/股。

要求：

（1）计算分析发放股利后该公司股东权益结构的变化。

（2）若2016年的净利润将比2015年的1 000万元增长20%，且保持2015年的股利支付率政策，计算确定2016年发放的现金股利。

（3）若2016年的净利润将比2015年的1 000万元增长15%，且年底将要有一个大型项目上马，该项目需资金2 000万元。若要保持负债率占40%的目标资本结构，判断2016年能否发放股利。

5.目的：练习利润分配方法及其对筹资和投资的影响。

资料：

华光公司有关资料如下：

（1）公司本年年初未分配利润贷方余额为200万元，本年息税前利润为600万元，适用的所得税税率为25%。

（2）公司发行在外的普通股为80万股，每股面值1元，每股溢价收入8元；公司负债总额为100万元，均为长期负债，平均年利率为12%。假定公司筹资费用忽略不计。

（3）公司股东大会决定本年度按10%的比例计提法定盈余公积金。本年按可供股东分配利润的15%向普通股股东发放现金股利，预计现金股利以后每年均增长6%。

（4）据投资者分析，该公司股票的β系数为1.5，无风险报酬率为8%，市场上所有股票的平均收益率为14%。

要求：

（1）计算本年度净利润。

（2）计算本年应计提的法定盈余公积金。

（3）计算本年可供股东分配的利润。

（4）计算每股支付的现金股利。

（5）计算在现有资本结构下的财务杠杆系数和已获利息倍数。

（6）计算股票的风险收益率和投资者要求的必要投资收益率。

（7）利用股票估价模型计算的股票价格为多少时投资者才愿意购买。

案例分析题

1. 资料[①]

北京用友软件股份有限公司（以下简称“用友”）于2001年5月18日上市。上市当日开盘价为每股76元，已经是发行价每股36.68元的2倍有余。当日创下了每股100元的辉煌价格，并以每股92元报收，创出当时中国新股上市首日最高的收盘价。

2002年4月28日，用友再次吸引了人们的眼球——股东大会审议通过2001年度分配方案为10股派6元（含税）。刚刚上市1年即大比例现金分红。董事长王文京由于其大股东的地位而成为舆论的中心。按照王文京对用友的持股比例推算，他可以从这次股利派现中分得3 312万元。

用友没有因为股民的质疑而改变大比例现金分红的行为。在随后的经营年度中，用友依然我行我素，并且从2002年度开始，几乎每年在现金分红的同时还转增股份。用友持续发放高额股利究竟出于什么目的，是否有利于企业的正常发展呢？

用友的前身可追溯至其创始人王文京、苏启强于1988年12月6日成立的北京市海淀区双榆树用友财务软件服务社。两个年轻人全部的资产只是1台电脑，最初的注册资本人民币5万元来自借款。工作场地为9平方米的租房。1988年，中关村实验区刚刚成立，王文京与苏启强的最初设想是注册北京技术产业开发试验区的高新技术企业，但是当时的高新技术企业只能注册成国有和集体两种形式，所以他们放弃了这一计划，并领取了个体工商户营业执照。

北京第一批私营企业登记是在1989年。用友在1990年3月登记了私营企业，同时更名为“北京市海淀区用友电子财务技术有限责任公司”。1993年7月，公司注册资本增加至500万元。1995年1月18日，在原公司基础上组建成立了用友集团公司，注册资本增加至2 000万元。1997年11月，公司注册资本再次增加到5 000万元。1999年12月6日，经北京市人民政府批准，公司由有限责任公司变更为股份有限公司，注册资本增至7 500万元。公司大楼为全智能大厦，占地1万平方米，可容纳500人，是当时中国最大的财务及管理软件研发基地。

用友是民营软件企业冲击资本市场的领跑者。1997年年底，董事会决定1998年正式启动用友上市计划。那时企业上市要经过审批，更重要的是要取得上市额度。通过取得科技部和中科院对高新技术企业的“双高认证”，用友取得了上市额度，并根据上市要求展开股份制改造。改造之后，用友的注册资本为7 500万元，北京用友科技有限公司、北京用友企业管理研究所有限公司、上海用友科技投资管理有限公司、南京益倍管理咨询有限公司、山东优富信息咨询有限公司分别持有用友55%、15%、15%、10%、5%的股份。

2001年3月16日，股票发行改革为核准制，用友有幸成为第一家按核准制要求发行股票的企业，并于同年4月10日发布招股说明书。根据招股说明书，此次将发行流通股2 500万股。股票发行后，公司的注册资金为10 000万元，由以上5家公司和社会公众出资组成。这样，以上5家公司的持股比例分别减少至41.25%、11.25%、11.25%、7.5%、3.75%。董事长王文京在以上5家公司中均占有较大比重的股份，分别为73.6%、73.6%、90%、42.8%、86%。

2001年4月23日，用友以发行价每股36.68元、市盈率64.35倍在上海证券交易所上网定价发行2 500万股A股股票。通过上市，用友募集资金达8亿多元，净资产是2000年年底8 384万元的10倍。

2001年5月18日，用友在上海证券交易所上市，当天以每股76元的价格开盘，当日最高价为每股100元，收盘于每股92元。用友成为当时发行价最高、上市首日开盘价最高、上市首日收盘价最高的股票。

① 裘益政，竺素娥. 财务管理案例［M］. 大连：东北财经大学出版社，2011. 本文有增删。

用友连续多年被评定为国家“规划布局内重点软件企业”，是中国最大的ERP软件供应商、财务软件供应商，覆盖众多行业领域、不同规模和成长阶段的企业/机构信息化需求。用友的64家分/子公司、60家客户服务中心、150家培训教育中心、3 000名服务专家组成了中国管理软件业最大的服务网络，在日本、泰国、新加坡等亚洲地区建立了分公司或代表处。

用友2001年股东大会于2002年4月28日召开，会议以记名投票方式审议通过了以下决议：

“……

（四）审议通过公司2001年度利润分配方案：本公司2001年度的净利润为70 400 601元，提取法定盈余公积金7 040 060元。提取法定公益金3 520 030元，上年度结转利润286 436元，期末可供股东分配的利润为60 126 947元。公司2002年度对2001年度净利润进行一次分配，每10股派发现金6元（含税），共计派发现金股利6 000万元，占本次可分配利润的99.79%，剩余126 947元利润留待以后年度分配。此次分配不计提任意盈余公积金。本年度不进行公积金转增股本。”

赞成票7 566.98万股，占出席会议有效表决权股份总数的99.97%；反对票16 108股；弃权6 900股。

股东大会仅有7名中小股东出席，并不是想象中那么热闹。由于股权较集中，分红方案没有任何悬念地顺利通过。但为澄清事实，董事长王文京特别让财务总监吴政平补充说明了高派现问题。吴政平解释说：首先，此方案不是“超分配”，用友每股0.6元的分红是从盈利中来的，也是在保证今年有充足现金流的前提下制订的，有利于投资者长期投资，而不是短期的炒作；其次，用友选择派现而没有选择送股，是响应管理层有关‘现金分红的倡导’；最后，特别说明，虽然发起人和流通股股东一样享受分红，但其实是两个概念，发起人只是法人公司拿到红利，具体某一个人拿多少还要再做决定。”

但是，小股东的不满情绪仍然让股东会一度陷入尴尬。一位高先生坦言：“我不同意这个方案，明显是对大股东有利，对小股东不利，为什么不考虑流通股的成本，不考虑小股东的利益？”他还建议，能否派现兼送股，“大股东要钱，小股东要股，相对平衡一下”。在投票表决时，高先生投了反对票，但他同时也对记者说，不会放弃用友，“用友的投资价值很大，我对它的未来很有信心”。

王文京在股东会上一直为几位小股东介绍用友的发展规划。他认为，其实给股东最好的回报是把业绩做好，但同时他也表示，2002年分配会充分考虑各方股东的实际情况。

用友2001年度的股利分配方案为每10股派发现金红利6元，这种在当时中国A股市场罕见的高现金股利分配引起了各方争议，并直接影响了用友的股价。用友的高现金分红不但没有得到股民的支持，反而使得有钱拿的股民嘘声四起。原因在于股民们期待用友采用“送转股”的分配方案，这样可以使原来高价买入的股票摊低成本，降低高价股的股价风险，同时又有二级市场的股价因利好的支持而上涨带来的利益。这是流通股股东所期望的。但是，对于控股股东而言，送转股便没有分红派息来得实惠。舆论的压力加上王文京在2001年度股东大会上表示的2002年度分配会充分考虑各方股东实际情况的承诺，用友2002年度的股利分配政策作出了一定的调整，每10股转增2股，派现金6元，用友在股利分配时开始考虑流通股股东的利益，但是高现金分红行为依然持续。

此后，用友一直存在高比例分红行为。表9-8是用友上市后2001—2015年度的股利分配情况。

从表9-8可见，用友一直使用高派现方案，从2001年度开始实施“10派6”高派现分配方案，2002年度开始，除派现外还增加“转送股”，2007年度达到了历史顶峰——“10转10派10”。

高分配需要有一定的业绩增长支撑，那么，用友上市后是否一直保持着业绩快速增长的趋势呢？表9-9是用友2001—2015年的基本财务数据。

通过表9-9可以发现，公司的主营业务收入每年都在持续稳固地增长，主营业务盈利能力强，盈利水平高，因此可以大比例现金分红。

表9-10是用友2001—2015年度现金分红的具体数据。表9-10中可以看到，2001—2015年，用友总计实现净利润42.56亿元，派发现金共计27.9亿元，总现金分红比率高达65.55%。

表 9-8　　用友2001—2015年度股利分配情况表

2015年	每10股派息1.5元
2014年	每10股转增2股，每10股派息3.00元
2013年	每10股转增2股，每10股派息3.00元
2012年	每10股派息2.00元
2011年	每10股转增2股；每10股派息4.00元
2010年	每10股派息2.20元
2009年	每10股转增3股；每10股派息6.00元
2008年	每10股转增3股；每10股派息3.00元
2007年	每10股转增10股；每10股派息10.00元
2006年	每10股派息6.80元
2005年	每10股转增3股；每10股派息6.60元
2004年	转增2股；每10股派息3.20元
2003年	每10股转增2股；每10股派息3.75元
2002年	每10股转增2股；每10股派息6.00元
2001年	每10股派息6.00元

表 9-9　　用友2001—2015年度基本财务数据表　　金额单位：元

年份	2015	2014	2013	2012	2011	2010	2009	2008	2007	2006	2005	2004	2003	2002	2001
每股收益	0.23	0.47	0.57	0.39	0.66	0.41	0.97	0.85	1.60	0.83	0.57	0.53	0.62	0.92	0.76
每股净资产	3.78	3.4	3.36	3.06	3.62	3.10	4.22	4.51	10.41	5.74	6.98	7.97	9.28	10.34	10.02
每股现金流量	0.38	0.69	0.77	0.51	0.58	0.60	0.65	0.78	1.48	0.95	1.20	0.74	0.87	0.84	1.03
净资产收益率	5.87%	13.80%	16.98%	12.68%	18.16%	13.14%	23.01%	18.94%	14.97%	13.44%	8.19%	6.05%	6.70%	8.90%	7.60%
主营业务收入（亿元）	44.51	43.74	43.63	42.35	41.22	29.79	23.47	17.25	13.57	11.13	10.00	7.25	6.01	4.88	3.332
净利润（亿元）	3.43	5.70	5.69	3.87	5.51	3.46	6.14	4.08	3.60	1.71	0.99	0.69	0.75	0.92	0.70
利润率	7.27%	12.58%	12.55%	8.97%	13.36%	11.62%	26.16%	22.91%	26.57%	15.57%	9.88%	9.57%	12.45%	18.76%	21.11%
每股未分配利润	0.99	1.27	1.33	1.02	1.24	0.89	1.30	0.97	1.51	0.78	0.80	0.66	0.31	0.18	0.001
总资产（亿元）	109.19	88.11	72.30	61.56	54.62	47.66	38.20	31.10	30.30	16.15	14.92	13.37	12.82	12.18	11.67

表 9-10　　用友2001—2015年度现金分红数据　　金额单位：亿元

年份	2015	2014	2013	2012	2011	2010	2009	2008	2007	2006	2005	2004	2003	2002	2001
净利润总额	2.92	4.58	4.50	3.80	4.84	3.14	5.44	3.95	3.60	1.74	0.99	0.69	0.75	0.92	0.70
分红总额	2.20	3.51	2.91	1.96	3.26	1.80	3.77	1.40	2.31	1.53	1.14	0.46	0.45	0.60	0.60
分红比率	75.34%	76.64%	64.67%	51.58%	67.36%	57.3%	69.32%	35.44%	64.17%	87.93%	115.15%	66.67%	60.00%	65.22%	85.71%

2.要求

（1）用友采用高派现的股利分配政策需要哪些前提条件？

（2）你认为用友在选择股利分配政策时，主要应该考虑哪些影响因素？

（3）如何评价用友的高现金股利政策？

第十章　公司并购

【学习目标】

通过本章学习，要求理解和掌握：

- 公司并购的类型及其协同效益
- 并购目标公司的价值评估方法
- 并购的支付方式与筹资策略
- 并购的财务分析方法
- 接管防御方法

【引例】

2015年10月16日，阿里巴巴集团宣布，已经向优酷土豆董事会发出非约束性要约，全面收购优酷土豆集团。11月6日，阿里巴巴集团和优酷土豆集团宣布，双方已经就收购签署并购协议。根据协议，阿里巴巴集团将以全现金形式收购优酷土豆集团，交易总金额约达46.7亿美元。2014年4月28日，阿里巴巴对优酷土豆进行了初步战略投资。截至2015年6月30日，阿里巴巴拥有优酷土豆完全流通股份的18.3%。阿里巴巴正在着力打造基于数据技术的娱乐产业。本次收购完成后，阿里巴巴将优化从投资、制作、发行、渠道到终端用户的产业链布局。一个数字娱乐帝国已初具雏形。

阿里巴巴并购优酷土豆的真正动因何在？如何选择并购对象？如何合理地对目标企业进行估价？并购会为阿里巴巴带来怎样的效应？带着这些问题，我们进入本章的学习。

第一节　并购概述

一、并购的概念

公司并购活动始于19世纪末。20世纪80年代，西方国家兴起了新一轮公司并购浪潮，特别是进入20世纪90年代以后，公司并购更是愈演愈烈。规模之大、时间之长、影响之广泛是前所未有的。2000年的全球并购交易额已占当年世界经济总量的1/10。目前，全球跨国直接投资中，并购占八成以上。事实上，公司并购作为市场经济发展的产物，已经成为西方发达国家一个十分重要的经济现象。在当今市场经济发达的国家，企业越来越重视利用并购这一手段拓展经营，实现生产和资本的集中，达到企业外部增长的目的。

并购是兼并与收购的统称，是企业资本运作的重要形式。

兼并通常是指并购方以现金、证券或其他形式购买取得目标公司的产权，使目标公司丧失法人资格或改变法人实体，并取得对目标公司控制权的经济行为。兼并的方式包括吸收合并与新设合并。如果一家公司吸收其他公司，被吸收的公司法人主体资格不复存在，即为吸收合并；如果两个以上的公司合并成立一个新的公司，合并后各方解散，即为新设合并。

收购是指公司用现金、债券或股票购买目标公司的部分或全部资产或股权，以获得目标公司资产或控制权的投资行为。收购的对象一般有两种：股权和资产。收购股权与收购资产的主要差别在于：收购股权是购买目标公司的股份，收购方将成为被收购方的股东，因此要承担该公司的债权和债务。收购资产则仅仅是一般资产的买卖行为。由于在收购目标公司资产时并未收购其股份，收购方无须承担其债务。收购股权是典型意义上的收购行为。

兼并与收购有许多相似之处：

（1）基本动因相似。它们都是增强公司实力的外部扩张途径：或是为扩大公司市场占有率；或是为扩大经营规模，实现规模经营；或是为拓宽公司经营范围，实现分散经营或综合化经营。

（2）二者都是以公司产权为交易对象。兼并与收购的区别在于：

①在兼并中，被合并公司作为法人实体不复存在；在收购中，被收购公司可仍以法人实体存在，其产权可以是部分转让。

②兼并后，兼并公司成为被兼并公司新的所有者和债权债务的承担者，是资产、债权、债务的一同转换；在收购中，收购公司是被收购公司的新股东，以收购出资的股本为限，承担被收购公司的风险。

③兼并多发生在被兼并公司财务状况不佳、生产经营停滞或半停滞之时，兼并后一般需调整其生产经营，重新组合其资产；收购一般发生在公司的正常生产经营状态，产权流动比较平和。

由于在运作中它们的联系远远超过其区别，所以兼并、合并与收购常作为同义词一起使用，统称为“并购”或“购并”，泛指在市场机制作用下，公司为了获得其他公司的控制权而进行的产权交易活动。

二、并购的类型

（一）按并购双方产品与产业的联系，可分为横向并购、纵向并购和混合并购

1.横向并购

当并购方与被并购方处于同一行业、生产或经营同一产品，并购使资本在同一市场领域或部门集中时，称之为横向并购，如两个国际会计公司的合并。这种并购投资的目的，主要是确立或巩固公司在行业内的优势地位，扩大公司规模。

2.纵向并购

纵向并购是对生产工艺或经营方式上有前后关联的公司进行的并购，即在生产、销售的过程中互为购买者和销售者的公司之间的并购，如加工制造公司并购与其原材料、运输、贸易联系的公司。其主要目的是组织专业化生产和实现产销一体化。

3.混合并购

混合并购是处于不同产业领域、产品属于不同市场且与其产业部门之间不存在特别的生产技术联系的公司进行并购，如钢铁公司并购石油公司。其主要目的是通过分散投资、多样化经营降低公司风险，达到资源互补、优化组合、扩大市场活动范围。

（二）按并购的实现方式，可分为承担债务式并购、现金购买式并购和股权交易式并购

1.承担债务式并购

在目标公司资不抵债或资产债务相等的情况下，并购方以承担被并购方全部或部分债务为条件，取得被并购方的资产所有权和经营权。

2.现金购买式并购

现金购买式并购有两种情况：

（1）并购方筹集足额的现金购买被并购方全部资产，使被并购方除现金外没有持续经营的物质基础，成为有资本结构而无生产资源的空壳，不得不从法律意义上消失。

（2）并购方以现金通过市场、柜台或协商购买目标公司的股票或股权，一旦拥有其大部分或全部股本，目标公司就被并购了。

3.股权交易式并购

股权交易式并购也有两种情况：

（1）以股权换股权。这是由并购方向目标公司的股东发行自己的股票，以换取目标公司大部分或全部股票，达到控制目标公司的目的。通过并购，目标公司或者成为并购方的分公司、子公司，或者解散并入并购方。

（2）以股权换资产。并购方向目标公司发行自己的股票，以换取目标公司的资产。并购方在有选择的情况下承担目标公司的全部或部分责任。目标公司也要把拥有的并购公司的股票分配给自己的股东。

（三）按涉及被并购公司的范围，可分为整体并购和部分并购

1.整体并购

整体并购是指资产和产权的整体转让，是产权的权益体系或资产不可分割的并购方式。其目的是通过资本迅速集中，增强公司实力，扩大生产规模，提高市场竞争能力。整体并购有利于加快资金、资源集中的速度，迅速提高规模水平与规模效益。实施整体并购也在一定程度上限制了资金紧缺者的潜在购买行为。

2.部分并购

部分并购是指将公司的资产和产权分割为若干部分进行交易而实现公司并购的行为。这种并购的优点在于，可扩大公司并购的范围，弥补大规模整体并购的巨额资金“缺口”，有利于公司设备更新换代，使公司将不需要的厂房、设备转让给其他并购者，更容易调整存量结构。部分并购包括三种形式：

（1）对公司部分实物资产进行并购。

（2）将产权划分为若干等额价值进行产权交易。

（3）将经营权分成几个部分（如营销权、商标权、专利权等）进行产权转让。

（四）按并购双方是否友好协商，可分为善意并购和敌意并购

1.善意并购

善意并购是指并购方事先与目标公司协商，征得其同意并通过谈判达成收购条件的一致意见而完成收购活动的并购方式。善意并购有利于降低并购的风险与成本，使并购双方能够充分交流、沟通信息，目标公司主动向并购方提供必要的资料；同时，善意并购行为还可避免因目标公司抗拒所带来的额外支出。但是，善意并购使并购方不得不牺牲自身的部分利益，以换取目标公司的合作，而且漫长的协商、谈判过程也可能使并购行为丧失其部分价值。

2.敌意并购

敌意并购是指并购方在收购目标公司股权时虽然遭到目标公司的抗拒，仍然强行收

购，或者并购方事先不与目标公司进行协商，突然直接向目标公司股东开出价格或收购要约的并购行为。敌意并购的优点在于，并购公司完全处于主动地位，不用权衡各方利益，而且并购行动节奏快、时间短，可有效控制并购成本。但是，敌意并购通常无法从目标公司获取其内部实际运营、财务状况等重要资料，给目标公司的估价带来困难，同时还会招致目标公司抵抗甚至设置各种障碍。所以，敌意并购的风险较大，要求并购方制订严密的收购行动计划并严格保密，快速实施。另外，由于敌意并购易导致股市的不良波动，甚至影响公司发展的正常秩序，各国政府都对敌意并购在法律上予以一定的限制。

（五）按并购交易是否通过证券交易所，可分为要约收购与协议收购

1.要约收购

要约收购是指并购方通过证券交易所的证券交易，持有一个上市公司（目标公司）已发行股份的30%时，依法向该公司所有股东发出公开收购要约，按符合法律的价格以货币付款方式购买股票，以获取目标公司股权的收购方式。要约收购直接在股票市场中进行，受到市场规则的严格限制，风险较大，但自主性强，速战速决。敌意并购多采取要约收购的方式。

2.协议收购

协议收购是指并购公司不通过证券交易所，直接与目标公司取得联系，通过谈判、协商，达成共同协议，据以实现目标公司股权转移的收购方式。协议收购易取得目标公司的理解与合作，有利于降低收购的风险与成本，但谈判过程中的契约成本较高。协议收购一般都属于善意并购。

（六）按并购是否利用目标公司资产来支付，可分为杠杆收购与非杠杆收购

1.杠杆收购

（1）杠杆收购的概念与特点

杠杆收购（Leveraged Buy-Out，LBO）是指并购方以目标公司的资产作为抵押，向银行或投资者融资，对目标公司进行收购，收购成功后再以目标公司的收益或出售其资产来还本付息。杠杆收购是并购企业通过负债筹集现金，以完成并购交易的一种特殊情况。杠杆收购的实质是以现金支付并购对价的一种特殊的融资方式。

杠杆收购的特点主要是：首先，杠杆收购的负债规模（相对于总的并购资金）比一般负债筹资额要大，其用于并购的自有资金远远少于完成并购所需要的全部资金。前者的比例一般为后者的10%~20%。其次，杠杆收购不以并购方的资产作为负债融资的担保，而是以目标公司的资产或未来或有收益为融资基础。并购企业用来偿还贷款的款项来自目标企业的资产或现金流量。也就是说，目标企业将支付它自己的售价。最后，杠杆收购的过程中通常存在一个由交易双方之外的第三方担任的经纪人。这个经纪人在并购交易的双方之间起促进和推动作用。

从融资方式来看，杠杆收购的融资结构类似倒金字塔形，与普通收购显著不同。收购资金的60%通常是由银行提供的以企业资产为抵押的贷款；30%的资金通常是夹层债务（过桥资本），一般由优先股、次级债券、可转换债券构成；剩余的10%是并购方以自有资金对目标企业的投入。

在杠杆收购的实际操作中，并购企业通常以目标企业作担保。常见的流程是：第一

步，并购企业先成立一家专门用于收购的“纸上公司”；第二步，由投资银行等向并购企业提供一笔“过渡性贷款”（也称过桥贷款）用于购买目标企业的股权；第三步，“纸上公司”举债、发行债券；第四步，“纸上公司”与目标公司合并；第五步，将“纸上公司”的负债转移至目标公司名下；第六步，通过经营目标公司偿债、获利。

在这个过程中，由于企业负债率较高、以未来收入或资产为担保，所以发行的债券信用等级不高，常被称为“垃圾债券”。在国外成熟的资本市场中，通常由投资银行安排自有资金作为过渡性贷款，并为收购方设计和承销具有高风险性质的“垃圾债券”作为偿还过渡性贷款的来源，所以过渡性贷款和“垃圾债券”是杠杆收购的重要元素。

尽管如此，杠杆收购并非一定等同于“垃圾债券”。从杠杆收购的融资结构可以看出，“垃圾债券”的主要功能是偿还过桥资本，其比例也只占30%左右，其余的资金中有60%是属于优先债务的。我国缺乏“垃圾债券”得以生存的环境，所以私募股权基金（PE）可以成为过桥资本的资金来源。此外，发行信托也可以募集过桥资本，即收购方与信托公司合作，由信托公司发行信托计划，筹集收购资金，其中收购方作为次级受益人，购买10%~20%的信托单位，并首先承担市场风险，在收购盈利时晚于优先受益人获得剩余收益，在亏损时不参与信托财产分配，并垫资，承担损失。

（2）杠杆收购成功的条件

选择何种企业作为并购的目标是保证杠杆收购成功的重要条件。一般来说，具有以下特点的企业宜作为杠杆收购的目标企业：

①具有稳定、连续的现金流量。由于杠杆收购中巨额利息及本金的支付和偿还需要目标企业的收益和现金流来支持，所以目标企业收益及现金流的稳定性和可预测性是非常重要的。目标企业收益及现金流的质量是债权人关注的重点。在他们看来，现金流量的稳定性、连续性在某种程度上比利润规模大小还重要。

②拥有人员稳定、责任感强的管理者。考虑到贷款的安全性，债权人往往对目标企业的管理人员要求很高。只有管理人员勤勉尽职，才能保证贷款本息的如期偿还。管理人员的稳定性通常根据管理人员任职时间的长短来判断。时间越长，债权人倾向于认为其在并购完成后留任的可能性就越大。

③被并购前的资产负债率较低。由于杠杆收购是以增加大量的负债为根本特征的，并购完成后，企业的资产负债率必将大大提高。如果并购完成前，目标企业的资产负债率较低，一方面增加负债的空间相对较大；另一方面，在增加相同数量负债的情况下，与并购前资产负债率就已经比较高的企业相比，有较多的资产可用于抵押能够增强债权人的安全感。

④拥有易于出售的非核心资产。在杠杆收购中，巨额负债的偿还途径一是目标企业的收益以及由此形成的现金流，二是变卖目标企业的部分资产。如果企业拥有易于出售的非核心资产，就可以在必要的时候出售这些资产，来偿还债务，从而也能增强对债权人的吸引力。

一般而言，以技术为基础的知识、智力密集型企业进行杠杆收购比较困难，因为企业只拥有无形资产和智力财富，未来收益和现金流量难以预测，并且难以变卖获得现金。当然，这也不是绝对的。如果债权人认为这些企业的管理水平高、无形资产能够变卖、企业现金流量稳健，也同样能给予贷款。

【例10-1】美国KKR公司是世界有名的专门做杠杆收购的公司。该公司向外大量举债，专找营运业绩欠佳但很有发展潜力的公司。KKR公司一旦介入拥有众多资产而又经营不善的公司，通常将其部分资产出售，整顿后再以高价卖出。

1988年，KKR公司以250亿美元的价格成功收购纳比斯克（RJR公司）。当时，RJR公司的股价一直偏低，主要是因为该公司的主力产业——烟草业过去有多家公司被吸烟人要求损害赔偿，而使投资人对该产业没有信心。该公司的最高执行主管打算以MBO加上LBO的方式，通过协议银行协助，以每股75美元要约（当时市价为每股55美元），其资金以银行贷款及发行“垃圾债券”偿付。该主管也打算收购后出售一些资产来偿债，且已接洽过潜在买主。此消息传出后，KKR公司立即出价每股90美元参与收购竞争，于是RJR股东及董事会宣布重新择期竞标。之后，KKR公司首先将要约升至每股94美元，RJR公司的最高执行主管接着提出每股100美元竞价，KKR公司又将出价升至每股106美元，并且承诺原公司大部分事业不出售，并对员工提供更多福利与保障。最后，KKR公司以每股109美元中标，成交金额为251亿美元。在此收购案例中，KKR公司自己仅出资15亿美元，其他50%~70%的收购资金向两家投资银行及银行集团贷款，其余资金则通过发行“垃圾债券”获得。

1997年，KKR策划收购了世界著名的接插件制造商美国安费诺公司（Amphenol）。此次收购总额作价约为13.31亿美元，其中KKR投入3.41亿美元，剩余资金通过发行2.4亿美元优先次级债以及获得7.5亿美元银行贷款方式筹集。2001年，重组后的安费诺公司在雷曼兄弟公司的安排下通过IPO上市。至2004年，KKR成功全身而退，获利是当初投入资金的3倍左右。

2.非杠杆收购

非杠杆收购是指不用目标公司自有资金而用营运所得来支付或担保支付收购价金的收购方式。但是，它并不是不用举债即可负担并购价金。在实践中，几乎所有的收购都是利用举债来完成的，所不同的只是借贷数额多少、贷款抵押对象不同而已。

三、并购的动因

按照古典经济学理论，横向并购的动因主要在于降低成本和扩大市场份额。现代企业理论则从降低交易费用和代理成本角度解释了纵向并购的动因。具体来说，并购的动因主要可以概括为以下几种。

1.获得规模经济优势

规模经济是指随着生产经营规模的扩大，生产成本随着产出增加而下降，而收益不断递增的现象。通过横向并购，企业可以快速将各种生产资源和要素集中起来，从而提高单位投资的经济收益或降低单位交易费用和成本，获得可观的规模经济。为此，企业有动力扩大生产规模，而并购（特别是横向并购）是企业扩大生产规模最便捷、有效的途径之一。

2.降低交易费用

按照科斯的理论，企业是市场机制的替代物，市场和企业是资源配置的两种可互相替代的手段。通过并购，主要是纵向并购，企业可以将原来的市场交易关系转变为企业内部的行政调拨关系，从而大大降低交易费用。

3.多元化经营战略

多元化经营不仅可以降低风险、增加收益，而且可以使企业发掘出新的增长点。所以多元化经营往往是企业发展到一定阶段之后的重要战略之一。并购也是企业迅速进入其他生产经营领域、实现多元化战略的重要方式。通过并购，企业避免了培育一个新产业可能会带来的风险与不确定性，而且有利于根据市场现状选择最佳进入时机。虽然多元化经营未必一定通过并购来实现，可以通过企业内部的成长而达成，但时间往往是重要因素。通过并购，其他企业可迅速达到多元化扩张的目的。

四、并购的效应

在各种不同的并购动因驱使下，并购活动是否增加了股东财富？这是西方经济学中的并购理论所探讨的另外一个重要问题。西方学者的研究认为，公司并购并非总能产生正效应。有的并购确实能产生正效应，有的并购却是零效应，有的并购甚至产生负效应。这里评价并购效应的标准是股东财富。股东财富增加为正效应，反之则为负效应。大量的实证研究表明，并购总是能为目标企业股东带来正效应，而并购企业股东却并不总能从并购中获得好处。双方股东财富效应的组合产生了上述三种结果。这三种结果的产生被认为与并购的动因有关。

1.并购正效应的理论解释

(1) 效率效应理论。效率效应理论认为，并购活动产生正效应的原因在于并购双方的管理效率是不一样的。具有较高管理效率的公司并购管理效率较低的企业，可以通过提高后者的管理效率而获得正效应。该理论有两个基本假设：并购方的管理资源有剩余，并且具有不可分散性。如果并购方的管理资源并没有剩余，已经得到充分利用，或者并购方的剩余管理资源具有可分散性，可以轻易释出，那么并购是没有必要的。对于目标企业来说，其管理的低效率可以通过外部管理层的介入和增加管理资源的投入而得到改善。

(2) 经营协同效益理论。经营协同效益理论的假设前提是规模经济的存在。由于人力资本支出、固定资产支出、制造费用、营销费用、管理费用等的不可分性，在合理范围内，分摊这些支出的产品数量越大，则单位产品的成本也就越低。在企业尚未达到合理规模使各种资源得到充分利用时，并购显然是解决这一问题的有效手段。当并购双方存在互补优势时，也会产生经营协同效益。例如，并购方拥有较强的研发力量，而营销力量较弱，相反，被并购方具有强大的营销力量而产品研发力量较弱。这时两者的合并无疑会增强并购后企业的整体实力。此外，纵向并购通过降低上下游企业的交易费用而带来经营的协同效益。

(3) 多元化优势效应理论。股东可以通过证券组合来分散其投资风险，而由于企业的管理者和员工人力资本的不可分散性和专用性面临着较大的风险，企业的多元化经营并不是为了最大化股东的财富，而是为了分散企业经营的风险，从而降低企业管理者和员工的人力资本投资风险。此外，企业的多元化经营可以增加员工升迁的机会。如果企业原本具有商誉、客户群体或供应商等无形资产，多元化经营可以使这些资源得到充分利用。

(4) 财务协同效益理论。财务协同效益理论认为并购可以给企业提供成本较低的内部融资。例如，当一方具有充足的现金流量而缺乏投资机会，另一方有巨大的成长潜力却缺乏融资渠道时，两者的兼并就会产生财务协同效益。此外，并购后的企业其借贷能力往往大于并购前各自的借贷能力，负债的节税效应将降低企业的财务成本。

(5) 战略调整理论。战略调整理论强调公司并购是为了增强企业适应环境变化的能力，迅速进入新的投资领域，占领新的市场，获得竞争优势。虽然企业也可以通过内部发展来获得新的资源和新的市场，但并购显然能使企业更快地实现这种调整。

(6) 价值低估理论。这一理论认为，当目标企业的市场价值由于某种原因而未能反映其真实价值或潜在价值时，并购活动就会发生。企业价值被低估的原因通常有以下几种：①企业的经营管理未能充分发挥其应有潜能；②并购企业拥有外部市场所没有的有关目标企业真实价值的内部信息；③通货膨胀造成企业资产的市场价值与重置成本的差异。

常被用来衡量企业价值是否被低估的指标是托宾q比率。q等于企业的市场价值和其重置成本的比值。当q值小于1时，表明企业的价值被低估了。例如，如果q值为0.5，即使并购成本为被并购企业市值的1.8倍，但总成本仍只有被并购企业重置成本的90%，并购企业仍然有利可图。

(7) 信息理论。信息理论认为，当目标公司并购时，资本市场重新对该企业的价值作出评估，有两种可能：①并购向市场传递了目标企业被低估的信息；②有关并购的信息将激励目标企业的管理层采取有效措施，改善其经营管理效率。基于以上两点，不管并购本身最后是否成功，目标企业的股票价格往往会经历一个上升的过程。

2.并购零效应的理论解释

并购企业由于管理层傲慢自大，往往会过于乐观，向目标企业股东出价过高；或者即使该项投资并无价值，仍坚持投资；或者在有较多的竞争者时，并购成本被过分地抬高，而在并购成本已经大于并购收益时，仍坚持并购。这就是所谓的“过度自信”理论。在这种情况下，并购企业从并购行为中获得的将是零效应。目标企业股东收益的增加实际上是财富从并购企业股东向目标企业股东的简单转移。

3.并购负效应的理论解释

当一项并购的动因是代理问题，即管理者为了他们自己的利益甚至以损害企业的利益或股东的利益为代价采取并购行为，或者有关并购的决策错误时，并购的总体效应为负值。

对公司并购负效应的理论解释可以归纳为以下两种观点：

(1) 管理主义。这种理论认为并购本身就是一种代理问题。有实证研究表明，代理人的报酬取决于公司的规模，因此代理人有动机通过并购使公司规模扩大，从而增加自己的收入和保障其职位的安全。管理者重视企业增长率而忽视企业的实际投资收益率，因此会作出对股东来讲是负效应的并购决策。

(2) 自由现金流量假说。所谓自由现金流量是指，企业的现金在支付了所有净现值为正的投资计划后所剩余的现金流量。如果管理者以股东财富最大化为目标，则应放弃低于资本成本的投资，而把这些自由现金流量支付给股东。管理者往往动用自由现金流量并购企业，实现扩张政策，并可能采取低收益甚至导致亏损的并购。这种低效的公司并购必然会损害企业的价值。经营稳定但缺少有效的投资机会而产生巨额现金流量是实施这种低效并购的企业的一个特征。在这种意义上，公司并购正是股东和管理者之间利益摩擦的一种反映。

理论上，上述任何一种关于并购动因和效应的解释都是不全面的。现实中，一例并购往往不只有一个动因，而是一个多种因素的平衡过程，因此，并购实际所产生的效应不一定会与最初的动因一一对应。

以上是并购效应的简单介绍，下面重点介绍一下并购的协同效益。

五、并购的协同效益

当一个公司并购另一个公司能产生比两个公司单独经营更大的价值时，并购才是可行的，即并购能够带来价值增长。并购后存续公司（或联合公司）的价值 V_{ab} 与并购前两个公司单一价值之和（V_a+V_b）的差额就是并购产生的协同效益（S）：

$$协同效益（S）=V_{ab}-（V_a+V_b）$$

（一）并购协同效益的种类

并购协同效益从形式上看，分为三种：

1.管理协同效益

当并购公司存在过剩的管理能力或者并购公司与目标公司在管理效率上存在差异时，通过并购使并购方的管理优势向目标公司扩散，可以提高目标公司的效率。当然，并购方也可能通过并购获得新的管理技巧，以增加进入新增长领域或应对竞争威胁的能力。过剩的管理能力可以认为是解释横向并购的一个原因，因为相对来说，并购方过剩的管理能力容易扩散到相同或类似的公司。

2.经营协同效益

由于经济上的互补性及规模经济，两个或两个以上的公司合并后可提高其生产经营效率。这就是所谓的经营协同效益。无论横向、纵向还是混合并购，经营协同都可能表现为双方的优势结合。一家在某领域强有力的公司并购在另一领域强有力的公司时，往往要通过综合利用它在这些领域的力量来实现。例如，并购方具有良好的分销网络，目标公司具有良好的产品线，这两种优势的结合使双方在并购中都能获得好处。

3.财务协同效益

财务协同效益通常产生于混合并购。如果并购方有大量内部现金流和少量投资机会、较低成本的筹资来源，即拥有超额现金流，而目标公司有大量投资机会，需要进行额外的筹资，那么两个公司合并可能会得到较低的内部资金成本优势。

此外，税法、会计处理惯例等内在规定的作用还可在财务方面给公司带来种种收益：（1）财务能力提高。一般来说，合并后公司整体的负债能力比合并前各个公司的负债能力强。（2）节税效应。税法一般包含亏损递延条款，允许亏损公司免缴当年所得税，且其亏损可向后递延以抵消以后年度盈余。同时，一些国家税法规定，不同的资产适用不同的税率，股息收入、利息收入、营业收益、资本收益的税率也各不相同。公司可利用这些规定，通过并购行为及相应的财务处理取得节税效益。（3）预期效应。这是指因并购使股票市场对公司股票评价发生改变而对股票价格的影响。

（二）并购协同效益的计量及其来源

并购方通常需要向被并购方支付溢价。这个溢价反映了并购产生的部分协同效益。现金流量最能说明并购效益的指标。一个合理和适当的并购应该能产生正的现金流。并购协同效益可以用以下常用的贴现模型确定：

$$协同效益=\sum_{t=1}^{n}\frac{\Delta CF_t}{(1+r)^t}$$

式中：ΔCF_t——并购后t时净增现金流量；

r——应负担的风险调整贴现率，通常等于目标公司权益所要求的报酬率。

净增现金流量可分为以下4个部分：

$$\Delta CF_t=\Delta 收入_t-\Delta 成本_t-\Delta 税负_t-\Delta 资本需求_t$$

式中：$\Delta 收入_t$——并购净增收入；

$\Delta 成本_t$——并购净增成本；

$\Delta 税负_t$——并购净增税负；

$\Delta 资本需求_t$——新投资要求的净增营运资本和固定资产。

对并购协同效益的确定源于其对现金流量的影响。从上述公式可知，并购协同效益主要来源于收入上升、成本下降和税收利得。

1.收入上升

进行并购的一个重要原因在于联合公司可能比两个单一公司会产生更多的收入。增加的收入可能来自营销利得、战略收益以及市场和垄断力量。

（1）营销利得。通过改进营销策略，并购可以产生更多的经营收入。并购可减少先前无效的媒介节目和广告投入，改进现有薄弱的推销网络和调整不平衡的产品结构。

（2）战略收益。如果满足一定条件，那么并购就能提供一个充分利用竞争环境的机会。在这一点上，战略收益更像一种选择权而不是一次标准的投资机会。米歇尔·波特（Michael Porter）在描述公司进入新行业以获得机会的过程时用了“滩头堡”一词。他认为，可以利用滩头堡，通过无形的相互关系培育新的机会。他举了宝洁公司最初收购查明造纸（Chamin Paper）公司的例子，将其比为滩头堡。这个滩头堡使宝洁公司得以开发出一系列高度关联的纸产品——一次性的婴儿纸尿布、纸巾和浴室纸巾等。

（3）市场和垄断力量。兼并也可能是为了减少竞争。如果是这样，价格将会上升，公司由此获得垄断利润，但旨在减少竞争的兼并于社会无益，可能会受到国家法律的限制。

2.成本下降

兼并最基本的原因之一在于联合公司可能会比两个单一公司更有效率。因此，当美洲银行同意收购太平洋证券公司时，降低成本便被列为首要理由。通过并购，公司可以在许多方面提高经营效率。

（1）规模经济效率。如果在产量升高的同时，产品的平均成本降低，就称其为规模经济效率。分摊制造费用指的是分摊如公司总部、最高管理层和公司计算机中心等核心部门的费用。这一术语经常与规模经济效益相联系。很明显，横向兼并可以获得规模经济效益。从图10-1可以看出，规模经济效益在公司慢慢成长到最佳点的过程中出现。超过最佳成长点就会出现规模不经济现象。换句话说就是，最佳点之后公司若继续扩大规模将伴随市场成本的升高。

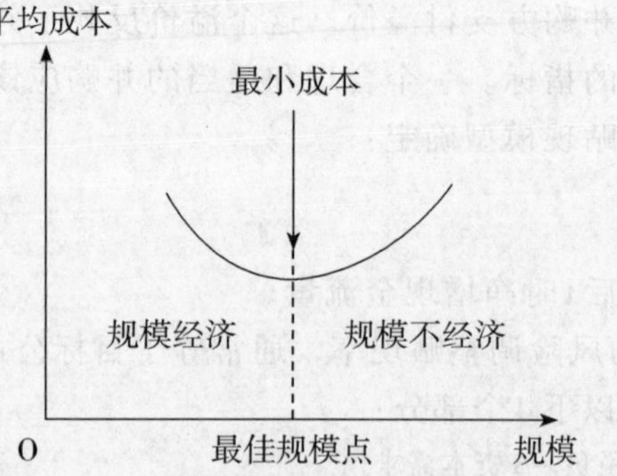

图10-1　规模经济效益与公司最佳规模点

（2）纵向一体化的经济效益。纵向兼并的主要目的在于使那些联系密切的经营活动的协作更加容易。这就是航空公司拥有飞机，甚至购买旅馆和汽车租赁公司的原因。

（3）资源互补。一些公司兼并其他公司是为了更好地利用现有资源或为了获得成功所必需但现在缺乏的要素。例如，滑雪器材商场兼并一家网络器材商场的目的在于夏季、冬季都实现平稳销售，并且更好地利用商场资源。

（4）淘汰无效率的管理层。如果管理层发生一些变动，许多公司的价值就可得到提高。

3.税收利得

获得税收利得可能成为某些并购发生的强大动力。由并购产生的税收利得大致为以下几方面：

（1）利用经营净损失。有时公司无法利用纳税亏损。这些纳税亏损被视为等同于经营净损失。下面以A公司和B公司并购后的税收效应来说明这一点。

表10-1列示了A、B两公司各自的应税收入、税收、净收入。

很明显，如果A、B两公司不兼并，它们要各自缴纳68万元的所得税，但兼并后的联合公司仅需缴纳34万元的所得税。兼并取得节税效益。

表10-1　**A、B公司兼并的税收效应**　单位：万元

项　目	兼并前				兼并后	
	A公司		B公司		AB公司	
	状态1	状态2	状态1	状态2	状态1	状态2
应税收入	200	−100	−100	200	100	100
税收	68	0	0	68	34	34
净收入	132	−100	−100	132	66	66

（2）利用未使用的举债能力。公司最佳的负债比率是：增加债务所致的边际税收收益等于增加债务所致的边际财务困境成本所对应的负债比率。兼并公司在兼并完成后能够提高其负债比率，创造更多的税收收益和更多的价值。

（3）利用剩余资金。公司剩余资金除了可用于购买固定收益证券之外，还有支付股

利、回购股票、收购另一家公司的股票等支出渠道。由于股利增加将使一些投资者缴纳更多的所得税，而股票回购的税金会相对更低。公司购买另一家公司的股票可以达到两个目的：一是兼并方股东避开了他们本应就股利缴纳的税金；二是公司从所换取股票的公司获得的股利几乎不用缴纳企业所得税，因为收到的股利已经在被收购公司缴纳了所得税。

第二节　并购的价值评估

并购目标公司价值评估是确定目标公司收购价格的重要环节，通常采用公司价值评估的一般方法，包括资产价值基础法、贴现现金流量法、比较价值法和经济利润法。

一、资产价值基础法

资产价值基础法是指通过对目标公司的资产进行估价来评估其价值的方法。确定目标公司资产的价值，关键是选择合适的资产评估价值标准。目前国际上通行的资产评估价值标准主要有以下5种：

1.账面价值

账面价值是指会计核算中账面记载的资产价值。这种估价方法不考虑现时资产市场价格的波动，也不考虑资产的收益状况，因而是一种静态的估价标准。账面价值取数方便，但其缺点是只考虑了各种资产在入账时的价值而脱离了现实的市场价值。因此，这种估价标准只适用于该资产的市场价格变动不大或不必考虑其市场价格变动的情况。

2.市场价值

市场价值与账面价值不同。它是把该资产视为一种商品在市场上公开竞争，在供求关系平衡状态下确定的价值。当公司的各种证券在证券市场上进行交易时，它们的交易价格就是这种证券的市场价值。它可以高于或低于账面价值。

市场价值法通常将股票市场上与公司经营业绩相似的公司最近的平均实际交易价格作为估算参照物，或以公司资产和其市值之间的关系为基础对公司进行估值。其中最著名的是托宾（Tobin）的Q模型，即一个公司的市值与其资产重置成本的比率。

Q=公司市值/资产重置成本

目标公司价值=目标公司资产重置成本+增长机会价值

=Q×目标公司资产重置成本

一个公司的市场价值超过其重置成本，意味着该公司拥有某些无形资产，拥有保证公司未来增长的机会。超出的价值被认为是利用这些机会的期权价值。Q值的选择比较困难。在实践中，被广泛使用的是Q值的近似值——“市净率”，它等于股票市值与公司净资产值的比率。例如，假定目标公司各项资产的重置成本是2.5亿元，其市净率是2，那么目标公司价值为5亿元（2.5×2）。

3.清算价值

清算价值是指公司在出现财务危机而导致破产或歇业清算时，把其中的实物资产逐个分离而单独出售的资产价值。清算价值是在公司作为一个整体已丧失增值能力的情况下采用的一种资产估价方法。当公司的预期收益令人不满意，其清算价值可能超过了以收益资本化为基础估算的价值时，公司的市场价值已不依赖于它的盈利能力。这时以清算价值为基础来评估公司的价值可能更有意义。

4.续营价值

与清算价值相反，续营价值是指公司资产作为一个整体仍然有增值能力，在保持其继续经营的条件下，以未来的收益能力为基础来评估公司资产的价值。由于收益能力是众多资产组合运用的情况下产生的，因此续营价值标准更适用于公司整体资产的估价。

5.公允价值

公允价值反映了续营价值和市场价值的基本要求，是将公司所有的资产在未来继续经营情况下所产生的预期收益，按照设定的贴现率折算成现值，并以此来确定其价值的一种估价标准。它把市场环境和公司未来的经营状况同公司资产的当前价值联系起来，因此非常适合在收购时评估目标公司的价值。

以上5种资产估价标准是目前国际上通行的用来估算资产价值的方法。它们各有其不同的侧重点，因而也就各有其适用范围。就公司收购而言，如果收购目标公司的目的在于其未来收益的潜能，那么公允价值就是一个重要的标准。如果收购目标公司的目的在于获得某项特殊的资产，那么以市场价值或清算价值作为标准可能是比较恰当的选择。

二、贴现现金流量法

贴现现金流量（Discounted Cash Flow，DCF）法，是通过贴现公司资产创造的预计现金流量来评估公司价值的方法。

$$\text{DCF价值} = \sum_{t=1}^{n} \frac{FCF_t}{(1+r)^t}$$

式中：n——资产年限；

FCF_t——第t年自由现金流量；

r——包含了预计现金流量风险的贴现率。

用贴现现金流量评估公司价值可分为4个步骤：

第一步：估算目标公司的自由现金流量。

自由现金流量是指公司全部投资人拥有的现金流量总和，包括股东和债权人。“自由”的意思是强调它们已经扣除了必需的、受约束的支出，公司可以自由支配的现金。这种自由不是随意支配的，而是相对于已经扣除的受约束支出而言有了更大的自由度。

自由现金流量有两种衡量方法：

第一种方法：加总全部投资人的现金流量。

公司自由现金流量=股权自由现金流量+债权人现金流量+优先股股东现金流量

为了简化，也考虑到我国公司很少有优先股，可假设公司没有优先股。

第二种方法：以息前税后利润为基础，扣除各种必要的支出后计算得出。

在正常的情况下，公司获得的现金首先必须满足公司必要的生产经营活动及其增长的需要，剩下的部分才可以提供给所有投资人。

公司自由现金流量=经营现金流量-资本支出

=（息前税后利润+折旧与摊销-营运资本增加）-资本支出

公式中“息前税后利润”是指扣除所得税但未扣除利息的利润。“资本支出”是指用于购置各种长期资产的支出，减去无息长期负债的差额。长期资产包括长期投资、固定资产、无形资产、其他长期资产。无息长期负债包括长期应付款、专项应付款和其他长期负债等。购置长期资产，对持续经营和提高未来增长率是必需的。购置支出的一部分现金可以由无息长期负债提供，其余的部分必须由公司的自由现金流量提供。因此，经营现金净流量扣除了资本支出，剩余部分才可以提供给投资人。

第一种方法是从现金流量的形成角度计算的，是公司剩余或短缺的现金流量。第二种方法是从筹资角度计算的，是公司提供给投资人或从投资人处吸收的现金流量，也可以称为“筹资现金流量”。由于公司提供的现金流量就是投资人得到的现金流量，因此它们应当相等。

股权自由现金流量与公司自由现金流量的区别是它需要再扣除与债务相联系的现金流量，也有两种衡量方法：

股权自由现金流量=公司自由现金流量-债权人现金流量

股权自由现金流量=息前税后利润+折旧-营运资本增加-资本支出-利息支出-偿还债务本金+新借债务

这两种方法的结果应当相等。

第二步：估算贴现率。

以加权平均资本成本（WACC）为贴现率，其中的股权资本成本根据资本资产定价模型确定。

第三步，以加权平均资本成本为贴现率计算公司自由现金流量贴现价值。

第四步：估算公司股权自由现金流量贴现价值。

股权自由现金流量贴现价值=公司贴现现金流量-负债价值

【例10-2】举例说明自由现金流量的计算方法。

设DBX公司是一个上市公司，其连续5年的利润表和资产负债表（工作底稿）见表10-2和表10-3。

表10-2　**利润表（工作底稿）**　单位：万元

年　份	1	2	3	4	5
一、营业收入	1 000	1 060	1 150	1 200	1 260
减：营业成本	400	450	480	490	520
营业和管理费用（不含折旧、摊销）	200	210	230	240	238
折旧	50	52	55	60	62
长期资产摊销	10	10	10	10	10
财务费用	20	29	35	44	56
加：投资收益	40	0	0	0	0
三、营业利润	360	309	340	356	374
加：营业外收入	0	34	18	63	0
减：营业外支出	0	0	0	5	5
四、利润总额	360	343	358	414	369
减：所得税费用	120	100	110	125	120
五、净利润	240	243	248	289	249

表10-3　　**资产负债表（工作底稿）**　　单位：万元

年份	0	1	2	3	4	5
货币资金	13	26	29	56	16	32
交易性金融资产	0	30	0	0	0	0
应收账款	100	143	159	103	144	223
存货	200	220	330	340	370	420
其他流动资产	121	113	76	106	106	106
流动资产合计	434	532	594	605	636	781
长期股权投资	0	0	0	179	179	0
固定资产原值	1 020	1 323	1 581	1 797	2 000	2 100
累计折旧	23	83	145	210	280	352
固定资产净值	997	1 240	1 436	1 587	1 720	1 748
其他非流动资产	100	100	100	100	100	100
非流动资产合计	1 097	1 340	1 536	1 866	1 999	1 848
资产总计	1 531	1 872	2 130	2 471	2 635	2 629
短期借款	0	64	108	385	385	385
应付款项	133	276	362	351	351	351
（无息流动负债）	133	276	362	351	351	351
流动负债合计	133	340	470	736	736	736
长期借款	1 215	1 167	1 121	1 017	992	844
无息非流动负债	44	66	80	92	92	95
负债合计	1 392	1 573	1 671	1 845	1 820	1 675
股本	139	139	139	149	149	149
盈余公积	0	160	320	477	666	805
股东权益合计	139	299	459	626	815	954
负债和股东权益总计	1 531	1 872	2 130	2 471	2 635	2 629

根据公司价值评估的要求，在现金流量表的基础上重新编制现金流量平衡关系表，见表10-4。

表 10-4　**现金流量平衡关系表**　单位：万元

年份	1	2	3	4	5
净利润	240	243	248	289	249
加：财务费用	20	29	35	44	56
所得税费用	120	100	110	125	120
息税前利润	380	372	393	458	425
减：息税前利润所得税	126	108.7	120.5	138.2	136.8
息前税后利润	254	263.3	272.5	319.8	288.2
加：固定资产折旧	50	52	55	60	62
其他长期资产摊销	10	10	10	10	10
营业现金流量	314	352.3	337.5	389.8	360.2
减：营运资本增加	-45	-24	22	31	145
经营现金净流量	359	376.3	315.5	358.8	215.2
减：长期投资增加	0	0	179	0	-179
固定资产支出	303	258	216	203	100
其他资产增加	0	0	0	0	0
加：长期无息负债增加	22	14	12	0	3
自由现金流量	78	132.3	-67.5	155.8	297.2
筹资现金流量					
利息费用	20	29	35	44	56
减：利息费用减税	6	8.7	10.5	13.2	16.8
有息债务净增加	16	-2	173	-25	-148
债权人现金流量合计	-2	22.3	-148.5	55.8	187.2
股利分配	80	83	91	100	110
减：股权发行（回购）	0	0	10	0	0
股权现金流量合计	80	83	81	100	110
筹资现金流量总计	78	105.3	-67.5	155.8	297.2

有关重编现金流量表的过程说明如下：

（1）息税前利润。

息税前利润是指扣除利润和所得税之前的利润。

以 DBX 公司第 5 年的数据为例：

息税前利润=净利润+财务费用+所得税=249+56+120=425（万元）

（2）息前税后利润。

息前税后利润是指已经扣除所得税，但未扣除利息的利润。

息前税后利润=息税前利润-息税前利润所得税

公式中"息税前利润所得税"是指息税前利润应当负担的所得税。

计算息前税后利润有两种方法：

①平均税率法。

如果公司的所有应税所得都适用同一个税率，则：

息前税后利润=息税前利润×（1-所得税税率）

如果各种应税所得的实际税率相差不多，可以使用平均税率计算息税前利润应负担的所得税。

息前税后利润=息税前利润×（1-平均所得税税率）

以DBX公司第5年的数据为例：

平均所得税税率=所得税费用÷利润总额=120÷369=32.52%

息税前利润所得税=425×32.52%=138.21（万元）

息前税后利润=425-138.21=286.79（万元）

②所得税调整法。

所得税调整法是以公司的全部所得税为基础，扣除利息净损益所得税，得出息税前利润应当负担的所得税。

以DBX公司第5年的数据为例：

利息净损益所得税=利息净损益×适用税率

=-56×30%

=-16.8（万元）

息税前利润所得税=120-（-16.8）=136.8（万元）

息前税后利润=425-136.8=288.2（万元）

两种方法的计算结果有时会有很大差别。

（3）营业现金流量。

营业现金流量=息前税后利润+折旧与摊销

以DBX公司第5年的数据为例：

营业现金流量=288.2+62+10=360.2（万元）

（4）经营净现金流量。

经营净现金流量=营业现金流量-营运资本增加

营运资本是指流动资产和无息流动负债的差额。有息流动负债形成现金流量的内容不属于"生产经营活动"范围，因此要从流动负债中扣除。

DBX公司营运资本的计算见表10-5。

表10-5 **营运资本的计算** 单位：万元

年份	0	1	2	3	4	5
流动资产	434	532	594	605	636	781
减：无息流动负债	133	276	362	351	351	351
营运资本净额	301	256	232	254	285	430
营运资本增加	—	-45	-24	22	31	145

（5）公司自由现金流量。

公司自由现金流量=（息前税后利润+折旧与摊销-营运资本增加）-资本支出

以DBX公司第5年的数据为例：

自由现金流量=288.2+（62+10）-145-（-179+100+0-3）

=297.2（万元）

（6）债权人现金流量。

债权人的要求仅包括利息和本金偿还。该要求仅在股东的要求权之前。

债权人现金流量=债务利息-利息所得税+偿还债务本金-新借债务本金

=税后利息-有息债务净增加

以DBX公司第5年的数据为例：

债权人现金流量=（56-16.8）-（-148）=187.2（万元）

（7）股权现金流量。

股权现金流量=公司自由现金流量-债权人现金流量

以DBX公司第5年的数据为例：

股权现金流量=297.2-187.2=110（万元）

（8）现金流量的平衡关系。

公司全部自由现金流量应当等于筹资现金流量。其平衡关系为：

自由现金流量=筹资现金流量

【例10-3】举例说明贴现现金流量法在评估公司价值中的应用。

第一步：估算AS公司的自由现金流量。

当估算一个公司资产的贴现现金流量时，通常采用的预测期是5年。但是，当公司按照持续经营假设进行价值评估时，需要估算公司资产在预测期末的贴现现金流量。对余值或残值的估计是以公司资产在预测期内预计可产生的现金流为基础的。假设估算时间在2016年年初，需要先预测AS公司从2016年至2021年的6年期的现金流，然后再估计公司在2020年年末的后续价值。

（1）估算到2021年为止的现金流。

AS公司是一家分销办公用品和设备的非上市公司。根据AS公司的财务报表数据，我们把AS公司的预计现金流列在表10-6中。在作出预测之前，让我们重新检验一下AS公司的历史经营状况。表10-6中1~4行列出了公司历史效率比率（2013—2015年）。2014年销售额增长率为7.7%，2015年的销售额增长率为14.3%。销售成本（COGS）占销售额的比例在2013年为84.10%，到2015年降至83.33%。2013年，AS公司每100万元销售额的营运资本需求为15.13万元，两年后这一数值升至16.04万元。

现在我们讨论这种预测方法的内在逻辑性，尤其将着重讨论2016年的预测结果。根据第1行列出的销售额增长率算出的各年销售额预计值列在第5行中。注意，我们假设增长率将平衡下降，销售额增长率从2015年的顶点14.3%降至2021年的3%。2015年的高增长率是由当时的经济环境决定的，并且大家预计这种环境再也不会出现了。正确估计销售额增长率也是非常重要的，因为其他估计值都是在此基础上作出的。如果销售额增长率估计得不真实，那么贴现现金流量也不会真实。

表10-6　**AS公司在2016年1月初的权益贴现现金流**　金额单位：万元

项目	历史数据			至2021年的预期现金流					
	2013年	2014年	2015年	2016年	2017年	2018年	2019年	2020年	2021年
1.销售额增长率		7.7%	14.3%	10%	8%	7%	5%	4%	3%
2.销售成本（COGS）占销售额的比例	84.10%	84.05%	83.33%	83.33%	83.33%	83.33%	83.33%	83.33%	83.33%
3.销售和管理费用（SG&A）占销售额的比例	10.21%	10.40%	10.00%	10.00%	10.00%	10.00%	10.00%	10.00%	10.00%
4.营运资本需求（WCR）占销售额的比例	15.13%	15.00%	16.04%	16.04%	16.04%	16.04%	16.04%	16.04%	16.04%
5.销售额预计值	390	420.0	480.1	528.1	570.3	610.2	640.7	666.3	686.3
6.减：销售成本（COGS）	328.0	353.0	400.0	440.0	475.2	508.4	533.9	555.2	571.9
7.减：销售和管理费用（SG&A）	39.8	43.7	48.0	52.8	57.0	61.0	64.1	66.6	68.6
8.减：折旧费	5.0	5.0	8.0	8.0	8.0	7.0	6.0	6.0	6.0
9.EBIT	17.2	18.3	24.1	27.3	30.1	33.8	36.7	38.5	39.8
10.EBIT×（1-40%）	10.3	11.0	14.5	16.4	18.1	20.3	22.0	23.1	23.9
11.加：折旧费	5.0	5.0	8.0	8.0	8.0	7.0	6.0	6.0	6.0
12.营运资本需求（WCR）	59.0	63.0	77.0	84.7	91.5	97.9	102.8	106.9	110.1
13.减：营运资本增加额（ΔWCR）		4.0	14.0	7.7	6.8	6.4	4.9	4.1	3.2
14.减：净资本支出		0	10.0	8.0	8.0	7.0	6.0	6.0	6.0
15.公司自由现金流量			-1.5	8.7	11.3	13.9	17.1	19.0	20.7
16.2015年年末的后续价值								276.0	
	2016年年初								
17.加权平均资本成本（WACC）	10.5%								
18.资产在10.5%贴现率的贴现现金流量	218								
19.减：负债的账面价值	61								
20.权益的贴现现金流量	157								

在估算完销售额增长率后，应该来估算各种费用占销售额的百分比，见表10-6。这些百分比都依赖于AS公司的营运效率。由于我们估算的是公司的价值，所以我们假设公司的营运效率等于它的最新历史数据。通过计算可以得出，销售成本（COGS）占销售额的比例为83.33%，销售和管理费用（SG&A）占销售额的比例为10%，营运资本需求（WCR）占销售额的16.04%。

公司自由现金流量（FCF）=EBIT（1-T_c）+折旧费-ΔWCR-净资本支出

为了估算2016年的EBIT，我们首先用528.1万元的销售收入（第5行）减销售成本（第6行）、销售和管理费用（第7行）、折旧费（第8行，假设与2015年持平，仍为8万元），得出EBIT为27.3万元（第9行）。EBIT扣除税金（第10行）后，为16.4万元，然后加8万元的折旧（第11行），减营运资本增加额（第13行，在2016年增长了7.70万元），减2016年的净资本支出8.0万元（第14行），就得到了2016年的公司自由现金流量——8.7万元。营运资本需求（WCR）在2016年年末的84.7万元是由第5行的销售额乘以第4行的WCR占销售额的百分比计算出来的。2015年的77.0万元WCR直接来自于2015年的资产负债表。

假设公司的每年净资本支出等于折旧费（比较第14行和第8行）。我们认为，除维持公司现有资产外，公司没有其他的投资活动，资产的维持费用就等于每年的折旧费。注意，虽然我们假设2016年、2017年的折旧费等于2015年的折旧费8万元，但我们认为在2018年它会降至7万元，2019年会降至6万元，并且以后会保持不变。折旧费随销售额增长和资本支出增长率的下降而下降，这同我们的假设是一致的。如果公司的发展速度减慢，那么它的资本支出和折旧费也会下降。

用同样的方法可以估算公司至2021年止的预计现金流，见表10-6中的第15行。

（2）估算2020年年末的后续价值。

后续价值的估算通常运用股票价值估价模型，即股利折现模型。为了估算AS公司在2015年年末的残余价值，我们需要得到两条信息。首先，需要知道公司资产现金流在2020年的恒定增长速度。对于AS公司来说，假设它的增长率与销售额增长率持平，等于3%。其次，需要知道公司的加权平均资本成本。根据它可以将2020年后的永续现金流折现，然后就可以根据贴现现金流量公式来估算资产的后续价值：

$$2020年年末的后续价值=\frac{2016年的预计现金流}{WACC-增长率}$$

因为销售额的增长率为3%，所以2021年预计的现金流为20.7万元。经第二步估算，AS公司的WACC为10.5%。将以上数据代入上面的公式中就可以得到2020年年末资产的后续价值：

$$2020年年末的后续价值=\frac{20.7}{0.105-0.03}=276（万元）$$

注意公司的后续价值对预计期后的增长率变化的敏感性。如果增长率是4%，而不是3%，则公司的残余价值为318万元；如果是5%，公司的残余价值就会升至376万元。这样，在估计用于估算残值的永续增长率时，就要格外谨慎。

第二步：估算AS公司的加权平均资本成本。

假设AS公司可以以7.5%的平均利率借债，企业所得税税率为40%，则AS公司的税后负债成本为4.5%（7.5%×（1-40%））。

权益成本可以用资本资产定价模型来确定。因为AS公司并未上市，所以不能得到它的β系数。但在市场上可找到上市的GES公司是AS公司的可比公司，它的β系数估计值为1.14，所以我们将该β系数作为AS公司的β系数。根据CAPM公式得：

$$权益成本=6\%+6.2\%\times1.14=6\%+7.07\%=13.07\%$$

负债和权益所占比重必须以它们的市场价值而不是会计价值或账面价值为基础。由于AS公司的负债和权益并不公开交易，所以无法得到它们的市场价值，这时只能用公开上市的GES公司的负债和权益价值来代替。

GES公司在2016年1月初的权益市场价值为10亿元（GES公司有5 000万股股票，每股价格为20元），2015年年末全部负债为43 000万元。则：

$$权益所占比例=\frac{权益市场价值}{权益市场价值+负债市场价值}\times100\%=\frac{10}{10+4.3}\times100\%=\frac{10}{14.3}\times100\%=70\%$$

因此，负债比例为30%。

AS公司的加权平均资本成本（WACC）=70%×13.07%+30%×4.5%=10.5%

WACC的计算结果列在表10-6中的第17行。它是AS公司资产创造的现金流要求的回报率。

第三步：估算公司资产的贴现现金流量。

对于AS公司来说，现金流即为2016—2020年的预计现金流，包括2020年资产残余的价值（表10-6中第15行和第16行）。贴现率是AS公司的加权平均资本成本为10.5%，则：

$$资产的贴现现金流量=\frac{8.7}{1+0.105}+\frac{11.3}{(1+0.105)^2}+\frac{13.9}{(1+0.105)^3}+\frac{17.1}{(1+0.105)^4}+\frac{19.0}{(1+0.105)^5}+\frac{276}{(1+0.105)^5}$$

$$=7.87+9.25+10.30+11.47+11.53+167.53$$

$$\approx218（万元）$$

这就是表10-6第18行列出的值。

注意残余价值对年现金流的重要性。如果它的现值为16 755万元，则它占AS公司贴现现金流量的77%。这么高的比例是不正确的，尤其是在预测期内的增长率并没有达到预期那么高，又预计将平稳地降到它的恒定增长水平的情况下。这也是我们反复强调在估算预计期后的增长率时要格外谨慎的原因。

第四步：估算AS公司权益的贴现现金流量。

AS公司的负债账面价值可从资产负债表中得到，为61万元，所以：

AS公司权益的贴现现金流量=218-61=157（万元）

三、比较价值法

比较价值法也叫相对价值法，它是利用类似公司的市场定价来确定目标公司价值的一种评估方法。它的假设前提是存在一个支配公司市场价值的主要变量（如盈利）。各公司市场价值与该变量的比值是类似的、可以比较的。

其基本做法是：首先，寻找一个影响公司价值的关键变量（如盈利）；其次，确定一组可以比较的类似公司，计算可比公司的市价与关键变量的商的平均值（如平均市盈率）；然后，根据目标公司的关键变量（盈利）与得到的平均值（平均市盈率）的积，计算目标公司的评估价值。

比较价值法是将目标公司与可比公司对比，用可比公司的价值衡量目标公司的价值。如果可比公司的价值被高估了，则目标公司的价值也会被高估。实际上，所得结论是相对可比公司来说的，以可比公司价值为基准，是一种相对价值，而非目标公司的内在价值。

比较价值法最常用的模型是以股权市价为基础的模型，包括市价/净利、市价/净资产、市价/销售额等比率模型。

【例10-4】比较价值法在评估公司价值中的应用。

仍以上例AS公司为例。首先，我们必须找到与AS公司类似的上市公司——GES公司，它也是-家办公设备和用品的分销公司，其规模要比AS公司大，但它们具有相似的资产结构和成本结构。

表10-7列出了两家公司的可比会计数据和金融市场数据。(1)～(3)行中的数据分别来自两个公司2015年的利润表与资产负债表。表10-7中的现金收益之所以带引号是因为从严格意义上讲，它并不是公司的现金流，而是净利润(EAT)与折旧的总和，也称之为常用现金流或现金收益。(5)～(7)行在每股股票的基础上重新论述了第(1)～(3)行的内容。第(8)行列出了GES公司在2016年年初的股票市价。

表10-7 **GES公司与AS公司的会计数据与金融市场数据**

项 目	GES公司	AS公司
Ⅰ.会计数据(2015年)		
(1) 税后收益(EAT)	63.50万元	10.20万元
(2)"现金收益"=EAT+折旧	63.50+57.50=121(万元)	10.20+8=18.20(万元)
(3) 权益账面价值	526万元	77万元
(4) 股票发行量	50万股	10万股
(5) 每股收益EPS[(1)/(4)]	1.27元	1.02元
(6) 每股现金收益[(2)/(4)]	2.42元	1.82元
(7) 每股账面价值[(3)/(4)]	10.52元	7.70元
Ⅱ.金融市场数据(2011年1月)		
(8) 股票价格	20元	无法得到
Ⅲ.乘数		
(9) 市盈率[(8)/(5)]	15.7	无法得到
(10) 股价与现金收益比[(8)/(6)]	8.3	无法得到
(11) 股价与账面价值比[(8)/(7)]	1.9	无法得到

根据表10-7提供的(1)～(8)行信息，可以得出GES公司的3个主要比率，即表中的(9)～(11)行的数据。

$$市盈率=\frac{股价}{每股收益}=\frac{20}{1.27}=15.7$$

$$股价与现金收益比=\frac{股价}{每股现金收益}=\frac{20}{2.42}=8.3$$

$$股价与账面价值比=\frac{股价}{每股账面价值}=\frac{20}{10.52}=1.9$$

这3个比率是根据GES公司的每股价格计算出来的。股票的价格由证券市场确定，所以这3个比率也称作市场乘数。15.7的市盈率也称作GES公司的收益乘数，表明GES公司2011年1月初的股票交易价格是公司近期每股收益的15.7倍。同样，股价与现金收益比也称做GES公司的现金收益乘数，表明GES公司2011年1月初的每股现金收益比是GES公司近期每股现金收益的8.3倍；股价与账面价值比也称做GES公司的账面价格乘数，表明GES公司2011年1月初的交易价格是GES公司近期每股账面价值的1.9倍。

我们很容易就能列出更多的市场乘数，包括销售乘数（股票价格除以每股销售额）、营业利润乘数（股票价格除以息税前收益或每股EBIT）、营业现金收益乘数（股票价格除以EBIT与折旧之和）。这些乘数也称为历史乘数。它们是根据公司的历史收益、现金收益或账面价值计算出来的。如果我们能对下一期的收益、现金收益、账面价值加以预测，也可以求出公司的预计或未来乘数。

我们可以根据可比市场乘数来估算AS公司的价值。这个方法要求可比公司必须按照相同的市场乘数进行交易（历史的或预计的）。换句话说，如果AS公司与GES公司相似，而只要GES公司的股票公开交易，我们就可以根据GES公司的市场乘数来估算AS公司的权益价值。

对于AS公司来说，我们可以得到：

AS的估计价值=AS的税后收益×GES公司的市盈率
=10.2×15.7
≈160（万元）

AS的估计价值=AS的现金收益×GES公司的每股现金收益比
=18.2×8.3
≈151（万元）

AS的估计价值=AS的账面价值×GES公司股价与每股账面价值比
=77×1.9
≈146（万元）

根据GES公司的历史乘数，我们求出AS公司3个权益价值估计值，其中最高值为160万元，最低值为146万元。正如前面所指出的一样，不同的评估方法会产生不同的价值估计值。因为估价本身就不是很精确，所以只要估计值在一个合理的范围内就仍是可信的。AS公司权益价值的最高值（160万元）比最低值（146万元）高10%，并没有超出合理的范围。

会不会存在一个乘数比另一个乘数更精确的情况呢？一些研究表明，某一特定的乘数用于评估某些类型的公司，如工业公司应使用市盈率、房地产公司和旅店业应使用股价与现金收益比、金融服务机构（如银行和保险公司）应使用股价与账面价值比。

至此，我们得到了AS公司的4种不同的权益价值估计值，按由低到高排序为：146万元（根据股价与每股账面价值比1.9得出）、151万元（根据股价与每股现金收益比8.3得出）、157万元（根据贴现现金流量得出）和160万元（根据15.7的市盈率得出）。可以看出，最高估计值比最低估计值高10%，所以这些估计值仍在可接受的范围内。

我们可以得出结论，如果AS公司公开上市交易，那么它的权益价值在150万~160万元之间将是一个比较合理的估计。

四、经济利润法

经济利润是指超过投资者要求的报酬率中得来的价值，也称经济增加值。

经济利润=投资资本×（投资资本报酬率-加权平均资本成本）

或：

经济利润=投资资本×投资资本报酬率-投资资本×加权平均资本成本

=息前税后利润-资本费用

公司价值评估的经济利润模型为：

公司价值=投资资本+预计经济利润的现值

该模型的基本思想是：如果每年的息前税后利润正好等于债权人和股东要求的收益，即经济利润等于零，则公司的价值没有增加，也没有减少，仍然等于投资资本。

根据现金流量折现原理可知，如果某年的投资资本报酬率正好等于加权平均资本成本，则净现值为零。此时，提供资源的所有方面都取得了应得的报酬，经济利润也必然为零，公司的价值与期初相同，既没有增加，也没有减少。如果公司的投资资本报酬率小于加权平均资本成本，即公司现金流量有负的净现值。同时，息前税后利润不能满足投资各方的期望报酬，也就是经济利润小于零，公司的价值将减少。因此，公司价值等于期初投资资本加上经济利润的现值。

公式中的投资资本是指公司在经营中投入的现金。

【例10-5】B公司年初投资资本1 000万元，预计今后每年可得息前税后利润100万元，每年净投资为零，资本成本为8%，则：

每年经济利润=100-1 000×8%=20（万元）

经济利润现值=20÷8%=250（万元）

公司价值=1 000+250=1 250（万元）

如果用现金流量折现法，可以得出同样的结果：

自由现金流量现值=100÷8%=1 250（万元）

经济利润模型与现金流量折现模型在本质上是一致的，但是经济利润具有可以计量单一年份价值增加的优点，而自由现金流量法却做不到。因为，任何一年的自由现金流量都受净投资的影响。加大投资会减少当年的现金流量，推迟投资可以增加当年的现金流量。投资不是业绩不良的表现，而找不到投资机会反而是不好的征兆。因此，某个年度的现金流量不能成为计量业绩的依据。管理层可以为了改善某一年的现金流量而推迟投资，而使公司的长期价值创造受到损失。

经济利润之所以受到重视，关键是它把投资决策必需的折现现金流量法与业绩考核必需的权责发生制统一起来了。它的出现结束了投资决策用现金流入量的净现值评价、业绩考核用权责发生制的利润评价，决策与业绩考核的标准分离，甚至冲突、混乱的局面。

【例10-6】承【例10-2】结合DBX公司的例子，说明经济利润估价模型的应用。

有关的计算过程见表10-8。

（一）经济利润的计算

经济利润的计算有两种方法。

一种方法是用息前税后利润扣减资本费用。以DBX公司第6年的数据为例：

经济利润=息前税后利润-资本费用

=304.6201-2 313.98×10%

=304.6201-231.398

≈73.22（万元）

另一种方法是计算投资资本报酬率与加权平均成本的差，再乘以投资额。

其中，投资资本报酬率在计算时，“投资资本”可以有三种选择：期初资本、期末资本、期初期末平均资本。无论使用哪一种，都要求保持一贯性，否则两种计算经济利润的方法所得结果将不一致。

本例选择的是期末的投资资本，即“所有者权益+有息负债”。

表10-8　　**DBX公司的经济利润模型**　　金额单位：万元

年份	5	6	7	8	9	10	11
公司自由现金流量	297.2	173.6401	183.9779	194.944	206.5753	218.911	319.07
折现系数（10%）		0.909091	0.826446	0.751315	0.683013	0.620921	
预测期现值	733.39	157.8547	152.0478	146.4644	141.0936	135.9264	
后续期价值现值	2 476.48						
现值合计	3 209.87						
经济利润的计算							
息前税后利润		304.6201	322.8167	342.1131	362.5746	384.2703	391.916
加权平均资本成本		10%	10%	10%	10%	10%	10%
投资资本	2 183	2 313.98	2 452.8188	2 599.9879	2 755.9872	2 921.3464	2 994.1908
资本费用		231.3980	245.2819	259.9988	275.5987	292.1346	299.4191
经济利润		73.22	77.53	82.12	86.98	92.13	92.50
计算方法二：							
投资资本回报率		13.1643%	13.1610%	13.1583%	13.1559%	13.1539%	13.0892%
加权平均资本成本		10%	10%	10%	10%	10%	10%
差额		3.1643%	3.1610%	3.1583%	3.1559%	3.1539%	3.0892%
投资资本（年初）		2 313.98	2 452.8188	2 599.9879	2 755.9872	2 921.2464	2 994.1908
经济利润		73.22	77.53	82.12	86.98	92.13	92.50
公司价值计算：							
折现系数		0.909091	0.826446	0.751315	0.683013	0.620921	
经济利润现值	308.95	66.5636	64.0744	61.6905	59.4085	57.2055	
期末终值						1 156.25	
期末终值的现值	717.94						
现值合计	3 209.89						

以DBX公司第6年的数据为例：

投资报酬率=息前税后利润÷期末投资资本

=304.6201÷2 313.98

=13.1643%

经济利润=（13.1643%-10%）×2 313.98

=3.1643%×2 313.98

=73.22（万元）

$$预测期经济利润现值=\sum_{n=1}^{5}\frac{年经济利润_n}{(1+平均资本成本)^n}$$

=73.22×0.909091+77.53×0.826446+82.12×0.751315+86.98×0.683013+92.13×0.620921

=308.95（万元）

（二）后续期价值的计算

后续期价值是指后续永续现金流量现值。

DBX公司在后续期进入永续增长的稳定状态，第11年息前税后利润是391.916万元，以后每年递增2%。第11年的经济利润为：

后续期第一年经济利润=391.916-2 994.1908×10%=92.50（万元）

后续期经济利润终值=92.50÷（10%-2%）=1 156.25（万元）

将其从第11年年初的总价值折算到评估基准时间（第5年年末即第6年年初）：

后续期经济利润现值=1 156.25×0.620 921=717.94（万元）

（三）期初资本的计算

期初资本，是指评估基准时间的公司价值。可供选择的方案有三个：账面价值、重置价值、资产的可变现价值。

举例采用的是账面价值。可变现价值在理论上是一个值得重视的选择。不过，有两个原因妨碍了这种方法的实际应用。第一，使用市价计量投资资本。为了保持计量的一致性，其必然结果是将每年的资产收益（存量资产升值）计入当年的经济利润。然而，预计未来每年存量资产的市价变动是很难操作的。存量资产一般没有公开交易的市场，预计的可靠性难以评估。第二，事实上，多数资产的变现价值低于账面价值，尤其是在账面价值已经提取过减值准备的情况下，使用账面价值不会导致重要的失真。当然，如果通货膨胀严重，资产的可变价值超过账面价值很多，并且能够可靠估计可变现价值，也可以采用变现价值。

DBX公司第6年年初的投资资本账面价值是2 183万元，我们以此作为投资资本。

（四）公司总价值的计算

公司的总价值为期初投资、预测期经济利润现值、后续期价值的合计。

公司总价值=期初投资+预测期经济利润现值+后续期经济利润的现值

=2 183+308.95+717.94=3 209.89（万元）

如果假设前提一致，这个数值应与贴现现金流量法的评估结果相同。

第三节　并购的筹资规划

公司并购需要多少资金，资金如何取得，有无足够的财务资源或资金融通能力以支持并购，应采用何种方式向目标公司支付并购价款等问题，均是并购决策面临的一些重要课题。并购的筹资规划包括预测并购资金需要量、确定并购支付方式和选择适当的筹资方式等问题。

一、预测并购资金需要量

为了对并购的资金融通计划作出合理的安排，公司应首先对相关的现金需要情况有一个较为清晰的了解。一般而言，预测并购资金需要量需要考虑以下4个因素：

1.并购支付的对价

并购支付的对价是指并购方企业为完成收购目标企业需以现金方式支付的代价。它与目标企业权益价值大小、控股比率和支付溢价相关，可通过下列公式计算：

$$MAC=E \cdot p \cdot (1+q)$$

式中：MAC——并购支付的对价；

E——目标企业权益价值；

p——控制股比率；

q——支付的溢价率。

目标企业的权益价值是并购成本的核心内容，可以按照本章第二节所阐述的方法进行估价。支付的溢价率是指支付的对价高于目标企业权益价值的比率。一般来说。公开收购、竞标收购或敌意收购往往要支付较高的溢价率。

2.目标企业的表外负债和或有负债

表外负债是指未在目标企业资产负债表上体现但实际上要承担的义务，如职工的退休费、离职费和安置费等；或有负债是指由过去的交易或事项形成的潜在义务，其存在需要通过未来不确定事项的发生或不发生予以证实。并购方应详尽了解目标企业的未决诉讼和争议、债务担保、纳税责任及产品责任等项目，对或有负债作出判断。

3.并购交易费用

并购交易费用主要是指为并购融资注册和发行权益证券的费用，支付给会计师、律师的咨询费、评估费等，与并购支付的对价相关，可按支付对价的一定比例确定。

4.并购整合成本

并购整合成本是并购后使被并购公司健康发展而需要支付的长期营运成本，包括：（1）整合改制成本。取得对被并购公司的控制权后，要对被并购公司进行重组或整合，小则调整人事结构，改善经营方式，大则整合经营战略和产业结构，重建销售网络，因而需要支付相应的管理与培训等费用。（2）注入资金的成本。并购方要向目标公司注入优质资产，拨入启动资金，为其打开市场投入市场调研费、广告费和网点建设费等。

二、确定并购支付方式与筹资方式

不同的支付方式对公司的财务支付能力具有重大的影响，在签订并购协议时必须加以考虑。公司完成对目标公司并购价格的支付，可以采用现金支付、股票支付和混合证券支付等三种方式。

1.现金支付

现金支付是由并购方向目标企业的股东支付一定数量的现金，以获得目标企业的股权。现金支付是企业并购中用得最多的支付方式。对目标公司的股东而言，现金支付可使他们得到确定的收益，但会形成相应的纳税义务。对并购方而言，现金支付最大的好处是现有的股权结构不会被稀释，且可以迅速完成并购事项。大宗的并购交易采用现金支付方式无疑会给并购方造成巨大的现金压力，甚至无法承受。因此，对于巨额并购的交易，现金支付的比率一般都比较低。

现金支付因其速度快的特点而多被用于敌意收购。

公司取得现金的来源通常是增资扩股、向金融机构借款、发行债券和认股权证等，也可以通过出售部分原有资产换取现金。

2.股票支付

股票支付是指并购方通过发行本公司的股票以一定对价换取目标企业的股票，达到并购目的的一种支付方式。采用股票对价方式可以避免并购方公司现金的大量流出，从而使并购后能够保持良好的现金支付能力，降低财务风险。但这种方式可能会稀释并购方公司原有的股权控制结构与每股收益水平。若并购方公司原有资本结构比较脆弱，极易导致并购方公司控制权的稀释。一旦无法掌握控制权，也就无法取得并购整合后的综合效应。

股票支付常用于善意并购。在并购双方的规模、实力相当时，采用股票支付的可能性较大。

并购方在对现金支付或股票支付方式进行抉择时，需要考虑的因素是：

（1）并购方公司是否有足够的现金融通能力；

（2）若必须通过借款进行支付，资本结构是否具有相应的承受能力；

（3）外部借款或增资扩股的资本成本如何；

（4）增资扩股是否会导致并购方公司原有股权控制结构稀释以致丧失；

（5）增资扩股后，并购方公司原有股东的每股收益是否会被稀释以及因为遭受损失而导致原有股东对增资扩股方式的反对；

（6）目标公司的股东对并购后的每股收益具有怎样的期望；

（7）目标公司股东处于怎样的税负层次；

（8）目标公司的股东是否会因丧失对目标公司的控制权而产生恐慌的心理，以致对并购怀敌对情绪等。

3.混合证券支付

混合证券支付是指并购方的支付方式为现金、股票、认股权证、可转换债券等多种形式的组合。

对并购方而言，发行公司债券的成本较低；发行可转换债券能以比普通债券更低的利率和较宽松的契约条件出售债券，也提供了一种能以高于现行价格出售股票的可能性；发行认股权证可能为公司提供额外的股本基础。对目标企业而言，获得认股权证和可转换债券意味着可以约定价格购买公司股票或转换公司股票的权利。

混合证券支付通过发行股票、认股权证、可转换债券等方式筹资。

此外，在目标公司获利不佳、急于脱手的情况下，还可采用卖方融资支付方式。卖方融资是指并购方公司暂不向目标公司支付全额价款，而是将其作为对目标公司所有者的负债，承诺在未来一定时间内分期、分批支付并购价款的方式。

第四节　并购的财务分析

并购是高风险的资本经营行为。并购的财务分析应在关注其各种成本、收益的同时，重视并购过程中的各种风险。

一、公司并购的成本分析

1.并购完成成本

并购完成成本是指并购行为本身所发生的直接成本和间接成本。直接成本是指并购过程中直接支付的费用，如被并购公司的并购价格等。间接成本是指并购过程中发生的除直接成本以外的其他支出。并购完成成本具体包括：

（1）债务成本。在承担债务式并购的情况下，并购之初可能并不直接支付并购费用，但是必须为按计划偿还的原有债务支付本息。

（2）交易成本。它是并购过程中发生的收集、策划、谈判、文本制作、法律鉴定、公证等中介费用。

（3）更名成本。并购成功后，还会发生重新注册费、工商管理费、土地转让费以及公告费等。

2.并购整合成本

并购至少涉及两个企业，由于利益的相对独立性和并购中企业的角色定位不同，并购双方的冲突是不可避免的。因此，需要并购方或并购双方共同采取措施进行整合，包括战略整合、组织机构整合、管理制度整合、人力资源整合和文化整合等。

并购整合成本是并购后使被并购公司健康发展而需要支付的长期营运成本，包括：

（1）整合改制成本。取得对被并购公司的控制权后，必然需要对被并购公司进行重组或整合，小则调整人事结构，改善经营方式，大则整合经营战略和产业结构，重建销售网络。为此，公司需要支付派遣人员、建立新的领导班子、安置原有领导班子、安置富余人员、剥离非经营性资产、淘汰无效设备、进行人员培训等有关费用。

（2）注入资金的成本。并购方要向并购公司注入优质资产，拨入启动资金，为被并购公司打开市场投入市场调研费、广告费和网点建设费等。

3.并购退出成本

一个公司在通过并购实施外部扩张时，还必须考虑一旦扩张不成功如何以最低价格撤退的成本问题。

4.并购机会成本

并购活动的机会成本是指并购的实际支出相对于其他投资的未来损益。一项并购活动的机会成本越大，其并购活动的相对收益越小或相对损失越大。

二、换股并购的财务影响分析

（一）并购对每股收益的影响

股票交换比率通常是根据双方的股票价格确定的，但对被并购方的出价一般不等于其市价，所以股票交换比率的计算公式如下：

$$股票交换率=\frac{被并购方股价作价}{并购方股票市价}$$

对公司盈余的影响可以通过每股收益（EPS）的变化来考察。换股并购主要从并购方角度考察，因为被购方的股票换为并购方股票后缺乏可比性。设股票交换率为R，则并购方的每股收益为：

$$并购前公司的每股收益=\frac{净利润}{普通股股数}$$

$$并购后公司的每股收益=\frac{合并净利润}{原有普通股股数+新发行普通股股数}$$

$$=\frac{合并净利润}{原有普通股股数+被并购方普通股股数\times R}$$

可见，每股收益的影响因素有两个：合并净利润和股票交换率。合并净利润取决于并购后双方的盈利能力，与每股收益成正比。股票交换率则取决于对被并购公司股票的作价。作价越高，股票交换率越高，则发行新股越多。若股数增加幅度大于收益增加幅度，则每股收益摊薄；反之，每股收益增加。

【例10-7】换股并购对每股收益的影响。

A公司希望通过股票支付方式收购B公司。双方的财务资料见表10-9。

表10-9　**A、B公司的财务资料**

项　目	A公司	B公司
目前净利润（万元）	2 000	500
股票数量（万股）	500	200
每股收益（元）	4	2.5
股票价格（元）	64	30
市盈率（倍）	16	12

B公司已经同意将其股票每股作价35元，因此股票交换比率为0.546875（35÷64）。为实现对B公司的并购，A公司需发行109.375万股股票（200×0.546875）。假定两个公司兼并后净利润保持不变，续存公司（兼并后的A公司）的每股收益见表10-10。

表10-10　**兼并后A公司的每股收益**

项　目	兼并后的A公司
净利润（万元）	2 500
股票数量（万股）	609.375
每股收益（元）	4.10

因此，通过收购提高了A股收益，但是B公司股东的每股收益却减少了，由原来的2.5元减为2.24元（0.546875×4.10）。

现在假定A公司同意将B公司每股作价提高到45元，则股票交换比率为0.703125

(45÷64)。于是，A公司需发行的股数为140.625万股（200×0.703125），兼并后的每股收益见表10-11。

表10-11　　兼并后A公司的每股收益

项　目	兼并后的A公司
净利润（万元）	2 500
股票数量（万股）	640.625
每股收益（元）	3.90

在这种情况下，A公司的每股收益被稀释了，而B公司的每股收益得到了提高，变为2.74元（3.9×0.703125）。如果收购方支付给被收购方的市盈率（收购方愿意支付的收购价格与收购时被收购方的每股收益之比）高于收购方的市盈率，那么收购方的每股收益将被稀释，因为这意味着对被收购方的股票作价高于其市价，股票交换率提高。在收益能力不变的情况下，每股收益将被摊薄。

在本例中，第一种情况下的市盈率为14倍（35÷2.5），而在第二种情况下则为18倍（45÷2.5）。由于A公司的市盈率为16倍，所以在第一种情况下每股收益会提高，而在第二种情况下每股收益则会下降。

因此，收购公司每股收益增减幅度取决于两个因素：一是市盈率的差异（与股票交换比率直接相关），二是两个公司净利润规模的相对大小。收购方公司与被收购方公司的市盈率之比越高，被收购公司与收购公司的净利润之比越高，则收购方每股收益增幅越大。

值得注意的是，我们对所举的例子的分析没有将收购后未来的收益增长考虑进去，即合并净利润只是等于并购双方收益的简单相加。如果作出并购决策仅仅基于并购时对每股收益的影响，则并购当期带来的每股收益稀释将阻止并购方并购另一家公司。然而，在考虑并购引起的预期收益增长时，就有可能作出并购的决策。由于并购产生的协同效益不会立即体现在并购当期，有可能体现在并购后的一定期间，因此，在并购的最初几年可能会出现每股收益稀释的现象，但这一现象将随着收益的增长而逐渐消除。从收购方的立场看，稀释所持续的时间越长，收购对公司的吸引力越小。因此，有些公司确定了可容忍的稀释持续年数。

（二）并购对市场价值的影响

在收购谈判过程中，双方关注的焦点是每股市价交换比率。这一比率反映的是对被并购公司股票作价与其市价之间的关系。股票市价反映了公众投资者对公司内在价值的判断，作价则不仅反映了并购方对被并购方公司价值的判断，也体现了并购方的其他财务与非财务动机。公式如下：

$$股份交换比率=\frac{对被并购公司每股作价}{被并购公司每股市价}$$

$$=并购公司每股市价\times\frac{股票交换率}{被并购公司每股市价}$$

股价交换比率的计算公式体现了股票交换率与股价交换比的内在关系。二者成正比关系。

【例10-8】换股并购的市场价值影响。

仍沿用上例，如果A公司对B公司作价为每股30元，即股票交换比率为0.46875（30÷64）。那么股价交换比率为1（30÷30）。换言之，两个公司按照市价1∶1的比例进行股票交换。如果并购后存续公司的股票市价在64元上保持稳定，从市场价值的角度看，双方公司的股东财富与收购前大致相同。这对被并购方的股东是缺乏吸引力的。因此，只有当收购方的收购价值高于被并购方时，被并购方才会接受。在【例10-7】中的第一种情况，A公司对B公司的每股作价35元。股价交换比率为1.17（35÷30）。这个比率大于1。此时，被并购方股东可以接受。同时，在对B公司作价35元的情况下，A公司原有股东的每股收益也增加了。因此，两个公司股东都在并购中受益。

值得注意的时，并购方每股收益的提高是由双方的市盈率差异导致的。在我们上面的分析中已经得出：高市盈率的公司并购低市盈率的公司将会提高并购方的每股收益。尽管并购方以高于被并购方市价的价格（股价交换比率大于1）进行交易，每股收益仍可以提高。但是，这种提高不是由根本的经济增长引起的，而是依靠收购所产生的每股收益“自行提高”的。如果市场承认这种虚假增长，那么公司就可以单纯依靠收购来增加股东财富。但是，在一个相对完善的市场，如果并购不能出现预期的协同效益与管理改善，则预期的存续公司的市盈率将会接近原来两个公司市盈率的加权平均值。在这种情况下，收购低市盈率的公司并不会提高股东财富。

三、并购的风险分析

众多事例表明，公司并购的风险很大。这些风险主要包括：

1.营运风险

营运风险是指并购公司在完成并购后，可能无法使整个公司或公司集团产生管理协同效益、经营协同效益、财务协同效益以及市场份额效应，难以实现规模经济或管理知识共享。通过并购形成的新公司或公司集团因规模过于庞大而产生规模不经济的现象，甚至整个公司或公司集团的经营业绩都为被并购公司所拖累。

2.信息风险

在公司并购中，信息是非常重要的。知己知彼，百战不殆。真实与及时的信息可以大大提高公司并购的成功率。实际并购中因贸然行动而失败的案例很多，这是信息不对称的结果。

3.融资风险

公司并购需要大量的资金，所以并购决策会对公司资金规模和资本结构产生重大影响。与并购相关的融资风险具体包括：资金是否可以保证需要，融资方式是否适应并购动机，现金支付是否会影响公司正常的生产经营以及杠杆收购的偿债风险等。

4.反并购风险

在通常情况下，被并购公司对并购行为往往持不欢迎或不合作态度，尤其在面临敌意并购时，它们可能不惜一切代价实施反并购策略；其反并购行动可能会使并购公司面临相当大的风险。

5.法律风险

各国关于并购的法律法规一般都通过增加并购成本来提高并购难度。我国目前的并购法规就要求：收购公司持有一家上市公司5%的股票后即必须公告并暂停买卖，以后每递增5%还要重复该过程；持有30%股票后还必须发出全面收购要约。这套程序造成的并购成本之高，并购风险之大，并购程序之复杂，足以使并购公司气馁。

6.体制风险

在我国，国有公司资本营运过程中相当一部分公司的并购行为都是由政府强行撮合而实现的。大规模的公司并购活动离不开政府的支持和引导，但是并购行为毕竟是一种市场行为，如果政府依靠行政手段对公司并购大包大揽，不仅背离市场原则，难以达到预期效果，而且往往会给并购公司带来风险，使公司并购偏离资产最优组合目标。

7.定价风险

定价风险产生于尽管被收购公司运作很好，但高收购价格使买主无法获得一个满意的投资回报。出价过高是买方所犯的最糟糕和最常见的错误。目标公司的未来价值增值不足以弥补开始时的出价，主要是收购公司在预计收益、利润或现金流时存在乐观情绪导致的。买方过快和过多地认为他们了解目标公司，并有信心使其增长盈利。一次昂贵的收购，其结果不是沉重的债务负担和增加了的股权，就是一个很低的剩余现金留存。即使收购具有某些增加收入的因素，这些变化的结果仍然会降低购买方的每股收益。买价过高的余波可能持续许多年，买方的每股收益可能无法再复原。

第五节　接管防御

在当今并购之风盛行的情况下，恶意收购不管在数量上还是金额上都不断增加，且引人注目。越来越多的公司开始重视采用各种积极有效的防御性措施进行反收购，或者提高收购者的收购成本和收购风险，或者降低收购者的收购收益。接管防御的措施非常多，主要有：

一、董事责任

这种接管防御措施是为了避免并购方的股东在并购交易中遭到损失，并把保护公司公众投资者的责任赋予被并购方的董事会。董事会只有在交易对公众投资者公平且最佳时才有责任表决通过。董事有义务证明股东在交易中获得了最佳利益。美国的法律要求，如果董事拒绝公司被他人接管并保持公司独立，那么他们必须向法院证明有正当的理由这么做。

二、绿色邮件

绿色邮件就是目标公司通过私下协商从特定股东手里溢价购回其大量股份。溢价回购的目的是消除大股东或绿色邮递者的敌意接管威胁。对绿色邮件在接管防御中的角色，学术界存在不同的观点。一些人反对绿色邮件或定向回购。他们认为绿色邮递者给股东带来很大的损失。持有大宗股份的投资者是公司的“袭击者”。他们剥夺公司的资产，有损其他股东的利益。袭击的形式是利用袭击者的公司表决权给予其自身过分的奖励和津贴，通过绿色邮件使其股份获得显著高于市价的溢价，或以某些非特定方式“抢掠”公司财富。另外一种看法是，参与绿色邮件的大宗投资者有利于管理层发生变动，可以是公司人事方面的变动，也可以是公司政策的变动，或有较高技能评估潜在收购对象。尽管绿色邮件可以作为反接管的手段，但由于定向溢价回购股票损害了一些股东的利益，因而其使用受到限制。美国1986年的国会会议上修改了《国家税收法》中的第58 881条，对绿色邮件支付的接受者征收50%的交易税。另外，有些公司已开始使用反绿色邮件章程修正来限制其使用。反绿色邮件章程修正禁止或不鼓励定向回购。这要求管理层在回购之前取得未参与股东的多数或绝对多数通过。

三、财务防御措施

公司最好的防御措施就是保持经营的高效率，保持销售增长前景，且保持盈利。然而，这样的公司也可能成为那些希望与有效率公司联合以寻求利润的收购者的收购目标。另外，如果公司拥有范围广泛的投资计划，且这些投资的支付没有反映在当前的股价中，那么这个公司的价值就被视为低估。价值被低估的公司也容易成为收购目标。被低估的资产应该通过出售或重组来实现其真实价值。

四、战略行动

（一）反接管防御

反接管防御的本质就是目标公司向收购公司提出反向收购的要约。如果目标公司规模远大于收购公司，那么这种方法很可能有效。采用反接管防御的成本非常高且可能吞噬涉及并购的两公司的金融效应。

（二）白色骑士

白色骑士是指目标公司为免遭敌意收购而自己寻找善意收购者。白色骑士防御涉及目标公司挑选的一个愿意与之合并的公司。这个白色骑士通常是与其关系密切的实力公司，能以更优惠的价格达成善意收购。一般而言，如果收购者出价较低，目标公司被白色骑士拯救的希望就大；若收购者提出了很高的收购价格，则由于提高了白色骑士的成本，因而被白色骑士拯救的机会就减少了。

（三）白色侍郎

白色侍郎是白色骑士的一种修正形式。区别在于，白色侍郎并不获得目标公司的控制权。在白色侍郎交易中，目标公司将其一大部分股票出售给它认为比较友好的第三方。白色侍郎有时被要求在表决权上与目标公司管理层站在一边。

五、防御性公司重构重组

以增加公司价值为目的的公司重组与实现接管防御的目的是密切相关的。这种重组方式在增加公司价值的同时也增加了公司的防御能力，比如资产重组。资产重组可分为资产收购与资产出售或剥离。资产收购可以扩展公司的生产能力，也可以用来防御公司被接管，因为规模的扩大增加了收购成本。资产出售或剥离既可被用来使资源向更高的使用价值流动，也可以为了阻止被收购，而处理掉一部分收购者感兴趣的业务。这种方法称为“皇冠宝石”对策。此外，重新调整杠杆比率、增加公司负债和（或）使用收入支付大量的现金分红，以及增强内部人士的所有权地位，都增加了收购者的风险与成本。这种策略被称为“焦土政策”，是一种两败俱伤的做法，因为它同时提高了目标公司的经营与财务风险。杠杆收购（LBO）、员工持股设计（ESOP）与股票回购也是防御手段。ESOP将公司控制权分散到职工，LBO使管理层掌握了公司主要控制权。由于这种方式使职工和管理层的权益与公司紧密相连，因此在抵御恶意收购中可以发挥很大作用。股票回购既提高了公司股价，又减少了在外的流通股股数，从而增加了收购难度。

六、反接管修正

对公司章程进行反接管修正，通俗地被称为“拒鲨”条款。由于像所有的章程修正一样，反接管修正都必须经股东表决并批准，因此这种修正可能导致接管防御。反接管修正一般会对通过合作、收购要约或撤换董事会成员等形式进行的公司控制经营权转移施加新的条件。这种修正共有4种主要类型：

（一）超级多数条款修正

超级多数条款规定公司被收购必须取得2/3的股东或80%的投票权，有的甚至要求所有涉及控制权变动的交易都必须获得90%已发行股份的赞成。

（二）公平价格条款

根据该项条款，收购者向非控股股东支付的价格必须至少等于事先设定的“公平价格”。通常，该最低价格是根据每股收益及市盈率确定的，但有时是以设定的市价形式表示的。公平价格条款通常与超级多数条款结合使用。

（三）分类董事会

另一种主要的反接管修正允许轮回制或分类董事会在接管中推迟控制权的实际转移。例如，一个由9人组成的董事会可能会分成3组，每年只有3名成员当选，任期3年。这样，新的大股东需要至少等两届年会才能取得董事会的控制权。

（四）授权发行优先股

董事会有权发行一种有特别表决权的新型证券。这种证券一般是优先股，在发生控制权争夺时发行给善意的一方。因而，这是一种防御敌意接管要约的措施。

七、毒丸计划

毒丸计划，技术上称为股东权利计划，涉及股东收购证券的权利。这种权利只在某些特定情况下执行（例如面临收购意图时）。这些权利有许多种形式，但都使取得目标公司控制权的企图难以得逞或耗资巨大。有两种常见的毒丸——反转与回购。反转计划允许协议的持有人在触发事件（例如被收购）发生时折价购买目标公司的股份。回购计划允许协议持有人根据触发事件的发展，以股票换取现金、优先股或其他证券。

八、投毒防御

投毒防御或事件风险协定允许债券持有人在公司控制权发生变动时以债券面值100%~101%的执行价格出售目标公司的债券。投毒防御一方面保护债券持有人免受目标公司债券发生与接管有关的等级下降的风险，同时还使新的业主需要大量的现金，进而提高了收购成本。

九、保护伞

1.金保护伞

金保护伞是指对按照控制权变动条款而失去工作的管理人员进行补偿的雇用合同中的单独条款。有些目标公司在接管发生时，提供给最高级别管理人员一些补偿。这种补偿可被视为使管理层考虑接管投标时较少关心其自身待遇，较多关心股东利益而支付的费用，或者视为管理层以损害股东利益为代价敛富的一种企图。

2.银保护伞和锡保护伞

银保护伞是向公司主管提供补偿，但比金保护伞提供的少。锡保护伞则将支付报酬范围进一步扩大，包括公司的中层管理者，且有些时候包括所有员工。

金保护伞、银保护伞和锡保护伞要求收购方在收购时要对目标公司的工作人员进行补偿，因此提高了收购成本。但是，保护伞的成本通常很有限（一般不足10%），因此，它不是一个很强的接管防御措施。

【进一步学习指南】

一、跨国并购的风险与挑战

文化差异的挑战。在跨国并购过程中，常常存在由于跨国文化不同，在产品定位、管理模式等方面无法协同的问题。这样的问题若不解决，将大大增加整合难度。上汽集团收购韩国双龙汽车就是一个典型的案例。2004年，上汽集团以5亿美元收购了韩国双龙汽车48.9%的股权，后来进一步控股51%。然而，在整合期间，上汽集团对韩国的工会文化及劳资关系的处理估计不足，被双龙汽车的工会所困扰，造成管理整合进程缓慢，产品定位无法协调，合作与企业拓展经营无法展开。2008年12月，双龙汽车由于经营不善终向韩国法院提出破产保护申请，上汽集团最终失去了对双龙汽车的控制权。韩国过于强大的工会力量和过度紧张的劳资关系是上汽集团入主双龙汽车之后，双龙汽车再度濒临破产的直接原因。

事实上，在解决并购过程中的跨国文化差异时，最忌讳心急。首先，应当合理调整管理层人事架构，切莫在短时间内替换原有管理层；其次，需要增强沟通，在整合之前就有必要透彻了解当地文化基础，并制定相应战略；最后，一旦与当地员工、媒体等发生冲突，力争"软处理"，慢慢淡化文化冲突带来的影响，以便顺利推进整合。

海外管理经验缺失的挑战。在进行跨国并购时，国内企业往往对被并购方市场缺乏了解，管理层缺乏海外经验，这也会导致并购受阻。据相关机构调查，在110家受访的中国企业中，82%承认它们面临的最大的问题是缺乏对外投资项目的管理经验。事实上，在欧洲和美国等陌生商业环境进行运营管理已成为中国企业全球化的主要障碍。面对这样的情况，企业在并购初期保留标的企业经营模式时，就应当逐步启用有海外或相关市场经验的人员，学习标的企业的经营模式，逐步内化到收购企业的核心竞争力来。吉利在并购Volvo时，延续并保持Volvo数十年的经营与生产模式；保留原有生产人员与管理层，确保组织稳定，接受企业原有价值观和企业发展战略等。当然，这要归功于吉利国际化的并购团队，其中便包括国际金融巨头罗斯柴尔德银行团队。他们为收购进行了充分的准备，为沃尔沃制定了完善的发展规划，获得了被收购方的认同。

政治与法律风险。在海外并购时，可能出现的政治、经济、法律以及其他不稳定因素，有可能对未来的并购过程产生极大的影响。如果未进行准确预判和防范，这些因素将有可能阻碍并购的实施。2008年中铝收购力拓案，本质上因并购交易双方目的不同，加上矿业本来就是国家战略性资源，在经媒体大肆渲染之后，中铝收购的目的饱受争议，并引起澳洲当局以及标的企业员工的强烈反感，最终并购失败，造成巨大亏损。

行业前景的把控风险。在并购过程中，对行业前景的判断也很重要。不准确的判断将使并购变成企业的负担。在2004年的TCL并购法国汤姆逊案中，TCL收购后所获得的CRT（阴极射线管）技术已经落后于时代，尽管TCL在完成并购后成为世界上最大的彩电生产厂商，但其大规模生产成本并未降低，且背负了发达国家繁重的薪资负担，影响了盈利能力。这对中国企业的启示在于，应增强对行业未来发展趋势的分析及预测意识，一旦原有战略出现问题应当及时调整管理模式，以确保盈利。

操作流程的风险。企业在跨国并购过程中，通常会涉及一系列法律、财务、申报流程、汇率等问题，需要与国内外各种机构打交道，其流程的复杂性增加了并购难度和风险。因此，企业可以借助外力，尤其是借助国际知名的成熟金融投资、咨询及法务机构的参与，这对企业获取海外并购的经验、了解当地市场，并且提高并购的绩效很有帮助。2011年8月，在经历了之前5次收购失败后，光明食品以3.975亿澳元成功收购了澳大利亚玛纳森食品75%的股权。通过之前多次失败的经验与教训，光明与国际金融界、投资界、律师所、各地政府形成了广泛的关系网，组建了专业的海外并购项目团队，并获得跨国投行、律所、会计师事务所等全方位顾问机构的支持，最终顺利完成了本次收购。

资料来源：价值中国. 跨国并购的风险控制 [EB/OL].（2016-05-09）. http://mt.sohu.com/20160509/n448519551.shtml.

二、相关法律规范

上市公司的并购活动主要受到《公司法》《上市公司收购管理办法》《证券法》《股票发行与交易管理暂行条例》《上市公司章程指引》《股份有限公司国有股权管理暂行办法》《上市公司股东持股变动信息披露管理办法》《关于向外商转移上市公司国有股和法人股有关问题的通知》《上市公司重大资产重组管理办法》《关于企业股权投资业务若干所得税问题的通知》《关于企业合并分立业务有关所得税问题的通知》《股票上市规则》等法律法规以及根据这些法律制定的有关行政规章和规则约束。

复习思考题

1.公司并购有哪些种类？什么叫要约收购？

2.并购可能产生哪些协同效益？如何理解财务协同效益？

3.并购目标公司价值评估的主要方法有哪些？如何运用贴现现金流量法评估公司价值？

4.公司并购的财务分析应从哪些方面入手？

5.公司并购的支付方式有哪些？

6.什么叫杠杆收购？有何特点？杠杆收购成功需要什么条件？

7.公司可采取哪些措施防御接管？

计算与分析题

1.1982年，可口可乐掌门人郭思达收购哥伦比亚影业，动用了7.5亿美元。这让所有人都大跌眼镜，因为这相当于哥伦比亚公司股票市值的两倍。仅仅在1年后，哥伦比亚就为可口可乐带来了9 000万美元的利润。更为重要的是，电影也成为可口可乐宣传自己、打击对手的阵地。在哥伦比亚出品的电影中，明星大腕儿喝的都是可口可乐，英雄人物一定会喝可口可乐，而百事可乐或者在消极的情节下出现，或者出现在反面角色的手中，仿佛百事可乐就是邪恶的商标。虽然后来哥伦比亚电影公司也开始走下坡路了，但是7年之后，郭思达把哥伦比亚电影公司卖给了日本的索尼。索尼为了获得控股权，付出了48亿美元，这个价格几乎是郭思达当初买哥伦比亚的7倍。

要求：

（1）从并购双方行业相关性的角度指出上述并购属于哪种类型？

（2）分析可口可乐并购哥伦比亚电影公司的利益。

2.资料一：地处河南省的A公司是一家具有40年历史、以尿素为核心产品的企业。A公司2012年完成改制，2016年年底成功上市。2016年年底，A公司的生产能力为年产合成氨35万吨、尿素120万吨。A公司已成为省内最大的尿素生产企业，在全国具有一定的规模优势。目前，公司的生产均在郑州市。由于尿素单价不高，无法承受长距离运输的成本，因此，一个尿素生产厂不可能覆盖太大的市场区域。专家预测，从长期来看，国内氮肥需求的长期增长率仅有1.5%~2%，需求增长缓慢。同时，国家限制化肥产品出口的政策又使企业产品外销受到制约。国内尿素企业有五六百家，绝大多数是中小企业，不具有竞争力，其中至少30%处于亏损状态。目前，国际化肥巨头已开始在中国进行产业布局，国内部分企业也开始参与化肥企业的产业整合。经过对企业内外环境的分析，A公司董事会决定通过兼并收购方式扩大尿素的产能，以获得企业持续发展的能力。

资料二：东北的一家企业——DBX公司为A公司初步确定的一家收购对象，预计收购之后，经过1年的停产改造，每年可产生自由现金流量400万元，并能保持4%的速度增长。经有关专业人员测算，适用于该项目的资本成本率为8%。

资料三：西部的一家企业——DMN公司为A公司确定的另一家收购对象。DMN公司为一家在深交所上市的企业，其总股本为20 000万股。从1个月前开始，A公司通过二级市场购买DMN公司的股份。截止到目前，A公司已经通过二级市场购买了DMN公司股票1 000万股。通过对目前市场的判断，A公司计划在未来1个月内再增持500万股。不考虑其他因素。

要求：

（1）根据资料一，你是否赞同A公司董事会决定通过收购兼并方式扩大产能的决策？简要说明理由。

（2）根据资料二，计算DBX公司并购后的企业价值。

（3）根据资料三，指出A公司能否立即实施增持计划，简要说明理由。

3.2004年12月8日，联想集团有限公司和IBM在历经13个月的谈判之后签署了一项重要协议。根据此项协议，联想集团通过现金、股票支付以及偿债的方式收购了IBM个人电脑事业部，其中包括IBM在全球范围的笔记本及台式机业务，并获得Think系列品牌，从而世界PC行业第三大企业诞生了。中方股东联想控股将拥有新联想集团45%左右的股份，IBM公司将拥有18.5%左右的股份。新联想集团将成为一家拥有强大品牌、丰富产品组合和领先研发能力的国际化大型企业。作为国内知名的IT企业，联想正在走出国门，向着国际化的宏伟目标稳步前进。

要求：

（1）从并购双方行业相关性和并购的形式划分角度，指出上述并购分别属于哪种类型？

（2）简述横向并购的优点。

案例分析题

1.资料

巨人网络借壳世纪游轮上市

重庆新世纪游轮股份有限公司（以下简称“世纪游轮”）以每股29.58元的发行价格向史玉柱实际控制的上海巨人网络科技有限公司（以下简称“巨人网络”）的非公开发行4.44亿股，作价131.24亿元购买巨人网络100%股权，同时，募集配套资金50亿元。2016年4月，资产重组完成过户。由此，巨人网络成功借壳回归A股，巨人网络创始人史玉柱成为世纪游轮实际控制人。

世纪游轮成立于1994年，经过20年的发展，已是一家以长江三峡高端涉外豪华游轮为主的公司。世纪游轮2011年3月2日于深交所IPO上市，主要从事内河豪华游轮休闲旅游服务的开发和运营，属于“休闲度假旅游产品”，现总共拥有7艘世纪系列豪华游轮。近年来，受宏观经济增速放缓、行业竞争加剧及需求不足等因素影响，加上行业内“东方之星”游船沉船事故影响，公司游客减少，营业收入及其他业务均有所下降。

巨人网络（原“上海征途网络科技有限公司”）成立于2004年11月18日，是一家以网络游戏为发展起点，集研发、运营、销售为一体的综合性互动娱乐企业。2007年10月16日，上海征途网络科技有限公司正式更名为上海巨人网络科技有限公司，并于2007年11月1日顺利登陆纽约证券交易所，公司总市值达到42亿美元，成为在美国发行规模最大的中国民营企业。在成熟的美国资本市场，在竞争激烈的游戏界，业绩无法持续增长的巨人网络很难获得高估值。由于不满美国市场对游戏公司的估值，2013年11月25日，巨人网络宣布私有化要约，按总股本计算，估值约29.5亿美元。2016年4月，巨人网络借壳世纪游轮实现A股上市。

由于巨人网络的借壳，世纪游轮复牌后，连续20个涨停板。重组完成后，总股本从6 545万股暴增至5.62亿股。2016年9月，每10股转增20股后，总股本达到16.87亿股。以2016年11月8日收盘价66.73元计算，世纪游轮的总市值高达1 126亿元，其中995亿元属于新增股东，史玉柱是最大的受益者。千亿市值达到了巨人网络管理层的预期。巨人网络完成借壳上市后仅6个月后，世纪游轮又拟以305亿元跨境收购Alpha100%的股权。

一、巨人网络借壳世纪游轮实现“二次上市”

世纪游轮2015年12月15日《第四届董事会第四次会议决议公告》称，审议通过了《关于本次重大资产重组方案的议案》。此次与世纪游轮的重组方案包括了重大资产出售、发行股份购买资产和募集配套资金三部分：（1）置出资产出售。世纪游轮拟向其实际控制人彭建虎或其指定第三方出售公司全部资产及负债。（2）发行股份购买资产。世纪游轮以29.58元/股的发行价格，向巨人网络的全体股东兰麟投资、腾澎投资、鼎晖孚远、铼钸投资、中堇翊源、澎腾投资、弘毅创领、孚烨投资等非公开发行4.43亿股，作价131亿元购买其持有的巨人网络100%的股权。（3）上市公司还将采用询价发行方式向不超过10名符合条件的特定对象非公开发行股份募集不超过50亿的配套资金。其中，22.2亿元募集资金将用于网络游戏的研发、代理与运营发行，14.6亿元用于在线娱乐与电子竞技社区的建设，其他则用于互联网渠道平台、网络游戏的海外运营发行平台及大数据中心的建设。

置出资产经具有证券业务资格的评估机构出具的资产评估报告采用资产基础法确认的评估值为60 423.62万元，经各方协商，置出资产交易价格为60 424.00万元。彭建虎以现金方式向公司支付置出资产的交易对价。

发行股份购买的资产（巨人网络100%的股权）经具有证券业务资格的评估机构出具的资产评估报告采用收益法确认的评估值为1 313 424.08万元，经各方协商，标的资产交易价格为1 312 424.00万元。发行价格为经除权除息调整后的定价基准日前20个交易日上市公司股票交易均价的90%，即以29.58元/股发行443 686 270股。发行后，总股本达5.8亿。巨人网络全体原股东承诺，2016年、2017年和2018年实现的扣除非经常性损益后归属于母公司股东的净利润分别不低于10.02亿元、12.03亿元和15.03亿元。

二、跨境并购

2016年7月，世纪游轮发布公告称，正在参与一项国外手机游戏公司股权出售的竞标行为，涉及金额不低于上市公司上一年度经审计净资产的50%。公司股票于2016年7月13日起停牌。

2016年7月30日，世纪游轮全资子公司Giant Investment（HK）Limited（以下简称“巨人香港”）与上海鼎晖蕴懿股权投资合伙企业（有限合伙）（以下简称“鼎晖”）、弘毅创领（上海）股权投资基金合伙企业（有限合伙）（以下简称“弘毅”）、上海云锋投资管理有限公司（以下简称“云锋”）以及其他11家投资人组成了财团。财团出资人共同对Alpha Frontier Limited（“ALPHA FRONTIER”）（以下简称“并购主体”）进行增资，并以其为主体收购Caesars Interactive Entertainment，Inc.（以下简称“CAESARS”）旗下移动休闲社交游戏业务NEW CIE公司100%的权益（以下简称“目标资产”）。

2016年7月31日，财团并购主体ALPHA FRONTIER与CAESARS达成《股权购买协议》，NEW CIE公司100%股权的收购价格为44亿美元，其中巨人香港出资金额为100万美元。

2016年10月21日，世纪游轮发布草案称，2016年8月22日，财团出资人指定的境外主体分别与Alpha签署《股份认购协议》，境外主体分别向Alpha增资以认购Alpha新发行的A类普通股。此后，境外出资主体合计向Alpha增资46亿美元，巨人香港向Alpha增资100万美元。

世纪游轮拟以39.34元/股发行6.48亿股，并支付现金50亿元，合计作价305.04亿元，收购重庆拨萃等13名交易对方持有的Alpha全部A类普通股。同时公司拟以43.66元/股，向控股股东巨人投资锁价发行股份募集配套资金不超过50亿元，用于支付此次交易的现金对价。此次世纪游轮发行股份及支付现金购买标的的核心资产，正是此前其全资子公司主导的财团，耗资45亿美元从海外收购的以色列休闲社交棋牌类网络游戏公司Playtika。

此次世纪游轮并购Playtika的方案事实上被分为了两个步骤进行：上市公司全资子公司出资100万美元主导组建财团，成功募资45亿美元向海外交易对手购买资产，完成交易的第一步；上市公司以发行股份及支付现金的方式，向财团成员购买资产，将标的注入上市公司，完成交易的第二步。

此次交易采用收益法进行评估，Alpha股东的全部权益价值为306.59亿元，相对于其归母净资产，增值287.79亿元，增值率1 531.01%。根据中企华出具的《资产评估报告》，预测标的公司2016—2018年度预计实现的合并归母净利润分别为15.28亿元、19.94亿元及24.15亿元（按中国人民银行评估基准日人民币对美元汇率中间价折算），合计60亿元，但并未作出业绩承诺。

世纪游轮虽然主导了此次交易，但通过与多家投资人的合作，不贷款、不定增，仅出资100万美元，就将海外标的资产“带回国内”。

2.要求

（1）讨论巨人网络借壳世纪游轮出售资产与注入资产的价值评估内容。

（2）查阅相关资料讨论：不定增，不贷款，巨人网络是如何完成306亿元跨境并购的？

主要参考文献

[1] 中国注册会计师协会. 财务成本管理 [M]. 北京：中国财政经济出版社，2016.

[2] 财政部会计资格评价中心. 财务管理 [M]. 北京：中国财政经济出版社，2009.

[3] 荆新，王化成，刘俊彦. 财务管理学 [M]. 7版. 北京：中国人民大学出版社，2015.

[4] 竺素娥. 财务管理 [M]. 杭州：浙江人民出版社，2007.

[5] 陆正飞. 财务管理 [M]. 大连：东北财经大学出版社，2013.

[6] 王斌. 财务管理 [M]. 北京：高等教育出版社，2007.

[7] 傅元略. 中级财务管理 [M]. 上海：复旦大学出版社，2005.

[8] 胡旭微，张惠忠. 财务管理 [M]. 杭州：浙江大学出版社，2007.

[9] 隋静. 财务管理实务教程 [M]. 北京：清华大学出版社，2009.

[10] 王建英. 国际财务管理 [M]. 北京：中国人民大学出版社，2007.

[11] 吴立扬. 财务管理 [M]. 武汉：武汉理工大学出版社，2009.

[12] 刘爱东. 公司理财 [M]. 上海：复旦大学出版社，2006.

[13] 杨淑娥. 公司财务管理 [M]. 北京：中国财政经济出版社，2004.

[14] 赵德武. 财务管理 [M]. 北京：高等教育出版社，2000.

[15] 陆正飞，朱凯，童盼. 高级财务管理 [M]. 北京：北京大学出版社，2008.

[16] 裘益政，竺素娥. 高级财务管理 [M]. 上海：立信会计出版社，2009.

[17] 刘胜军，徐怡红. 国际财务管理 [M]. 北京：科学出版社，2007.

[18] 崔学刚. 国际财务管理 [M]. 北京：机械工业出版社，2009.

[19] 苗润生. 国际企业财务管理 [M]. 北京：中国人民大学出版社，2006.

[20] 陈玉青，薛跃. 国际财务管理 [M]. 上海：立信会计出版社，2007.

[21] 裘益政，竺素娥. 财务管理案例 [M]. 大连：东北财经大学出版社，2011.

[22] 竺素娥，涂必胜. 财务管理学习指导书 [M]. 杭州：浙江人民出版社，2008.

[23] 竺素娥，财务管理 [M]. 2版. 北京：科学出版社，2016.

[24] 刘淑莲. 公司理财 [M]. 北京：北京大学出版社，2012.

[25] 布里格姆，等. 财务管理理论与实践 [M]. 狄瑞鹏，等，译. 北京：清华大学出版社，2005.

[26] 罗斯，威斯特菲尔德，杰富. 公司理财 [M]. 吴世农，等，译. 9版. 北京：机械工业出版社，2012.

[27] 希金斯. 财务管理分析 [M]. 沈艺峰，译. 10版. 北京：北京大学出版社，2015.

[28] 斯科特，等. 现代财务管理基础 [M]. 金马，译. 北京：清华大学出版社，

2004.

［29］哈瓦维尼，等. 高级经理财务管理——创造价值的过程［M］. 王全喜，等，译. 2版. 北京：机械工业出版社，2003.

［30］贝斯利，等. 财务管理精要［M］. 刘爱娟，等，译. 北京：机械工业出版社，2003.

［31］爱德华兹. 核心金融工具［M］. 夏潆焱，葛晓鹏，译. 成都：西南财经大学出版社，2005.

［32］罗斯，等. 公司理财［M］. 刘微芳，等，译. 北京：中国人民大学出版社，2009.

［33］KEOWN，SCOTT，MARTIN，et al. 现代财务管理基础［M］. 朱武详，译. 北京：清华大学出版社，2002.

［34］BLOCK，HIRT. 财务管理基础［M］. 王静，译. 北京：中国人民大学出版社，2004.

附录一　终值、现值系数表

一、复利终值系数表（F/P，i，n）

n\i%	1	2	3	4	5	6	7	8	9	10	11	12	13
1	1.0100	1.0200	1.0300	1.0400	1.0500	1.0600	1.0700	1.0800	1.0900	1.1000	1.1100	1.1200	1.1300
2	1.0201	1.0404	1.0609	1.0816	1.1025	1.1236	1.1449	1.1664	1.1881	1.2100	1.2321	1.2544	1.2769
3	1.0303	1.0612	1.0927	1.1249	1.1576	1.1910	1.2250	1.2597	1.2950	1.3310	1.3676	1.4049	1.4429
4	1.0406	1.0824	1.1255	1.1699	1.2155	1.2625	1.3108	1.3605	1.4116	1.4641	1.5181	1.5735	1.6305
5	1.0510	1.1041	1.1593	1.2167	1.2763	1.3382	1.4026	1.4693	1.5386	1.6105	1.6851	1.7623	1.8424
6	1.0615	1.1262	1.1941	1.2653	1.3401	1.4185	1.5007	1.5868	1.6771	1.7716	1.8704	1.9738	2.0820
7	1.0721	1.1487	1.2299	1.3159	1.4071	1.5036	1.6058	1.7138	1.8280	1.9487	2.0762	2.2107	2.3526
8	1.0829	1.1717	1.2668	1.3686	1.4775	1.5938	1.7182	1.8509	1.9926	2.1436	2.3045	2.4760	2.6584
9	1.0937	1.1951	1.3048	1.4233	1.5513	1.6895	1.8385	1.9990	2.1719	2.3579	2.5580	2.7731	3.0040
10	1.1046	1.2190	1.3439	1.4802	1.6289	1.7908	1.9672	2.1589	2.3674	2.5937	2.8394	3.1058	3.3946
11	1.1157	1.2434	1.3842	1.5395	1.7103	1.8983	2.1049	2.3316	2.5804	2.8531	3.1518	3.4785	3.8359
12	1.1268	1.2682	1.4258	1.6010	1.7959	2.0122	2.2522	2.5182	2.8127	3.1384	3.4985	3.8960	4.3345
13	1.1381	1.2936	1.4685	1.6651	1.8856	2.1329	2.4098	2.7196	3.0658	3.4523	3.8833	4.3635	4.8980
14	1.1495	1.3195	1.5126	1.7317	1.9799	2.2609	2.5785	2.9372	3.3417	3.7975	4.3104	4.8871	5.5348
15	1.1610	1.3459	1.5580	1.8009	2.0789	2.3966	2.7590	3.1722	3.6425	4.1772	4.7846	5.4736	6.2543
16	1.1726	1.3728	1.6047	1.8730	2.1829	2.5404	2.9522	3.4259	3.9703	4.5950	5.3109	6.1304	7.0673
17	1.1843	1.4002	1.6528	1.9479	2.2920	2.6928	3.1588	3.7000	4.3276	5.0545	5.8951	6.8660	7.9861
18	1.1961	1.4282	1.7024	2.0258	2.4066	2.8543	3.3799	3.9960	4.7171	5.5599	6.5436	7.6900	9.0243
19	1.2081	1.4568	1.7535	2.1068	2.5270	3.0256	3.6165	4.3157	5.1417	6.1159	7.2633	8.6128	10.197
20	1.2202	1.4859	1.8061	2.1911	2.6533	3.2071	3.8697	4.6610	5.6044	6.7275	8.0623	9.6463	11.523
21	1.2324	1.5157	1.8603	2.2788	2.7860	3.3996	4.1406	5.0338	6.1088	7.4002	8.9492	10.804	13.021
22	1.2447	1.5460	1.9161	2.3699	2.9253	3.6035	4.4304	5.4365	6.6586	8.1403	9.9336	12.100	14.714
23	1.2572	1.5769	1.9736	2.4647	3.0715	3.8197	4.7405	5.8715	7.2579	8.2543	11.026	13.552	16.627
24	1.2697	1.6084	2.0328	2.5633	3.2251	4.0489	5.0724	6.3412	7.9111	9.8497	12.239	15.179	18.788
25	1.2824	1.6406	2.0938	2.6658	3.3864	4.2919	5.4274	6.8485	8.6231	10.835	13.585	17.000	21.231
26	1.2953	1.6734	2.1566	2.7725	3.5557	4.5494	5.8074	7.3964	9.3992	11.918	15.080	19.040	23.991
27	1.3082	1.7069	2.2213	2.8834	3.7335	4.8823	6.2139	7.9881	10.245	13.110	16.739	21.325	27.109
28	1.3213	1.7410	2.2879	2.9987	3.9201	5.1117	6.6489	8.6271	11.167	14.421	18.580	23.884	30.633
29	1.3345	1.7758	2.3566	3.1187	4.1161	5.4184	7.1143	9.3173	12.172	15.863	20.624	26.750	34.616
30	1.3478	1.8114	2.4273	3.2434	4.3219	5.7435	7.6123	10.063	13.268	17.449	22.892	29.960	39.116
40	1.4889	2.2080	3.2620	4.8010	7.0400	10.286	14.974	21.725	31.409	45.259	65.001	93.051	132.78
50	1.6446	2.6916	4.3839	7.1067	11.467	18.420	29.457	46.902	74.358	117.39	184.56	289.00	450.74
60	1.8167	3.2810	5.8916	10.520	18.679	32.988	57.946	101.26	176.03	304.48	524.06	897.60	1 530.1

续表

n\i%	14	15	16	17	18	19	20	24	25	28	30	32	36
1	1.1400	1.1500	1.1600	1.1700	1.1800	1.1900	1.2000	1.2400	1.2500	1.2800	1.3000	1.3200	1.3600
2	1.2996	1.3225	1.3456	1.3689	1.3924	1.4161	1.4400	1.5376	1.5625	1.6384	1.6900	1.7424	1.8496
3	1.4815	1.5209	1.5609	1.6016	1.6430	1.6852	1.7280	1.9066	1.9531	2.0972	2.1970	2.3000	2.5155
4	1.6890	1.7490	1.8106	1.8739	1.9388	2.0053	2.0736	2.3642	2.4414	2.6844	2.8561	3.0360	3.4210
5	1.9254	2.0114	2.1003	2.1924	2.2878	2.3864	2.4883	2.9316	3.0518	3.4360	3.7129	4.0075	4.6526
6	2.1950	2.3131	2.4364	2.5652	2.6996	2.8398	2.9860	3.6352	3.8147	4.3980	4.8268	5.2899	6.3275
7	2.5023	2.6600	2.8262	3.0012	3.1855	3.3793	3.5832	4.5077	4.7684	5.6295	6.2749	6.9826	8.6054
8	2.8526	3.0590	3.2784	3.5115	3.7589	4.0214	4.2998	5.5895	5.9605	7.2058	8.1573	9.2170	11.703
9	3.2519	3.5179	3.8030	4.1084	4.4355	4.7854	5.1598	6.9310	7.4506	9.2234	10.604	12.166	15.917
10	3.7072	4.0456	4.4114	4.8068	5.2338	5.6947	6.1917	8.5944	9.3132	11.806	13.786	16.060	21.647
11	4.2262	4.6524	5.1173	5.6240	6.1759	6.7767	7.4301	10.657	11.642	15.112	17.922	21.199	29.439
12	4.8179	5.3503	5.9360	6.5801	7.2876	8.0642	8.9161	13.215	14.552	19.343	23.298	27.983	40.037
13	5.4924	6.1528	6.8858	7.6987	8.5994	9.5964	10.699	16.386	18.190	24.759	30.288	36.937	54.451
14	6.2613	7.0757	7.9875	9.0075	10.147	11.420	12.839	20.319	22.737	31.691	39.374	48.757	74.053
15	7.1379	8.1371	9.2655	10.539	11.974	13.590	15.407	25.196	28.422	40.565	51.186	64.359	100.71
16	8.1372	9.3576	10.748	12.330	14.129	16.172	18.488	31.243	35.527	51.923	66.542	84.954	136.97
17	9.2765	10.761	12.468	14.426	16.672	19.244	22.186	38.741	44.409	66.461	86.504	112.14	186.28
18	10.575	12.375	14.463	16.879	19.673	22.901	26.623	48.039	55.511	86.071	112.46	148.02	253.34
19	12.056	14.232	16.777	19.748	23.214	27.252	31.948	59.568	69.389	108.89	146.19	195.39	344.54
20	13.743	16.367	19.461	23.106	27.393	32.429	38.338	73.864	86.736	139.38	190.05	257.92	468.57
21	15.668	18.822	22.574	27.034	32.324	38.591	46.005	91.592	108.42	178.41	247.06	340.45	637.26
22	17.861	21.645	26.186	31.629	38.142	45.953	55.206	113.57	135.53	228.36	321.18	449.39	866.67
23	20.362	24.891	30.376	37.006	45.008	54.649	66.247	140.83	169.41	292.30	417.54	593.20	1 178.7
24	23.212	28.625	35.236	43.297	53.109	65.032	79.497	174.63	211.76	374.14	542.80	783.02	1 603.0
25	26.462	32.919	40.874	50.658	62.669	77.388	95.396	216.54	264.70	478.90	705.64	1 033.6	2 180.1
26	30.167	37.857	47.414	59.270	73.949	92.092	114.48	268.51	330.87	613.00	917.33	1 364.3	2 964.9
27	34.390	43.535	55.000	69.345	87.260	109.59	137.37	332.95	413.59	784.64	1 192.5	1 800.9	4 032.3
28	39.204	50.066	63.800	81.134	102.97	130.41	164.84	412.86	516.99	1004.3	1 550.3	2 377.2	5 483.9
29	44.693	57.575	74.009	94.927	121.50	155.19	197.81	511.95	646.23	1 285.6	2 015.4	3 137.9	7 458.1
30	50.950	66.212	85.850	111.07	143.37	184.68	237.38	634.82	807.79	1 645.5	2 620.0	4 142.1	10 143
40	188.88	267.86	378.72	533.87	750.38	1 051.7	1 469.8	5 455.9	7 523.2	19 427	36 119	66 521	*
50	700.23	1 083.7	1 670.7	2 566.2	3 927.4	5 988.9	9 100.4	46 890	70 065	*	*	*	*
60	2 595.9	4 384.0	7 370.2	12 335	20 555	34 105	56 348	*	*	*	*	*	*

二、复利现值系数表（P/F，i，n）

n\i%	1	2	3	4	5	6	7	8	9	10	11	12	13	14	15
1	0.9901	0.9804	0.9709	0.9615	0.9524	0.9434	0.9346	0.9259	0.9174	0.9091	0.9009	0.8929	0.8850	0.8772	0.8696
2	0.9803	0.9612	0.9426	0.9246	0.9070	0.8900	0.8734	0.8573	0.8417	0.8264	0.8116	0.7972	0.7831	0.7695	0.7561
3	0.9706	0.9423	0.9151	0.8890	0.8638	0.8396	0.8163	0.7938	0.7722	0.7513	0.7312	0.7118	0.6931	0.6750	0.6575
4	0.9610	0.9238	0.8885	0.8548	0.8227	0.7921	0.7629	0.7350	0.7084	0.6830	0.6587	0.6355	0.6133	0.5921	0.5718
5	0.9515	0.9057	0.8626	0.8219	0.7835	0.7473	0.7130	0.6806	0.6499	0.6209	0.5935	0.5674	0.5428	0.5194	0.4972
6	0.9420	0.8880	0.8375	0.7903	0.7462	0.7050	0.6663	0.6302	0.5963	0.5645	0.5346	0.5066	0.4803	0.4556	0.4323
7	0.9327	0.8706	0.8131	0.7599	0.7107	0.6651	0.6227	0.5835	0.5470	0.5132	0.4817	0.4523	0.4251	0.3996	0.3759
8	0.9235	0.8535	0.7894	0.7307	0.6768	0.6274	0.5820	0.5403	0.5019	0.4665	0.4339	0.4039	0.3762	0.3506	0.3269
9	0.9143	0.8368	0.7664	0.7026	0.6446	0.5919	0.5439	0.5002	0.4604	0.4241	0.3909	0.3606	0.3329	0.3075	0.2843
10	0.9053	0.8203	0.7441	0.6756	0.6139	0.5584	0.5083	0.4632	04224	0.3855	0.3522	0.3220	0.2946	0.2697	0.2472
11	0.8963	0.8043	0.7224	0.6496	0.5847	0.5268	0.4751	0.4289	0.3875	0.3505	0.3173	0.2875	0.2607	0.2366	0.2149
12	0.8874	0.7885	0.7014	0.6246	0.5568	0.4970	0.4440	0.3971	0.3555	0.3186	0.2858	0.2567	0.2307	0.2076	0.1869
13	0.8787	0.7730	0.6810	0.6006	0.5303	0.4688	0.4150	0.3677	0.3262	0.2897	0.2575	0.2292	0.2042	0.1821	0.1625
14	0.8700	0.7579	0.6611	0.5775	0.5051	0.4423	0.3878	0.3405	0.2992	0.2633	0.2320	0.2046	0.1807	0.1597	0.1413
15	0.8613	0.7430	0.6419	0.5553	0.4810	0.4173	0.3624	0.3152	0.2745	0.2394	0.2090	0.1827	0.1599	0.1401	0.1229
16	0.8528	0.7284	0.6232	0.5339	0.4581	0.3936	0.3387	0.2919	0.2519	0.2176	0.1883	0.1631	0.1415	0.1229	0.1069
17	0.8444	0.7142	0.6050	0.5134	0.4363	0.3714	0.3166	0.2703	0.2311	0.1978	0.1696	0.1456	0.1252	0.1078	0.0929
18	0.8360	0.7002	0.5874	0.4936	0.4155	0.3503	0.2959	0.2502	0.2120	0.1799	0.1528	0.1300	0.1108	0.0946	0.0808
19	0.8277	0.6864	0.5703	0.4746	0.3957	0.3305	0.2765	0.2317	0.1945	0.1635	0.1377	0.1161	0.0981	0.0829	0.0703
20	0.8195	0.6730	0.5537	0.4564	0.3769	0.3118	0.2584	0.2145	0.1784	0.1486	0.1240	0.1037	0.0868	0.0728	0.0611
21	0.8114	0.6598	0.5375	0.4388	0.3589	0.2942	0.2415	0.1987	0.1637	0.1351	0.1117	0.0926	0.0768	0.0638	0.0531
22	0.8034	0.6468	0.5219	0.4220	0.3418	0.2775	0.2257	0.1839	0.1502	0.1228	0.1007	0.0826	0.0680	0.0560	0.0462
23	0.7954	0.6342	0.5067	0.4057	0.3256	0.2618	0.2109	0.1703	0.1378	0.1117	0.0907	0.0738	0.0601	0.0491	0.0402
24	0.7876	0.6217	0.4919	0.3901	0.3101	0.2470	0.1971	0.1577	0.1264	0.1015	0.0817	0.0659	0.0532	0.0431	0.0349
25	0.7798	0.695	0.4776	0.3751	0.2953	0.2330	0.1842	0.1460	0.1160	0.0923	0.0736	0.0588	0.0471	0.0378	0.0304
26	0.7720	0.5976	0.4637	0.3604	0.2812	0.2198	0.1722	0.1352	0.1064	0.0839	0.0663	0.0525	0.0417	0.0331	0.0264
27	0.7644	0.5859	0.4502	0.3468	0.2678	0.2074	0.1609	0.1252	0.0976	0.0763	0.0597	0.0469	0.0369	0.0291	0.0230
28	0.7568	0.5744	0.4371	0.3335	0.2551	0.1956	0.1504	0.1159	0.0895	0.0693	0.0538	0.0419	0.0326	0.0255	0.0200
29	0.7493	0.5631	0.4243	0.3207	0.2429	0.1846	0.1406	0.1073	0.0822	0.0630	0.0485	0.0374	0.0289	0.0224	0.0174
30	0.7419	0.5521	0.4120	0.3083	0.2314	0.1741	0.1314	0.0994	0.0754	0.0573	0.0437	0.0334	0.0256	0.0196	0.0151
35	0.7059	0.5000	0.3554	0.2534	0.1813	0.1301	0.0937	0.0676	0.0490	0.0356	0.0259	0.0189	0.0139	0.0102	0.0075
40	0.6717	0.4529	0.3066	0.2083	0.1420	0.0972	0.0668	0.0460	0.0318	0.0221	0.0154	0.0107	0.0075	0.0053	0.0037
45	0.6391	0.4102	0.2644	0.1712	0.1113	0.0727	0.0476	0.0313	0.0207	0.0137	0.0091	0.0061	0.0041	0.0027	0.0019
50	0.6080	0.3715	0.2281	0.1407	0.0872	0.0543	0.0339	0.0213	0.0134	0.0085	0.0054	0.0035	0.0022	0.0014	0.0009
55	0.5785	0.3365	0.1968	0.1157	0.0683	0.0406	0.0242	0.0145	0.0087	0.0053	0.0032	0.0020	0.0012	0.0007	0.0005

续表

n\i%	16	17	18	19	20	24	25	28	30	32	35	36	40	50
1	0.8621	0.8547	0.8475	0.8403	0.8333	0.8065	0.8000	0.7813	0.7692	0.7576	0.7407	0.7353	0.7143	0.6667
2	0.7432	0.7305	0.7182	0.7062	0.6944	0.6504	0.6400	0.6104	0.5917	0.5739	0.5487	0.5407	0.5102	0.4444
3	0.6407	0.6244	0.6086	0.5934	0.5787	0.5245	0.5120	0.4768	0.4552	.04348	0.4064	0.3975	0.3644	0.2963
4	0.5523	0.5337	0.5158	0.4987	0.4823	0.4230	0.4096	0.3725	0.3501	0.3294	0.3011	0.2923	0.2603	0.1975
5	0.4762	0.4561	0.4371	0.4190	0.4019	0.3411	0.3277	0.2910	0.2693	0.2495	0.2230	0.2149	0.1859	0.1317
6	0.4104	0.3898	0.3704	0.3521	0.3349	0.2751	0.2621	0.2274	0.2072	0.1890	0.1652	0.1580	0.1328	0.0878
7	0.3538	0.3332	0.3139	0.2959	0.2791	0.2218	0.2097	0.1776	0.1594	0.1432	0.1224	0.1162	0.0949	0.0585
8	0.3050	0.2848	0.2660	0.2487	0.2326	0.1789	0.1677	0.1388	0.1226	0.1085	0.0906	0.0854	0.0678	0.0390
9	0.2630	0.2434	0.2255	0.2090	0.1938	0.1443	0.1342	0.1084	0.0943	0.0822	0.0671	0.0628	0.0484	0.0260
10	0.2267	0.2080	0.1911	0.1756	0.1615	0.1164	0.1074	0.0847	0.0725	0.0623	0.0497	0.0462	0.0346	0.0173
11	0.1954	0.1778	0.1619	0.1476	0.1346	0.0938	0.0859	0.0662	0.0558	0.0472	0.0368	0.0340	0.0247	0.0116
12	0.1685	0.1520	0.1373	0.1240	0.1122	0.0757	0.0687	0.0517	0.0429	0.0357	0.0273	0.0250	0.0176	0.0077
13	0.1452	0.1299	0.1163	0.1042	0.0935	0.0610	0.0550	0.0404	0.0330	0.0271	0.0202	0.0184	0.0126	0.0051
14	0.1252	0.1110	0.0985	0.0876	0.0779	0.0492	0.0440	0.0316	0.0254	0.0205	0.0150	0.0135	0.0090	0.0034
15	0.1079	0.0949	0.0835	0.0736	0.0649	0.0397	0.0352	0.0247	0.0195	0.0155	0.0111	0.0099	0.0064	0.0023
16	0.0930	0.0811	0.0709	0.0618	0.0541	0.0320	0.0281	0.0193	0.0150	0.0118	0.0082	0.0073	0.0046	0.0015
17	0.0802	0.0693	0.0600	0.0520	0.0451	0.0259	0.0225	0.0150	0.0116	0.0089	0.0061	0.0054	0.0033	0.0010
18	0.0691	0.0592	0.0508	0.0437	0.0376	0.0208	0.0180	0.0118	0.0089	0.0068	0.0045	0.0039	0.0023	0.0007
19	0.0596	0.0506	0.0431	0.0367	0.0313	0.0168	0.0144	0.0092	0.0068	0.0051	0.0033	0.0029	0.0017	0.0005
20	0.0514	0.0433	0.0365	0.0308	0.0261	0.0135	0.0115	0.0072	0.0053	0.0039	0.0025	0.0021	0.0012	0.0003
21	0.0443	0.0370	0.0309	0.0259	0.0217	0.0109	0.0092	0.0056	0.0040	0.0029	0.0018	0.0016	0.0009	0.0002
22	0.0382	0.0316	0.0262	0.0218	0.0181	0.0088	0.0074	0.0044	0.0031	0.0022	0.0014	0.0012	0.0006	0.0001
23	0.0329	0.0270	0.0222	0.0183	0.0151	0.0071	0.0059	0.0034	0.0024	0.0017	0.0010	0.0008	0.0004	0.0001
24	0.0284	0.0231	0.0188	0.0154	0.0126	0.0057	0.0047	0.0027	0.0018	0.0013	0.0007	0.0006	0.0003	0.0001
25	0.0245	0.0197	0.0160	0.0129	0.0105	0.0046	0.0038	0.0021	0.0014	0.0010	0.0006	0.0005	0.0002	*
26	0.0211	0.0169	0.0135	0.0109	0.0087	0.0037	0.0030	0.0016	0.0011	0.0007	0.0004	0.0003	0.0002	*
27	0.0182	0.0144	0.0115	0.0091	0.0073	0.0030	0.0024	0.0013	0.0008	0.0006	0.0003	0.0002	0.0001	*
28	0.0157	0.0123	0.0097	0.0077	0.0061	0.0024	0.0019	0.0010	0.0006	0.0004	0.0002	0.0002	0.0001	*
29	0.0135	0.0105	0.0082	0.0064	0.0051	0.0020	0.0015	0.0008	0.0005	0.0003	0.0002	0.0001	0.0001	*
30	0.0116	0.0090	0.0070	0.0054	0.0042	0.0016	0.0012	0.0006	0.0004	0.0002	0.0001	0.0001	*	*
35	0.0055	0.0041	0.0030	0.0023	0.0017	0.0005	0.0004	0.0002	0.0001	0.0001	*	*	*	*
40	0.0026	0.0019	0.0013	0.0010	0.0007	0.0002	0.0001	0.0001	*	*	*	*	*	*
45	0.0013	0.0009	0.0006	0.0004	0.0003	0.0001	*	*	*	*	*	*	*	*
50	0.0006	0.0004	0.0003	0.0002	0.0001	*	*	*	*	*	*	*	*	*
55	0.0003	0.0002	0.0001	.0.0001	*	*	*	*	*	*	*	*	*	*

三、年金终值系数表（F/A，i，n）

n\i%	1	2	3	4	5	6	7	8	9	10	11	12	13
1	1.0000	1.0000	1.0000	1.0000	1.0000	1.0000	1.0000	1.0000	1.0000	1.0000	1.000	1.0000	1.000
2	2.0100	2.0200	2.0300	2.0400	2.0500	2.0600	2.0700	2.0800	2.0900	2.1000	2.110	2.1200	2.130
3	3.0301	3.0604	3.0909	3.1216	3.1525	3.1836	3.2149	3.2464	3.2781	3.3100	3.342	2.3744	3.407
4	4.0604	4.1216	4.1836	4.2465	4.3101	4.3746	4.4399	4.5061	4.5731	4.6410	4.710	4.7793	4.850
5	5.1010	5.2040	5.3091	5.4163	5.5256	5.6371	5.7507	5.8666	5.9847	6.1051	6.228	6.3528	6.480
6	6.1520	6.3081	6.4684	6.6330	6.8019	6.9753	7.1533	7.3359	7.523	7.7156	7.913	8.1152	8.323
7	7.2135	7.4343	7.6625	7.8983	8.1420	8.3938	8.6540	8.9228	9.200	9.4872	9.783	10.089	10.405
8	8.2857	8.5830	8.8923	9.2142	9.5491	9.8975	10.260	10.637	11.028	11.436	11.859	12.300	12.757
9	9.3685	9.7546	10.159	10.583	11.027	11.491	11.978	12.488	13.021	13.579	14.164	14.776	15.416
10	10.462	10.950	11.464	12.006	12.578	13.181	13.816	14.487	15.193	15.937	16.722	17.549	18.420
11	11.567	12.169	12.808	13.486	14.207	14.972	15.784	16.645	17.560	18.531	19.561	20.655	21.814
12	12.683	13.412	14.192	15.026	15.917	16.870	17.888	18.977	20.141	21.384	22.713	24.133	25.650
13	13.809	14.680	15.618	16.627	17.713	18.882	20.141	21.495	22.953	24.523	26.212	28.029	29.985
14	14.947	15.974	17.086	18.292	19.599	21.015	22.550	24.215	26.019	27.975	30.095	32.393	34.883
15	16.097	17.293	18.599	20.024	21.579	23.276	25.129	27.152	29.361	31.772	34.405	37.280	40.417
16	17.258	18.639	20.157	21.825	23.657	25.673	27.888	30.324	33.003	35.950	39.190	42.753	46.672
17	18.430	20.012	21.762	23.698	25.840	28.213	30.840	33.750	36.974	40.545	44.501	48.884	53.739
18	19.615	21.412	23.414	25.645	28.132	30.906	33.999	37.450	41.301	45.599	50.396	55.750	61.725
19	20.811	22.841	25.117	27.671	30.539	33.760	37.379	41.446	46.018	51.159	56.939	63.440	70.749
20	22.019	24.297	26.870	29.778	33.066	36.786	40.995	45.762	51.160	57.275	64.203	72.052	80.947
21	23.239	25.783	28.676	31.969	35.719	39.993	44.865	50.423	56.765	64.002	72.265	81.699	92.470
22	24.472	27.299	30.537	34.248	38.505	43.392	49.006	55.457	62.873	71.403	81.214	92.503	105.49
23	25.716	28.845	32.453	36.618	41.430	46.996	53.436	60.883	69.532	79.543	91.148	104.60	120.20
24	26.973	30.422	34.426	39.083	44.502	50.816	58.177	66.765	76.790	88.497	102.17	118.16	136.83
25	28.243	32.030	36.459	41.646	47.727	54.865	63.249	73.106	84.701	98.347	114.41	133.33	155.62
26	29.526	33.671	38.553	44.312	51.113	59.156	68.676	79.954	93.324	109.18	128.00	150.33	176.85
27	30.821	35.344	40.710	47.084	54.669	63.706	74.484	87.351	102.72	121.10	143.08	169.37	200.84
28	32.129	37.051	42.931	49.968	58.403	68.528	80.698	95.339	112.97	134.21	159.82	190.70	227.95
29	33.450	38.792	45.219	52.966	62.323	73.640	87.347	103.97	124.14	148.63	178.40	214.58	258.58
30	34.785	40.588	47.575	56.085	66.439	79.058	94.461	113.28	136.31	164.49	199.02	241.33	293.20
40	48.886	60.402	75.401	95.026	120.80	154.76	199.64	259.06	337.89	442.59	581.83	767.09	1 013.7
50	64.463	84.579	112.80	152.67	209.35	290.34	406.53	573.77	815.08	1 163.9	1 668.8	2 400.0	3 459.5
60	81.670	114.05	163.05	237.99	353.58	533.13	813.52	1 253.2	1 944.8	3 034.8	4 755.1	7 471.6	11 762

续表

n\i%	14	15	16	17	18	19	20	24	25	28	30	32	36
1	1.0000	1.0000	1.0000	1.000	1.0000	1.000	1.0000	1.0000	1.000	1.0000	1.000	1.0000	1.0000
2	2.1400	2.1500	2.1600	2.170	2.1800	2.190	2.2000	2.2400	2.250	2.2800	2.300	2.3200	2.3600
3	3.4396	3.4725	3.5056	3.539	3.5724	3.606	3.6400	3.7776	3.813	3.9184	3.990	3.0624	3.2096
4	4.9211	4.9934	5.0665	5.141	5.2154	5.291	5.3680	5.6842	5.766	6.0156	6.187	6.3624	6.7251
5	6.6101	6.7424	6.8771	7.014	7.1542	7.297	7.4416	8.0484	8.027	8.6999	9.043	9.3983	10.146
6	8.5355	8.7537	8.9775	9.207	9.4420	9.683	9.9299	10.980	11.259	12.136	12.756	13.406	14.799
7	10.730	11.067	11.414	11.772	12.142	12.523	12.916	14.615	15.073	16.534	17.583	18.696	21.126
8	13.233	13.727	14.240	14.773	15.327	15.902	16.499	19.123	19.842	22.163	23.858	25.678	29.732
9	16.085	16.786	17.519	18.285	19.086	19.923	20.799	24.712	25.802	29.369	32.015	34.895	41.435
10	19.337	20.304	21.321	22.393	23.521	24.701	25.959	31.643	33.253	38.593	42.619	47.062	57.352
11	23.045	24.349	25.733	27.200	28.755	30.404	32.150	40.238	42.566	50.398	56.405	63.122	78.998
12	27.271	29.002	30.850	32.824	34.931	37.180	39.581	50.895	54.208	65.510	74.327	84.320	108.44
13	32.089	34.352	36.786	39.404	42.219	45.244	48.497	64.110	68.760	84.853	97.625	112.30	148.47
14	37.581	40.505	43.672	47.103	50.818	54.841	59.196	80.496	86.949	109.61	127.91	149.24	202.93
15	43.842	47.580	51.660	56.110	60.965	66.261	72.035	100.82	109.69	141.30	167.29	198.00	276.98
16	50.980	55.717	60.925	66.649	72.939	79.850	87.442	126.01	138.11	181.87	218.47	262.36	377.69
17	59.118	65.075	71.673	78.979	87.068	96.022	105.93	157.25	173.64	233.79	285.01	347.31	514.66
18	68.394	75.836	84.141	93.406	103.74	115.27	128.12	195.99	218.05	300.25	371.52	459.45	770.94
19	78.969	88.212	98.603	110.29	123.41	138.17	154.74	244.03	273.56	385.32	483.97	607.47	954.28
20	91.025	102.44	115.38	130.03	146.63	165.42	186.69	303.60	342.95	494.21	630.17	802.86	1 298.8
21	104.77	118.81	134.84	153.14	174.02	197.85	225.03	377.46	429.68	633.59	820.22	1 060.8	1 767.4
22	120.44	137.63	157.41	180.17	206.34	236.44	271.03	469.06	538.10	812.00	1 067.3	1 401.2	2 404.7
23	138.30	159.28	183.60	211.80	244.49	282.36	326.24	582.63	673.63	1 040.4	1 388.5	1 850.6	3 271.3
24	158.66	184.17	213.98	248.81	289.49	337.01	392.48	723.46	843.03	1 332.7	1 806.0	2 443.8	4 450.0
25	181.87	212.79	249.21	292.10	342.60	402.04	471.98	898.09	1 054.8	1 706.8	2 348.8	3 226.8	6 053.0
26	208.33	245.71	290.09	342.76	405.27	479.43	567.38	1 114.6	1 319.5	2 185.7	3 054.4	4 260.4	8 233.1
27	238.50	283.57	337.50	402.03	479.22	571.52	681.85	1 383.1	1 650.4	2 798.7	3 971.8	5 624.8	11 198.0
28	272.89	327.10	392.50	471.38	566.48	681.11	819.22	1 716.1	2 064.0	3 583.3	5 164.3	7 425.7	15 230.3
29	312.09	377.17	456.30	552.51	669.45	811.52	984.07	2 129.0	2 580.9	4 587.7	6 714.6	9 802.9	20 714.2
30	356.79	434.75	530.31	647.44	790.95	966.7	1 181.9	2 640.9	3 227.2	5 873.2	8 730.0	12 941	28 172.3
40	1 342.0	1 779.1	2 360.8	3 134.5	4 163.2	5 519.8	7 343.9	22 729	30 089	69 377	120 393	*	*
50	4 994.5	7 217.7	10 436	15 090	21 813	31 515	45 497	*	280 256	*	165 976	*	*
60	18 535	29 220	46 058	72 555	*	*	*	*	*	*	*	*	*

四、年金现值系数表（P/A，i，n）

n\i%	1	2	3	4	5	6	7	8	9	10	11	12	13	14
1	0.9901	0.9804	0.9709	0.9615	0.9524	0.9434	0.9346	0.9259	0.9174	0.9091	0.9009	0.8929	0.8850	0.8772
2	1.9704	1.9416	1.9135	1.8861	1.8594	1.8334	1.8080	1.7833	1.7591	1.7355	1.7125	1.6901	1.6681	1.6467
3	2.9410	2.8839	2.8286	2.7751	2.7232	2.6730	2.6243	2.5771	2.5313	2.4869	2.4437	2.4018	2.3612	2.3216
4	3.9020	3.8077	3.7171	3.6299	3.5460	3.4651	3.3872	3.3121	3.2397	3.1699	3.1024	3.0373	2.9745	2.9137
5	4.8534	4.7135	4.5797	4.4518	4.3295	4.2124	4.1002	3.9927	3.8897	3.7908	3.6959	3.6048	3.5172	3.4331
6	5.7955	5.6014	5.4172	5.2421	5.0757	4.9173	4.7665	4.6229	4.4859	4.3553	4.2305	4.1114	3.9975	3.8887
7	6.7282	6.4720	6.2303	6.0021	5.7864	5.5824	5.3893	5.2064	5.0330	4.8684	4.7122	4.5638	4.4226	4.2882
8	7.6517	7.3255	7.0197	6.7327	6.4632	6.2098	5.9713	5.7466	5.5348	5.3349	5.1461	4.9676	4.7988	4.6389
9	8.5660	8.1622	7.7861	7.4353	7.1078	6.8017	6.5152	6.2469	5.9952	5.7590	5.5370	5.3282	5.1317	4.9464
10	9.4713	8.9826	8.5302	8.1109	7.7217	7.3601	7.0236	6.7101	6.4177	6.1446	5.8892	5.6502	5.4262	5.2161
11	10.3676	9.7868	9.2526	8.7605	8.3064	7.8869	7.4987	7.1390	6.8052	6.4951	6.2065	5.9377	5.6869	5.4527
12	11.2551	10.5753	9.9540	9.3851	8.8633	8.3838	7.9427	7.5361	7.1607	6.8137	6.4924	6.1944	5.9176	5.6603
13	12.1337	11.3484	10.6350	9.9856	9.3936	8.8527	8.3577	7.9038	7.4869	7.1034	6.7499	6.4235	6.1218	5.8424
14	13.0037	12.1062	11.2961	10.5631	9.8986	9.2950	8.7455	8.2442	7.7862	7.3667	6.9819	6.6282	6.3025	6.0021
15	13.8651	12.8493	11.9379	11.1184	10.3797	9.7122	9.1079	8.5595	8.0607	7.6061	7.1909	6.8109	6.4624	6.1422
16	14.7179	13.5777	12.5611	11.6523	10.8378	10.1059	9.4466	8.8514	8.3126	7.8237	7.3792	6.9740	6.6039	6.2651
17	15.5623	14.2919	13.1661	12.1657	11.2741	10.4773	9.7632	9.1216	8.5436	8.0216	7.5488	7.1196	6.7291	6.3729
18	16.3983	14.9920	13.7535	12.6592	11.6896	10.8276	10.0591	9.3719	8.7556	8.2014	7.7016	7.2497	6.8399	6.4674
19	17.2260	15.6785	14.3238	13.1339	12.0853	11.1581	10.3356	9.6036	8.9501	8.3649	7.8393	7.3658	6.9380	6.5504
20	18.0456	16.3514	14.8775	13.5903	12.4622	11.4699	10.5940	9.8181	9.1285	8.5136	7.9633	7.4694	7.0248	6.6231
21	18.8570	17.0112	15.4150	14.0292	12.8212	11.7641	10.8355	10.0168	9.2922	8.6487	8.0751	7.5620	7.1016	6.6870
22	19.6604	17.6580	15.9369	14.4511	13.1630	12.0416	11.0612	10.2007	9.4424	8.7715	8.1757	7.6446	7.1695	6.7429
23	20.4558	18.2922	16.4436	14.8568	13.4886	12.3034	11.2722	10.3711	9.5802	8.8832	8.2664	7.7184	7.2297	6.7921
24	21.2434	18.9139	16.9355	15.2470	13.7986	12.5504	11.4693	10.5288	9.7066	8.9847	8.3481	7.7843	7.2829	6.8351
25	22.0232	19.5235	17.4131	15.6221	14.0939	12.7834	11.6536	10.6748	9.8226	9.0770	8.4217	7.8431	7.3300	6.8729
26	22.7952	20.1210	17.8768	15.9828	14.3752	13.0032	11.8258	10.8100	9.9290	9.1609	8.4881	7.8957	7.3717	6.9061
27	23.5596	20.7095	18.3270	16.3296	14.6430	13.2105	11.9867	10.9352	10.0266	9.2372	8.5478	7.9426	7.4086	6.9352
28	24.3164	21.2813	18.7641	16.6631	14.8981	13.4062	12.1371	11.0511	10.1161	9.3066	8.6016	7.9844	7.4412	6.9607
29	25.0658	21.8444	19.1885	16.9837	15.1411	13.5907	12.2777	11.1584	10.1983	9.3696	8.6501	8.0218	7.4701	6.9830
30	25.8077	22.3965	19.6004	17.2920	15.3725	13.7648	12.4090	11.2578	10.2737	9.4269	8.6938	8.0552	7.4957	7.0027
35	29.4086	24.9986	21.4872	18.6646	16.3742	14.4982	12.9477	11.6546	10.5668	9.6442	8.8552	8.1755	7.5856	7.0700
40	32.8347	27.3555	23.1148	19.7928	17.1591	15.0463	13.3317	11.9246	10.7574	9.7791	8.9511	8.2438	7.6344	7.1050
45	36.0945	29.4902	24.5187	20.7200	17.7741	15.4558	13.6055	12.1084	10.8812	9.8628	9.0079	8.2825	7.6609	7.1232
50	39.1961	31.4236	25.7298	21.4822	18.2559	15.7619	13.8007	12.2335	10.9617	9.9148	9.0417	8.3045	7.6752	7.1327
55	42.1472	33.1748	26.7744	22.1086	18.6335	15.9905	13.9399	12.3186	11.0140	9.9471	9.0617	8.3170	7.6830	7.1376

续表

n\i%	15	16	17	18	19	20	24	25	28	30	32	35	40	50
1	0.8696	0.8621	0.8547	0.8475	0.8403	0.8333	0.8065	0.8000	0.7813	0.7692	0.7576	0.7407	0.7143	0.6667
2	1.6257	1.6052	1.5852	1.5656	1.5465	1.5278	1.4568	1.4400	1.3916	1.3609	1.3315	1.2894	1.2245	1.1111
3	2.2832	2.2459	2.2096	2.1743	2.1399	2.1065	1.9813	1.9520	1.8684	1.8161	1.7663	1.6959	1.5889	1.4074
4	2.8550	2.7982	2.7432	2.6901	2.6386	2.5887	2.4043	2.3616	2.2410	2.1662	2.0957	1.9969	1.8492	1.6049
5	3.3522	3.2743	3.1993	3.1272	3.0576	2.9906	2.7454	2.6893	2.5320	2.4356	2.3452	2.2200	2.0352	1.7366
6	3.7845	3.6847	3.5892	3.4976	3.4098	3.3255	3.0205	2.9514	2.7594	2.6427	2.5342	2.3852	2.1680	1.8244
7	4.1604	4.0386	3.9224	3.8115	3.7057	3.6046	3.2423	3.1611	2.9370	2.8021	2.6775	2.5075	2.2628	1.8829
8	4.4873	4.3436	4.2072	4.0776	3.9544	3.8372	3.4212	3.3289	3.0758	2.9247	2.7860	2.5982	2.3306	1.9219
9	4.7716	4.6065	4.4506	4.3030	4.1633	4.0310	3.5655	3.4631	3.1842	3.0190	2.8681	2.6653	2.3790	1.9480
10	5.0188	4.8332	4.6586	4.4941	4.3389	4.1925	3.6819	3.5705	3.2689	3.0915	2.9304	2.7150	2.4136	1.9653
11	5.2337	5.0286	4.8364	4.6560	4.4865	4.3271	3.7757	3.6564	3.3351	3.1473	2.9776	2.7519	2.4383	1.9769
12	5.4206	5.1971	4.9884	4.7932	4.6105	4.4392	3.8514	3.7251	3.3868	3.1903	3.0133	2.7792	2.4559	1.9846
13	5.5831	5.3423	5.1183	4.9095	4.7147	4.5327	3.9124	3.7801	3.4272	3.2233	3.0404	2.7994	2.4685	1.9897
14	5.7245	5.4675	5.2293	5.0081	4.8023	4.6106	3.9616	3.8241	3.4587	3.2487	3.0609	2.8144	2.4775	1.9931
15	5.8474	5.5755	5.3242	5.0916	4.8759	4.6755	4.0013	3.8593	3.4834	3.2682	3.0764	2.8255	2.4839	1.9954
16	5.9542	5.6685	5.4053	5.1624	4.9377	4.7296	4.0333	3.8874	3.5026	3.2832	3.0882	2.8337	2.4885	1.9970
17	6.0472	5.7487	5.4746	5.2223	4.9897	4.7746	4.0591	3.9099	3.5177	3.2948	3.0971	2.8398	2.4918	1.9980
18	6.1280	5.8178	5.5339	5.2732	5.0333	4.8122	4.0799	3.9279	3.5294	3.3037	3.1039	2.8443	2.4941	1.9986
19	6.1982	5.8775	5.5845	5.3162	5.0700	4.8435	4.0967	3.9424	3.5386	3.3105	3.1090	2.8476	2.4958	1.9991
20	6.2593	5.9288	5.6278	5.3527	5.1009	4.8696	4.1103	3.9539	3.5458	3.3158	3.1129	2.8501	2.4970	1.9994
21	6.3125	5.9731	5.6648	5.3837	5.1268	4.8913	4.1212	3.9631	3.5514	3.3198	3.1158	2.8519	2.4979	1.9996
22	6.3587	6.0113	5.6964	5.4099	5.1486	4.9094	4.1300	3.9705	3.5558	3.3230	3.1180	2.8533	2.4985	1.9997
23	6.3988	6.0442	5.7234	5.4321	5.1668	4.9245	4.1371	3.9764	3.5592	3.3254	3.1197	2.8543	2.4989	1.9998
24	6.4338	6.0726	5.7465	5.4509	5.1822	4.9371	4.1428	3.9811	3.5619	3.3272	3.1210	2.8550	2.4992	1.9999
25	6.4641	6.0971	5.7662	5.4669	5.1951	4.9476	4.1474	3.9849	3.5640	3.3286	3.1220	2.8556	2.4994	1.9999
26	6.4906	6.1182	5.7831	5.4804	5.2060	4.9563	4.1511	3.9879	3.5656	3.3297	3.1227	2.8560	2.4996	1.9999
27	6.5135	6.1364	5.7975	5.4919	5.2151	4.9636	4.1542	3.9903	3.5669	3.3305	3.1233	2.8563	2.4997	2.0000
28	6.5335	6.1520	5.8099	5.5016	5.2228	4.9697	4.1566	3.9923	3.5679	3.3312	3.1237	2.8565	2.4998	2.0000
29	6.5509	6.1656	5.8204	5.5098	5.2292	4.9747	4.1585	3.9938	3.5687	3.3317	3.1240	2.8567	2.4999	2.0000
30	6.5660	6.1772	5.8294	5.5168	5.2347	4.9789	4.1601	3.9950	3.5693	3.3321	3.1242	2.8568	2.4999	2.0000
35	6.6166	6.2153	5.8582	5.5386	5.2512	4.9915	4.1644	3.9984	3.5708	3.3330	3.1248	2.8571	2.5000	2.0000
40	6.6418	6.2335	5.8713	5.5482	5.2582	4.9966	4.1659	3.9995	3.5712	3.3332	3.1250	2.8571	2.5000	2.0000
45	6.6543	6.2421	5.8773	5.5523	5.2611	4.9986	4.1664	3.9998	3.5714	3.3333	3.1250	2.8571	2.5000	2.0000
50	6.6605	6.2463	5.8801	5.5541	5.2623	4.9995	4.1666	3.9999	3.5714	3.3333	3.1250	2.8571	2.5000	2.0000
55	6.6636	6.2482	5.8813	5.5549	5.2628	4.9998	4.1666	4.0000	3.5714	3.3333	3.1250	2.8571	2.5000	2.0000

附录二 各章习题参考答案①

第一章 财务管理导论

二、案例分析题

（1）（2）万科资产负债表的右上方反映了其债务筹资的来源与构成，其资产负债表右下方反映了其权益筹资的来源与构成。万科的筹资来源体现了高负债的特点，其资产流动性很大程度取决于存货的流动性。

（3）万科经营规模较大，应当选择财务管理与会计机构分设或设立公司型财务管理机构（财务公司）的模式。

（4）万科财务管理目标是企业价值最大化，实现这个目标的同时也实现了股东财富最大化。

（5）金融市场、利率政策、税收政策等因素会对万科的财务管理产生直接影响。

第二章 财务管理的价值观念

二、计算与分析题

1.投资额的终值为164 800元，每年收益的现值为187 110元。

2.终值为681 000元。

3.A=108 695元。

4.年末可取12 809元。

5.每年末应偿还金额为13.6333万元，每年初偿还金额12.623万元。

6.2016年末终值为112.4万元，2017年初的现值为107.5万元，该方案不可行。

7.期望收益值分别为：甲=23%，乙=24%，丙=24%。

收益现值的标准差分别为：甲=12.49%，乙=19.47%，丙=38.97%。

标准离差率分别为：甲=54.3%，乙=81.13%，丙=162.29%。

选择甲方案。

8.乙方案的现值为14.7707万元。应选择乙方案。

9.分期付款的现值为68.8194万元，故在有足够现金的情况下应选择一次性支付。若使两种结果无差异则每年应付4.3592万元。

10.β系数为1.2，预计收益率为10.4%。

三、案例分析题

案例一：

分别按银行存款利率和投资利润率计算住房补贴的现值，再与房屋出售的净现金流量比较。

案例二：

---

① 各章复习思考题的答案略。

1. 新房首付为180万元，张先生还需赎回基金74.8万元，基金账户余额为285.2万元。新房贷款共需270万元，其中公积金贷款为60万元。

2. 等额本息法下月供为4 033.02元。商业贷款为210万元，等额本金法下利息总额为240.44万元。孩子进入小学时距离现在正好3年6个月，届时商贷为18 413.94元。

3. 届时房贷月供总共为22 446.96元，张先生目前基金账户20年后余额为1 457.96万元。

如果他一次性付清房款，则基金账户余额为15.2万元，如果仅用该余额进行基金积累，张先生55岁时有余额77.70万元，公积金贷款利息为：

4 033.02×240−600 000=36.80（万元）

因为基金投资多获得收益1 103.02万元。

第三章 财务报表的解读与分析

二、计算与分析题

1. 营业收入为136 000元，营业成本为102 000元，毛利额为34 000元，销售费用为13 600元，财务费用为6 800元，利润总额为13 600元，所得税为5 440元，净利润为8 160元。

2. 货币资金为10 000元，应收账款为21 000元，存货为31 000元，固定资产为88 000元，资产总计150 000元，流动负债为31 000元，长期负债为59 000元，所有者权益为60 000元。

3.（1）流动比率=190.64%，速动比率=95.61%，现金比率=11.11%，负债比率=38.67%，产权比率=63.04%，已获利息倍数=11.67。

（2）应收账款周转率=3.74，存货周转率=2.93，流动资产周转率=2.65，总资产周转率=1.18。

（3）毛利率=44.11%，营业利润率=20.05%，销售净利率=13.61%，总资产报酬率=25%，资产净利润率=16%，净资产收益率=25.75%。

4. 流动比率为198.48%，低于行业平均水平2；速动比率为125.30%，高于行业平均水平1；资产负债率为61.90%，高于行业平均水平50%；已获利息倍数为1.77，低于行业平均水平4；存货周转率为7.89，高于行业平均水平6；应收账款周转率为6.74，低于行业平均水平9；毛利率为22.06%，高于行业平均水平20%；销售净利润率为2.72%，低于行业平均水平8%；净资产收益率为15.87%，高于行业平均水平10%。

三、案例分析题

从企业盈利能力、营运能力、偿债能力、资产状况和资本结构等方面分析。

第四章 筹资方式

二、计算与分析题

1.（1）本年外部筹资需求=2.2万元。

（2）销售增长幅度=25.9%。

2.（1）放弃折扣成本大于12%，应享受折扣。

（2）放弃折扣成本小于20%，应放弃折扣。

（3）延期付款放弃折扣成本=10.5%，如不影响信用，可与购货方协商延期付款。

3.贷款购买方案的净现值=28 013.83元，租赁方案的净现值=32 076元。应选择租赁设备。

三、案例分析题

1.（1）苏宁云商的权益资本由普通股股票筹资与税后利润留存形成，其中普通股股票筹资包括IPO及五次增资发行股票。

（2）苏宁云商的债务资本参见资产负债表右上方负债的金额与构成。

（3）从历年资产负债率变动及负债的构成来总结。

2.（1）从特定时期IPO的可能性、借壳资产的价格等因素来分析。

（2）上市方式有IPO、买壳、借壳，上市板块有主板和创业板，上市地区可选择境内和境外，公司应权衡利弊作出选择。

3.（1）可转换债券与普通公司债券相比的优点。

（2）参见广汽集团可转换债券发行公告。

（3）可转换债券基本要素为标的股票、转换价格、转换比率、转换期、赎回条款、回售条款和强制性转换条款等。

转换比率=债券面值÷转换价格。

（4）筹资成本低于普通股股票，便于筹集资本，有利于稳定公司股价，可以减少筹资中股东与债权人的冲突。

第五章　资本成本与资本结构

二、计算与分析题

1.（1）不考虑货币时间价值：债券成本=4.9%。

（2）考虑货币时间价值：债券成本=5.11%。

2.（1）长期债券成本=8.29%；

优先股成本=12.5%；

普通股成本=16.63%。

（2）加权平均资本成本=9.34%。

3.加权平均资本成本=11.16%<投资报酬率，筹资可行。

4.（1）无差别点EBIT=83 000；

（2）选择债券筹资；

（3）DFL=1.66倍，EPS增长率=16.6%。

5.（1）增资前：ROE=20%，DOL=2.59，DFL=1.16，DTL=3。

（2）增资后：ROE=19.71%，DOL=1.95，DFL=1.07，DTL=2.09。

不改变经营计划。

6.（1）新设备比旧设备多创造净收益30 000元；新设备投资收益率=15%>12%，投资可行。

（2）购买新设备前DOL=1.82；购买新设备后DOL=1.78。

（3）购买新设备前DFL=1.1，EPS=3元/股。购买新设备后DFL=1.19，EPS=3.39元/股。该投资可行。

三、案例分析题

1.以2011年为例，同理可知其他年份。2011年纵向资本结构及资产负债率为62.9%，横向资本结构指的是资本来源与资产构成的匹配问题。2011年百大集团流动资产总额为38.51亿元，流动负债总额为13.51亿元，表明流动资产的筹资来源中不仅包括流动负债，更主要是长期资本筹资得到满足，这意味着百大集团横向资本结构是保守型（低风险低收益）。横向资本结构和纵向资本结构是否合理就要和企业历史和行业标准做比较。

2.百大集团由百货零售业向商业性地产公司转型，经营风险会急剧放大。百货零售业的经营风险相对较小，房地产则是一个高风险领域，况且战略转型本身具有较高的风险。一般来说，经营风险相对较小的企业，能够承受较高的财务风险，也就是说，可以选择相对激进的融资策略。经营风险较大的企业，需要较低的财务风险来与之相匹配。百大集团运作商业地产所需的资金主要来自银行短期借款，债务资金与权益资金的比例由原来的2∶8放大到7∶3，财务风险激剧放大。

3.融资能力同样会制约投资规模。对百大集团来说，庆春广场商业地产项目过于庞大。2008年末百大集团账面总资产仅10.03亿元，扣除债务后的净资产仅为7.76亿元，而庆春广场商业地产项目预计投资总额高达50亿元，按70%股权比例百大集团需承担35亿元，是其原来总资产3.5倍。由于依靠自身盈利补充资金的能力有限，在支出大笔土地出让金之后，百大集团的经营现金流进一步恶化，2009年经营现金净流量为-4.5亿元，2010年为-20.58亿元。与此同时，百大集团的债务规模继续增加至25.43亿元，为其净资产的2倍余。

4.如果没有提前储备好转型的“粮草”，面对巨额的资金支付需求，通常只能借助筹集速度较快的借款来筹集，通过增发筹集权益资金需要一定的时间。如果百大集团提前筹划好战略转型资金的来源渠道和筹集方式，即使不能在需要支付土地出让金时马上筹来权益资金，也至少可以能较快地解决债务资金比例过高的问题，更不至于在资产负债率已近70%时，仍只能继续增加债务来满足项目建设资金的需求，导致公司的资本结构长期处于严重的失衡状态。

5.融资的周转循环要与投资的周转循环相匹配，否则就可能出现资金流转的严重失衡，导致企业处于“失血”状态。商业地产项目的开发周期较长，从支付土地出让金，到建设完成能够回笼资金，产生盈利，至少需要几年时间。只有权益资金和长期债务资金才能较好地满足这样长期的资金占用。如果用短期借款来筹集，一旦无法完成借新债还旧债的“接力”循环，企业就会陷入资金链断裂的泥潭。

第六章 项目投资

二、计算与分析题

1.（1）项目计算期 = 2 + 10 = 12年

固定资产年折旧额 = $\dfrac{500-40}{10}$ = 46（万元）

无形资产投资额 = 650−500−100 = 50（万元）

经营期每年总成本 = 129 + 46 +（50 ÷ 10）= 180（万元）

年税后净利润 =（380−180）×70% = 140（万元）

（2）建设期第1年年初净现金流量 = -500-50 = -550（万元）

建设期第2年年初净现金流量 = 0

建设期第2年年末净现金流量 = -100（万元）

投产后每年的营业净现金流量 = 140 + 46 + 5 = 191（万元）

项目终结点的净现金流量 = 191 + 100 + 40 = 331（万元）

2.（1）回收期：

甲项目回收期为3.57年，乙项目回收期为4.24年。

（2）会计收益率：

甲项目平均会计收益率为8%，乙项目平均会计收益率为6.77%

（3）净现值：

$NPV_{甲}$ = 1 844.4（元）

$NPV_{乙}$ = -535.98（元）

（4）现值指数：

$PI_{甲}$ = 1.06

$PI_{乙}$ = 0.99

（5）内部收益率：

$IRR_{甲}$ = 12.4%

$IRR_{乙}$ = 9.52%

甲方案明显优于乙方案，因此应选择甲方案进行投资。

3.年折旧额 =（15 600-600）÷3 = 5 000（元）

（1）未来3年的每年税后利润：

第1年税后利润=20 000+600 = 20 600（元）

第2年税后利润=20 000+1 800 = 21 800（元）

第3年税后利润=20 000+3 000 = 23 000（元）

（2）不含有风险的净现值（i = 10%）：

NPV = 1 565.8元

（3）风险调整后的净现值（i = 12%）：

NPV = 943.6元

三、案例分析题

（1）根据项目开发部经理最初的关于该投资项目的营业现金流量、现金流量、净现值以及评价结论，该项目总的现金流量为正，净现值也为正，项目开发部经理认为，按照投资决策的一般原则——接受净现值为正的项目，应采纳该项目。

（2）项目开发部经理最初的计算和评价从原理上来讲并没有错，但由于对投资决策中需要考虑的问题认识不全，所以他提供的资料没有被领导接受。数据表明，各部门领导人员对项目开发部经理提供的资料所提出的意见是中肯的。

（3）厂领导会议后，项目开发部经理修改后的计算和结论。考虑了通货膨胀引起的物价变动因素后，整个现金流量情况完全改变了，净现值也从正的变成了负的，使该方案的决策结果从“应接受”转变为“应拒绝”。

（4）企业在确定投资项目可行性的时候，需要考虑各方面的因素，不仅需要包括企业内部因素，还要包括企业外部因素；不仅要包括微观因素，还要包括宏观的各方面情况。一项重大决策，任何疏忽和遗漏都可能造成损失，甚至导致企业经营失败。

第七章　金融投资

二、计算与分析题

1.该债券发行时的价值为1 123元。

2.（1）936.92元；（2）794元。

3.S企业投资债券的名义投资收益率为9.80%。

4.该零息债券的实际投资报酬率为6.5%。

5.投资者H可接受的B公司这两种股票的最高市场价格分别为：优先股50元、普通股60元。

6.（1）D公司股票的预期投资收益率为24%；（2）D公司股票的内在价值为18.71元。

7.这笔基金投资的投资收益率为38.81%。

8.投资者愿意为此看涨期权支付的价值为16.09元。

9.看涨期权定价为12.84元。

三、案例分析题

（1）根据不同的分类标准，确定类型。该基金属于契约型、开放式、公募型、混合型（投资对象多种）、平衡型（兼顾成长与收益）基金。可结合这些基金类型的特点予以分析。

（2）根据投资组合内容看，该基金的投资组合以股票为主（约占85%）。股票投资比较分散，期末持有153只股票，行业分布以制造业为主（30%以上），但从行业细分上看，主要以房地产、制造业为主，投资比例在10%以上，卫生和社会工作行业接近10%。前5只股票的投资额比较大，占31%以上，特别是通策医疗，属于卫生和社会工作行业，体现基金管理人的投资策略是重仓股票，重视行业和个股的选择，与其描述的投资策略基本一致。

（3）基金年报中对投资风险和管理策略表述得非常具体，这里略。

第八章　流动资产投资

二、计算与分析题

1.（1）最佳现金余额为50 000元。

（2）最低现金相关总成本为5 000元。

（3）转换成本为2 500元，机会成本为2 500元。

（4）有价证券年变现次数为5次。

（5）有价证券交易间隔为72天。

2.方案二比方案一增加的利润多，故方案二较优。

3.A方案信用成本后收益为7.348万元，B方案信用成本后收益为7.88万元，所以应选B方案。

4.（1）经济订货批量=1 000单位。

（2）经济订货批量占用的资金为50 000元。

（3）经济订货批量下的存货总成本为30 000元。

（4）最佳订货次数为30次，最佳订货周期为12天。

5.（1）订货成本为2 000元。

（2）每次订货成本的限额为320元。

（3）经济订货批量为40 000千克。

（4）存货占用资金为200 000元。

三、案例分析题

（1）阿里巴巴、京东的流动资产占总资产的比重都比较大，而传统企业尤其是制造业的流动资产占总资产的比重都比较小。这说明阿里巴巴、京东都是典型的轻资产经营型企业，资产管理的重心是流动资产。

（2）阿里巴巴的流动资产主要是现金及短期投资，存货为零，应收账款比较少，现金及短期投资占流动资产的比重一般在百分之七八十，甚至更高。京东的流动资产主要是现金及短期投资和存货，现金及短期投资占流动资产的比重一般在百分之五六十，存货占流动资产的比重一般在百分之三十，而阿里巴巴的存货每年是零。以上内容显示，代表21世纪新经济的电商、互联网企业其流动资产管理的重心是现金及短期投资，而非传统企业的应收账款和存货。

（3）阿里巴巴是“轻模式”平台型电商，而京东是“重模式”的路子，自营、自己做物流、货到付款。

第九章 收益及其分配

二、计算与分析题

1.甲产品的销售利润为2万元。

2.（1）法定公积金为40万元。

（2）本年应发现金股利为337.5万元。

（3）每股股利为3.375元，每股收益为4元。

3.（1）发放股票股利后，资本公积为1 440万元，普通股股本为880万元，未分配利润为112万元。

（2）股票分割后的普通股股本为800万元，资本公积为320万元，未分配利润为1 400万元，股东权益合计为2 520万元，普通股股数为800万股。

（3）每股现金股利为0.73元。

4.（1）发放股利后：股本为1 100万元，盈余公积为500万元，资本公积为4 900万元，未分配利润为390万元。

（2）2016年发放现金股利总额为132万元，每股现金股利为0.11元。

（3）2016年不能发放现金股利。

5.（1）本年净利润为441万元。

（2）本年应计提的法定盈余公积金为44.1万元。

（3）本年可供股东分配的利润为596.9万元。

（4）每股支付的现金股利为1.12元。

（5）财务杠杆系数为1.02，已获利息倍数为50倍。

（6）风险收益率9%，投资者要求的必要收益率为17%。

（7）投资者在股价低于10.79元时，才愿意购买。

三、案例分析题

1.上市公司采用高派现的股利分配政策需要考虑经营现金流、利润、成长性和财务杠杆等前提条件。

2.上市公司股利分配政策的影响因素较多，通常需要考虑法律因素、公司自身因素、股东因素、债务契约因素等。

3.用友的高现金股利政策可以从公司盈利能力、资本市场和股权结构等角度分析其合理性。由于公司经营业绩良好，高现金股利提高了净资产收益率，维护了公司的优质形象，同时也使得大股东获得了丰厚的投资回报率，因此用友的高现金股利政策有其合理性。

第十章　公司并购

二、计算与分析题

1.（1）混合型并购是指既非竞争对手又非现实中或潜在的客户或供应商的企业之间的并购。本题中可口可乐与电影业几乎毫无关联，因此属于混合并购。

（2）哥伦比亚电影公司与可口可乐公司的主营业务虽然不相关，但是可口可乐有力地利用了电影这一传播文化，提高了公司影响力。

7年之后的再度转让，价格是当时收购价的7倍，也说明可口可乐可能获得了价值被低估的公司。

2.（1）赞同。理由：①市场已经供过于求，且长期增长率低，不适宜新建生产线；②市场上有大量中小型企业，且处于亏损状态，并购的选择余地大；③并购有利于实现公司的市场布局战略，从而走出本省，面向全国。

（2）企业价值=[400÷（8%-4%）]÷（1+8%）=9 259.26（万元）

（3）不能立即实施增持计划，理由是：A公司持有DMN公司股份的比例已经达到5%。根据《上市公司收购管理办法》的规定，并购方通过证券交易、协议转让、行政划转或其他合法途径拥有权益的股份达到一个上市公司已发行股份的5%时，应当在该事实发生之日起3日内编制权益变动报告书，向中国证监会、证券交易所提交书面报告，通知该上市公司，并予公告；在上述期限内，不得再行买卖该上市公司的股票。

3.（1）从并购双方行业的相关性来看，此次并购属于横向并购，即生产同类产品之间企业的并购；从并购的形式上看，属于协议收购。

（2）横向并购的优点在于：可以迅速扩大生产规模，节约共同费用，便于提高通用设备的使用效率；便于在更大范围内实现专业分工协作；便于统一技术标准，加强技术管理和进行技术改造；便于统一销售产品和采购原材料等。

三、案例分析题

（1）巨人网络借壳世纪游轮是典型的“资产出售+增发换股”的形式：

①重大资产出售（使用现金支付，置出世纪游轮原有的业务和资产）。2015年11月11日，世纪游轮发布公告资产重组方案，世纪游轮将向其控股股东彭建虎（个人持股74.28%，传统意义上的好壳）和他控制的新设公司出售全部现有资产及负债，协定交易价格为6.27亿元。

②定向增发新股，购买资产（巨人网络的资产注入）。同时公告称，世纪游轮拟向巨人网络的全体股东非公开发行股份购买其持有的巨人网络100%的股权，世纪游轮将向巨人网络全体股东发行约4.425亿股购买巨人网络全部资产，发行价格29.58元/股，交易对价为130.9亿元，构成借壳上市。

③募集配套资金（巨人网络的现金注入）。借壳重组完成后，公司同时拟募集配套资金不超过50亿元，用于投入网页游戏的研发、在线娱乐与电子竞技社区等多个项目，发行价格29.58元/股，拟发行股份数量不超过约1.69亿股。

本次交易完成后，公司总股本将达到5.08亿股，巨人网络创始人史玉柱控股的兰麟投资及其一致行动人将持有公司发行后总股本41.44%，史玉柱将成为公司实际控制人。

置出资产经具有证券业务资格的评估机构出具的资产评估报告采用资产基础法确认的评估值为60 423.62万元，经各方协商，置出资产交易价格为60 424.00万元。

发行股份购买的资产（巨人网络100%股权）经具有证券业务资格的评估机构出具的资产评估报告采用收益法确认的评估值为1 313 424.08万元。经各方协商，标的资产的交易价格为1 312 424.00万元。发行价格为经除权除息调整后的定价基准日前20个交易日上市公司股票交易均价（计算公式为：定价基准日前20个交易日股票交易均价＝定价基准日前20个交易日股票交易总额/定价基准日前20个交易日股票交易总量）的90%，即以29.58元/股发行。在定价基准日至发行日期间，公司如有派息、送股、资本公积金转增股本、增发新股或配股等除权、除息事项，则对公司购买巨人网络100%股权所发行的股份价格作相应除权除息处理。

发行数量=（各巨人网络股东以接受世纪游轮发行股份方式转让所持巨人网络股权的交易对价）÷发行价格

截至评估基准日，巨人网络100%股权的评估值为1 312 424.08万元，各方协商确定巨人网络100%股权的交易对价为1 312 424.00万元。经计算，本次交易向巨人网络股东合计发行股份数为443 686 270股。

（2）①不定增，不贷款：世纪游轮几乎不出钱推动45亿美元巨额现金收购。

世纪游轮此次发行股份并支付现金购买的标的公司成立于2016年6月。2016年7月30日，世纪游轮公告称，公司全资子公司巨人香港与鼎晖蕴懿、弘毅创领、上海云峰及其他11位投资人共同成立财团，对并购主体Alpha Frontier Limited进行增资，并以其为主体收购Caesars Interactive Entertainment，Inc.旗下一项移动休闲社交游戏业务100%的权益。

财团计划募资45亿美元，巨人香港作为财团的主导出资人，出资100万美元，占募集资金总额的0.02%。根据公告披露的信息，当时的标的资产尚在进行业务整合，目标资产为交易对方为此次重组新设立的NEW CIE公司100%的股权。而NEW CIE下设5家全资子公司，其中一家子公司的全资子公司Playtika为交易的核心资产。

财团收购NEW CIE公司100%的股权作价为44亿美元，收购价格为无现金无负债收购（DFCF）的收购方式下的报价。交易已于9月23日完成交割。

世纪游轮虽然主导了此次交易，但通过与多家投资人的合作，不贷款、不定增，仅出资100万美元，就将海外标的资产“带回国内”。

②作价305亿元置入上市公司：高溢价且并未有业绩承诺。

本次交易的总体方案包括两个部分：发行股份及支付现金购买资产——255.04亿元股

份支付+50亿元现金支付；募集配套资金——大股东认购50亿元。发行股份及支付现金购买资产与募集配套资金互为前提和条件。

发行股份及支付现金购买资产：公司拟以39.34元/股发行6.48亿股，并支付现金50亿元，合计作价305.04亿元，收购重庆拨萃等13名交易对方持有的Alpha全部A类普通股，占Alpha全部股权的99.9783%。交易对价的83.6084%，共计255.04亿元以发行股份方式支付；交易对价的16.3916%，共计50亿元以现金方式支付。同时上市公司通过全资子公司巨人香港持有Alpha的B类普通股10股，占Alpha已发行股份的0.0217%。交易完成后，世纪游轮将直接或间接控制标的公司100%的股权。

控股股东认购所有份额：价格相比发行股份购买资产价格溢价11%。在发行股份购买资产的同时，世纪游轮拟以43.66元/股，发行股份募集配套资金不超过50亿元，用于支付此次交易的现金对价。募集配套资金以锁价的方式进行，价格相比发行股份购买资产的价格溢价11%。公司控股股东巨人投资认购了此次募集配套资金的所有1.15亿股。

收益法估值，预测三年业绩合计60亿元，但并未作出业绩承诺。此次交易采用收益法进行评估，Alpha股东全部权益价值为306.59亿元，相对于其归母净资产，增值287.79亿元，增值率1 531.01%。根据中企华出具的《资产评估报告》，预测标的公司2016—2018年度预计实现的合并归母净利润分别为15.28亿元、19.94亿元及24.15亿元（按中国人民银行评估基准日人民币对美元汇率中间价折算）。然而，此次交易对方均非上市公司控股股东、实际控制人或者其控制的关联人。对于上述预测业绩，交易对方却并没有进行业绩承诺，若未来标的资产无法达到预期，交易对方也不会给予相应的补偿。

③跨境并购中的上市公司+PE。

由于交易对方为海外公司，只接受以现金的方式进行支付，因此上市公司多以贷款为资金来源。但世纪游轮属于轻资产企业，可以作为抵押物进行债务融资的资产较少，较难通过债务融资筹集巨额现金。因此，世纪游轮采用了上市公司+PE的模式进行交易，通过引入多个资金实力雄厚的财务投资者，组成财团，先将标的公司“买回国”，将交易对方从不能接受股份支付的海外公司“置换”为能够接受股份支付的国内投资者。此外，财团实力雄厚，此次交易对方共计13个：重庆拔萃、泛海资本、上海鸿长、上海瓴逸、上海瓴熠、重庆杰资、弘毅创领、新华联控股、四川国鹏、宏景国盛、昆明金润、广东俊特、上海并购基金。